Emil Ernst Ronner

Marie Durand

Das Leben einer Hugenottin

Hänssler-Verlag
Neuhausen-Stuttgart

Professor Dr. Otto Erich Straßer in Bern und Dr. Walther Staub-Rutz in Zürich haben mir wertvolles Quellenmaterial zugänglich gemacht, wofür ich ihnen auch an dieser Stelle herzlich danke. *E. E. R.*

»Man erschauert bei dem Gedanken, wie viele Nachforschungen nötig sind, um die Wahrheit selbst des geringfügigsten Details zu ergründen.» STENDHAL

CIP-Kurztitelaufnahme der Deutschen Bibliothek

Ronner, Emil Ernst:
Marie Durand: d. Leben e. Hugenottin / Emil Ernst Ronner. – Neuhausen-Stuttgart: Hänssler, 1984.
(Edition C: T, Taschenbuch; 109)
ISBN 3-7751-0892-0
NE: Edition C / T

EDITION C-Bücher
EDITION C-Taschenbuch, T 109

Umschlaggestaltung: Daniel Dolmetsch
Gesamtherstellung: Ebner Ulm

Inhalt

Im Jahre des Herrn 1715

Hoch und silbern stand der Mond über dem Vivarais, dem westlich von Valence gelegenen, noch den Cevennen zugehörigen Bergland. In einem der Häuser des Marktfleckens Villeneuve-de-Berg erhob sich eine Frau von ihrem Lager, strich die Kleider zurecht, in denen sie sich niedergelegt hatte, und langte nach dem auf dem Tisch bereitliegenden Kopftuch. Vorsichtig öffnete sie die Tür, trat in den Gang hinaus und beugte sich lauschend gegen die Schlafkammern der Kinder vor. Es war alles still, also schliefen sie wohl.

Marie Gébelin, die nach dem Tode ihres Gatten Jean Court energisch und mit viel Eifer dessen kleinen Wollhandel weiterbetrieb und damit sich und ihre drei Kinder durchs Leben brachte, legte das Tuch auf den Scheitel, schlug die Zipfel um die Schultern und verließ das Haus.

Jetzt in der Nacht lagen die Gäßchen still und verlassen, und durch keines der Fenster schimmerte mehr Licht. Dennoch hielt sich die Frau, vorwärts hastend, im Schatten der Häuser, als suche sie zu vermeiden, von jemandem gesehen oder gar erkannt zu werden. Sie befand sich noch immer im Ort, als das Geräusch eiliger Schritte hinter ihr sie erschreckte und sie ängstlich zurückschauen ließ. Ein Kind folgte ihr, ein Knabe.

«Antoine, was ist mit dir? Hat es etwas gegeben?»

«Nimm mich mit, Mutter, ich weiß, daß du zur Versammlung gehst.»

«Was fällt dir ein, Antoine, wie kommst du darauf?»

«Mutter, ich bitte dich!»

«Ssst, man darf uns nicht hören», beschwichtigte sie das Kind und ergriff seine Hand. «Es ist viel zu weit für dich.»

«Ich will aber dabeisein, wenn ihr betet.» Mit welcher Bestimmtheit er das sagte! Und sie, was sollte sie tun? Sollte sie mit dem Knaben nach Hause zurückkehren? Und doch hastete sie mit ihm vorwärts. Endlich lagen die letzten Häuser hinter ihnen. Marie Gébelin atmete auf. «Hattest du noch nicht geschlafen, Antoine?»

«Ich habe aufgepaßt, Mutter, weil ich mir vorgenommen hatte, heute endlich einmal mit dir zu gehen. Ich muß wissen, wie es dort zugeht, wo du dich mit den andern von der wahren Religion triffst. Ich habe es jedesmal gehört, wenn du weggegangen bist. Du weißt doch, daß mich die Kameraden Calvins ältesten Sohn nennen, seitdem sie vergeblich versucht haben, mich in die Messe mitzuschleppen.» Ja, Marie Gébelin hatte es nicht vergessen, wie der kleine Antoine damals Zeter und Mordio geschrien, wie er um sich geschlagen, gebissen und sich am Treppengeländer festgeklammert hatte, als seine Mitschüler ihn zum Kirchgang hatten abholen wollen. Und sie hatte es seither immer wieder erfahren, wie er, obwohl er noch ein Kind war, danach gierte, von ihr im verborgen geübten Glauben unterwiesen zu werden. Vielleicht – und wie ein scharfer Stahl durchstach der Gedanke ihr Herz –, vielleicht hatte Gott selber ihren Ältesten angerührt und bereits zu seinem Werkzeug ausersehen.

Aus dem Dunkel des kleinen Gehölzes, an dem der Weg vorüberführte, lösten sich da ein paar Gestalten. Es waren Gleichgesinnte, die auf Marie Gébelin gewartet hatten. «Und der Kleine?»

«Laßt ihn mitkommen, er wird uns nicht verraten.»

Später, nachdem sich ihnen in einem einsamen Gehöft noch drei Frauen angeschlossen hatten, schwang sich einer der Burschen den stillen Knaben auf die Achsel. Dann setzte die Gruppe in ernstem Schweigen den Weg über unbebautes, steiniges Land fort.

Es mochte auf Mitternacht gehen, als die Wanderer eine von Felsen umgebene Mulde erreichten, die der Ort der Versammlung war. Die Ankömmlinge knieten nieder und beteten, ehe sie sich zu den andern gesellten, die sich bereits auf dem mit Geröll übersäten Hang niedergelassen hatten.

Ernst, mit weitoffenen Augen, verfolgte der neben der Mutter sitzende kleine Antoine Court, was sich da um ihn herum begab. Nun stand, nicht weit von ihm, ein Mann auf und stimmte mit starker Stimme einen Psalm an, in den die übrigen sogleich einfielen. Das Herz des Knaben erzitterte unter dem in der mondhellen Nacht aufbrausenden Gesang:

«Que Dieu se montre seulement.»

Dann trat eine Frau aus der Mitte des Kreises, eine Prophetin, die Witwe Ransel aus Vallon, um an Stelle des vertriebenen Pfarrers das Bibelwort auszulegen: «Was sollte man doch mehr tun an meinem Weinberge, das ich nicht getan habe an ihm? Warum hat er denn Herlinge gebracht, da ich wartete, daß er Trauben brächte?» Antoine, die Hand der Mutter nicht loslassend, lauschte wie gebannt der etwas schrillen Stimme der Predigerin, und wenn er den Sinn ihrer anklagenden Worte auch nicht recht verstand, so ließ ihn dieses nächtliche Erlebnis doch mit ganzer Klarheit bewußt werden, daß es für ihn nur einen Weg geben konnte: fürderhin sein Leben zur Ehre Gottes im Dienst an seiner Kirche einzusetzen.

Nur wenig später, als Vierzehnjähriger, amtete er schon als Vorleser bei heimlichen Zusammenkünften der Protestanten. Dann schloß er sich als Gehilfe dem Prediger

Pierre Chabrières, genannt Brunel, an. An seiner Seite durchzog er von 1713 an die Gegend von Vernoux im Vivarais. Mit siebzehn Jahren hielt er in einer Versammlung von dreißig Frauen seine erste Predigt, so hinreißend, daß es ihnen vorkam, als habe Gott in diesem schönen Jüngling einen seiner Engel gesandt, um den Gläubigen das wahre Wort zu verkündigen.

Mit freudiger Hingabe widmete sich Antoine Court fortan dem Predigtamt. Als ihn der Weg das nächstemal nach Villeneuve-de-Berg führte, teilte er der Mutter seinen Entschluß mit, sich von nun an ganz der notleidenden Kirche zur Verfügung zu stellen, da der große Hunger nach dem Wort Gottes über das Volk gekommen sei.

Auf Antoine, ihren Ältesten, hatte Marie Gébelin seit dem Tode ihres Gatten alle Hoffnungen gesetzt, und nun traf ein, was sie befürchtet und doch heimlich ersehnt hatte. Für sie würde er nun verloren sein, weil sein Gewissen ihm gebot, dem Wort Christi zu gehorchen: «Wer seinen Vater oder seine Mutter mehr liebt als mich, der ist meiner nicht wert.»

Allein oder als Gefährte Brunels durchzog Antoine Court die Gegenden von Uzès und Nîmes, kehrte ins Vivarais zurück und stieg von da in die Dauphiné hinunter, um überall die zerstreut lebenden Gläubigen aufzusuchen und durch ein zündendes Wort ihren Glaubensmut zu stärken. Er schreckte nicht davor zurück, in Marseille zu den zum Galeerendienst verurteilten hundertfünfzig Glaubensbrüdern vorzudringen, um mit ihnen in einem Winkel des Schiffes heimlich Gottesdienste abzuhalten, obwohl er wußte, daß die Regierung für seine Ergreifung einen Preis von 5000 Pfund*, ein Vermögen also, ausgesetzt hatte. Das Wort dieses Feuerkopfs übte überall eine fast zauber-

* Nach dem Geldwert von 1963 = 100000 Schweizerfranken!

hafte Wirkung aus. Entbehrungen und Strapazen achtete er gering, bis er schließlich zusammenbrach und aufs Krankenlager geworfen wurde.

In der ihm aufgezwungenen Ruhe reifte in ihm der Entschluß, die zerstörte evangelische Kirche Frankreichs wieder aufzurichten, nicht durch bewaffneten Widerstand, wie es die Kamisarden vor einem Dutzend Jahren vergeblich versucht hatten, sondern allein durch den Zusammenschluß aller Getreuen zu einer neuen Gemeinde Christi, deren unerschütterliches Fundament die Wahrheiten der Heiligen Schrift sein sollten.

Kaum genesen, berief der Neunzehnjährige die acht letzten, im Languedoc noch heimlich ihres Amtes waltenden Pfarrer zu einer Synode zusammen. Sechs der Geladenen sowie drei Laien fanden sich im Jahre des Herrn 1715 im Morgengrauen des 21. August in dem in der Nähe von St-Hippolyte-du-Fort gelegenen Weiler Montèges zusammen. Nach inbrünstigem Gebet entwickelte Antoine Court vor seinen Glaubensbrüdern in klarer Rede seine Pläne, und in der Überzeugung, daß in diesem von Begeisterung glühenden Jüngling der neu zu formenden Kirche auch schon ihr Leiter geschenkt worden sei, stimmten die Versammelten seinen Anträgen zu.

Als das Frührot des neuen Tages durch das Fenster brach, hatte diese erste kleine Synode der Wüstenkirche ihre Beschlüsse gefaßt, die zur Wiederherstellung der evangelischen Kirche Frankreichs führen sollten. In der Einführung der alten Kirchenzucht, in der Einsetzung von Ältesten zur Betreuung der Gemeinden, in der Unterdrückung von Fanatismus und Schwärmerei in jeder Form, wozu auch das Predigtverbot für Frauen gehörte, sowie vor allem in der Heranbildung junger Pfarrer sahen sie die Möglichkeiten, das Volk zu Gemeinden im biblischen Sinne zu formen.

Im gleichen Jahre, nur wenige Tage nach dieser für die reformierte Kirche Frankreichs so bedeutungsvollen Zusammenkunft, am 1. September, morgens um achteinviertel Uhr, starb im prunkvollen Schlosse zu Versailles, bereits von Vereinsamung überschattet, der Sonnenkönig Ludwig XIV., der sich, vorab durch den Widerruf des Ediktes von Nantes am 22. Oktober 1685, während seiner ganzen Regierungszeit um die Unterdrückung, ja Ausrottung der Reformierten bemüht hatte, vielleicht weniger aus eigener Überzeugung als unter dem starken Einfluß seiner Ratgeber und Ratgeberinnen und im Bemühen, sich dem Papst gegenüber über seine vollkommene Rechtgläubigkeit auszuweisen. Schon am Tage des Widerrufs erklärte der alte Kanzler des Königs, Le Tellier, pathetisch: «Herr, nun lässest du deinen alten Diener in Frieden fahren, denn meine Augen haben das Heil gesehen, das du ihnen im Angesicht der Völker bereitet hast!»

Noch höheren Ruhm zollte der Theologieprofessor F. R. Philibert Madon in Marseille seinem Monarchen, als er schrieb: «Fast gleich wie Gott unterwirft Ludwig der Große durch einen einzigen Akt seines Willens alles seiner Macht, daß kein Mensch mit ihm verglichen werden kann: wer trüge wie er die Züge der hochheiligen Dreifaltigkeit an sich?»

Und die eine Seite der aus Anlaß des Widerrufs geprägten zwölf Medaillen trug die Umschrift: «Ludwig der Große hat zwei Millionen Ketzer bekehrt.»

Noch am 8. März 1715 hatte der König ein weiteres Hugenottengesetz erlassen, wonach es in seinem Reiche zwar keinen einzigen Anhänger der «angeblich reformierten Religion» mehr gab, die Strafen für etwaige Rückfällige jedoch noch verschärft wurden.

«O mein Gott, kommt zu meiner Hilfe herbei! Eilt, mir zu helfen!» Das waren die letzten Worte des sterbenden

Monarchen. Gegen wen zu helfen? Was meinte er damit? Etwa gegen die Anklagen all jener, die er durch seine Verfügungen in einem reißenden Strom von Blut und Tränen hatte untergehen lassen?

Ebenfalls im Jahre 1715, nur ein paar Tage später – das genaue Datum ist nicht bekannt –, erblickte im kleinen Weiler Le Bouchet-de-Pranles im heutigen Departement Ardèche, ein paar Wegstunden von Privas entfernt, Marie Durand das Licht der Welt.

Miserere mei – Domine Deus

Wäre nicht wenige Tage vor der Geburt Marie Durands der König gestorben, der für die Not und für die Verfolgung der Hugenotten die Verantwortung trug, dann hätte Etienne Durand, der Gemeindeschreiber von Pranles, vermutlich sein Töchterchen durch den katholischen Geistlichen von Pranles taufen lassen, und Name und Geburtstag der Marie Durand wären in den Kirchenrodel eingetragen worden. Damit hätte sich Durand nach damaliger Auffassung keineswegs des Verrates an der reformierten Sache schuldig gemacht. Denn um den von der Regierung angeordneten Verfolgungen zu entgehen, lebten weitaus die meisten Reformierten im Zustand zwangsbekehrter Scheinkatholiken: nach außen hin beugten sie sich den Vorschriften und Gesetzen der römischen Kirche, gingen zur Messe und wandten sich bei Taufen, Trauungen und Todesfällen an den Priester, um aber in ihren Herzen und in der Geborgenheit zwischen den Wänden ihrer Heime nur um so eifriger dem reformierten Glauben, in dem sie geboren und auferzogen worden waren, die Treue zu halten.

Kaum war die sezierte Leiche Ludwigs XIV. bestattet, so schöpften die Anhänger der unterdrückten Religion neue Hoffnung, die gegen sie ergriffenen strengen Maßnahmen würden nun gemildert, ja in Kürze das Edikt von 1598 wiederum in Kraft gesetzt, so daß immer mehr Protestanten sich erkühnten, nun auf den Schein zu verzichten und sich bei Familienereignissen nicht mehr an einen katholischen Geistlichen zu wenden. Dieser allzu raschen Bereitschaft, beim geringsten Gerücht, das sich in der Folge dann immer wieder als trügerisch erwies, aufzuatmen und auf eine kurz bevorstehende Besserung der Verhältnisse zu hoffen, begegnet man in der Geschichte der Hugenottenverfolgungen immer wieder. Der Historiker Elie Benoit hat diesen ungerechtfertigten Optimismus geradezu die Hauptschwäche der Hugenotten genannt.

Aus diesem Grunde, weil auch Etienne Durand hoffnungsbereit das Ende der Verfolgungen nahe glaubte, wurde der Geburtstag der kleinen Marie in kein Zivilstandsregister eingetragen, da deren Führung in Verbindung mit den Kirchenrodeln Sache der Geistlichen war.

Marie war das zweite Kind, mit dem die Ehe des nun 58 Jahre alt gewordenen Gemeindeschreibers Etienne Durand gesegnet wurde. Fünfzehn Jahre zuvor, am 12. September 1700, hatte ihm seine Frau Claudine Gamonet* einen Sohn Pierre geboren.

Etienne Durand war nicht unbegütert. Sein Vater, der zu Beginn des 17. Jahrhunderts nach Le Bouchet gekommen war, war der Schwiegersohn des reichen Henry du Cros gewesen. Aber auch Claudine Gamonet, mit der

* Nach damaligem Brauch nahm die Frau nach ihrer Verheiratung nicht den Namen des Gatten an, sondern führte weiterhin ihren eigenen Namen. Wir haben, um mit den Quellen in Übereinstimmung zu bleiben, diesen Brauch übernommen, wonach in unserer Darstellung Claudine Gamonet auch nach ihrer Verheiratung mit Etienne Durand Claudine Gamonet und nicht Frau Durand genannt wird. Das gleiche gilt für alle andern Ehefrauen.

Etienne Durand 1692 die Ehe einging, besaß in Le Bouchet ein eigenes Haus, so daß die Eheleute – Etienne war bei seiner Verheiratung immerhin schon 35 Jahre alt – über einigen Besitz und ein gutes Einkommen verfügten. In der unruhigen und für die Anhänger des reformierten Glaubens gefahrvollen Zeit, in der sie lebten, konnte allerdings schon der nächste Tag Not und Verfolgung bringen. Und Etienne Durand gehörte nicht zu jenen, die sich vorsichtig abseits hielten. Leidenschaftlich nahm er Anteil am Schicksal seiner Glaubensbrüder. Alles, was sich um ihn herum begab, trug er mit der Gewissenhaftigkeit eines Chronisten in ein Heft, sein «Livre de raison», ein, das heute noch vorhanden ist und leidenschaftslos, doch mit verblüffender Zuverlässigkeit Auskunft über die dramatischen Vorfälle jener Zeit gibt. Da seine Schilderungen bis ins Jahr 1629 zurückreichen, muß er über Aufzeichnungen früherer Familienglieder verfügt haben. Etienne selber war dreizehn Jahre alt, als im Zuge der von Ludwig XIV. getroffenen Maßnahmen zur Ausmerzung der «angeblich reformierten Religion» der Marquis von Labret die nahe bei Pranles gelegene Kirche der Protestanten einäschern ließ.

Immer eifriger und mit stets grausameren Mitteln wurden die Hugenotten verfolgt, und als der König am 18. Oktober 1685 den Widerruf des Ediktes von Nantes unterzeichnete, war damit dem Protestantismus in Frankreich jede Lebensberechtigung abgesprochen. So schwer dieser Schlag für die Hugenotten auch war, er vermochte die reformierte Kirche doch nicht zu vernichten. Seine Grausamkeit, die den Widerstandswillen der Verfolgten hätte brechen sollen, stärkte ihn im Gegenteil in einer Weise, daß er, wenn auch erst nach schwersten Opfern, schließlich doch den Sieg davontrug.

Zwei Jahre nachdem Etienne Durand Claudine Gamonet als seine Ehegefährtin in sein Haus in Le Bouchet geführt hatte, ließ er nach dem Abschluß größerer Reparaturarbeiten am 26. Mai 1694 in den Bogen über der Zugangstreppe die Worte «Miserere mei – Domine Deus – Herr Gott, erbarme dich meiner» – in den harten Stein einmeißeln, und wiederum zwei Jahre später wurde auf seine Weisung hin auf dem Rand des Kaminhutes über der mächtigen, eine ganze Wand der Küche einnehmenden Feuerstelle die Inschrift «Loué soyt Dieu – Gelobt sei Gott» angebracht, als hätte Vater Durand sein eigenes Schicksal und das Schicksal seiner damals noch ungeborenen Kinder im Sturm der bevorstehenden Ereignisse vorausgeahnt. Oder bezogen sich diese in den Stein gehauenen Beweise von Durands Glaubenstreue, die dem Zerfall bis auf den heutigen Tag getrotzt haben, auf die Ereignisse, die sich im Rahmen prophetischer Versammlungen zu eben dieser Zeit immer wieder in seiner unmittelbaren Nähe zutrugen und den Gemeindeschreiber von Pranles veranlaßten, nicht nur umherziehenden Predigern, sondern auch Propheten und Prophetinnen im Keller seines Hauses Zuflucht und Gelegenheit zu religiösen Zusammenkünften zu verschaffen, obwohl er genauestens wußte, in welche Gefahr er sich damit begab?

Vor allem mochte die Massenhinrichtung in Serre-de-la-Palle am 16. Februar 1689 in Durands Erinnerung brennen, die der eigenartigen religiösen Bewegung dieses Jahres ein schauerliches Ende bereitet hatte. Hunderte von Protestanten hatten damals in Erwartung großer Wunder ihr häusliches Leben aufgegeben und sich zusammengerottet, um, aus der bisherigen Heimlichkeit heraustretend, als eine religiöse Gemeinde umherzuziehen und überall, bald auch tagsüber und im Freien, ihre Versammlungen abzuhalten, zu denen jeweils Tausende herbeiströmten, die sich in der Gemeinschaft mit den Inspirierten unverwundbar glaubten. In jener Versammlung in Serre-de-la-Palle, an der gegen 600 Gläubige teilnahmen, trat auch ein Prophet in einer Fellgewandung als Johannes der Täufer auf, um einmal mehr den nahen Anbruch des Jüngsten Gerichtes zu verkündigen: «Die Axt ist den Bäumen an die Wurzel gelegt! Aber ihr Auserwählten Gottes, fürchtet euch nicht. Nichts kann euch Schaden antun; die Waffen der Soldaten werden plötzlich aus ihren Händen fallen und sich gegen sie selbst richten.»

Dem Truppenkommandanten des Vivarais, de Folleville, war die Versammlung gemeldet worden. Es war seine Pflicht, sie aufzulösen. In seiner Hoffnung, der Anblick der aufmarschierenden Truppen werde, wie kurz zuvor in Fort St-Jean, genügen, die Gläubigen zu zerstreuen, sah er sich aber bald getäuscht. Seine drei Abgeordneten, die die Protestanten aufforderten, sich zurückzuziehen, kehrten mit der Antwort zurück, man habe sich versammelt, um einen Gottesdienst abzuhalten, und nicht, um sich zurückzuziehen. Nun sah de Folleville keine Möglichkeit mehr, auf drastische Maßnahmen zu verzichten. Unter den Bäumen, im Schnee kniend und Psalmen singend, andere in Gruppen eng umschlungen, überzeugt, unsterblich und unverwundbar zu sein oder nach dem Sterben doch in Kürze aufzuerstehen, blickten die Gläubigen den daherstürmenden Soldaten entgegen.

«Mut, Mut, wir werden selig sein im Himmel, ich sehe ihn offen! Seht ihr die Engel umherfliegen? Klein wie ein Finger sind sie und weiß wie Schnee.»

An die 500 Männer, Frauen und Kinder wurden hingeschlachtet, vielen von ihnen wurden, ehe man sie niederstach, die Kleider ausgezogen, um diese nicht zu beschädigen und mit Blut zu besudeln. Dragoner, die es auf die Fingerringe der Ermordeten abgesehen hatten, schnitten die ringgeschmückten Finger von den Händen der Leichen und sammelten sie in ihre Taschen. In vielen Bibeln, die auf den Niedergemetzelten gefunden wurden, war das Wort angestrichen: «Fürchtet nicht die, die den Leib töten, die Seele aber nicht töten können, sondern fürchtet vielmehr den, der Leib und Seele verderben kann in der Hölle.»

Wohl trieb dieses blutige Ereignis von Serre-de-la-Palle die Anhänger des verbotenen Glaubens wiederum in die Heimlichkeit zurück, doch vermochte es keineswegs die Protestanten einzuschüchtern oder gar der Inspiriertenbewegung ein Ende zu bereiten. Nach wie vor, nun aber vor allem wieder in den Häusern, wurden Versammlungen und Gottesdienste abgehalten, wodurch auch die blutige Verfolgung der Protestanten fortgesetzt wurde.

Auch wenn er mit Rücksicht auf sein Amt eines Gemeindeschreibers an den verschiedenen Massenveranstaltungen im Februar 1689 kaum beteiligt gewesen war, so gehörte Etienne Durand doch zu jenen, die mit ganzem Ernst und letzter Hingabe ihrem Glauben lebten. Für ihn waren die Propheten und Inspirierten keineswegs nur Fanatiker, von religiösem Wahn Besessene oder gar Betrüger, vielmehr sah er in ihnen Berufene, die an Stelle der getöteten oder geflohenen Pfarrer als Hirten die verlassene Herde zu betreuen, zu trösten und zu neuem Glaubenseifer aufzurütteln hatten.

Als das im Jahr 1700 geborene Knäblein Pierre vier Jahre alt war, nach dem Massaker von Franchassis, das den blutigen Abschluß des Kamisardenkrieges bildete, der ohne den gewaltigen Einfluß der Inspirierten auf die protestantische Bevölkerung in den Cevennen gar nicht möglich gewesen wäre, wurde Etienne Durand zusammen mit sechs andern Bewohnern der Gemeinde von Pranles verhaftet und, wenn auch nur für kurze Zeit, in Pont-Saint-Esprit eingekerkert, weil er verdächtig war, zu den Aufständischen Beziehungen unterhalten und in seinem Haus Sektierern Unterschlupf gewährt zu haben. Dieser Verdacht war kaum unbegründet, allein, was dem Verhafteten vorgeworfen wurde, konnte ihm offenbar nicht bewiesen werden. So kehrte Durand in die Stille des von Kastanienbäumen umschatteten Weilers Le Bouchet zurück, bewirtschaftete wieder sein kleines Grundstück am sonnigen Hang über dem Eyrieux, unterzog sich daneben weiterhin den Obliegenheiten eines Gemeindeschreibers, unerschüttert in seinem Glauben und jederzeit bereit, Gut und Leben dafür herzugeben, wenn ein solches Opfer der reformierten Sache nützlich sein sollte.

Allabendlich, nach vollbrachter Arbeit, besann er sich mit den Seinen in der Geborgenheit seines Hauses auf das Wort Gottes und richtete sich mit ihnen an den göttlichen Verheißungen auf. Noch immer hielt er unter einer wegnehmbaren Planke des Fußbodens als großen Schatz einige der verbotenen Bücher verborgen: die Bibel, Du Moulins «Christlicher Kampf», die Predigten von Daillé und eine Sammlung von Liederpsalmen. Diese Bücher bildeten auch die Grundlage des religiösen Unterrichtes, den er seinem ganz in hugenottischem Geiste heranwachsenden Sohne Pierre verantwortungsbewußt und mit freudigem Eifer erteilte, ehe dieser nach Privas geschickt wurde, um hier die Schulen zu besuchen und sich auf eine Notariatslehre vorzubereiten.

In Privas lernte der aufgeweckte Knabe den gleichaltrigen Pierre Rouvier kennen, den Sohn des königlichen Notars Jacques Rouvier in Craux, der nach dem Wunsche seines Vaters ebenfalls Notar werden sollte. Pierre Rouvier war wie Pierre Durand katholisch getauft, daheim aber im hugenottischen Glauben erzogen worden. In Privas wurden die beiden wie ihre Schulkameraden im Katechismus unterrichtet, wie sie hatten sie der Messe beizuwohnen; sobald aber einer vom andern wußte, daß er das nur zum

Scheine tat und im Herzen ein eifriger Anhänger des verbotenen Glaubens war, schlossen sie sich in glühender Freundschaft zusammen.

In den vielen Stunden ihres Beisammenseins, auf abendlichen Spaziergängen über die stillen, windüberstrichenen Höhen und durch die lichten Kastanienhaine, schütteten sie sich ihre Herzen aus, bekannten sich ihre Sünden und gelobten sich unverbrüchliche Treue. Sie kamen überein, ihr Leben nicht, wie ihre Väter es wünschten, in einem Notariatsbetrieb zu verbringen, sondern Arbeiter in Gottes Weinberg zu werden und fürderhin kein anderes und geringeres Ziel mehr zu verfolgen, als dem Protestantismus im Vivarais zu neuem Leben zu verhelfen. Jenen wenigen Pfarrern wollten sie nacheifern, die sich immer noch im Lande aufhielten, unter ständiger Lebensgefahr den Gläubigen nachgingen, um ihnen in heimlichen Zusammenkünften das Wort zu verkündigen, sie zu trösten und aufzurichten und sie anzuhalten, trotz aller Verfolgung auszuharren und nicht müde zu werden. An ihrem Entschluß änderte sich auch nichts, als sie nach der Schule die Arbeit bei einem Notar aufnahmen. An Sonntagen, wenn die beiden Jünglinge nach Hause gingen, nahmen sie, wann immer sich Gelegenheit dazu bot, an heimlichen Zusammenkünften der Reformierten teil, die auch etwa im Hause von Pierre Durands Mutter in Le Bouchet-de-Pranles stattfanden.

Hier lernten sie Pfarrer Courts mutige Begleiter Jean Rouvier und Pierre Chabrières, genannt Brunel, kennen, und durch sie hörten sie von Pfarrer Jacques Roger, der die Gläubigen in der Dauphiné seelsorgerlich betreute. Nichts wünschte sich Pierre Durand brennender, als diesen unerschrockenen und glaubenseifrigen Apostel kennenzulernen und ihm seine und seines Freundes Zukunftspläne zu unterbreiten. Roger könnte ihm wohl den Weg aufzeigen, den sie einschlagen mußten, um möglichst bald in den Dienst der notleidenden Kirche treten zu können.

Pfarrer Roger empfing den Jüngling, unterhielt sich mit ihm und erkannte bald, daß die Begeisterung, die in Pierre Durand brannte, kein rasch verloderndes Strohfeuer war, daß er da einen jungen Mann vor sich hatte, der mit selten reichen Gaben ein brauchbares Werkzeug der hugenottischen Sache zu werden versprach.

Mehrmals überquerte Pierre Durand die Rhone, um mit dem Apostel der Dauphiné zusammenzutreffen, und Pfarrer Roger ermunterte den Jüngling aus voller Überzeugung, auf dem Wege, der ihm nun einmal vorgezeichnet worden sei, in Treue auszuharren und sich der herrlichen, wenn auch gefahrvollen Aufgabe zu weihen, die zerstreute Herde, die in Gefahr war, in die Irre zu gehen, zu sammeln und als eine neue, starke Gemeinde dem Herrn zuzuführen. Auch den Eltern daheim in Le Bouchet hatte sich Pierre anvertraut. Und sie beide, denen durch die Gnade des Herrn im Jahre 1715 ein zweites Kind, Marie, geschenkt worden war, waren zu überzeugte Hugenotten, als daß sie sich den Absichten ihres Sohnes hätten widersetzen können. Sie nahmen es als eine ihnen zuteil gewordene Gnade und Auszeichnung, daß der Herr ihren Sohn für seinen Dienst erweckt hatte.

Loué soyt Dieu – Gelobt sei Gott!

In der Schlucht von Navalet

Am 22. Januar des Jahres 1719 – die kleine Marie Durand war damals noch nicht vier Jahre alt – fanden sich etwa hundert Hugenotten in der nicht weit von Le Bouchet gelegenen Schlucht von Navalet zu einem Gottesdienst zusammen, um trotz der herrschenden Kälte während zwei

Stunden der Predigt der Witwe Caton, einer berühmten Prophetin, zu lauschen.

«Ihr müßt das Wort Gottes in euren Kammern, in euren Häusern, unter euren Brüdern suchen. Ihr müßt unter euch so oft als möglich zusammenkommen. Ihr müßt euch gegenseitig trösten mit guten Gebeten.»

Zu den aufmerksamsten Zuhörern gehörten die beiden Jünglinge Pierre Durand und Pierre Rouvier, die inzwischen ihre Tätigkeit als Notariatsangestellte aufgegeben hatten und nun selbst seit einiger Zeit in den Dörfern und Weilern des Vivarais Versammlungen durchführten. Nach Beendigung des Gottesdienstes wandten sie sich an einige der Heimstrebenden: «Am nächsten Sonntag, während die Römischen in der Messe sind, halten wir in Le Bouchet einen Gottesdienst ab.»

«Wo treffen wir uns?»

«Im Hause meiner Mutter Claudine Gamonet», antwortete Pierre Durand.

Nun trat ein etwa vierzehnjähriger Knabe, der sich die ganze Zeit über in unmittelbarer Nähe Pierre Durands aufgehalten hatte, vor diesen hin. «Gilt diese Einladung auch für mich?»

«Haben wir uns schon gesehen?»

«Ich Sie schon, aber Sie werden mich kaum beachtet haben. Ich habe Sie schon predigen gehört. Wenn ich nur schon so alt wäre wie Sie! Auch ich möchte Pfarrer werden.»

«Gott wird sich auch deiner Kräfte und deiner Gaben bedienen. Wer bist du?»

«Jean-Gabriel Fauriel, der drittgeborene Sohn von Jean-Jacques Fauriel aus Sagnes.»

Pierre Durand legte den Arm um den Jungen und zog ihn an sich. Jean-Gabriel funkelte ihn aus seinen dunklen Augen beglückt an.

«Aus Sagnes bei Silhac bist du? Da hast du noch einen weiten Weg.»

«Ich fürchte mich nicht. Es waren heute auch andere aus unserer Gegend dabei. Ich werde sie noch einholen.»

«Auch deine Eltern?»

«Nein, heute nicht. Aber auch sie stehen im wahren Glauben.»

Am 29. Januar, zur Zeit, da die Katholiken in der alten Kirche von Pranles der Messe beiwohnten, fanden sich dann, wie vereinbart, die Eingeweihten im Hause der Claudine Gamonet ein. Pierre Durands Freund, Pierre Rouvier, war schon am Tag zuvor nach Le Bouchet herübergekommen, um im Hause der Durands zu übernachten. Bis spät in die Nacht hinein saß er mit Pierre Durand vor dem großen Herd in der Küche, und die beiden Jünglinge vertrauten sich an, was ihnen auf der Seele brannte.

«Haben dich die Worte der Witwe Caton am letzten Sonntag nicht überzeugt?»

«Sie hat gepredigt wie eine, die wirklich den Auftrag hat», antwortete Pierre Durand nachdenklich. «Ich weiß, daß es das gibt, daß nicht nur Männer, wie etwa Abraham Mazel, sondern auch Frauen und Kinder, ja gerade sie, die Gnadengaben empfangen können. Ich habe noch heute mit meinem Vater darüber gesprochen, und er hat mir ein Beispiel aus der Kamisardenzeit erzählt, das ich vorher nie aus seinem Munde gehört hatte.»

Er erhob sich und warf ein paar krumme Scheite knorrigen Kastanienholzes auf die Glut. Von draußen hörte man das Heulen des Windes, irgendwo schlug ein Laden gegen das Gemäuer.

«Mein Vater hat es von Durand Fages selbst», fuhr Pierre Durand fort und starrte in das aufflammende Feuer.

«Ist das Durand Fages, der auch bei der Feuerprobe dabei war?»

«Eben der ist es. Und was sich da bei der Ziegelei von Sérignac ereignet hat, hat selbst Antoine Court nicht widerlegen können, obwohl er wahrhaftig kein Freund der Inspirierten ist.»

«Court haßt alles, was die Kirche, die er neu und von allen Irrtümern geläutert aufrichten will, in Verdacht bringen könnte, mit Fanatismus und Sektiererei in Verbindung zu stehen. Und zu diesem Unlauteren zählt er auch die Inspirierten und die Propheten.»

«Und vor allem die Prophetinnen.»

«Stimmt. Aber was hat Durand Fages für ein Erlebnis gehabt?»

«Er sah sich einmal genötigt, sich bei Tagesanbruch mit seiner kleinen Truppenabteilung bei einem Bauern zu verbergen. Es war in der Gegend von Nîmes. Sobald die Bäuerin die Männer auf ihr Haus zukommen sah, trat sie ihnen entgegen und hieß sie freudig willkommen. Fages war überrascht und fragte sie, woher sie denn wisse, wer sie seien. Sie könnten doch ganz gut zum Bürgerwachtposten gehören, der ganz in der Nähe aufgestellt war, und dessen Leute man von den Kamisarden kaum unterscheiden konnte. Besonders nicht in der herrschenden Dämmerung. Doch die Frau habe sich durch diese Fragen nicht beirren lassen und soll geantwortet haben: ‚Gestern abend hatte ich ein Gesicht, in dem mir befohlen wurde, mich darauf vorzubereiten, einige meiner Brüder zu empfangen.‘ Und wahrlich, sie soll ihnen einen guten Empfang bereitet haben. Fages behauptete, daß sowohl der Frau als auch ihren fünf Kindern, von denen das älteste erst zwölfjährig war, die Gnadengaben zuteil geworden seien. Ungefähr um acht Uhr morgens, als sie alle beisammen saßen, der Bauer, seine Frau, die Kinder, Durand Fages und dessen Leute, sei einer der kleinen Knaben unter Zuckungen und Schluchzen vom Geist ergriffen worden. Er habe ein wunderbares Gebet gesprochen und dann über eine halbe Stunde gepredigt. Alle seien tief ergriffen und entzückt gewesen, denn alles, was das Kind gesprochen habe, sei weit über dessen Fassungsgabe hinausgegangen. Und man weiß ja, daß der Geist über noch viel kleinere Kinder, sogar über Säuglinge, ausgegossen wurde, die in ihrem zarten Alter nur sprechen konnten, weil es Gott gefiel, seine Wunder durch den Mund dieser Unschuldigen zu verkünden. Diese Kinder vermochten für Gott zu zeugen, ehe noch ihre Zungen gelöst waren.»

«Und was anderes als ein Wunder war es, was sich an Clary offenbarte, um noch einmal auf die Feuerprobe von Sérignac zurückzukommen? Wie wäre es sonst möglich gewesen, während einer Viertelstunde im Feuer zu stehen, ohne versehrt zu werden? War es nicht Jean Cavalier selbst, der nachher Clary untersuchte und weder an seinem Gewand noch an seinen Haaren die geringste Spur des Feuers feststellen konnte? Aber was war das? Hast du nichts gehört?»

«Glaubst du, bei solchem Wetter schleiche einer um unser Haus?»

«Warum nicht? Sie sind wie Bluthunde hinter allen her, die das wahre Wort predigen. Wollen wir nicht nachsehen?»

Die beiden Freunde standen auf und traten zur Tür. Pierre Durand schob den Riegel zurück. Selbst mit vereinten Kräften vermochten sie kaum, die Tür gegen den Wind aufzustoßen. Ein Wirbel von Schneeflocken trieb ihnen entgegen.

«Da ist bestimmt keiner hier», lachte der junge Durand, «wir müßten ja im Schnee seine Spur sehen. Komm, es ist spät geworden, legen wir uns schlafen. Wenn es so weiterstürmt, werden morgen nicht viele unserem Gottesdienst beiwohnen.»

Aber am Sonntagmorgen hatte der Sturm ausgetobt. In wunderbarer Reinheit leuchteten die Höhen des Vivarais unter dem von allen Wolken reingefegten blauen Himmel. Gegen zwanzig Personen fanden sich nach und nach im Hause der Claudine Gamonet zum angekündigten Gottesdienste ein. Die meisten von ihnen, so der junge Jean-Gabriel Fauriel, hatten ein paar Stunden Weges hinter sich.

Jeder der Ankömmlinge wurde von den bereits Anwesenden begrüßt, die in Gruppen herumstanden und sich mit gedämpfter Stimme unterhielten. Einige ältere Leute hatten sich an die Wärme des offenen Feuers gesetzt. Als letzte erschien Durands Mutter, Claudine Gamonet. Sie führte ihr vierjähriges Töchterchen Marie an der Hand, das den Blick seiner großen Augen reihum auf die vielen Besucher richtete, sich aber völlig ruhig verhielt. Es war nicht das erste Mal, daß das Kind an einer Versammlung teilnahm. Etienne Durand nickte seiner Frau liebevoll zu und wies ihr einen Sessel an, den er für sie und das Mädchen neben die Feuerstelle geschoben hatte. Offenbar hatte Pierre Durand nur noch auf seine Mutter gewartet. Sobald sie sich hingesetzt und die kleine Marie auf ihre Knie gehoben hatte, stimmte er zur Eröffnung des Gottesdienstes einen Psalm an, in den sie alle, ohne Furcht, draußen gehört zu werden, mit Begeisterung einfielen.

Nachher las Pierre Rouvier, wie das üblich war, nach einem Abschnitt aus dem Alten Testament ein Kapitel aus den Evangelien, und die Versammelten hörten ihm in tiefem Schweigen zu. Dann predigte Pierre Durand mit der ihm eigenen Eindringlichkeit über einen der vorgelesenen Texte. Nach Schluß der Feier wurde auf Anregung Durands beschlossen, am Abend eine weitere Versammlung abzuhalten, nicht hier im Hause, sondern wie am Sonntag zuvor, als die Witwe Caton gepredigt hatte, in der kleinen, aber tiefen Schlucht von Navalet, die, weil sie abgelegen war, von den Protestanten der Gegend für derartige Veranstaltungen mit besonderer Vorliebe aufgesucht wurde.

«Wir werden nach dem Mittagessen möglichst viele Gläubige in den umliegenden Ortschaften aufsuchen, um sie für heute abend einzuladen», erklärte Pierre Durand.

«Darf ich euch begleiten?» bettelte Jean-Gabriel mit heißem Blick.

Und Durand nickte dem Eifrigen zu. In diesem aufgeweckten, von Begeisterung glühenden Jungen schien dem Vivarais ein tüchtiger Gottesmann heranzuwachsen.

Während die beiden Jünglinge mit dem Knaben im kalten Licht der bleichen Sonne über die kahlen Höhen zogen, um möglichst unauffällig, der eine hier, der andere dort, in den Häusern, in denen Gläubige wohnten, kurz vorzusprechen, eilte Souche, der am Vormittag dem Gottesdienst in Le Bouchet beigewohnt hatte, von hämischer Freude getrieben nach Vernoux, um dort den Abbé vom Vorhaben der Ketzer in Kenntnis zu setzen.

Bereits eine halbe Stunde später wußte der Bevollmächtigte der Militärbehörde, Dumolard, Bescheid und traf die ihm richtig scheinenden Maßnahmen. Und als die Durands mit Pierres Freund Rouvier und all jenen, die wegen ihres weiten Weges nach dem Morgengottesdienst bei ihnen geblieben waren, nach dem einfachen Mahl noch vor dem Herdfeuer saßen, in dem, in einer kupfernen Pfanne, die bratenden Kastanien knallend aufsprangen, war Dumolard bereits mit zwei Regimentern unterwegs.

«Wir werden heute noch zahlreicher sein als vor acht Tagen», frohlockte Jean-Gabriel, «fast alle haben uns zugesagt.» Der Junge konnte es kaum erwarten, bis aufgebrochen wurde.

Claudine Gamonet war bereits dabei, ihr Töchterchen schlafen zu legen, um nachher die andern in die Schlucht begleiten zu können.

Die Nacht war sternenklar.

Trotz der grimmigen Kälte strömten wirklich noch mehr Gläubige in der Schlucht von Navalet zusammen als eine Woche zuvor. Stumm hockten die dunklen Gestalten im Schatten der Föhren, in Mäntel und Decken gehüllt.

Es ging auf Mitternacht, als Pierre Durand sich erhob und aus der Finsternis auf den etwas erhellten Weg hinaustrat, um die Versammlung mit dem Gebet Antoine Courts zu eröffnen: «Herr, da wir kein Gotteshaus mehr haben, so erfülle diesen Ort mit deiner herrlichen Gegenwart, und da wir ohne Pfarrer sind, so sprich du selber durch deinen Heiligen Geist zu uns!»

In diesem Augenblick durchgellte ein Schrei die Stille der Nacht, und dann ertönte, schon näher, der Ruf: «Rettet euch, rettet euch!»

In der Tiefe, am unteren Eingang zur Schlucht, knallten schaurig ein paar Schüsse.

Sie waren verraten worden! Des Königs Soldaten waren da! Unterdrückte Zurufe, Anordnungen, ein hastiges Durcheinander von schattenhaften Gestalten erfüllten die Schlucht. Kinder weinten und Frauen jammerten in Entsetzen und Furcht. Sie wußten alle, daß jeder und jede, die ergriffen wurden, mit Galeerenstrafe und Gefängnis zu rechnen hatten. Aber sie waren mit den Pfaden und Verstecken in dieser unwegsamen Gegend vertrauter als ihre Verfolger, und dann waren viele von ihnen schon bei früheren Zusammenkünften überfallen worden und wußten bereits Bescheid.

Als hätte die Nacht die Ketzer verschluckt, fand Dumolard den Versammlungsort verlassen und menschenleer. Er stieß einen Fluch aus. Schon wieder, und nicht zum ersten- und wohl auch nicht zum letztenmal hatte er ins Leere gegriffen. «Sie müssen mit dem Teufel im Bunde stehen», knirschte er. «Aber wir haben ihre Namen,

Souche hat uns ihre Namen angegeben, und so werden sie uns diesmal nicht entwischen.»

Er erteilte den Befehl, das tiefe, waldüberwachsene Tälchen zu durchkämmen, und tatsächlich gelang es den Schergen, drei Mädchen aufzustöbern, die versucht hatten, sich hinter Gesträuch zu verbergen.

Nachdem die weitere Suche ergebnislos verlaufen war, wurden die drei Gefangenen, noch halbe Kinder, nach Vernoux abgeführt. Mit dem Rädelsführer, dem jungen Durand, würde Dumolard später abrechnen. Der schien ein richtiger Teufelsbraten zu sein. Dieses Nest mußte ausgenommen und die gefährliche Brut vernichtet werden, überlegte er und hörte auf das Gleichmaß der dumpfen Tritte der hinter ihm marschierenden Soldaten.

Zu eben dieser Zeit befanden sich Pierre Durand und Pierre Rouvier mit ihrem jugendlichen Begleiter, der sich ihnen auf ihrer Flucht angeschlossen hatte, auf dem Weg, der auf der andern Seite der Bachsenke nach Pranles hinaufführte.

«Wir werden nicht mehr verfolgt», stellte Durand fest. «Wenigstens in dieser Nacht nicht mehr. Morgen werden sie wiederkommen, denn bestimmt hat der Judas ihnen auch unsere Namen verraten.»

«Hast du jemanden im Verdacht?»

Durand zuckte die Schultern. «Vielleicht Souche. Zwar kenne ich ihn zu wenig, doch habe ich ihm nie richtig getraut.»

«So ein Schweinehund!» schimpfte Jean-Gabriel und spuckte aus.

«Ich habe es mir überlegt», fuhr Pierre Durand fort, «wir müssen unter allen Umständen versuchen, über die Grenze zu kommen. Nach der Schweiz. Erst dann sind wir in Sicherheit.»

«Ich werde mit euch gehen», erklärte der Junge.

«Du mit uns? Das ist nicht möglich», entschied Durand.

«Wenn ihr mich wegjagt, werde ich euch heimlich nachfolgen.»

«Nein, Jean-Gabriel, das wirst du nicht tun. Du bist zu klug, um dich und die Deinen so unbesonnen in Gefahr zu stürzen. Und uns könntest du auf unserer Flucht nicht nützlich sein. Im Gegenteil. Nein, Jean-Gabriel, wenn du uns helfen willst, und daran zweifle ich nicht, dann mußt du hier bleiben.»

«Wie das?»

«Unsere Angehörigen müssen verständigt werden. Wenn uns die Flucht gelingt, werden wir sie vermutlich jahrelang nicht wiedersehen. Sie haben aber ein Recht, zu erfahren, was unsere Absicht ist. Sie dürfen wissen, daß es uns gelungen ist, zu entwischen. Dir vertrauen wir uns an, Jean-Gabriel, hörst du? Wir werden in der Schweiz Theologie studieren, Pierre Rouvier und ich, und bis es so weit ist, wird wohl hier in Frankreich die Glaubensfreiheit wieder gewährleistet sein. Lange kann dieser Wahnsinn doch gar nicht mehr dauern. Dann kehren wir als Pfarrer zurück, um hier im Vivarais unseren Gemeinden zu dienen. Verstehst du das? Vorerst werden wir nun versuchen, Pfarrer Roger zu erreichen, der, wie Court die Cevennen, die Dauphiné seelsorgerlich betreut. Ihm werden wir unsere weiteren Pläne anvertrauen. Er wird zu gegebener Zeit durch einen Vertrauensmann meine Eltern unterrichten. Die erste Nachricht von uns sollen sie aber durch dich erhalten. Du wirst auch nach Craux gehen, um dort Madame Sautel, die Mutter meines Freundes, zu verständigen. Willst du das übernehmen? Willst du uns diesen wichtigen Dienst erweisen?»

Jean-Gabriel hatte den Kopf gesenkt und zerbiß die Lippen. «Ja», nickte er schließlich, «Sie können sich auf mich verlassen.»

«Dafür danke ich dir. Ich irrte mich also nicht, als ich annahm, auf meinen jungen Freund zählen zu können. Lebe wohl, Jean-Gabriel, der himmlische Vater behüte dich.» Und Pierre Durand streckte dem Jungen die Hand entgegen.

Nun vermochte sich Jean-Gabriel nicht länger zu beherrschen. Aufschluchzend warf er sich Pierre Durand an die Brust. «Werde ich Sie je wiedersehen?»

«Bestimmt, mein guter Junge, ganz bestimmt. Wenn nicht in diesem Leben, dann ganz gewiß im Himmel. Aber geh nun und stelle dich tapfer.»

Da riß sich Jean-Gabriel los. Noch einmal brach ein Seufzer aus seiner Brust, dann hatte er sich wiederum in Gewalt. «Leben Sie wohl, leben Sie wohl! Und – kehren Sie gesund zurück!»

Aufgerichtet wie ein Soldat stand er da unter dem silbernen Netz der bereiften Birkenzweige und sah den beiden Freunden nach, die bald nach einer Biegung des Weges seinem Blick entschwanden. Dann ging auch er.

Mit kräftigen Schritten legte er den Weg zurück.

Tränen rannen ihm über die Wangen. Er achtete es nicht, so sehr hatten die Ereignisse dieser Nacht ihn aufgewühlt und alle seine Gefühle und Gedanken durcheinandergebracht.

Im Bouchet wütet der Zorn

Als der neue Tag anbrach, hatte Jean-Gabriel seine Mission bereits ausgeführt.

«Gott behüte die beiden», sagte Etienne Durand, «er lasse sie ins Ausland entweichen. Würden sie ergriffen, es wäre um sie geschehen.» Und unwillkürlich hob er den

Blick zu den über der Feuerstelle eingemeißelten Worten: «Loué soyt Dieu!»

«Es wird ihnen bestimmt gelingen», meinte der Junge.

«Fraglos wird sich Dumolard mit seinem mißlungenen Überfall nicht abfinden wollen und versuchen, seine Niederlage auf andere Weise wettzumachen. Es ist zu vermuten, daß wir heute schon Weiteres erfahren werden. Geh hinauf in die Kammer, Jean-Gabriel, und leg dich in Pierres Bett, um dich auszuruhen, ehe du nach Hause gehst. Deine Eltern werden in Sorge sein um dich, wenn sie vom Überfall hören.»

Damit ging Durand in den Stall hinüber, um die Tiere zu besorgen. Er mußte auf Schlimmes gefaßt sein, wenn Dumolard in Erfahrung gebracht hatte, daß Pierre der Leiter der Versammlung gewesen war. Und es fiel ihm das andere Wort ein, das er über den Eingang in sein Haus hatte setzen lassen: «Miserere mei – Domine Deus.» Der Herr würde nichts geschehen lassen, was für sein und der Seinen Seelenheil nicht erforderlich war.

Gegen Mittag wußte einer der Nachbarn die beim Überfall in der Schlucht erfolgte Verhaftung der drei Mädchen zu melden, und am Nachmittag kam die Kunde vom Anrücken einer Abteilung Soldaten. Man wollte deren siebzehn gezählt haben.

«Geh!» wandte sich Durand an seine Frau, «es ist besser, wenn du die Kleine in Sicherheit bringst und selber wegbleibst, bis wir Gewißheit haben, was sie wollen.»

In aller Eile machte Claudine Gamonet ein Bündel mit ein paar Habseligkeiten zurecht. Vielleicht mußte das Kind längere Zeit wegbleiben. Dann entfernte sie sich mit Marie. Sie wollte das Mädchen bei einer Freundin in einem etwas außerhalb des Weilers gelegenen Gehöft unterbringen.

Schon in Kürze erwies sich das Gerücht von den anrückenden Soldaten als richtig. Ihr Ziel war wirklich Le Bouchet.

Als eben das Gold der untergehenden Sonne das verschneite Geäst der Kastanienbäume aufleuchten ließ, marschierten sie heran. Vor Etienne Durands Haus trennten sie sich. Eine Abteilung setzte ihren Weg fort, vermutlich in der Absicht, den Weiler auf der andern Seite ebenfalls zu besetzen. Der kleinere Trupp, der zurückblieb, schien den Befehl zu haben, Durands Haus zu durchsuchen.

Mit Gewehrkolben schlugen die Uniformierten gegen die Haustür.

Bangen Herzens schob Durand den Riegel zurück.

«Im Namen seiner allerchristlichsten Majestät, des Königs!» brüllte ihn einer an.

«Was wollt ihr?» fragte Durand die stürmisch ins Haus drängenden Soldaten.

«Das wirst du bald genug erfahren, verdammter Ketzer! Wo ist dein Sohn?»

«Ich weiß es selber nicht. Seit gestern habe ich ihn nicht mehr gesehen.»

«Es hilft dir wenig, uns anzulügen.»

«Ich sage die Wahrheit.»

«Wo hält er sich verborgen?»

«Ich weiß es nicht.»

«Vorwärts, durchsucht das Haus! Und du sorgst für Essen und Trinken. Wir sind sieben Mann, die du zu verpflegen hast. Wo ist dein Weib?»

«Sie ist nicht da, wird aber gegen Abend zurückkommen.»

«Verdammte Brut!»

Aus dem Raume nebenan scholl wüstes Gelächter. Und gleich darauf erfolgte ein fürchterliches Krachen. Es mochte einer einen Stuhl auf dem Tisch zerschmettert haben.

«Ruhe!» brüllte der bei Durand Zurückgebliebene, der

vermutlich das kleine Detachement zu kommandieren hatte. «Es sind wahre Hurenkerle», grinste er und verzog sein blatternarbiges Gesicht. «Du wirst noch deine Wunder mit uns erleben. Sag einmal, ist es wahr, daß ihr den Teufel anbetet?»

«Wir beten zum gleichen Gott wie ihr!»

«Schweig! Wäre dem so, dann müßtet ihr kaum ausgerottet werden. Und nun geh endlich und sorge für Wein. Eines sollst du dir von allem Anfang an merken: Hüte dich vor meinem Zorn!» Damit ließ er sich auf den bei der Feuerstelle stehenden Sessel niederfallen und streckte die Beine aus. «Quartier für sieben Mann, hast du verstanden?»

Durand entfernte sich.

«Wann werdet ihr endlich Ruhe geben und aufhören, mit eurem verfluchten Aberglauben das Land zu verpesten?» herrschte ihn der Uniformierte an, als er einen Krug Wein aus dem Keller heraufbrachte. «Her mit dem Gesöff!» Und der Soldat riß den Krug an sich und trank in langen Zügen daraus. «Warst du gestern nacht auch dabei?»

Durand stellte sich, als habe er die Frage gar nicht gehört.

«Hab ich dich etwas gefragt oder nicht? Ich frage dich im Namen seiner allerchristlichsten Majestät, unseres Königs!»

In diesem Augenblick kamen lärmend und gröhlend die sechs andern zurück. «Wir haben niemanden festgestellt», meldete einer. «Aber man weiß ja, daß sie sich mit Hilfe des Teufels unsichtbar machen können.»

«Geht in Ordnung», nickte der, der das Kommando führte. «Wir haben Zeit genug, das zu überprüfen. He, Durand, noch mehr Wein her, und ihr, sobald ihr eure Gurgeln ausgespült habt, sorgt dafür, daß wir ein ordentliches Nachtlager bekommen. Drei Kammern sind zu beschlagnahmen. Hast du gehört, Durand? Drei Kammern für die Soldaten unseres allerchristlichsten Königs. Solange wir hier sind, wirst du dich mit deiner Frau in den Stall verziehen müssen. Sobald die Haftbefehle eintreffen, werden wir weitersehen.»

«Die Frau mag meinethalben bei uns bleiben, und wir werden uns brüderlich in ihre Reize teilen», bemerkte einer und weckte damit bei den andern ein wieherndes Gelächter.

«Ruhe! Ist einer von euch etwas gefragt worden?»

Eine Woche später trafen die Haftbefehle dann wirklich ein. Auf Grund der Angaben, die Dumolard von Souche erhalten hatte, war die Verhaftung von Pierre Rouvier und Pierre Durand sowie von dessen Mutter, Claudine Gamonet, verfügt worden, da nachgewiesenermaßen am 29. Januar in ihrem Hause und in ihrem Beisein eine durch das Gesetz verbotene religiöse Versammlung stattgefunden hatte. Des weiteren lagen Haftbefehle vor für Pierre Ducros und Jacques Combes, zwei junge Männer aus Serret in der Nähe von Pranles, die mehrmals an Zusammenkünften teilgenommen hatten. An Pierre Rouvier und Pierre Durand konnte der Befehl vorläufig nicht ausgeführt werden, da sie unbekannten Aufenthaltes waren und es so nicht möglich war, ihrer habhaft zu werden. Vermutlich war es ihnen gelungen, sich in Sicherheit zu bringen. Etienne Durand erbleichte, als ihm der Kerl, der die in seinem Hause einquartierten Soldaten befehligte, den seine Frau betreffenden Haftbefehl vorwies.

Claudine Gamonet schrie auf und warf sich ihrem Gatten Schutz suchend an die Brust. «Und Mie? Was soll ohne die Mutter aus Mie werden?»

«Beruhige dich, Liebste, es ist der Herr, der auch diese Prüfung über uns kommen läßt. Noch ist kein Urteil gesprochen. Bin ich nicht damals heil und unversehrt aus dem Gefängnis von Pont-Saint-Esprit zurückgekehrt?»

«Etienne, was soll aus Mie werden?»

«Um unser Töchterchen brauchst du dich nicht zu sorgen. Er ist in besonderem Maße der Vater der Witwen und Waisen», versuchte er die Fassungslose zu trösten. Aber seine Stimme bebte und klang wenig überzeugend.

«Tut mir leid», knurrte der Soldat, dem das Unglück der beiden doch irgendwie peinlich war. Er mußte zugeben, daß er sie in der Woche, da er unter ihrem Dache lebte, als brave und arbeitsame Leute kennengelernt hatte, die die bestimmt unangenehme und auch kostspielige Zwangseinquartierung ergeben über sich hatten ergehen lassen. Von Teufelsbeschwörungen und anderen Zauberkünsten hatte er auch nicht die Spur wahrnehmen können. «Ich meine, wenn ich mir einen Rat erlauben darf», räusperte er sich verlegen, nicht ganz sicher, ob er sich nicht mit dieser menschlichen Regung gegen seine Pflicht verging, «ich meine, die Frau brauchte nur ihre Bereitschaft zu erklären, abzuschwören und, wie die Schwarzen sagen, in den Schoß der alleinseligmachenden Kirche zurückzukehren, um sich aus dieser Schlinge zu ziehen.»

«Und wenn ich das vor Gott und meinem Gewissen nicht verantworten kann?» fragte Claudine Gamonet und reckte ihre schlanke, hohe Gestalt.

«Pah!» Der Soldat zuckte verächtlich die Achseln. Dann sah er sich scheu um, um sich zu vergewissern, daß er von keinem seiner Kameraden gehört wurde. «Was ist ein kleines Wort? Man spricht es aus, und schon ist es nicht mehr da. Da drin, meine ich», und er klopfte mit der geballten Hand gegen die Brust, «da drin kann einer trotzdem glauben, was er will!»

«Ihr meint es gut mit mir», sagte Claudine Gamonet seltsam gefaßt. «Aber dieses kleine Wort werde ich nicht sprechen. Ich kann mir nicht die vermeintliche Freiheit in diesem kurzen, irdischen Leben mit meinem ewigen Seelenheil erkaufen.»

Sie spürte den Druck des Armes, den ihr Mann um sie gelegt hatte, und schaute zu ihm auf. «Miserere mei – Domine Deus», flüsterte er. Gläubig nickte sie.

Dann machte sich Claudine Gamonet bereit, denn sie sollte unverzüglich abgeführt werden. Die Soldaten hatten Befehl, sie ins Gefängnis nach Montpellier zu bringen.

Unter den Kastanienbäumen blieb sie stehen und schaute noch einmal zurück. Noch einmal umfing ihr Blick das kleine Gehöft. Mehr als zwanzig Jahre ihres Lebens hatte sie hier in bescheidenem Glück verbracht. Würde sie ihren Mann und die beiden Kinder je wiedersehen?

Gebeugt, in stummem Schmerz, nun wirklich schon ein alter Mann, stand Etienne Durand hinter dem Hause und starrte noch lange in die Richtung, in der die Soldaten mit seiner Frau verschwunden waren. Auch in ihm brannte die Frage: Würden sie sich in diesem Leben wiedersehen?

Als er dann schließlich schweren Schrittes und mit einem Würgen im Hals ins Haus zurückkehrte, fiel ihm das Wort ein: «Der Herr hat's gegeben, der Herr hat's genommen, der Name des Herrn sei gelobt.» Und es war ihm dabei, als ruhe der gütige Blick Claudines auf ihm, die ihm eine so treue und zuverlässige Weggefährtin gewesen war.

Noch einmal zwei Wochen, im ganzen 21 Tage, verblieben die siebzehn Soldaten im Bouchet, um, wie ihnen das befohlen war, durch ihr rohes Benehmen Angst und Schrecken unter der Bevölkerung zu verbreiten. Denn auch das war eines der immer wieder angewandten Mittel, um die Irrgläubigen für die wahre Kirche zurückzugewinnen. Es brauchte sich einer, um diese elfte ägyptische Plage loszuwerden, nur reumütig zu zeigen und abzuschwören. Das kam vor, doch nur sehr selten. Denn wer es tat, setzte sich der Verachtung seiner standhaft gebliebenen Glaubensbrüder aus.

In den letzten Tagen ihres Aufenthaltes in Le Bouchet rissen die Soldaten das Haus der Claudine Gamonet nieder, in dem jeweils die Versammlungen stattgefunden hatten. Bis auf die Grundmauern wurde das Haus zerstört.

Etienne Durand nahm auch diese Prüfung scheinbar teilnahmslos zur Kenntnis. Was lag ihm an diesem Haus, da man ihm die Ehegefährtin genommen hatte? Seit ihrer Verhaftung war etwas zerbrochen in ihm. Wie abwesend ging er umher, und auch während der Arbeit schienen seine Gedanken anderswo zu sein.

Wie mochte es ihr ergehen? Was war aus Pierre geworden?

Eine ältere Frau aus der Nachbarschaft war nun tagsüber im Haus, sie kam auch weiter, als die Soldaten abgezogen waren, um, was möglich war, wieder in Ordnung zu bringen.

Es sah fürchterlich aus. Wie die Vandalen hatten die Kerle gehaust. Die Kammern, in denen sie einquartiert gewesen, hatten sie in unflätiger Weise beschmutzt und verschmiert, die besten Möbelstücke hatten sie weggeschleppt, anderes war kurz und klein geschlagen und verfeuert worden.

Vom Vieh hatten sie schon während ihrer Einquartierung einige Stück geschlachtet, und was noch übriggeblieben war, das trieben sie vor sich her, als sie endlich den Weiler verließen. Noch in der Nacht, wenn er sich auf seinem Lager wälzte, glaubte Durand das Brüllen der Tiere zu hören.

Andern Bewohnern von Le Bouchet war es ähnlich, wenn nicht noch schlimmer ergangen. Es war eine wahre Heimsuchung gewesen. Pierre Ducros und Jacques Combes waren inzwischen verhaftet, bereits verurteilt und au die Galeeren verbannt worden.

Einmal war Jean-Gabriel da gewesen, um sich nach Pierre Durand zu erkundigen. Da bis zur Stunde weder von ihm noch von seinem Freunde eine Nachricht eingetroffen war, war wohl anzunehmen, daß ihnen ihre Flucht geglückt war. Auch aus Montpellier verlautete nichts. Das aber deutete Etienne Durand als ein schlechtes Zeichen.

Zwei Diener zweier Herren

Während in Le Bouchet Robert Dumolards Zorn wütete, gelang es den beiden flüchtenden Jünglingen Pierre Durand und Pierre Rouvier, in die Schweiz zu entkommen. Am 12. Februar langten sie in Genf an, wo seit einiger Zeit eine Tante Rouviers lebte. Bei ihr, die selber wegen ihres protestantischen Glaubens aus Frankreich geflüchtet war, fanden sie eine erste Unterkunft. Die große Zahl der in der Stadt Calvins lebenden Refugianten überraschte sie. Tatsächlich hat Genf während mehr als einem Menschenalter ständig an die 4000 Flüchtlinge beherbergt, die einen Viertel der gesamten Bevölkerung ausmachten. Und das, obwohl die meisten der Aufgenommenen jeglicher Mittel entbehrten. Selbst die Drohungen Frankreichs, die Lebensmittelzufuhr von Gex her zu sperren oder mit einem großen Heer aus der Dauphiné einzubrechen und Genf zu überfallen, vermochten die hilfsbereiten Bürger und ihre Behörden nicht einzuschüchtern oder gar von der weiteren Unterstützung der Hugenotten abzuhalten.

Da auch Pierre Durand und sein Freund über nur geringe Mittel verfügten, brannten sie darauf, eine Anstellung zu finden, die ihnen ihren Unterhalt sichern und sie zugleich in die Lage versetzen würde, mit dem Theologiestudium zu beginnen; denn nach wie vor träumten sie davon, einst als Pfarrer in ihre Heimat zurückzukehren.

Auf einem Schiff, das die Stadt Genf eigens zu diesem Zwecke unterhielt, wurden sie nach einigen Wochen mit andern Refugianten nach Ouchy weiterbefördert. Von dort aus kamen sie in die landeinwärts gelegene Stadt Lausanne, wo sich ihrer ein Bekannter von Rouviers Tante, Lafeuille, annahm. Lafeuille, der vor seiner Flucht aus Frankreich in Gua als Kirchenältester gewirkt hatte, war tief beeindruckt vom Glaubenseifer der beiden jungen Leute. Er tat alles, um ihnen behilflich zu sein, und wußte ihnen die Bekanntschaft mit zwei vornehmen Herren zu vermitteln, die bereit waren, die beiden Hugenotten in ihre Familien aufzunehmen. So fand Pierre Rouvier eine Anstellung als Diener und Hauslehrer bei Professor Hollard in Bern, und Pierre Durand wurde in ähnlicher Weise bei einem Herrn Taillandier in Zürich untergebracht. Das bedeutete nun freilich, daß die Freunde sich voneinander trennen mußten, was offenbar dem anlehnungsbedürftigen Pierre Rouvier schwerer fiel als dem kämpferischeren Pierre Durand. Als es so weit war, besuchten sie in Lausanne noch einmal gemeinsam den Gottesdienst.

Der Pfarrer sprach über ein Wort des Propheten Hesekiel: «Siehe, da rauschte es in den Totengebeinen, und siehe, es regte sich, und die Gebeine kamen wieder zusammen und wurden wieder lebendig, und siehe, es war ein sehr großes Heer.»

«Das Wort und die Kraft Gottes, die dieses Wunder bewirkten, vermögen auch andere Wunder zu vollbringen, auch heute noch», sagte Pierre Durand nach der Predigt seinem Freunde und sich selber zum Trost, als sie hinunterstiegen und den Weg nach Ouchy einschlugen. «Er hat bisher alles so wohl gefügt, warum sollten wir nicht wieder zusammengeführt werden zu gemeinsamem Wirken?»

Pierre Rouvier nickte. Aber dann schossen ihm die Tränen in die Augen, und er warf sich dem Freund an die Brust. «Bestimmt ist es so. Aber wie soll ich ohne dich und deinen immer wieder aufmunternden Zuspruch durchhalten? Fern der Heimat und fern meinen Angehörigen – es wird schwer sein für mich.»

«Auch ich hänge an meiner Heimat, an meinen Eltern und an meiner kleinen Schwester. Aber wir haben die Trennung auf uns genommen, um nicht an uns zu denken, sondern um unserem himmlischen Meister zu dienen, um Streiter für ihn und seine Sache zu werden. Daran wollen, daran müssen wir uns immer wieder aufrichten, wenn wir in der Versuchung schwach werden sollten.»

Sie setzten ihren Weg fort, dem grau verhangenen See entlang und an den immer noch kahlen Gärten vorbei. Nur das Kreischen einiger Möwen zerriß die bedrückende Stille.

«Trüben Gedanken nachzuhängen und Mitleid mit sich selber zu haben, ist eine Sünde. Damit ist weder den andern noch uns selber geholfen», sagte Pierre Durand. «Jetzt ist hier alles noch kahl und wie erstorben. Das stimmt uns traurig. Aber wie anders wird es schon in wenigen Wochen sein! Dann grünt und blüht es hier wiederum in allen Gärten, und die Berge Frankreichs, die jetzt der Nebel verhüllt, schimmern vom andern Ufer herüber. Daran wollen wir denken, Pierre, daran.»

«Natürlich hast du recht, Pierre, siehst du, wie du mir immer wieder zurechthilfst?»

«Wir wollen die Zeit unseres Getrenntseins ausnützen, damit sie einmal nicht umsonst war. Und dann, Pierre, sind wir aus dem Vivarais gesund in dieses Land geführt worden, warum sollten wir nicht auch hier den Weg wieder zueinander finden? Du besuchst mich in Zürich, ich suche dich in Bern auf. Wieviel werden wir uns jeweils zu erzählen haben! Herrlich, all diese Möglichkeiten, die wir nur zu ergreifen und uns nutzbar zu machen brauchen.»

«Zwei Kammerdiener am Genfersee», lächelte Pierre Rouvier.

«Ja, zwei Kammerdiener. Vor allen Dingen aber zwei Diener unseres himmlischen Herrn. So werden wir fortan zwei Herren zu dienen haben, du und ich. Dabei wollen wir nie vergessen, welcher Dienst der wesentliche ist. Oh, wie sehne ich mich danach, nun endlich mit dem theologischen Studium beginnen zu können, um bald, nicht nur als Prediger, sondern als ein richtiger Pfarrer und Seelsorger, ins Vivarais zurückzukehren und ins heilige Ministerium aufgenommen zu werden.»

«Bis dahin ist es noch eine lange Zeit.»

«Geh, Pierre, drei Jahre! Was sind drei Jahre! Viel zu kurz ist die Zeit für all das, was es zu lernen gibt.»

Aus einem Brief, den Pierre Rouvier drei Monate später von Bern aus schrieb, geht hervor, daß er für seine Tätigkeit 60 Ecus erhielt, also 180 Pfund. Das war eine anständige, ja wohlwollende Entlöhnung, denn Rouvier wurde nicht allzu sehr beansprucht. Er hatte seinem Herrn beim Ankleiden behilflich zu sein, mußte bei Tisch aufwarten und außerdem den Kindern Französischunterricht erteilen. Zwischenhinein spielte er mit ihnen, was ihn selber erheiterte und ihm half, die trüben Gedanken, die immer wieder kommen wollten, zu verscheuchen. Für seine Studien, die er nach dem Rat Durands sofort aufnahm, blieb ihm genügend Zeit.

«Und da man wohl annehmen darf, daß mit Gottes Hilfe auch in Frankreich die wahre Religion bald wieder in ihre Rechte eingesetzt wird», schrieb er, «läßt mich Professor Hollard, der Dekan der hiesigen Akademie, in seiner bewunderungswürdigen Hilfsbereitschaft die Vorlesungen besuchen, ohne daß es mich viel kosten würde. Ich habe in der fünften Klasse begonnen. Worüber sich Professor Hollard am meisten freut, ist der Umstand, daß ich, ohne mir schmeicheln zu wollen, mit Feuereifer das Studium begonnen habe. Er hat mir versichert, daß ich, wenn ich so weiterfahre, in der Lage sei, vor Ablauf von drei Jahren die Kanzel zu besteigen.»

Diese Aussicht spornte des Studenten Schaffenseifer weiter an, und oft saß Rouvier während der ganzen Nacht über seinen Büchern, so daß er gute Fortschritte machte. «Wie herrlich ist es, daß es junge Leute, wie wir es sind, ohne die Unterstützung durch Freunde zu einem so ehrenvollen Amt bringen können. Ich würde nicht fertig, wollte ich dir alle die Wohltaten aufzählen, die mir Gott schon erwiesen hat.»

Dabei dachte er an seinen Freund Pierre Durand in Zürich, von dem er im gleichen Briefe schrieb: «Er bemüht sich, den Kindern von Herrn Taillandier Französisch und Rechnen beizubringen. Im Hinblick auf seine Studien sind ihm die gleichen Vergünstigungen gewährt worden wie mir, nun kann er kaum erwarten, bis er mit der Niederschrift von Predigten beginnen darf. Er brennt darauf, ins Ministerium aufgenommen zu werden.»

Der Feuereifer, mit dem Rouvier zu Beginn seinen Studien oblag, war indessen nur von kurzer Dauer. Mehr und mehr fühlte er sich schon zu alt, um all das nachzuholen, was für ein richtiges Theologiestudium Voraussetzung war. Dazu kam die Nachricht vom plötzlichen Tod seines Vaters, des königlichen Notars in Roux. Diese Mitteilung warf ihn völlig aus dem Geleise. Wenn er auch wußte, daß ihr ein beträchtliches Vermögen zufiel und sie in finanzieller Hinsicht gesichert war, so fühlte er als ältester Sohn doch die Verpflichtung, der Mutter, die nie selbständig gewesen war, in dieser schweren Zeit beizustehen.

Immer stärker wurden die Zweifel in ihm, ob er es auch aushalten würde, noch drei Jahre in der Fremde auszuharren. Es trieb ihn nicht nur zur Mutter, sondern auch zu seinen vier Geschwistern, von denen Anne die älteste und die zehnjährige Marie-Judith die jüngste war.

Diese Sohnespflicht nahm er schließlich zum Anlaß, seinem immer stärker an ihm zehrenden Heimweh nachzugeben, die Anstellung in Bern aufzugeben und vorerst nach Genf zu seiner Tante zurückzukehren.

Hier erreichte ihn ein Brief Pfarrer Rogers, des Apostels aus der Dauphiné, bei dem er und sein Freund Durand auf ihrer Flucht nach der Schweiz vorgesprochen hatten. «Ich kann meiner Freude kaum Ausdruck geben, die ich darüber empfinde, daß Gott nicht nur täglich Menschen, um sie zu erretten, der Kirche zuführt, sondern auch immer wieder Menschen aufruft, damit diese für das Heil ihrer Mitmenschen arbeiten, oder, um es besser zu sagen, daß er sich der Pfarrer bedient, um die armen, in die Irre gegangenen Schafe neu zu sammeln. Und so wünsche ich, daß alle, die bereit sind, sich zu solchem Werk verwenden zu lassen, in das Ministerium aufgenommen werden, vielleicht so, daß sie die Möglichkeit erhalten, in einer Synode ein Examen abzulegen und sich die Hände auflegen zu lassen. Ich glaube, daß es zu Ihrem Vorteil ist, wenn ich Ihnen nun noch ein paar Ratschläge erteile. Um die Hilfe des Himmels zu erlangen, muß man häufig und mit wahrem, nicht nachlassendem Eifer beten. Die Glaubenssätze, die die Wahrheiten unserer heiligen Religion behandeln, müssen Sie auswendig lernen. Dabei dürfen Sie sich nie einbilden, etwas in ganz kurzer Zeit lernen zu wollen. Ein Buch muß mit aller Aufmerksamkeit durchgelesen werden, immer wieder müssen Sie verweilen, um sich über den

Sinn der Lehrmeinung klar zu werden. Und was das Predigtamt anbetrifft, so müssen Sie Ihre Predigten, sofern Sie selber solche verfassen wollen, vorerst niederschreiben und dann auswendig lernen*. Diese Predigten müssen gut aufgebaut sein, die Zuhörer packen und sie zu Frömmigkeit und Gottesfurcht emporführen. Wenn Sie auch noch jung sind, werden Sie mit Gottes Hilfe doch schon manches erreichen. Was Ihr Benehmen anbetrifft, so müssen Sie sich stets bewußt sein, daß Sie in allen Ihren Worten, Bewegungen und Handlungen den andern ein Vorbild sein müssen, weil Sie sonst in einem einzigen Augenblick zerstören können, was Sie mit viel Mühe aufgebaut haben.»

Aus seiner reichen Erfahrung heraus legte er Rouvier nahe, besondere Beachtung seiner eigenen, aber auch der Sicherheit jener zu schenken, denen er zu dienen hatte. «So ermahne ich Sie, sich verborgen zu halten, wann immer dies möglich ist, und nicht leichtsinnig die Gläubigen einer Gefahr auszusetzen.» Im übrigen riet Roger seinem jungen Schutzbefohlenen, im Eifer nichts Unbesonnenes zu tun, sondern gerade im Hinblick auf seine Jugend den Rat seiner Brüder im Ministerium anzunehmen und sich am besten einem der Kirchenältesten anzuvertrauen.

Diese Kirchenältesten waren Laien, die im Sinne der heutigen Kirchgemeinderäte oder Kirchenpfleger in Verbindung mit den Pfarrern die Gemeinde überwachten, dafür besorgt waren, daß Versammlungen stattfanden und daß jedermann der Gemeinschaft teilhaftig wurde. Sie hatten Mißstände oder Übertretungen zu melden und mußten mit den Pfarrern alles beraten, was die Leitung und den Unterhalt der Kirche betraf.

* Es war durchaus üblich, daß der, der im Predigtamt sich übte, vorerst bedeutende Predigten aus dem 17. Jahrhundert auswendig lernte und vortrug, um sich an bewährten Mustern in bezug auf Predigtaufbau und Didaktik zu schulen.

Dieser Brief war für den unentschlossenen Rouvier wie eine Botschaft des Himmels. Roger selbst wies ihn darin auf die Möglichkeit hin, ins Ministerium aufgenommen zu werden, indem er vorderhand in Frankreich im Dienst der Kirche das Amt eines Predigers und Betreuers der Gläubigen versah.

Pierre Rouviers Entschluß war bald gefaßt. Obwohl er wissen mußte, daß in der Heimat noch immer nach ihm gesucht wurde, packte er in fast fiebriger Eile sein Bündel und brach unverzüglich in die Heimat auf.

Das war im Herbst des Jahres 1719.

Ein Vogel geht ins Netz

Beglückt vom Gedanken, der Heimat mit jedem Schritt näher zu kommen, wanderte Pierre Rouvier südwärts, wobei er sich, des ihm von Pfarrer Roger erteilten Rates eingedenk, möglichst abseits hielt, um sich nicht unbesonnen der Gefahr des Erkanntwerdens auszusetzen. Er trug eine blonde Perücke und war schwarz gekleidet.

In Valence übernachtete er im Gasthof «Zu den drei Tauben», und am Nachmittag des nächsten Tages überquerte er bereits in La Voulte die Rhone. Über St-Fortunat am Eyrieux erreichte er Vernoux, von wo er sich nach Constant zum Haus der Familie Garnier begab, die mit den Rouviers befreundet war.

Aber die Eltern Garnier waren abwesend, einzig die beiden Töchter Isabeau und Claire sowie eine junge Dienstmagd waren daheim. Die Mädchen erkannten den Gast, führten ihn ins Haus und machten sich eine Ehre daraus, den jungen Mann, von dessen Flucht sie durch Rouviers Mutter gehört hatten, gastlich aufzunehmen. Nach dem

Abendessen, das länger als sonst dauerte, da Pierre immer wieder von seinen Erlebnissen in der Schweiz erzählen mußte, wurden die Fenster verhängt, dann setzten sich die drei Mädchen mit dem Gast noch einmal um den Tisch, damit Pierre Rouvier die Andacht halte.

Er zog sein Neues Testament aus der Tasche, legte es vor sich hin und, nachdem er ein Gebet gesprochen, las er zwei Kapitel aus den Evangelien vor. Dann sagten sowohl die beiden Mädchen als auch die Dienstmagd ein paar Psalmen auf, die sie auswendig wußten, und endlich schloß Pierre Rouvier die Andacht mit einem Gebet.

«Weckt mich zeitig, wenn ich mich verschlafen sollte», bat er, als er sich von den Mädchen für die Nacht verabschiedete.

«Nach dieser weiten Reise hättest du es verdient, auszuschlafen.»

«Das hoffe ich daheim nachholen zu können. Ich kann es ja kaum erwarten, meine Mutter und die Geschwister wiederzusehen.»

Dann begaben sich alle zur Ruhe, und schon kurze Zeit später herrschte im Haus tiefe Stille.

Mitten in der Nacht aber wurde heftig an die Türe geklopft. Auch Rouvier erwachte vom Lärm. Soldaten, durchzuckte es ihn, das konnten nur Soldaten sein. Also war er erkannt und verraten worden. «Mutter, oh, meine Mutter!» Wenn er jetzt verhaftet wurde, sah er sie möglicherweise nie mehr.

In aller Hast stürzte er sich in die Kleider und stülpte die Perücke auf den Kopf. Dann griff er in die Rocktasche. Sollte er seine Bücher hier im Hause verbergen? Wenn sie auf ihm gefunden wurden, konnten sie ihm zum Verhängnis werden.

Aber dann schüttelte er den Kopf. Nein, er würde seinen Glauben nicht verleugnen.

Und mit der frischen Nachtluft, die er tief in sich einatmete, kam eine wunderbare Ruhe über ihn. Noch hatten sie ihn nicht erwischt, noch war er frei!

Vielleicht gelang es ihm, durch den Garten zu entkommen.

Er hörte, wie Claire unter der Haustür mit den Soldaten sprach. Vermutlich wollte sie sie hinhalten, um ihm Zeit zur Flucht zu verschaffen.

«Mein Vater ist nicht hier, und wir andern haben uns längst schlafen gelegt!»

Da wurde die Tür aufgerissen. Es war Isabeau Garnier, einen Kerzenleuchter in der Hand. Sie war nur notdürftig bekleidet, in ihren weitoffenen Augen flackerte die Angst. «Es ist schrecklich, Pierre, die Soldaten sind da. Sie wollen dich verhaften. Aber das darf nicht sein. Du mußt dich um jeden Preis in Sicherheit bringen. Durch das Haus hinunter kannst du nicht, da die Soldaten die Türe versperren. Aber zum Fenster hinaus gelangst du in den Garten. Es ist nicht hoch, du kannst ohne Gefahr hinunterspringen. Über die Gartenmauer kommst du in den Baumgarten. Beeile dich, Claire versucht, sie so lange aufzuhalten.»

Während ihrer hastigen Worte war sie ans Fenster geeilt und beugte sich nun, die Kerze hochhaltend, hinaus. «Sieh nur, es ist ganz ungefährlich!»

Rouvier schwang sich über die Brüstung. Aber als er auf den Boden aufschlug, stürzten sich schon ein paar Soldaten aus dem Schatten heraus auf ihn und packten ihn.

Sie hatten vorsichtigerweise das Haus umstellt und waren dann auf Isabeaus Licht aufmerksam geworden.

Nun war alles verloren. Auch die beiden Schwestern Garnier wurden gefangengenommen und mit Rouvier nach Vernoux abgeführt. Dort nahm man Rouvier alles ab, was er auf sich trug. Man fand auf ihm sein Neues Testament, ein Psalmenbuch, Pictets «Morale» sowie ein Buch über die protestantische Religion von Renoult. Das war Beweismaterial genug, um ihn zu überführen.

Rouvier war sich dessen bewußt und nahm mit vorbildlicher Ruhe entgegen, was das Schicksal ihm bestimmt hatte. Hoch aufgerichtet trat er zum Verhör vor Dumolard hin, seinem Widersacher unerschrocken in die Augen blickend.

«Wagen Sie zu leugnen, daß Sie der verbotenen Religion angehören?»

«Ich bin ein Kind Gottes und ein Verkündiger des Evangeliums Christi.»

«Ah!» Der Vertreter des Intendanten kniff die Augen zu. «Wie das? Ihre Großeltern sind doch, nach unseren Informationen, zum wahren Glauben zurückgekehrt?»

«Es ist wahr, daß meine Vorfahren im Zuge der großen Zwangsbekehrung abgeschwört haben. Mittlerweile bin ich aber vom Pfarrer oder vom Vikar von Serres protestantisch getauft worden, nachdem mich der Abbé gleich nach meiner Geburt katholisch getauft hatte. Mein Großvater kann unmöglich für mich meinen Glauben abschwören. Ich möchte in der protestantischen Religion leben und sterben wie mein Vater, der sie, als die beste erkennend, bis zu seinem Tode ausgeübt hat.»

«Ist Ihnen denn nicht bekannt», fuhr Dumolard fort, «daß es durch alle Verordnungen des Königs den Katholiken unter Androhung des Todes verboten ist, ihre Religion zu wechseln und vom Glauben abzufallen?»

«Nun», erwiderte Rouvier ruhig und mit einem Lächeln um den bleichen Mund, «wenn sich der König in der Religion, die er ausübte und in der er seine Gesetze erließ, getäuscht hat, so bin ich nicht verpflichtet, mich danach zu richten, da ich einzig meinem Gewissen gehorche und ich überzeugt bin, daß die protestantische Religion die einzige wahre Religion ist, durch die man erlöst werden kann.»

«Wenn das Ihr Standpunkt ist, hat es allerdings keinen Sinn, daß wir uns noch weiter unterhalten.»

Damit gab er der Wache ein Zeichen, Rouvier abzuführen. Aufrecht, erhobenen Hauptes, trat der junge Mann seinem Schicksal entgegen, das für ihn nicht ungewiß sein konnte. Gemeinsam mit den beiden Schwestern Garnier, in seinem schwarzen Anzug und mit gebundenen Händen, wurde er nach Montpellier verbracht.

Als die drei Gefangenen in Nîmes anlangten, wurden sie einem neuen Verhör unterzogen. Aber auch hier erwiderte Rouvier in unerschütterter Ruhe, ein Kind Gottes und ein Verkünder des Evangeliums zu sein.

Mit Windeseile verbreitete sich mit dieser Antwort unter den Protestanten der Stadt Nîmes das Gerücht, der junge, mutige Pfarrer müsse Antoine Court selber sein.

Der Fürsprache einer jungen Dame, die die intime Freundin des Majors der Zitadelle von Montpellier war – ihre Beweggründe sind uns nicht bekannt –, verdankte Rouvier in den Tagen seiner Gefangenschaft in Montpellier eine ungewöhnlich schonende Behandlung. Die mildherzige Schöne vermochte indessen nicht zu verhindern, daß der neue Intendant Louis Basile de Bernage, der eben die Nachfolge des berühmten Bâville angetreten hatte, am 12. Dezember 1720 Pierre Rouvier dazu verurteilte, dem König auf Lebenszeit als Galeerensklave zu dienen. Die Schwestern Isabeau und Claire Garnier aber wurden, um ein Exempel zu statuieren, im Interesse der Ruhe des Landes nach Amerika, und zwar nach Louisiana, verschifft. Über das weitere Geschick der beiden Unglückseligen ist keine Nachricht erhalten geblieben.

Nur wenige Tage nach seiner Verurteilung verbrachte man Rouvier nach Marseille, wo er auf der Galeere «La Brave» in Ketten gelegt wurde. Zu seiner Überraschung befanden sich unter seinen Leidensgenossen zwei Kameraden aus dem Vivarais: Jacques Combes aus Le Bouchet-de-Pranles und Pierre Ducros aus Le Serret, die ein paar Tage nach ihrer Teilnahme an der von Pierre Durand und Pierre Rouvier geleiteten Versammlung in der Schlucht von Navalet von den Soldaten Dumolards verhaftet worden waren.

Von den fünf Verratenen, gegen die nach jenem nächtlichen Überfall Haftbefehle erlassen worden waren, befand sich einzig noch Pierre Durand auf freiem Fuß.

Du sollst ein Segen sein

Als die Soldaten Dumolards mit ihrer Beute Le Bouchet-de-Pranles verlassen hatten und es im kleinen Weiler wieder still geworden war, betrat eines Abends nach Einbruch der Dunkelheit Pfarrer Antoine Court das Haus Etienne Durands.

Durand, der daheim war, war nicht wenig überrascht über den Besuch des vor allem im südlichen Teil der Cevennen tätigen, von den Protestanten hochverehrten Mannes.

Anläßlich der Synode vom 21. November 1718 war Court durch den ehemaligen Kamisardenführer Pierre Corteiz, der selber in Zürich zum Pfarrer konsekriert worden war, in Anwesenheit einer großen Menge durch Auflegen seiner Hände ins Pfarramt eingesetzt worden. Seit Jahren wurde der ebenso eifrige wie todesmutige Geistliche steckbrieflich verfolgt; hätte einer seine Festnahme ermöglicht, so wäre ihm ein Vermögen ausbezahlt worden, und dennoch war es den Häschern bisher nicht gelungen, seiner habhaft zu werden. Es ist kaum vorstellbar, was für ein Übermaß von Anstrengungen seine unruhevolle Tätigkeit von ihm verlangte, dessen Körper zudem durch immer wiederkehrende Fieberanfälle geschwächt war. Doch für ihn gab es keine Bedenken persönlicher Art. Für ihn gab es nur die ihm von Gott gestellte Aufgabe, die Wiederaufrichtung der protestantischen Kirche in Frankreich. Daran arbeitete er mit den wenigen Mitarbeitern, die der Kirche in der Wüste* noch geblieben waren.

«Ich habe von dem Ungemach gehört, das der Herr Euch zu tragen aufgegeben hat. Wagt Ihr es dennoch, mir für diese Nacht unter Eurem Dach Unterkunft zu gewähren?»

Durand streckte ihm die Hand entgegen: «Was ist mir nach so schwerer Trübsal Ihr Besuch für eine Freude, Herr Pfarrer!»

«Ist das Urteil über Eure Frau noch nicht gesprochen?»

Durand schüttelte den Kopf. «Ich habe noch immer nichts gehört. Seitdem sie abgeführt wurde, und das war am 8. Februar, habe ich in ihrer Sache nichts mehr vernommen. Ich weiß nicht, ob sie überhaupt noch lebt. Und auch von Pierre, der in der Nacht vom 29. Januar geflohen ist, fehlt jede Nachricht. Vom jungen Fauriel, der die beiden – Pierre floh mit seinem Freunde Rouvier – bis nach Pranles begleitet hat, weiß ich nur, daß sie die Absicht hatten, über die Rhone nach der Schweiz zu entkommen. Walte Gott, daß ihnen das geglückt ist.»

«Es ist ihnen geglückt. Um Euch diese gute Botschaft

* Die bei den Hugenotten gebräuchliche Bezeichnung «Kirche in der Wüste» geht auf Vers 6 in Kap. 12 der Offenbarung zurück: «Und das Weib entfloh in die Wüste, wo es einen Ort hat, bereitet von Gott.» Das Weib ist die christliche Gemeinde, die vor dem Ende der Tage noch schwere Verfolgungen durchzustehen hat, was ihr nur in der Abgeschiedenheit möglich ist. – So war die evangelische Kirche Frankreichs nach der Aufhebung des Ediktes von Nantes von 1685 bis 1787 eine verborgene christliche Gemeinde, in der Verfolgung, eben eine «Kirche in der Wüste». Die von den Pfarrern ausgestellten Tauf- und Traubescheinigungen trugen an Stelle eines Ortsnamens die Bezeichnung «au désert – in der Wüste».

zu bringen, bin ich hierhergekommen. Die beiden haben es Pfarrer Roger wissen lassen.»

«Sie haben die Schweiz erreicht?»

«So ist es.»

«Gott sei Lob und Dank! Und weiß man auch, wo sie sind?»

«Erst waren sie in Genf und in Lausanne, nun bringen sich beide als Diener und Hauslehrer durch. Und neben ihrer Arbeit haben sie ihre theologischen Studien aufgenommen, Euer Sohn in Zürich, sein Freund in Bern.»

«So hat alles so kommen müssen. Dürfte doch auch Claudine es erfahren! Aber ich lasse Euch stehen und Ihr seid müde! Setzt Euch, Herr Pfarrer, und ruht Euch aus! Hungrig werdet Ihr auch sein. Ihr habt ja wie des Menschen Sohn nicht, da Ihr Euer Haupt hinlegt.»

Antoine Court lächelte. «Und doch hat mich der Herr immer wieder eine Grube oder ein Nest finden lassen. Immer wieder öffnet sich mir eine Tür.»

Nach dem einfachen Mahl saßen die beiden Männer noch bis spät in die Nacht hinein beisammen.

«Wir sind ja so froh, daß es den beiden geglückt ist, ihren Häschern zu entkommen. Solche Leute haben wir bitter nötig. Die geistliche Versorgung unserer Gemeinden ist heute für mich das brennendste Problem, weil es ausgebildete Pfarrer bei uns überhaupt nicht mehr gibt. Ich habe mit Pfarrer Roger darüber gesprochen und teile seine Auffassung, daß wir alles unternehmen müssen, um diese Lücke irgendwie auszufüllen. Da uns keine ordinierten Pfarrer mehr zur Verfügung stehen – sie können in Frankreich ja nicht mehr ausgebildet werden –, muß sich die Kirche auf andere Weise zu helfen suchen.»

«Und der Ausweg?»

«Was liegt näher, als daß die Kirche ihre Diener selber ausbildet? Nehmt mein eigenes Beispiel. Durch die Umstände war mir das theologische Studium an einer Akademie oder in einem Seminar verschlossen. Mein Mitarbeiter aber, Corteiz, ist im Ausland, in Zürich, ordiniert worden. Nach seiner Rückkehr nach Frankreich konnte er mich ordinieren und als Pfarrer unserer Kirche einsetzen. Mit andern Worten, wir müssen in dieser Notzeit die akademische Ausbildung durch die praktische ersetzen. Für diese praktische Ausbildung sehen Pfarrer Roger und ich vier Etappen vor. Ein junger Mann, der sich berufen fühlt, wird einem amtierenden Pfarrer gewissermaßen als Famulus mitgegeben, damit er Gelegenheit findet, die Arbeit und die Aufgaben eines Pfarrers gründlich kennenzulernen. Dabei wird es sich weisen, ob der Bursche sich bewährt und ob er den Anforderungen eines solch unsteten Wanderlebens auch gesundheitlich überhaupt gewachsen ist. Ist das der Fall, dann wird er ‚proposant', aus dem Gehilfen wird ein Hilfspfarrer, der nun selber zu predigen anfängt. Hat er auch diese Schulung hinter sich, dann ist er so weit, um als Prädikant, als Prediger, selbständig das Evangelium verkünden, unterrichten und Seelsorge treiben zu können. Nur eines ist ihm noch verwehrt, und das ist die Verwaltung der Sakramente. Dazu ist nur der konsekrierte, der ‚de iure divino' in sein Amt eingesetzte Pfarrer befugt. Die Ordination hat anläßlich einer Synode nach abgelegter Prüfung zu geschehen, was aber nur durch einen bereits ordinierten Pfarrer möglich ist.»

«So gebe Gott, daß sich immer wieder Menschen finden, die bereit sind, im Weinberg des Herrn zu arbeiten. Kennt Ihr den jungen Fauriel?»

«Aus Silhac?»

«Ganz aus der Nähe, aus Sagnes.»

«Ich glaube, mich seiner erinnern zu können. Ein aufgeweckter Junge. Ich habe ihn einmal im Schloß Vaugerin bei Silhac getroffen. Soviel ich weiß, hat er gute, glaubenstreue Eltern. Ich habe mich mehrmals mit ihnen unterhalten. Sie waren dabei, als an jenem Markttag am 24. August 1703 in Vernoux das durch seine besondere Grausamkeit bekanntgewordene und unvergessen gebliebene Ketzergericht abgehalten wurde, in dessen Verlauf man verschiedene Hugenotten wegen ihres Glaubens hingerichtet hat. Isaac Duplantier wurde bei lebendigem Leib aufs Rad geflochten, Aaron Delioux und zwei Frauen, wenn ich mich nicht irre Isabeau Chaudier und Anne Chamarre, wurden gehängt und drei weitere Angeklagte ausgepeitscht. Die Grausamkeit, mit der man die Protestanten abzuschrecken glaubte, übte aber bei den meisten eine gegenteilige Wirkung aus. So auch bei den beiden Fauriels. Die unauslöschlichen Eindrücke des Grauens, die sie empfangen hatten, bestärkten sie darin, ihrem heimlich geübten protestantischen Glauben treu zu bleiben.»

«Wie das oftmals der Fall ist», nickte Durand nachdenklich.

«Doch da bin ich auf einen Nebenweg geraten», fuhr Antoine Court fort, «ich wollte Euch ja vom Schloßherrn von Vaugeron berichten. Dr. Just-Henry Morel interessiert sich für den jungen Fauriel und erteilt ihm Unterricht.»

«Ja, Jean-Gabriel hat einen guten Kopf. In ihm wächst auch ein Diener Gottes heran.»

«Zu dieser Überzeugung scheint auch der Schloßherr von Vaugeron gelangt zu sein. Das ist ein prächtiger Mann, einer, der treu und unerschrocken zu unserer Sache steht und weitherum als eifriger Hugenott bekannt ist. Ein goldenes Herz in einer rauhen Schale. Wann immer ich in der Gegend bin, besuche ich ihn. Aus seiner ärztlichen Tätigkeit macht er sich nicht mehr viel. Lebt zurückgezogen mit seiner einzigen Tochter im Schloß. Sein Bruder, Morel-la-Pise, war Pfarrer, ist aber schon früh in die Schweiz geflüchtet, es mag dreißig oder gar vierzig Jahre her sein.

Just-Henry, der Arzt, hat es nie verwunden, daß sein Bruder die Gemeinde im Stich gelassen und sich in Sicherheit gebracht hat. Und deshalb ist er seiner Aufforderung, ihm in die Schweiz nachzufolgen, auch nie nachgekommen.»

Durand zögerte. «Ich weiß nun nicht, ob Ihr sündhaft findet, was ich nun sagen werde», sprach er langsam, «aber ich habe mich schon oft gefragt, was aus unserer Sache wohl in der langen Zeit der Verfolgung geworden wäre, wenn uns nicht für die Pfarrer, für die hingerichteten wie für die geflohenen, für die, die sich in Sicherheit brachten, Rufer in der Wüste erstanden wären. Durch die Gnade Gottes», fügte er bedächtig hinzu.

«Ihr meint die Inspirierten? Ich weiß, daß Ihr mit ihnen sympathisiert. Ich stelle Euch die Gegenfrage: Haben nicht gerade diese Fanatiker und Sektierer unsere heilige Religion in Verruf gebracht, also daß nun von unseren Widersachern alle, die protestantischen Glaubens sind, mit diesen hysterischen Weibern als eines genommen werden?»

«Es waren nicht alle Frauen, die ich das Wort habe auslegen hören, hysterische Weiber, Herr Pfarrer. Es brennt in den Herzen unserer Leute ein schier nicht zu löschender Durst nach dem Wort. Soll man sie, da keine Pfarrer mehr da sind, einfach dürsten lassen?»

«Aber das ist ja doch der Grund, weshalb wir die Ausbildung von jungen Pfarrern mit allen Kräften betreiben müssen! Damit das Volk wiederum in die Lage versetzt wird, seinen Durst aus lauteren Quellen, mit der wahren Lehre und nicht mit der Irrlehre zu löschen. Deshalb warten wir so voller Zuversicht und Freudigkeit auf die Rückkehr Eures Sohnes. Solcher Verkündiger bedürfen wir, es müssen Männer sein mit heißem Herzen, doch mit kühlem Kopf. Sie sind es, die unsere heute so notleidende Kirche wieder aufrichten werden, daß sie aus den Trümmern emporwachse, durch die Gnade Gottes herrlicher und sieghafter denn je.»

«Ja», nickte Durand, «dafür wollen wir beten. Und da hätte ich nun noch eine Frage ganz anderer Art. Da Ihr nun einmal hier seid, ich weiß mir da selber nicht recht zu helfen.»

«Sprecht, und wenn ich raten kann...»

«Es ist wegen Mie, wegen unserer Kleinen. Als meine Frau abgeführt wurde, da habe ich Marie in der Nachbarschaft untergebracht. Ist es richtig, da ja nun keine Frau mehr im Hause ist, das Kind hierher zurückzunehmen? Ob es mit meiner Frau hier unten noch einmal ein Wiedersehen gibt – ich weiß es nicht. Ob Pierre zurückkommen wird – als Prediger ist er geächtet, ein Freiwild, er muß uns meiden, um nicht auch uns zu gefährden. Für mich, als seinen Vater, ist er mir wohl verloren. Ich klage nicht, ich lobe Gott, daß mein Fleisch und Blut als brauchbares Werkzeug erfunden wurde. Aber so bleibt mir von meiner Familie nur noch Mie. Sie ist ein fröhliches Kind, und ihr heiteres Wesen wäre für mich wie ein Licht und eine Sonne. Aber ist es recht, das Kind zu mir zu nehmen, der ich so allein geworden bin? Ist das recht?»

«Wie alt ist das Mädchen?»

«Vier Jahre.»

«Ist es Euch geschenkt worden, so gehört es auch hierher. Dieses Licht und diese Sonne ist Euch von Gott gegeben. Und dann haben wir ja nicht nur für unser eigenes Seelenheil, sondern auch für das Seelenheil unserer Kinder zu arbeiten. Vor Gott sind wir einst verantwortlich für die Erziehung, die wir unseren Kindern haben zuteil werden lassen. Und da die Mutter nicht da ist und nicht darüber wacht, daß die Kleine ihre Knie beugen und beten lernt, so ist es in erster Linie an Euch, dem Vater, dafür zu sorgen, daß nichts versäumt wird. Wo ist sie denn jetzt?»

«Seit die Mutter fort ist, habe ich sie Jacquette Vigne in Pflege gegeben. Sie ist dort gut aufgehoben.»

«Und doch ist ihr Platz hier. Ich meine, Ihr lebt ja hier nicht auf einer Insel und nicht in einem Gefängnis. Marie hat hier auch Umgang mit andern Menschen. Und dann wollen wir doch immer noch hoffen, Eure Frau werde Euch zurückgegeben. Solange kein Urteil gesprochen ist, ist sie auch noch nicht schuldig befunden.»

So nahm denn Vater Durand die kleine Marie wieder zu sich ins Haus. Und es war, wie er gesagt hatte, sie war ihm mit dem Zutrauen, das sie dem alten Manne schenkte, ein Licht und eine Sonne, und die Treue, mit der sie ihm überallhin folgte und auf allen seinen Gängen begleitete, ihr kindliches Geplauder, in dem sich aber mehr und mehr in mancherlei Fragen eine weit über ihr Alter hinausgehende Tiefe des Empfindens verriet, taten ihm wohl.

Das Kind wurde nie müde, dem Vater zuzuhören, wenn er von den Helden und Märtyrern des Glaubens sprach. Ohne ihn je mit einer Zwischenfrage zu unterbrechen, saß Marie neben ihm, den Blick der großen Augen in eine Ferne gerichtet, in der sie in Bildern zu schauen schien, was der Vater erzählte.

Vor allem aber liebte sie die täglichen Andachten, die Etienne Durand in Gemeinschaft mit seinem Kinde hielt. Andächtig lauschte sie den Worten der Heiligen Schrift, die der Vater vorlas. Die alte Bibel, die mit andern Büchern in einem Versteck im Boden unter dem Tisch verwahrt wurde, war für sie ein Heiligtum. Mit Scheu legte sie etwa eine ihrer kleinen Hände darauf. «Wie kannst du das alles aus diesem Buche herausnehmen, Vater, all die Geschichten und die Worte, die der liebe Gott gesprochen hat?»

«O du kleine Mie, ich nehme sie nicht heraus, sie bleiben drin, ich lese sie nur. Schau doch die vielen, vielen kleinen Zeichen, die wir Buchstaben nennen! Immer sind es wieder dieselben, sie sind nur immer neu und in anderer Reihenfolge zusammengestellt.»

«Ich möchte diese Zeichen auch verstehen, Vater, um die Geschichten in der Bibel selber lesen zu können.»

Und so unterrichtete Etienne Durand seine kleine Tochter im Lesen, wie das auch in den andern Häusern der Hugenotten die Väter oder die Mütter taten. Mit unerhörtem Eifer machte die Kleine sich an die Arbeit.

Und als Marie nach kurzer Zeit schon lesen konnte – wie brannten ihre Wangen, wenn sie dem Vater nun etwa aus der Bibel vorlesen durfte –, da führte sie Durand in die Kunst des Schreibens ein. Ein wenig umständlich schnitt er die Feder zurecht, prüfte ihre Spitze auf dem Daumennagel, dann legte er sie vor sich auf den Tisch hin. «Und nun wollen wir den lieben Gott um seinen Segen und Beistand bitten.»

Er ließ sich auf die Knie nieder, und andächtig kniete Marie neben ihn hin und faltete die Hände.

«So sprich mir nun die Worte nach, Mie. Ewiger Gott, lehre mich nun richtig schreiben und führe mir stets die Hand, damit ich nur Gutes schreibe, nur das, was deinem heiligen Willen entspricht, der uns aus den heiligen Schriften bekannt ist, zu Deiner Ehre und zu meinem Wohl und Heil. Das walte Dein Sohn, unser Herr Jesus Christus. Amen.»

Erst jetzt machten sich die beiden ans Werk.

Als Marie Durand fünf Jahre alt war, konnte sie bereits lesen und schreiben.

Pierre Durand kehrt ins Vivarais zurück

Im Herbst des Jahres 1720, als in den Sträuchern am Wegrand korallenrot die Früchte der Berberitzen und des Sanddorns leuchteten und das Kastanienwäldchen hinter dem Bouchet sich verfärbt hatte, kehrte Pierre Durand ins Vivarais zurück. Früher, als er ursprünglich gerechnet hatte, war es doch sein Plan gewesen, drei Jahre in der Schweiz zu bleiben, um da seine Theologiestudien zu betreiben. Nun hatte er diese vorzeitig abgebrochen, weil er um den im Vivarais herrschenden Pfarrermangel wußte und es ihn drängte, sich der Kirche vorerst als Prediger zur Verfügung zu stellen. Seine Studien konnte er später abschließen.

Am Collegium Carolinum in Zürich hatte er noch sein zweites Studienjahr beendet und sich in dieser Zeit auch die Grundbegriffe des Griechischen angeeignet. In dieser Sprache hat er dann später als Pfarrer die Register über die von ihm vorgenommenen Taufen und Trauungen geführt.

Aber an eine Heimkehr ins väterliche Haus im Bouchet durfte er nicht denken. Er wurde von den Königlichen immer noch gesucht, und so hätte er nicht nur sich selbst, sondern auch die Seinen in eine gefährliche Lage gebracht. Nur heimlich und im Schutze der Dunkelheit durfte er es wagen, seinen Vater aufzusuchen.

Etienne Durand saß über Schreibarbeiten, als draußen an den Fensterladen geklopft wurde. Durand hob den Kopf. Wer mochte das sein? Ein Blick auf die Bohle, unter der er die heiligen Bücher im Fußboden verbarg – es war alles in Ordnung.

So trat er ans Fenster. «Wer ist da?»

«Vater!»

In freudigem Schreck zuckte Durand zusammen. Pierre! War es möglich? Er hastete zur Tür, schob den Riegel zurück und öffnete sie. Schon lag der Junge an seiner Brust. Er strich ihm über den Rücken. Immer wieder. «Loué soyt Dieu!» murmelte er. Dann zog er den Sohn herein und verschloß die Tür.

Pierre warf den Hut auf den Tisch und stellte das Reisebündel auf einen Stuhl. Dann sah er sich um: «Und die Mutter, ist sie nicht da?»

Der Vater senkte den Kopf. «Nein, Pierre, sie ist nicht da.»

«Wo ist sie? Was ist geschehen?»

«Du weißt es nicht?»

«Was ist mit ihr?»

«Kurz nach der Versammlung in der Schlucht ist Dumolards Horde ins Bouchet gesetzt worden. Sie suchten dich. Und weil sie den Sohn nicht fanden, haben sie die Mutter verhaftet. Sie hatte ja an der Versammlung teilgenommen, war also ebenfalls schuldig. Am 8. Februar haben sie sie abgeführt. Ins Gefängnis nach Montpellier.»

«Und?» Entgeistert starrte er auf die Lippen des Vaters.

Durand schüttelte den Kopf. «Ich habe nie eine Nachricht, nie das geringste Zeichen erhalten. Ich weiß gar nichts.»

Pierre schlug die Hände vor das Gesicht. Die Mutter, nein, das hätte er nicht gedacht. Wie hatte er sich darauf gefreut, sie wiederzusehen! Seit der ersten Stunde ihrer Flucht und dann in der Fremde an jedem Tag. «Aber du solltest dich doch erkundigen!»

«Ich habe geschrieben und keine Antwort erhalten, ich bin hingegangen und abgewiesen worden. Ja, Pierre, es ist schwer.»

«Das tut mir leid, Vater, vor allem für dich.»

«Glaubst du noch an eine Möglichkeit?»

«Solange uns nicht das Gegenteil bestätigt ist, wollen wir immer noch hoffen.»

«Das sagen sie alle.» Er selber glaubte nicht mehr daran, daß sie je noch zurückkehren würde – sofern sie überhaupt noch am Leben war. Hatte der blind zuschlagende Zorn der Verfolger sich nicht im Falle Rouviers und der beiden Schwestern Garnier erneut bestätigt?

«Und Mie?»

«Sie ist in der oberen Kammer und schläft. Als die Mutter nicht mehr da war, gab ich die Kleine eine Zeitlang Jacquette Vigne in Pflege. Sie hatte es gut; aber sie fehlte mir, ich war immer so allein. Court hat mir dazu geraten, sie wieder zu mir zu nehmen, als er hier war, um mir deine geglückte Flucht nach der Schweiz zu melden.»

«Aber du kannst doch nicht –»

«Nein, das nicht. Marguerite Angliviel kommt am Tage herüber. Sie hat mir auch geholfen, alles wieder in Ordnung zu bringen. Es sah schlimm aus, als die Soldaten endlich abgezogen waren. Und alles haben sie mitgenommen, die Möbel, das Vieh – doch nun hat der Herr dich mir wieder gegeben, Pierre!»

«Ja, Vater, aber hier darf ich natürlich nicht bleiben.»

«Das verstehe ich. Aber wie viel ist es schon, dich im Lande und hier an der Arbeit für den Herrn zu wissen. Wo wirst du sein?»

«Unterwegs. Ein Prediger unseres Glaubens darf nirgends daheim sein. Du wirst einmal einen an mich gerichteten Brief erhalten. Heb ihn auf, bis ich ihn bei Gelegenheit selbst abhole oder ihn abholen lasse. Wenn man dich nach mir fragen sollte, dann weißt du nichts. Es ist ein weites Gebiet, das mir zugewiesen ist: die protestantisch gebliebenen Teile von Velay, die Boutières, die vom Eyrieux im Norden bis nach Privas und Vals im Süden reichen. Abgesehen von all den zerstreuten kleinen protestantischen Gemeinden gegen Villeneuve-de-Berg und Chomérac.»

«Aber da stehen wir immer noch, Pierre. Du bleibst doch über Nacht hier?»

«Wenn es dir nicht zu gefährlich ist, mich unter deinem Dach zu beherbergen, will ich mich gerne für ein paar Stunden niederlegen. Noch bei Nacht muß ich weiter. Vorerst nach Vernoux.»

«Da wird sich der junge Fauriel freuen. Er war ein paarmal hier in der Hoffnung, etwas über dich erfahren zu können.»

«Jean-Gabriel, ja, ich habe ihn nicht vergessen.»

«Möchtest du etwas trinken? Hast du Hunger? Was kann ich für dich tun?»

«Gegessen habe ich unterwegs. Aber eine Schale Milch trinke ich gern.»

Als Etienne Durand damit zurückkam, setzten sie sich an den Tisch.

«Pierre, daß du wieder da bist! Daß du da bist, um hier für ihn zu wirken!»

«Es ist keine leichte Arbeit, die mir bevorsteht! Es gibt im Vivarais außer mir nur noch einige alte Prediger, die selber nicht viel verstehen, und es wäre doch so wichtig, auch in unseren Kirchen wieder eine Ordnung einzuführen, wie das in den südlichen Cevennen unter Court und in der Dauphiné unter dem unermüdlichen Jacques Boyer, der vor ein paar Jahren als konsekrierter Pfarrer aus der Schweiz zurückgekehrt ist, bereits geschah. Aber hier bin ich praktisch auf mich allein gestellt. Wenn ich doch größere Fähigkeiten hätte, um das alles meistern zu können!»

«Der Herr wird dich segnen, Pierre. Er hat sich dich erhalten, weil er dich brauchen will.»

So verbarg sich denn der junge Prediger, der sich der seelsorgerlichen Betreuung der protestantischen Gemeinden des Vivarais mit leidenschaftlichem Eifer hingab, vorerst in der Gegend von Vernoux, wo er bald beim Schloßherrn von Vaugeron, bald in einem der einsam gelegenen Höfe Unterkunft fand.

Der junge Jean-Gabriel, der vom Knaben zum stämmigen Burschen sich entwickelt hatte, war überglücklich, als eines Abends der Ersehnte, doch noch nicht Erwartete im Haus der Eltern erschien. Natürlich war das tragische Schicksal, das Durands Freund Rouvier in Constant ereilt hatte, auch den Fauriels bekannt geworden. Wie in den andern Häusern, so hatte man auch hier lange darüber gesprochen, doch hatte das Vorkommnis, so bedauerlich es war, Jean-Gabriel in keiner Weise zu entmutigen vermocht. Nach wie vor war er entschlossen, sich der Kirche unter dem Kreuz zur Verfügung zu stellen. Seit zwei Jahren brannte er darauf, Pierre Durand, der bestimmt einmal Großes vollbringen würde, als Famulus und Helfer auf seinen gefährlichen Wegen begleiten zu dürfen. Nun der leuchtende Blick Pierre Durands auf ihm ruhte, hätte nichts in der Welt mehr seinen Entschluß zu erschüttern vermocht.

Mit welcher Hingabe lauschte er dem Prediger, als dieser von der Schweiz erzählte, und Durand war gerührt von des aufgeweckten Burschen Eifer und Ergebenheit. «Hast du es dir auch gut überlegt, Jean-Gabriel?»

«Da gibt es nichts mehr zu überlegen, Herr! Ich könnte mir nichts Herrlicheres denken.»

Die Mutter äußerte zwar hundert Bedenken.

«Laßt ihn den Weg gehen, den er für richtig hält», sagte der alte Arzt Just-Henry Morel, der Durand zu den Fauriels begleitet hatte. «Ich verstehe die Mutter, die um das Leben ihres Sohnes bangt. Aber ich glaube, daß wir Protestanten uns angewöhnen sollten, viel mehr, als wir es tun, an den Tod zu denken und uns mit ihm, der früher oder später zu einem jeden kommt, vertraut zu machen.

Indem wir richtig leben, lernen wir, richtig zu sterben. Auf die Dauer des Lebens kommt es nicht an, wohl aber auf den Inhalt, den wir ihm gegeben haben. Denkt an Elias, und ihr werdet mit Freude das irdische Kleid zurücklassen, um zu Gott emporzusteigen.»

Und so erfüllte denn Pierre Durand, nicht zuletzt in seinem eigenen Interesse, Jean-Gabriels heißen Wunsch und machte den eifrigen und anstelligen Burschen zu seinem treuen Wandergefährten. Wie gut war es, einen so unerschrockenen und frohmütigen Begleiter bei sich zu haben in dem unsteten Leben, das zu führen er auf sich genommen hatte.

Nie wußte man am Morgen, wo man am Abend sein würde, und immer war damit zu rechnen, verraten, verfolgt oder überfallen zu werden. Doch Jean-Gabriel fürchtete sich nicht. Er war jung und stark und Durand hätte im ganzen Vivarais keinen wißbegierigeren Schüler finden können. Denn es war mit Durands Aufgabe, seinen Famulus und Helfer einzuführen in das Amt, das dieser später selbst ausüben sollte, und ihn zudem in verschiedenen Fächern, vor allem in Bibelkunde, zu unterrichten. Doch für geruhsamen Unterricht, der ihm auch nicht besonders lag, fand Durand nur selten Zeit, der wurde meist während der stundenlangen Wanderungen über die einsamen windüberstrichenen Höhen erteilt.

Jean-Gabriel war es so zufrieden und hätte sich nichts anderes gewünscht. Keine Anstrengung vermochte ihn zu entmutigen, im Gegenteil, jedes Hindernis, das es zu überwinden galt, schürte nur noch seinen Eifer. Gesund und kräftig, ein ausgezeichneter Läufer, weit ausdauernder als sein Meister, vermochte er diesem wirkliche Dienste zu leisten. Und was den Lateinunterricht anbetraf, den der Bursche zu gut hatte und den Durand ihm nicht erteilen konnte, so fand sich immer wieder ein Arzt oder ein Notar, der bereit war, dem Lernbegierigen ein paar Stunden zu erteilen.

Immer wieder erfuhr Durand die Wahrheit des Wortes: Die Ernte ist groß, die Zahl der Knechte klein. Immer häufiger mußten Versammlungen abgehalten werden, überall, wo die beiden hinkamen, wurde danach verlangt.

Zum Glück war Jean-Gabriel Fauriel schon nach wenigen Monaten des Zusammenseins mit Pierre Durand so weit, daß er selber Versammlungen leiten konnte. Freilich war es ihm noch verboten, eigene Predigten zu halten, dazu war er noch zu jung. Bei den Worten, die er an die Versammelten richtete, handelte es sich um bedeutende, gedruckte Predigten, die er zuvor auswendig gelernt hatte.

An dem Tage, da Jean-Gabriel Fauriel zu predigen begann, nahm er, einem allgemein geübten Brauch folgend, einen Decknamen an und nannte sich fortan Lassagne*.

Kamen Pierre Durand und sein Helfer auf ihren Predigtwanderungen in die Gegend von Saint-Etienne-de-Serre, dann unterließ es Durand nie, in Craux die Mutter seines Freundes Pierre Rouvier, Frau Isabeau Sautel, aufzusuchen. Nach dem Tode ihres Gatten führte die Begüterte mit den fünf Kindern, die ihr noch geblieben waren, ein zurückgezogenes Leben.

«Wie schwer hat mich das Schicksal getroffen! In einem Jahr hat es mir den Gatten und den ältesten Sohn genommen.» Das war die Klage, die sie in jedem Gespräch, das sie mit Pierre Durand führte, verlauten ließ.

Und jedesmal mußte Pierre erzählen, immer wieder von

* Dieses Verbergen des eigenen Namens geschah aus Sicherheitsgründen: hörten die Verfolger einen Decknamen, so wußten sie vorerst nicht, mit wem sie es zu tun hatten. Häufig wählten die Pfarrer als Decknamen ihren Geburtsort. Fauriel war Bürger von Sagnes, im Dialekt Las Sagnes, woraus der Name Lassagne gebildet wurde. Matthieu Morel stammte aus Le Vernet, so nannte er sich Duvernet usw.

neuem wollte sie alles hören, was die beiden jungen Leute auf ihrer Flucht und dann in der kurzen gemeinsamen Zeit am Genfersee erlebt hatten. Frau Sautel schien nur noch in der Vergangenheit leben zu wollen. «Und nun auf der Galeere! Um seines Glaubens willen, nur um seines Glaubens willen. Warum hat es ihn, gerade ihn treffen müssen!» schluchzte sie auf.

«Wissen Sie, Herr Durand, ich verstehe nicht recht, warum Sie immer wieder diese Frau Sautel aufsuchen. Sie erzählt ja immer dasselbe. Natürlich hat sie – wie übrigens viele andere auch – Schweres durchgemacht. Aber das ist doch kein Grund für eine solche Haltlosigkeit, die, wie mir scheint, einer wahren Hugenottin nicht würdig ist», meinte Lassagne, als sie eben wieder einmal nach viel Gejammer und Tränen das Haus des verstorbenen Notars in Craux verlassen hatten.

«Merke dir, Lassagne, daß du als ein wahrer Hugenotte auch nicht mit Steinen werfen sollst, weil wir doch allzumal Sünder sind und des Ruhmes ermangeln», wies Durand seinen Begleiter zurecht, aber der Junge bemerkte es gleich, daß ein verschmitztes Lächeln um seines Meisters Mund spielte und es mit dessen Tadel nicht eben weit her sein konnte. Das gab ihm Mut, fortzufahren: «Haben Sie mir nicht selber erzählt, wie die Mutter von Pfarrer Alexander die Nachricht von der Hinrichtung ihres Sohnes entgegengenommen hat? ‚Hätte sich mein Sohn in der letzten Stunde seines Lebens schwach gezeigt, ich würde mich niemals darüber trösten können. Aber da er so standhaft, wie ein Mann und wahrer Christ gestorben ist, habe ich allen Grund, Gott zu danken, der ihm zu dieser Standhaftigkeit verholfen hat.' Das, meine ich, ist wahre Größe.»

«Solche Größe ist eben nicht allen gegeben.»

«Tatsächlich nicht. Herr Durand, darf ich Sie etwas fragen?»

«Fragen ist immer erlaubt. Es ist nur nicht gewiß, daß man auch immer eine Antwort erhält.»

«Ist es am Ende gar nicht Ihr Mitgefühl für die Witwe Sautel, was Ihnen Veranlassung gibt, so oft ihr Haus in Craux aufzusuchen?»

«Lassagne! Was sollte es denn sonst sein?»

«Sind es am Ende die Augen der ältesten Tochter, der schönen Anne?»

Pierre Durand lachte. «Du bist ja ein ganz durchtriebener Bursche. Solche Gedanken hätte ich dir nicht zugetraut.»

«Sie scheinen aber richtig zu sein.»

«Du siehst aber auch alles, Lassagne. Nun, daß du nicht auf den Kopf gefallen bist, habe ich schon längst festgestellt.»

Und tatsächlich, die älteste Schwester seines Freundes Pierre Rouvier – er würde die Stunden ihrer jungen, ungestümen Freundschaft in Privas nie vergessen – hatte es Pierre Durand angetan. Schon früher, als er etwa Pierre daheim in Craux besucht und manchmal den Sonntag im Hause des Notars verbracht hatte, um sich nicht von seinem Freunde trennen zu müssen, war ihm Anne sehr angenehm aufgefallen. Obwohl sie damals noch ein Kind gewesen war. Das war sie heute nicht mehr. Und nach ihren Blicken, nach ihrem Lächeln zu schließen, war er auch ihr nicht gleichgültig. Oder war es nur, weil sie in ihm den Freund ihres Bruders verehrte?

Sie hatten sich noch nie ausgesprochen. Dazu würde sich in nächster Zeit wohl einmal Gelegenheit bieten. Das bedingte allerdings, daß die Besuche im Hause der Frau Sautel fortgesetzt wurden, womit sich Lassagne eben abfinden mußte.

Aber Gedanken und Gefühle solcher Art vermochten den Eifer, mit dem er sein Amt versah, keineswegs zu beeinträchtigen. In seinem Bemühen, auch im Vivarais wiederum eine Kirchenordnung einzuführen, gelang es ihm, die Abhaltung einer Synode durchzusetzen. Diese erste Synode im Vivarais trat am 26. Juli 1721 zusammen. Es nahmen an ihr sieben Pfarrer oder Prediger und zwei Gemeindeälteste teil. Pfarrer Bernard, der früher Lehrer in Ajoux gewesen war, führte den Vorsitz und Pierre Durand amtete als Sekretär. Die Synode beschloß die Annahme eines Reglementes mit neunzehn Artikeln, das demjenigen entsprach, das in den Cevennen bereits in Kraft war. Die Wiederherstellung der alten Kirchenzucht, Vorsicht in der Durchführung von Versammlungen, Gehorsam dem König gegenüber, Unterwerfung unter die Lehren des göttlichen Wortes, Predigtverbot für die Frauen, das waren die hauptsächlichsten Punkte. Und mit wahrer Verbissenheit setzte sich Durand dafür ein, daß dieses Reglement, das er angestrebt hatte, auch angewendet und wirksam werde. Damit stieß er freilich mancherorts auf heftigen Widerstand, da die noch immer zahlreichen Anhänger der Inspirierten das Predigtverbot für Frauen nicht nur ablehnten, sondern es mit Leidenschaft bekämpften, weil gerade unter den Propheten und ekstatischen Predigern viele Frauen waren. Damit erschwerte sich Durand seine eigene Aufgabe.

Im folgenden Jahr ermächtigte ihn die Synode, neben seinem Predigtamt auch zu taufen und Ehen einzusegnen. Zu Durands großer Freude kehrte im Jahr 1722 Antoine Court nach Frankreich zurück, nachdem er sich während nahezu zwei Jahren in Genf aufgehalten hatte, wo es ihm gelungen war, den berühmten und einflußreichen Pfarrer Bénédict Pictet in vermehrtem Maße für die Anliegen der in der Wüste wirkenden Pfarrer und Prediger zu interessieren. Mit Courts Hilfe hoffte er der für das Vivarais beschlossenen Kirchenordnung endlich zum Durchbruch zu verhelfen, galt Court bei den Protestanten doch mehr und mehr als ihr eigentlicher Führer.

Zu Durands Enttäuschung erschien Court aber vorderhand nicht selbst im Vivarais. Dagegen schickte er im Sommer 1723 seinen Mitarbeiter Pierre Courteiz und dessen Gefährten Jean Rouvière. Nach der Ankunft der beiden Pfarrer wurde eine kleine synodale Versammlung einberufen, an der natürlich auch Durand und der junge Lassagne teilnahmen.

Das Hauptanliegen der Versammlung war, das Vivarais, wie das im Languedoc bereits geschehen war, in einzelne Gemeinden einzuteilen, die dann den Auftrag erhielten, zur Organisation und Beaufsichtigung des religiösen Lebens Älteste zu ernennen und mit diesen einen Kirchenrat zu bilden. Aufgabe dieser Räte war, in ihren Gemeinden darüber zu wachen, daß der beschlossenen Kirchenordnung auch wirklich nachgelebt wurde. Im Gebiet des Vivarais wurden 24 solcher Gemeinden gebildet.

Im übrigen beschloß die Versammlung, den Pfarrern und Predigern eine Besoldung auszurichten. Diese war, den Verhältnissen entsprechend, äußerst bescheiden und betrug für die Geistlichen, die «im Felde» waren, d. h., die als Wanderpfarrer oder Wanderprediger von Gemeinde zu Gemeinde zogen, hundert Pfund im Jahr*, für alle andern wurde die Besoldung auf 50 Pfund festgesetzt.

Eine besondere Regelung wurde in bezug auf Lassagne getroffen. Solange er kein Examen abgelegt hatte und sein Name nicht auf die Liste der Prediger gesetzt werden konnte, sollten ihm achtzig Pfund ausgerichtet werden. Wenn man ihm trotz seiner Tüchtigkeit den Titel eines Predigers noch nicht zubilligte, so geschah das weniger, weil er noch kein Examen bestanden hatte, als im Hinblick

* Nach dem Geldwert von 1963 = 2000 Schweizerfranken.

auf seine außergewöhnliche Jugend. Man wollte die älteren Prediger nicht vor den Kopf stoßen, indem man ihnen den Siebzehnjährigen gleichstellte. Nachdem die Synode Lassagne auf solche Weise ihr Vertrauen ausgesprochen hatte, machte er sich weiter und mehr und mehr unabhängig von seinem Lehrmeister ans Werk. Die beiden ersten Etappen in seiner Ausbildung zum Pfarrer als Famulus und als Hilfsprediger lagen nun hinter ihm. Einen Teil seiner Zeit verwandte er auf sein Studium, das ihm sehr am Herzen lag und das bisher zu kurz gekommen war, weil Pierre Durand den Unterricht einfach vernachlässigt hatte. Da Lassagne ständig unterwegs war und keine bleibende Stätte hatte, konnte er nur wenig Bücher mit sich führen. Aber es gab ja überall Häuser, in denen noch Bücher vorhanden waren, obwohl sie alle nach Gesetz hätten verbrannt sein sollen.

Und da, in irgendeinem Schlupfwinkel, las und studierte er, vor allem und immer wieder das Neue Testament. Er lernte weitere Predigten auswendig und versuchte nun auch, eigene zu verfassen. Am Abend hielt er mit seinen Gastgebern den Gottesdienst ab. Bot sich dazu die Möglichkeit, vor allem an Samstagen, dann führte er an einem abgelegenen, sicheren Ort eine Versammlung durch.

Und so, abgesehen von den Unbillen des Wetters und von den Aufregungen, die durch etwa in der Gegend auftauchende Soldaten verursacht wurden, gingen die langen Wintermonate vorüber.

In ganz ähnlicher Weise gestaltete sich auch das Leben Pierre Durands. Jetzt, da die Wege durch Eis und Schneeverwehungen oft kaum begehbar waren, wagte er es häufiger als in der guten Jahreszeit, seinen Vater in Le Bouchet zu besuchen. Er brauchte kaum zu befürchten, erkannt und verfolgt zu werden.

Wie freute er sich auf die stillen Stunden im väterlichen

Hause, nicht zuletzt wegen des Beisammenseins mit seiner Schwester, die in großer Liebe und Verehrung an ihrem so viel älteren Bruder hing. Sie war verständig genug, um die gefährliche Lage ihres Bruders zu erkennen, sie wußte, daß sein Auftauchen daheim unter allen Umständen Geheimnis bleiben mußte, daß es eben Dinge gab, über die man mit niemandem reden durfte, weil es zweierlei Menschen gab: solche, die den richtigen Glauben hatten wie Vater und Bruder und wie Jacquette Vigne, bei der sie lange gewohnt hatte, und Marguerite Angliviel, die dem Vater den Haushalt besorgte, und die andern, die Römischen, die danach trachteten, alle, die nicht wie sie zur Messe gingen, unglücklich zu machen. Und da die Soldaten auf ihrer Seite waren, mußte man sich vor ihnen doppelt in acht nehmen. Die Römischen hatten die Mutter weggeführt, vor ihnen hatte Pierre fliehen müssen, und kaum, daß er wieder da war, trachteten sie ihm wieder nach dem Leben. Sie hatten auch den Vater geplagt, hatten ihm die schönen Möbel und die Kühe weggenommen, obwohl er ihnen nichts, gar nichts zuleide getan hatte. Daß es so war, war traurig, aber es war nun einmal so, wie man auch nicht verhindern konnte, daß im Winter die Vögel erfroren und tot von den Bäumen fielen und Wiesel und Fuchs in den Hühnerstall einbrachen und in ihrem Durst nach Blut die unschuldigen Hennen töteten.

Es gab also unter den Leuten die Reformierten oder Protestanten und die Römischen, und dazwischen gab es noch die, die gewechselt hatten, und vor diesen mußte man sich am allermeisten hüten. Sie waren protestantischen Glaubens gewesen und hatten dann zum Glauben der Römischen hinübergewechselt, viele von ihnen nur, weil sie dafür Geld bekommen hatten. Das waren die Verräter, die um eines Vorteils willen ihren wahren Glauben verleugneten. Immer wieder wußten Vater und Pierre neue Namen von Leuten zu nennen, die, um der Verfolgung zu entgehen, feige zu dieser Niedertracht gegriffen hatten.

Nie, nie, nie könnte Marie so etwas tun. Lieber würde sie sterben, als den wahren Glauben aufgeben. Der Tod konnte doch nicht etwas so Schlimmes sein, da man doch nur durch ihn zu Gott in den Himmel kam!

Darüber dachte das Mädchen Marie Durand häufig nach, wenn sie für den Vater im Garten unterhalb des Hauses arbeitete, auf den Wiesenhängen die Ziegen hütete oder im Wald hinter Le Bouchet Holz oder Kastanien zusammenlas. Und manchmal, wenn derlei Gedanken sie in Unruhe versetzten und es sie verlangte, sie ganz in der Stille und ungestört durchzudenken, floh sie ins kleine Gehölz, verbarg sich in ihrem Versteck, das sie sich zwischen Farnkraut und jungen Kastanientrieben eingerichtet hatte, und dort, wo sie so wunderbar einsam war und von niemandem gesehen werden konnte, sprach sie dann leise die auswendig gelernten Psalmen vor sich hin und lauschte auf die Stimme Gottes in ihrem Herzen.

Pfarrer der Wüste

Immer wieder hofften die Protestanten, die Zeit der Verfolgungen werde bald ein Ende nehmen; die Katholiken müßten doch endlich des Kampfes müde sein.

Aber da brachte im Jahr 1724 die Regentschaft für den noch minderjährigen Thronerben – Ludwig XV. regierte erst von 1743 an – eine Verfügung heraus, die alle diese Hoffnungen zerschlug, weil sie nicht nur die bisherigen Strafen bestätigte, sondern sie noch verschärfte. So wurde zum Beispiel durch die neuen Verfügungen jeder Priester ermächtigt, von sich aus zu entscheiden, wer als rückfälliger Neukatholik zu betrachten und deshalb zu bestrafen sei. Das betraf alle jene Protestanten, die dem Scheine nach und um sich zu retten in den Schoß der römischen Kirche zurückgekehrt waren, im Grunde genommen aber ihrer Überzeugung nach Protestanten geblieben waren. Relaps nannte man diese Scheinkatholiken. Ein ganzes Netz von Bestimmungen sollte vorab die Jugend dem protestantischen Irrglauben entziehen, und mit nicht minder strengen Maßnahmen sollten die Kranken und Sterbenden daran gehindert werden, sich den Segnungen der römischen Kirche zu entziehen. Um das Übel endlich mit der Wurzel auszurotten, sollte gegen die Prediger und Pfarrer noch unnachsichtiger als bisher vorgegangen werden, und das wollte immerhin etwas heißen.

«Da wir im Besitze von Informationen sind, wonach in unserem Königreich Prediger in großer Zahl aufgestanden sind und täglich aufstehen, um nichts anderes zu tun, als die Bevölkerung zur Auflehnung aufzurufen und der alten und königlichen, katholischen Religion zu entfremden, verfügen wir, daß künftighin alle Prediger, die Versammlungen veranstalten, in diesen predigen oder sonst irgendwie amtieren, mit dem Tod bestraft werden, gemäß der Erklärung vom Juli 1686 in bezug auf die Diener der angeblich reformierten Religion, und daß diese Todesstrafe nicht mehr nur angedroht werden darf. Allen unseren Untertanen wird verboten, den sogenannten Ministern oder Prädikanten Obdach zu gewähren oder ihnen sonst irgendwelche Hilfe oder Unterstützung zukommen zu lassen und Beziehungen zu ihnen zu unterhalten. Wer von solchen Beziehungen weiß, wird aufgefordert, sie unverzüglich bei den Ortsbehörden zur Anzeige zu bringen. Zuwiderhandelnde gegen diese Verfügungen werden bestraft, die Männer mit lebenslänglicher Verbannung auf die Galeere und die Frauen damit, daß sie kahlgeschoren, rasiert und für den Rest ihres Lebens an Orten, die wir bestimmen, gefangengesetzt werden, in jedem Fall unter Konfiskation der Güter.»

Aber wieder wie früher erwies es sich, daß sich durch diese verschärften Bestimmungen die Hugenotten keineswegs einschüchtern ließen, sondern mit nur noch größerem Eifer ihren Glauben verteidigten.

Der eifrige Pierre Durand schlug im Namen mehrerer Protestanten Antoine Court vor, es sollten alle Gläubigen durch feierliches Fasten versuchen, in dieser schlimmen Zeit der Heimsuchung Gottes Zorn zu besänftigen.

Hatte bereits im Jahr 1725 eine Synode in den Cevennen unter Pfarrer Roger den Zusammenschluß der Kirchen des Languedoc, des Vivarais und der Dauphiné beschlossen, so fand dann, ein weiterer Beweis für das Erstarken der Kirche, am 16. und 17. Mai in der Gegend von Craux, in einem abgelegenen Winkel des Vivarais, die erste nationale Synode der Wüstenkirche statt. Bei den früher abgehaltenen Synoden hatte es sich um Veranstaltungen lokaler Art gehandelt.

Es nahmen an dieser nationalen Synode die drei Pfarrer Courteiz, Court und Roger teil, und als Vertreter des Vivarais waren die beiden Prediger Durand und Bernard anwesend. Außer sieben weiteren Predigern hatten sich 36 Älteste aus verschiedenen Gemeinden eingefunden.

An dieser Synode erfolgte die feierliche Einsetzung Pierre Durands in sein Amt als Pfarrer der Kirche unter dem Kreuz. Nachdem der jugendliche Kandidat hinsichtlich seines Lebenswandels, seiner Sitten und seines Betragens geprüft worden war und man ihn auch in bezug auf seine Ausbildung einem Examen unterzogen hatte, das in allen Teilen befriedigend ausfiel, wurde er für würdig erklärt, in das Priesteramt eingesetzt zu werden, «nachdem ihn der Herr mit außergewöhnlichen Fähigkeiten zum Aufbau seiner Kirche ausgerüstet hat».

Im Anschluß an die Synode war auf den Abend eine Versammlung einberufen worden, zu der die Gläubigen in großer Zahl und zum Teil aus weiter Entfernung herbeigeströmt kamen.

Nach der von Pfarrer Roger gehaltenen Festpredigt kniete Pierre Durand vor den drei Pfarrern nieder und gelobte feierlich, «nichts zu lehren, was nicht in der Heiligen Schrift enthalten sei, die Bevölkerung zum Gehorsam gegen den König anzuhalten und sich an keinem Aufruhr zu beteiligen».

Als er sein Gelübde abgelegt hatte, legten ihm die drei Pfarrer die Hände auf, und Pfarrer Roger sprach die Einsegnungsworte: «Pierre Durand, im Namen Jesu Christi und durch die Gewalt unserer synodalen Versammlung erteilen wir dir die Erlaubnis, das Wort Gottes zu verkündigen, die Sakramente zu verwalten und Unterricht zu erteilen.»

Und dann erklang noch, machtvoll und ergreifend, in die Stille der Nacht und unter einem bestirnten Himmel ein von der Versammlung mit Inbrunst gesungener Psalm, worauf die Teilnehmer auseinandergingen und manche von ihnen auf stundenweiten Wegen nach Hause zurückkehrten.

Schon anderntags erfuhren die Behörden, daß im Vivarais eine große Versammlung stattgefunden hatte und Pierre Durand zum Pfarrer konsekriert worden war.

Durand, dieser gefährliche Feuerkopf, hinter dem sie schon so lange her waren. Es wurde beschlossen, ihn mit doppeltem Eifer zu verfolgen. Aber obwohl ständig Truppen hinter ihm her waren, ließ er sich keineswegs beeindrucken und erklärte einmal Court gegenüber, er habe, ständig von seinen Verfolgern gejagt, noch nie länger als drei Tage hintereinander Ruhe gehabt. Über seine Tätigkeit führte er mit großer Sorgfalt Buch. Mit seiner schönen und klaren Schrift trug er alle von ihm vorgenommenen Handlungen ein.

Immer war er unterwegs. Unermüdlich, Tag für Tag. Bald in den Boutières, dann wieder in den Bergen, dann in der Umgebung von Vernoux und kurz darauf in Lamastre.

Wann immer es anging, versammelte er die Leute zu einem Gottesdienst. Es war ihm ein Anliegen, im Anschluß an die Predigt möglichst oft das Abendmahl auszuteilen. Immer häufiger suchten ihn junge Leute auf, die sich von ihm trauen lassen wollten. Taufen an Kindern hatte er weit seltener vorzunehmen, immer von neuem mußte er feststellen, daß sich die alte Einstellung der Protestanten, sich wegen der Taufe ihrer Kinder ohne große Gewissensbisse an den katholischen Priester zu wenden, noch keineswegs geändert hatte. Nach ihrer Meinung begingen sie damit kein großes Unrecht, wogegen ihnen eine katholische Trauung als Verrat erschienen wäre. Auch sein Vater hatte ja seinerzeit nicht anders gehandelt und ihn in der katholischen Kirche von Pranles taufen lassen. Bei allen diesen Kindern wurde aber im Taufrodel vom Priester der Vermerk «Aus Konkubinat» angebracht, weil ein katholischer Priester eine protestantisch geschlossene Ehe nicht anerkennen durfte. Übrigens kam es nicht selten vor, daß die protestantischen Eltern ihr Kindlein für die Taufe katholischen Freunden anvertrauten, die es dann zur Vornahme der heiligen Handlung in die Kirche trugen. Für diese katholischen Taufen sprach auch der Umstand, daß dort, wo es keinen Zivilstandsbeamten gab, der katholische Taufschein den fehlenden Geburtsschein gültig ersetzte.

Mit Genugtuung durfte Pierre Durand auf seinen Gängen feststellen, daß seine jahrelangen Bemühungen doch nicht nutzlos gewesen waren: überall waren nun Gemeinden gebildet und Gemeindeälteste gewählt und in ihr Amt eingesetzt worden.

In einer am 14. September 1726 stattfindenden örtlichen Synode – es war vorgesehen, jährlich regelmäßig zwei solche Synoden durchzuführen – wurden Pierre Clergues und Jean-Gabriel Fauriel, genannt Lassagne, offiziell zu Predigern ernannt. Damit war ihnen Vollmacht und Auftrag erteilt, mit Ausnahme der Verwaltung der Sakramente alle Funktionen ihres Amtes auszuüben.

«Herr Lassagne hat in einer sehr zufriedenstellenden Weise geantwortet», sagte Pierre Durand zu Court, «ich werde an ihm in meiner Reichsgottesarbeit einen guten Helfer haben.»

Pierre Durand, der seinen älteren Kollegen Roger schon lange beneidet hatte, daß es ihm sein Pferd ermöglichte, täglich, ohne zu ermüden, zehn Meilen zurückzulegen, während er selbst auf Schusters Rappen nirgends hinkomme, erhielt von der Synode ein eigenes Pferd zugesprochen. Dagegen wurde das Halten von Pferden den Predigern nicht gestattet.

Lassagne wurde mehr und mehr Pierre Durands rechte Hand. Als sein neuer Famulus und Gehilfe wirkte nun der ungefähr im gleichen Alter wie Lassagne stehende Jacques Boyer, der unter dem Decknamen Dubos bald ein ebenfalls wertvoller Mitarbeiter Pierre Durands wurde.

Dieser, nun zu Pferd, schlug nach wie vor und immer häufiger den Weg auch nach Craux ein, um da die Mutter und die Geschwister seines Freundes Pierre Rouvier aufzusuchen. Wenn zwischen Anne und ihm auch noch keine Entscheidung gefallen war, so gab sie ihm doch deutlich zu verstehen, daß sie sich jedesmal über sein Kommen freute.

Wie es um die beiden stand, konnte natürlich auch der Mutter, Isabeau Sautel, nicht verborgen bleiben. Zwar hatte sie Pierre Durand, wenn er jeweils zu ihrem Sohn gekommen war, immer gut gemocht; aber es mußte doch damit gerechnet werden, daß das gleiche Schicksal, das ihren Sohn betroffen, früher oder später auch den jungen Durand ereilen würde. Je mehr sich so Pierre Durand ihrer Tochter näherte, um so kühler verhielt sich Isabeau Sautel ihm gegenüber, es brauchte durch ihn nicht noch weiteres Unglück über ihre Familie zu kommen. Denn das stand für sie außer Zweifel, daß ihr Sohn nur unter dem starken Einfluß des Eiferers Durand den unheilvollen Entschluß gefaßt hatte, die vom Vater für ihn gewählte Laufbahn eines Notars mit der gefahrvollen Tätigkeit eines Predigers zu vertauschen.

Obwohl sie ja selbst dem protestantischen Glauben angehörte und diesen Glauben nie verleugnet hätte, war sie doch der Meinung, man könne glauben, ohne gerade seinem Glauben alles opfern zu müssen. Demonstrationen und Fanatismus waren ihr nie sympathisch gewesen.

Anne aber ließ sich von ihrer Mutter nicht beeinflussen. Zu der Verehrung, die sie von jeher für den kraftvollen Burschen empfunden hatte, für den es nie etwas Halbes, sondern immer nur den Einsatz aller Kräfte gegeben hatte, war in den letzten Jahren, da Durand immer häufiger im Hause seiner Mutter erschienen war, auch noch die Liebe gekommen, die Liebe zu dem jungen, sie umwerbenden Mann.

Wo du hingehst, da will auch ich hingehen

Es war in den Tagen vor Weihnachten des Jahres 1726, im gleichen Jahr also, in dem Pierre Durand Pfarrer geworden war, als er auf bereits verschneiten Pfaden auf seinem schwarzen Pferd nach Craux geritten kam.

Der Nachmittag war klar und sonnig.

Eben hatte er das Pferd im Stall eines zuverlässigen

Freundes eingestellt, als er Anne Rouvier gewahrte, die, von einer Besorgung kommend, auf dem Weg nach Hause war.

Lächelnd trat er ihr entgegen, und als sie ihn erkannte, leuchteten ihre Augen auf. Doch sogleich senkte sie den Blick.

«Welch glücklicher Zufall!» rief er aus.

«Ich habe geglaubt, für Leute unseres Glaubens gebe es keinen Zufall», lächelte sie.

«Natürlich hast du recht, Anne. Und das beweist mir gerade, wie sehr ich dich nötig habe. Aber nicht nur, um mich auf meine Fehler und Irrtümer aufmerksam zu machen. Anne, nicht nur dafür.»

«Pierre, du kommst zu uns?»

«Ja Anne, das heißt, am liebsten nur zu dir. Ich weiß ja, daß ich deiner Mutter nicht sehr willkommen bin.»

«Du mußt das verstehen nach dem schweren Schicksal, das meinen Bruder und damit auch uns getroffen hat.»

«Um unseres Glaubens willen. Ich mußte auch die Mutter verlieren, und da ist nicht manches Haus, über das nicht ähnliche Prüfungen hereingebrochen wären. Hab ich dir das wegen meiner Mutter überhaupt schon gesagt?»

«So habt ihr endlich Bericht erhalten?»

«Ja», sagte Pierre Durand düster, «den Bericht, daß auch sie wegen ihres Glaubens ihr Leben lassen mußte.» Mit der Hand strich er sich über das scharf geschnittene Gesicht. «Als ich das letztemal im Bouchet war – zum erstenmal als Wüstenpfarrer –, da hat Mie es mir mitgeteilt. La Devèze, der Militärkommandant des Bezirkes, hat meinem Vater eine kurze Mitteilung zugestellt, seine Frau sei in der Gefangenschaft gestorben. Wenn der Vater auch längst mit diesem Ausgang gerechnet hat, so hat es ihn nun doch schwer getroffen. Ein Glück für ihn, daß Mie bei ihm ist. Sie ist ein so verständiges, ein ganz prächtiges

Mädchen. Ihr müßt euch näher kennenlernen, Anne. Obwohl Marie jünger ist als du – sie ist jetzt elf Jahre alt –, hättest du bestimmt Freude an ihr.»

«Weißt du überhaupt, wie alt ich bin?» fragte Anne Rouvier.

«Ja», nickte Durand ein wenig verlegen, «du bist jetzt vierundzwanzig Jahre alt, zwei Jahre jünger als ich.»

Während ihres Gesprächs waren sie nebeneinander von den Häusern weg durch die Felder auf ein kleines Gehölz zugegangen, durch das man auf das nach St-Pierreville hinabführende Sträßchen gelangte. Hier war weit herum keine menschliche Behausung mehr zu sehen. Durch das kahle, schwarz glänzende Gezweige der Bäume schimmerte das strahlende Blau des Himmels, und um sie her funkelte und glitzerte der Schnee.

Kein Laut war zu vernehmen.

«Sieh dort», sagte Anne plötzlich, blieb stehen und legte ihrem Begleiter scheu die Hand auf den Arm. Nur wenige Schritte von ihnen entfernt scharrte ein Eichhörnchen in einer Wurzelgabel nach Futter, das es hier vergraben haben mochte.

Nachdem sie dem Tierchen eine Weile zugeschaut hatten, trat Pierre Durand vor das Mädchen hin. «Anne, ich habe dir etwas mitgebracht. Ich wollte es dir bringen.»

«Mir?» Aus ihren dunklen Augen sah Anne strahlend zu Pierre auf.

«Darf ich wohl? Es ist ja bald Weihnachten.» Und damit langte er, ein wenig umständlich, ein ganz kleines Schächtelchen aus der Tiefe seiner Manteltasche. «Ich habe es in Nîmes gesehen. Viele Protestantinnen tragen nun solche Sachen. Natürlich nur im geheimen; aber für die, die es tragen, ist es ein Bekenntnis.»

«Du machst mich neugierig, Pierre.» Sie nahm ihm das Schächtelchen aus der Hand. «Darf ich?»

«Natürlich, ich habe es ja für dich gekauft. Es gehört dir.» Anne hob den Deckel und stieß einen Ruf des Entzückens aus.

«Aber das ist ja Gold!»

«Sieh dir den Anhänger gut an, der am Kettchen um den Hals getragen wird. Es ist ein Zeichen unserer notleidenden Kirche, der Kirche unter dem Kreuz. Das Hugenottenkreuz nennt man es. Es ist das alte Johanniterkreuz, das Kreuz der christlichen Ritter. Und da unten, das kleine Gehänge, schau, das ist eine Träne, die aus dem Kreuze quillt.»

«Wie wunderschön ist das, Pierre, wie wunderschön. Aber das darf ich doch gar nicht annehmen!»

«Gefällt es dir?»

«O Pierre, und wie!»

«Dann – darf ich dir das Kettchen umhängen?»

Sie sah nur strahlend zu ihm auf, und mit zitternden Händen legte er ihr das Kettchen um den Hals. Das kleine Schloß bereitete ihm Mühe, weil er so nahe vor dem geliebten Mädchen stand, daß die Wärme ihres Atems über ihn hinstrich und ihre gekräuselten Nackenhaare ihn an seinen Fingern kitzelten.

«So», sagte er, als es ihm endlich geglückt war. Sein Herz klopfte wie ein Hammer, und das lieblich gerötete Gesicht verschwamm vor seinen Augen. Da hob sie die Hände und legte sie auf die seinen, und sie preßte sie an sich, daß er ihre kleinen festen Brüste spürte und damit alle Beherrschung verlor. Er riß das Mädchen in seine Arme, beugte sich über das geliebte Antlitz und drückte seine heißen Lippen auf den ihm entgegenbebenden feuchten Mund. «Anne, meine geliebte Anne, wie bist du mir lieb!»

«O Pierre, Liebster!»

«Dann liebst du mich also?»

«Mehr als mein Leben.»

«Und du bist bereit, mir zu folgen, dein künftiges Leben an meiner Seite mit mir zu teilen?»

«Ja, Pierre.»

«Auch gegen den Willen deiner Mutter?»

«Es ist nicht gegen ihren Willen, Pierre, es ist nur sehr schwer für sie.»

«Nun?»

«Verstehe doch. Sie weiß, wie gefährdet dein Leben, das Leben eines protestantischen Pfarrers ist.»

«Ja, Anne, das ist es», nickte Pierre Durand. «Du bist dir also bewußt, was du auf dich nimmst, wenn du – wenn du die Ehe mit mir eingehst?»

«Voll und ganz bewußt, Pierre. Ich habe in mancher Nacht darüber nachgedacht.»

«Du Liebes!»

«Aber wenn ich weiß, daß du zu mir gehörst, daß du mich liebst, dann werde ich alles, auch das Schwerste, ertragen können.»

«Auch ein Leben in der Unruhe und in der Verfolgung?»

«Auch das. Ich kann dir nichts anderes sagen, als was Ruth zu Naemi gesagt hat: Wo du hingehst, da will auch ich hingehen, Pierre.» Und nach einem kurzen Schweigen fuhr sie fort: «Dein Volk ist mein Volk, und dein Gott ist mein Gott. Wo du stirbst, da sterbe ich auch, da will auch ich begraben werden. Der Herr tue mir dies und das, der Tod muß mich und dich scheiden.»

«Amen», sagte Pierre leise.

Sie hatten vereinbart, daß Anne am Weihnachtstag ins Bouchet herüberkomme, zum Vater und zu Mie. Er, Pierre, würde sich auf halbem Wege mit ihr treffen.

Es war schon dunkel, als die beiden endlich durch das Kastanienwäldchen daherkamen.

Längst schon hatte Marie Durand nach ihnen Ausschau

gehalten. Aber Pierre hatte eben vermeiden wollen, daß sie von jemandem gesehen würden.

Etienne Durand, der in letzter Zeit stark gealtert hatte, war seiner zukünftigen Schwiegertochter vom ersten Augenblick an zugetan. Bei ihrem Zusammensein vor dem prasselnden Herdfeuer zeigte er sich seit langem wieder einmal fröhlich. Es tat ihm nur leid, daß seine Frau das offenbare Glück Pierres nicht mehr hatte mitansehen dürfen. «Wie hätte sie sich gefreut, die Gute!» Dagegen begegnete Marie dem Mädchen zuerst zögernd, ja mit einigem Mißtrauen, hatte sie sich doch wohl damit abzufinden, daß künftighin nicht mehr sie, sondern Anne Rouvier Pierres Vertraute sein würde, und daß ihr damit der Bruder, mit dem sie so innig verbunden gewesen, verlorenging.

Es war, als habe Anne Maries Gedanken erraten. Als Marie ihr auf ihren Wunsch hin ihre Kammer zeigte, faßte sie das Mädchen bei beiden Händen, sah sie aus ihren dunklen Augen liebevoll an und schüttelte dann den Kopf. «Nein, liebe Mie, so ist das nicht. Du wirst deinen Bruder nicht hergeben müssen, und dazu sollst du in mir eine Schwester gewinnen. Eine Schwester, die dich, allein schon um Pierres willen, herzlich liebt. Pierre und ich werden ja nirgends ein eigenes Heim haben dürfen, in den Augen unserer Widersacher sind wir ja Verfemte. So werden wir darauf angewiesen sein, bald dort, bald hier für kurze Zeit Unterkunft zu finden. Und so wird es für uns immer ein Heimkommen sein, wenn wir hier zu euch ins Bouchet kommen dürfen.»

Mit ihrem schlichten, innigen Wesen gewann sie bald auch Maries Herz.

Während sich die beiden Mädchen in Maries Kammer aufhielten, führten Pierre und sein Vater in der behaglichen Wärme des Feuers ihr Gespräch fort.

«Du weißt es ja, Vater, daß wir vor allem unter dem Mangel an Pfarrern und Predigern leiden. Die Herden sind ohne Hirten. Kaum einem, der sich der Kirche zur Verfügung stellen möchte, kann ein richtiges Theologiestudium an einer Akademie zugemutet werden. Ein solches wäre ja auch nur im Ausland möglich. Ich weiß aus eigener Erfahrung, mit was für Schwierigkeiten das verbunden ist. Und die praktische Ausbildung allein, wie sie zum Beispiel Lassagne hinter sich hat, befriedigt auch nicht ganz, da dabei eben doch eine systematische theologische Schulung fehlt. Die unter den gegenwärtigen Umständen idealste Lösung für uns wäre ein Pfarrerseminar, an dem junge Leute mit Herz und Begabung in einem Zweijahreskurs so ausgebildet werden, daß sie nachher das Rüstzeug hätten, als Pfarrer in unseren Gemeinden wirken zu können.»

«Ja», nickte Etienne Durand, «das wäre wohl das Richtige. Aber ein solches Seminar wäre eben auch nur im Ausland möglich.»

«Selbstverständlich. Wir dachten an Genf oder an Lausanne. Nun haben wir uns für Lausanne entschieden, denn Genf wäre doch zu nahe an der Grenze. Es scheint wirklich, als nehme dieser Plan bereits Gestalt an. Die Synode hat ja zur Behandlung solcher Fragen in der Person von Benjamin du Plan einen Abgeordneten gewählt, der schon letztes Jahr in der Schweiz war, um dort maßgebliche Persönlichkeiten für unsere Sache zu gewinnen und wenn möglich auch die zur Verwirklichung unseres Vorhabens erforderlichen Gelder zu sammeln. Leider entspricht der bisherige Erfolg unseren Erwartungen nicht ganz. Immerhin ist der Plan auf sehr viel Verständnis und Sympathie gestoßen, und das ist schon sehr wertvoll. Die Kollekten allerdings erreichten nicht die erhoffte Höhe. Sie genügen aber schon heute für den Unterhalt eines Predigers. Die Wahl ist auf einen Schüler Antoine Courts, Jean

Bétrine, gefallen, der sich auch schon seit Beginn dieses Jahres in der Schweiz aufhält. Das ist ein Anfang, gewiß ein bescheidener Anfang; aber wir hoffen sehr, daß es bald möglich sein werde, unser Unternehmen, das uns sehr am Herzen liegt, zu entwickeln und auszubauen. Lassagne, du kennst ihn ja auch, den jungen Fauriel, brennt darauf, vielleicht in zwei Jahren, wenn Bétrine nach Frankreich zurückkommt, für ihn nach Lausanne zu gehen, um dort seine Studien zu ergänzen und damit seine Ausbildung noch zu verbessern.»

«Der Herr segne das Werk, damit am Ende alle die Opfer, die gebracht werden mußten, nicht vergeblich gewesen sind. Aber wo bleibt Anne, wo steckt Mie?»

«Sie sind, glaube ich, nach oben gegangen.»

«Es ist doch zu kalt in den Kammern, um sich lange darin aufzuhalten.»

«Laß sie, Vater, sie werden schon herunterkommen. Es bedeutet mir ja so viel, daß Anne auch von Marie angenommen wird.»

Als die Mädchen dann wieder da waren, Hand in Hand waren sie in die Küche getreten, wie zwei Schwestern, briet Pierre, wie er das früher an den langen Winterabenden immer getan hatte, im offenen Feuer Kastanien, und Etienne Durand holte einen Krug Wein aus dem Keller.

So saßen sie beieinander bis um Mitternacht. Dann las Pierre die Weihnachtsgeschichte aus dem Evangelium: «Siehe, ich verkündige euch große Freude, die allem Volk widerfahren ist, denn euch ist heute der Heiland geboren.»

Dann gingen sie zur Ruhe.

Bereits am 26. Dezember wurde die offizielle Heiratsurkunde über die Ehe, die Pierre Durand mit Anne Rouvier einging, ausgefertigt. Die kirchliche Feier fand allerdings erst ein Vierteljahr später, am 10. März 1727, in Craux statt. Pfarrer Roger hatte sich bereit erklärt, die Ehe seines jungen Freundes und Mitarbeiters selber nach der Form und nach der Liturgie der christlich reformierten Religion einzusegnen. Und damit wurde gewartet, bis die Strenge des Winters gebrochen und die Wege wieder gangbar waren.

Der Herr segnete die Verbindung. Am 24. August gab Anne Rouvier einem Töchterchen Jeanne das Leben.

In eben diesen Tagen war aus Lausanne eine gute Nachricht eingetroffen. Einige Freunde des Hilfswerks zur Ausbildung protestantischer Pfarrer für Frankreich hatten du Plan die Mittel zur Aufnahme von zwei weiteren Seminaristen zur Verfügung gestellt. Im Juni war François Roux nach Lausanne abgereist, und Ende des Jahres sollte der erste am Seminar in Lausanne ausgebildete Pfarrer, Jean Bétrine, nach Frankreich zurückkehren. Seinen Platz in Lausanne würde dann im Januar 1728 Jean-Gabriel Fauriel, genannt Lassagne, einnehmen.

Wie freute sich Pierre Durand, daß damit seinem ehemaligen, so eifrigen Schüler und Begleiter ein Herzenswunsch in Erfüllung gehen würde. Und er erinnerte sich der Tage, da er mit dem Jungen durchs Vivarais gezogen war. Seither waren auch schon wieder sieben Jahre verstrichen, und aus dem treuherzigen Jungen war ein junger, von Glaubenseifer beseelter Mann, eine große Hoffnung für die Kirche im Vivarais geworden.

Neues Leid bricht herein

Marie Durand war noch nicht dreizehn Jahre alt, als gegen Abend des 18. Septembers 1728 einer in großer Aufregung die Nachricht ins Bouchet brachte, ein Trupp Soldaten sei von Privas her unterwegs gegen den Weiler.

«Das ist ein neuer, gegen mich gerichteter Schlag»,

ahnte Etienne Durand mit heißem Erschrecken. War denn der Heimsuchungen noch immer kein Ende? Wo nur Mie steckte! Auf keinen Fall durfte sie hier bleiben, er mußte sie irgendwo verbergen. Sollte er sie zu ihrer Schwägerin nach Craux schicken? Die beiden verband ein inniges Verhältnis. Aber am Ende wurde auch dort nach ihr gesucht. So war es doch wohl am einfachsten, wenn er sie zu Jacquette Vigne brachte. Dort würde sie gut aufgehoben sein. Fiele das Mädchen den Soldaten in die Hände, es würde von den Kerlen zweifellos genötigt, ihnen zu Willen zu sein.

Aber auch er selber mußte fliehen, um sich in Sicherheit zu bringen. So, wie er war. Es war keine Zeit zu verlieren. Nur die Nachbarn wollte er noch verständigen, damit sie für ihn nach dem Vieh schauten. «Mie!»

Da kam sie auch schon aus dem Hof zur hinteren Türe herein.

«Mie, da bist du ja. Hast du es gehört? Die blauen Teufel sind auf dem Weg hierher. Der Ärger darüber, trotz aller Anstrengungen Pierres nicht habhaft werden zu können, läßt ihnen die Galle überlaufen. Es ist ja bekannt, daß die ihre Bemühungen in letzter Zeit verdoppelt haben. Ich werde mich im Schloß von Bavas verbergen, bis sie wieder gegangen sind. Und du gehst zu Jacquette Vigne. Beeile dich, pack ein, was du unbedingt brauchst. Wir dürfen nicht säumen. Wenn sie kommen, muß das Haus leer sein.»

Tatsächlich hatte sich nur wenige Tage zuvor, am 30. August, der Abbé von Silhac in einem Schreiben an den Statthalter bitter über die rastlose Tätigkeit Pierre Durands und vorab über die große Zahl der von diesem eingesegneten Ehen beklagt. «Sie würden Gott und einem Heer von armen Seelen einen mächtigen Dienst erweisen, wenn Sie endlich dafür sorgten, daß Verrätern von der Sorte Durands das Handwerk gelegt wird.» Und ein katholischer

Edelmann bot dem Statthalter für denjenigen, dem es gelinge, «diese Pest von Durand, die im Lande solch entsetzliche Verwüstungen anrichtet», zu verhaften, eine Belohnung von tausend Pfund an. La Devèze, der Militärkommandant, stellte dem Statthalter gegenüber fest, daß den Protestanten der Kamm offenbar geschwollen sei, indem sie es gewagt hätten, neuerdings Versammlungen abzuhalten, an denen Durand als Pfarrer aufgetreten sei. Es seien deshalb alle Bemühungen zu verdoppeln, um den Pfarrer endlich zu überraschen und zu verhaften.

Da es aber trotz der ausgesetzten Prämie nicht gelang, den Sohn zu ergreifen, gab La Devèze den Befehl, an dessen Stelle den Vater gefangenzunehmen.

Etienne Durand und Marie hatten kaum das Kastanienwäldchen erreicht, als sie auf der von Pranles heraufführenden Straße die Soldaten in ihren hellblauen Uniformröcken daherkommen sahen. Sie waren also nur mit knapper Not ihren Häschern entronnen! Es waren zwölf Mann, mit denen Duroux in Le Bouchet-de-Pranles einrückte.

Sofort wurde Durands Haus umstellt und durchsucht.

Duroux fluchte, als sich herausstellte, daß der Vogel offenbar gewarnt worden und ausgeflogen war. «Diese Pest! Mit dem Teufel stehen sie im Bunde!»

Immerhin förderte die gründliche Haussuchung außer dem «Livre de raison», in dem Etienne Durand mit verblüffender Genauigkeit die Leidensgeschichte der Protestanten Frankreichs seit 1629 niedergeschrieben hatte, verschiedene religiöse Bücher zutage, die genügen würden, um den alten Durand des Vertriebs verbotener Bücher zu beschuldigen. «Die werden ihn an den Galgen bringen!» wetterte Duroux, «dafür werde ich sorgen.»

Auch eine Bibel, Durands Aufzeichnungen und verschiedene andere Papiere wurden gefunden. Alles wurde beschlagnahmt und mitgenommen.

Als die Soldaten noch das Geschirr zerschlagen, einen Teil der Möbel zertrümmert und in der Küche ihre Notdurft verrichtet hatten, kehrten sie nach Privas zurück.

Auf Grund von Duroux' Aussagen erstattete Du Monteil, der Stellvertreter des Statthalters de Bernage, diesen Bericht und entschuldigte die erlittene Schlappe mit schweren Anklagen gegen Etienne Durand, die ganz unsachlich waren und lediglich den Zorn der Vorgesetzten von Duroux ablenken sollten. Es hieß im Bericht, der alte Durand sei mit seinem Handel verbotener, ketzerischer Bücher mindestens so gefährlich wie der Sohn.

Da auch diese gegen ihn erhobenen Beschuldigungen Etienne Durand zu Ohren kamen, hielt er es für besser, in nächster Zeit noch nicht in sein Haus nach Le Bouchet zurückzukehren.

Nur zweimal begab er sich nächtlicherweile heim, einmal, um Marie zu besuchen, und das zweitemal, um den wirklichen Schaden festzustellen, den die Soldaten angerichtet hatten.

Aber der Militärkommandant La Devèze war keineswegs gewillt, so rasch aufzugeben. Irgendwo mußte der Bau doch sein, in den sich der alte Fuchs verkrochen hatte. Er schickte Späher aus und ließ die ganze einsame Gegend überwachen.

Nicht ohne Erfolg.

Im Oktober wurde Durands Versteck im Schloß Bavas entdeckt. Durand bat, vor Du Monteil geführt zu werden und mit diesem sprechen zu dürfen. Seiner Bitte wurde entsprochen, doch empfing der Subdelegierte den alten Mann wenig gnädig. Er donnerte ihn im Gegenteil so an, daß Etienne Durand später bekannte, er hätte sich am liebsten in die Erde verkriechen mögen.

Ob er eigentlich wisse, daß sein Sohn, der Pfarrer, mit seinen Eheschließungen im Vivarais mehr Unheil anrichte, als Calvin jemals in Frankreich, England und anderswo zusammen verschuldet habe. «Sehen Sie nicht ein, daß das endlich ein Ende haben muß? Wo hält sich Ihr Sohn verborgen?»

«Das kann ich Ihnen nicht sagen, das weiß ich selber nicht.»

«Das ist eine Lüge! Wir haben Beweise, daß Sie mit ihm laufend Beziehungen unterhalten. Heraus mit der Sprache! Wo ist er?»

«Ich weiß es nicht.»

«Es wäre mir ein leichtes, Ihnen die Zunge zu lösen. Ich will aber auf diese Mittel verzichten, denn ich habe Verständnis dafür, daß der Vater seinen Sohn nicht an den Galgen bringen möchte. Wir sind nicht die herzlosen Teufel, als die wir verschrien werden. Wir wollen nicht seinen Tod, obwohl er ihn mit seinen verfluchten Ketzereien hundertfach verdient hat. Wir wollen nur, daß er im Königreich nicht länger Schaden anrichte. Er soll außer Landes gehen. Hier wird er uns doch ob kurz oder lang in die Netze gehen. Sehen Sie das ein?»

«Ich weiß, daß mein Sohn jederzeit in die Hände seiner Widersacher fallen kann. Aber ich weiß auch, daß dies nur geschieht, wenn es der Wille Gottes ist, dem er dient.»

«Sprüche, Sprüche!» brauste Du Monteil auf und drohte mit erhobenen Fäusten. «Auf solche Weise sind wir allerdings bald miteinander fertig, Durand! Bedenken Sie, vor wem Sie stehen! Daß es für mich ein leichtes ist, Sie ins Gefängnis zu bringen, wo Sie weder Mond noch Sonne sehen werden. Wenn Sie dort Ihr Leben beschließen wollen, dann verharren Sie weiter in Ihrem Hochmut und in Ihrer Verblendung!»

Durand stand da und ließ den Kopf hängen.

«Haben Sie es sich überlegt? Ihre Frau hat für ihr Vergehen wider die Gesetze unseres allerheiligsten Königs bereits gebüßt. Es gibt für Sie und Ihren Sohn nur eine Möglichkeit, dem gleichen Schicksal zu entgehen. Ich habe sie Ihnen bereits aufgezeigt. Versprechen Sie, Ihr Möglichstes zu tun, um Ihren Sohn zum Verlassen des Königsreiches zu bewegen?»

Wie ein todwundes Tier sah Durand zu Du Monteil auf.

«Vorwärts, entscheiden Sie sich, Sie haben mich schon viel zu lange aufgehalten!»

Durand strich sich mit dem Handrücken über die Stirn, auf der der Schweiß in großen Tropfen stand.

Du Monteil winkte einen Soldaten herbei, den Schwankenden zu stützen. «Ich lasse Sie abführen und ins Gefängnis werfen, wenn Sie mir nicht sofort versprechen, Ihren Sohn zum Verlassen Frankreichs zu bewegen. Ja oder nein?»

Noch einmal traf ihn ein verzweifelter Blick aus des Alten angstvoll aufgerissenen Augen. «Ja», würgte er schließlich hervor.

«Nun gut, aber beeilen Sie sich damit, denn unsere Geduld hat bald ein Ende. Sie sind frei, Sie können gehen.»

Durand wußte später nicht mehr, wie er von Privas nach Hause gekommen war. Es war immerhin ein Weg von etwa fünf Stunden. Anderntags schrieb er dem Militärkommandanten und versuchte, sich zu rechtfertigen. Es gab kein Zurück, er hatte Du Monteil sein Wort gegeben.

So schrieb er auch Pierre einen Brief. Er wußte, daß sich Anne mit dem Kinde bei der Mutter in Craux aufhielt. Zweifellos würde Pierre früher oder später zu ihr gehen. Er würde den Brief durch einen Knaben hinbringen lassen. Oder Mie konnte ihre Schwägerin aufsuchen und ihn ihr übergeben.

In seinem Schreiben, das er wehen Herzens verfaßte, setzte er seinem Sohn auseinander, was für Maßnahmen gegen sie beide beschlossen waren für den Fall, daß Pierre nicht nachgeben sollte.

«Habe ein einziges Mal Mitleid mit mir, bedenke mein hohes Alter und all das Leid, das über mich kommen wird. Denke aber auch an Dich. Dein Vater Etienne Durand.»

Der Brief gelangte richtig in Pierre Durands Hände. Er las ihn und war erschüttert. Was sollte er tun, wie sich entscheiden? Wenn er der Bitte seines Vaters nicht entsprach, dann brachte er ihn unweigerlich ins Gefängnis.

O diese Teufel, dem alten Mann diese Schlinge zu legen! Aber kam das überhaupt in Frage, das Land zu verlassen, den Kampf aufzugeben, die Sache Christi im Stich zu lassen? Nein, nein, nein! Es stand geschrieben: Du sollst Gott mehr gehorchen als den Menschen.

Damit konnte es für ihn keinen Zweifel geben, wie er sich entscheiden mußte.

Ein paar Tage später, im Februar 1729, wurde Etienne Durand in seinem Haus in Le Bouchet-de-Pranles verhaftet und zusammen mit einem Mann aus der Gegend von Chomérac, der beschuldigt wurde, sich in der Wüste verheiratet zu haben, nach dem in der Nähe von Valence gelegenen Schloß Beauregard verbracht.

Pierre Durand rechtfertigt sich

Pierre Durand beschloß, dem Militärkommandanten La Devèze zu schreiben. Er tat dies in einem flammenden Brief, der eher der Brief eines Richters als der eines Angeklagten und Verfolgten war:

«Mein Herr, Sie sind der Kommandant des Königs für unsere Gegend. In dieser Eigenschaft werfen Sie einen Mann ins Gefängnis, nicht, weil Sie ihn für einen Verbrecher halten, sondern weil er einen Sohn hat, der als ein Verbrecher gilt, wenn man der römischen Kirche Glauben schenken will. Nehmen wir einmal an, ich sei wirklich, wie

Sie das glauben, ein Verbrecher – vielleicht werde ich in der Folge Gelegenheit haben, mich zu rechtfertigen und Sie wissen zu lassen, wer ich bin –, ist es mir da erlaubt, Sie anzufragen, ob der König wirklich anordnet, einen Vater für die von seinem Sohn begangenen Verbrechen zu bestrafen? Einem Greis Strafen aufzuerlegen, ihn in einem Kerker gefangenzuhalten, aus dem einzigen Grunde, weil er einen Sohn hat, der Pfarrer ist, einen Sohn, der ein Christ ist, sich jedoch weigert, Dogmen anzuerkennen, an die er in Wahrheit nicht glauben kann? Den Vater Cartouches aber, den Vater eines gemeinen Verbrechers, den lassen Sie unbehelligt. Hat es jemals ein schreienderes Unrecht gegeben? Ist es zu glauben, daß so etwas im Lande eines Monarchen möglich ist, der seinen ganzen Stolz dareinsetzt, den erhabenen Titel des allerchristlichsten Königs zu führen?

Ein Ereignis solcher Art wird die Nachwelt in Staunen setzen, und wenn ich nicht mit einem Akt Ihrer Gerechtigkeit rechnete, dann müßte ich kühn behaupten, daß es einer solchen Handlung vorbehalten sei, die Schande unseres Jahrhunderts zu sein. Denn noch nie hat man davon gehört, daß sich solches oder ähnliches je unter Christen zugetragen habe. Wie man mir versichert, glauben Sie, durch Einkerkern meines Vaters werde man mich veranlassen können, das Königreich zu verlassen. Erlauben Sie mir, Ihnen zu sagen, daß eine solche Überlegung unrichtig ist, und zwar aus zwei Gründen, die Ihnen auseinanderzusetzen ich mir die Ehre nehme.

Hier der erste: Mein Gewissen erlaubt es mir nicht, die Herde im Stich zu lassen, die mir von Gott anvertraut wurde, vor dem ich einst werde Rechenschaft ablegen müssen. Es ist hier nicht der Ort, Ihnen zu erklären, was mich mit meiner Herde verbindet, es muß genügen, wenn ich Ihnen sage, daß ich mir vor Gott als Verbrecher vorkäme, wenn ich, um mein Leben zu retten, diejenigen verlassen wollte, die im Glauben zu unterweisen meine Aufgabe ist.

Der zweite Grund ist der, daß mir auch die Klugheit nicht erlaubte, nach Ihrem Rat zu handeln. Hätte ich wirklich die Absicht, außer Landes zu gehen, um mich in Sicherheit zu bringen, dann hinderte mich gerade die Tatsache, daß Sie meinen Vater ins Gefängnis gesteckt haben, daran, meine Absicht zu verwirklichen. Man trachtet mir unter allen Umständen nach dem Leben. Die Schritte, die bereits unternommen wurden und die man auch jetzt unternimmt, lassen mir nicht den geringsten Zweifel darüber. Man schreibt auf meine Ergreifung beträchtliche Geldsummen aus. Da man auf diesem Weg trotzdem keinen Erfolg hat, wird nun versucht, auf andere Weise ans Ziel zu gelangen: man wirft meinen Vater ins Gefängnis und verbreitet das Gerücht, daß man ihn nicht eher entlassen werde, als bis ich das Königreich verlassen habe.

Mein Herr, trauen Sie mir tatsächlich so wenig Verstand zu, daß ich nicht voraussehen soll, daß, während mein Vater im Gefängnis ist, vermutlich alle Grenzübergänge mit Wachen besetzt sind, die mein Signalement in Händen haben, um mich sofort, wenn ich versuchen sollte, die Grenze zu überschreiten, verhaften zu können?

Ich sehe die Rhone in einer Weise überwacht, daß ich sehr unvorsichtig sein müßte, wenn ich sie überqueren wollte. Man kann doch von mir im Ernst nicht erwarten, daß ich mich auf ein so gefährliches Spiel einlasse! Wenn mein Erlöser mich ruft, mit meinem Blut für sein Evangelium zu zeugen, dann geschehe sein Wille. Ich weiß aber auch, daß er uns sowohl die Klugheit der Schlange als auch die Sanftmut der Taube anbefiehlt. Es ist ehrenvoll, für die Wahrheit zu sterben, aber es ist schmählich, einer

Tollkühnheit zum Opfer zu fallen. So wage ich denn, von Ihrer Rechtlichkeit zu erwarten, daß Sie denjenigen freilassen, der ungerechtfertigt in Haft gehalten wird, da Sie doch wissen, daß er schuldlos ist. Unter keinen Umständen dürfen Sie glauben, daß Sie mich dadurch, daß Sie ihn festhalten, einzuschüchtern vermögen.

Ich weiß, daß er für eine gerechte Sache leidet und daß selbst dann, wenn er zum Tode geführt werden sollte, um für die heilige Religion zu zeugen, ich keinerlei Veranlassung hätte, mich zu schämen, daß ich mich dessen im Gegenteil rühmen dürfte. Aber auch Sie sollten daran denken, daß es noch einen höheren Richter gibt, vor dem auch Sie einst zu erscheinen haben, so gut wie wir, und daß dann alle Sündenvergebungen und Ablasse der römischen Kirche nicht imstande sein werden, Sie vor diesem Richter zu rechtfertigen, der ebenso furchtbar wie gerecht ist, wenn Sie diesen guten Greis leiden lassen, oder wenn Sie sich gar entschließen sollten, sein unschuldiges Blut zu vergießen. Es ist an Ihnen, auf der Hut zu sein. Ein Mann, der bald achtzig Jahre alt ist, könnte leicht unter Ihren Händen bleiben, wenn er zu grob behandelt wird. In diesem Alter erträgt ein Mann die Schrecken des Gefängnisses nicht mehr.»

Aber La Devèze überwies die Angelegenheit zur weiteren Behandlung und Beschlußfassung dem Statthalter de Bernage.

Dieser sah sich in einiger Verlegenheit, da von Etienne Durand weder ein Geständnis noch ein Beweis seiner Schuld vorlag, so daß ein eigentlicher Grund fehlte, ihm den Prozeß zu machen. Aber als dann der um Auskunft angegangene Dumolard schrieb, es entspreche der Wahrheit, daß Durand mit geradezu fanatischem Eigensinn und einer selten beobachteten Verstocktheit an seiner Religion festhalte, nahm de Bernage diese Äußerungen zum willkommenen Anlaß, um endlich gegen Etienne Durand vorgehen zu können.

Es schien ihm gefährlich, Vater Durand nach Hause zu entlassen, da er befürchtete, der Alte könnte wiederum mit seinem Sohn in Verbindung treten, «was für die Religion des Landes sehr schlechte Auswirkungen haben müßte. Ich finde also», folgerte der Statthalter, «daß es das beste ist, wenn Etienne Durand für den Rest seiner Tage eingesperrt wird. Das Fort von Brescou auf dem Basaltfelsen im Mittelmeer dürfte der richtige Ort sein, um ihn endlich und endgültig zur Ruhe zu bringen.»

De Bernage forderte in Versailles einen diesbezüglichen Haftbefehl an. Sofort nach Eintreffen des berüchtigten «lettre de cachet» wurde Etienne Durand, der im dreiundsiebzigsten Altersjahr stehende Gemeindeschreiber von Pranles, unter Bewachung durch vier Füsiliere und einen Sergeanten nach Fort Brescou verbracht.

In den folgenden Wochen traf die Kirche in der Wüste ein harter Schlag.

Antoine Court, der Begründer und geistige Führer der neu aufgerichteten protestantischen Kirche Frankreichs, war mit seinen Angehörigen seit langem dermaßen den Verfolgungen seiner Widersacher ausgesetzt, daß er, dessen Gesundheit durch Sumpffieber und übermenschliche Anstrengungen geschwächt war, schon seit einiger Zeit den Gedanken erwogen hatte, ins Ausland zu entfliehen, nicht, um sich zur Ruhe zu setzen, sondern um dort in anderer, nicht minder wertvoller Weise als bisher für die Kirche in Frankreich und für deren Pfarrer zu arbeiten. Auf seine Ergreifung war eine Prämie von 4000 Pfund ausgeschrieben, was einem kleinen Vermögen entsprach.

Nun war im Mai 1729 seine Frau von plötzlicher Verhaftung bedroht. Nur mit knapper Not gelang es ihr, mit ihren beiden Kindern nach der Schweiz zu entkommen, wo sie sich in Lausanne niederließ. Das war für Antoine Court die äußere Veranlassung, Frankreich ebenfalls zu verlassen und zu seiner Frau, an die er stark gebunden war, nach Lausanne zu fliehen, wo er sich sofort und mit allen seinen Kräften an dem ja auf seine Anregung von du Plan gegründeten Seminar für die Ausbildung von Pfarrern für Frankreich einsetzte.

Bereits vor einiger Zeit hatte auch Anne Rouvier, Pierre Durands Frau, das Haus ihrer Mutter verlassen und fliehen müssen, weil sie bespitzelt wurde und die Soldaten nun auch hinter ihr her waren.

Vielleicht rechnete La Devèze damit, auf diese Weise den Starrsinn des Pfarrers brechen zu können, da ihm doch vermutlich das Schicksal seiner Frau und seines Kindes näher gehen würde als das des Vaters. Nirgends mehr daheim, ständig unterwegs und immer auf der Flucht vor ihren Verfolgern, immer in Angst, von Gegnern ihrer Religion erkannt und angezeigt zu werden, lernte Anne nun am eigenen Leibe das harte Los der Wüstenpfarrer kennen, das sie, eine Frau von zudem nur schwächlicher Gesundheit, noch viel grausamer als diese treffen mußte.

Und doch klagte sie nicht.

Trotz aller Not und aller Entbehrungen, die ihr auferlegt waren, bereute sie es nicht, die Ehe mit Pierre Durand eingegangen zu sein. Im Gegenteil. Sie wußte, was er leistete, was er den Protestanten im Vivarais bedeutete, deren eigentlicher geistiger Führer er geworden war, und sie war stolz darauf, die Frau dieses Mannes sein zu dürfen. Es fielen ihr nun eben auch die mit seinem Leben verbundenen Mühsale und Gefahren zu, die sie tapfer auf sich nahm und in Demut ertrug. Wo du hingehst, da will auch ich hingehen.

Wieder einmal auf der Flucht, in St-Cierze, schenkte sie am 15. August 1729 ihrem zweiten Kinde, der kleinen

Anne, das Leben. In einer fremden Stube, doch umsorgt von guten Menschen, die glücklich waren, der Frau ihres so sehr verehrten Geistlichen diesen Dienst erweisen zu dürfen.

Ach du kleines, unschuldiges Geschöpflein, in was für eine Not wurdest du hineingeboren! Aber der Herr, der es mit all seinen zarten Gliedlein so wunderbar gebildet hatte, er würde weiterhelfen. Loué soyt Dieu!

Die Nachricht von der Überführung seines Vaters nach dem Fort hatte Pierre Durand tief getroffen. Also war der Brief, den er geschrieben hatte, von La Devèze unter den Tisch gewischt worden. Nichts als ein Fetzen Papier!

Und daß das unstete Leben, zu dem nun auch seine Frau verurteilt war, ihr in einer Weise zusetzte, daß ihm bei dem Gedanken bangte, wie lange sie diese Belastung werde aushalten können, quälte in mancher Stunde, wenn der Schlaf nicht kommen wollte, sein Gewissen. Hatte er am Ende doch Unrecht getan und eigennützig gehandelt, daß er diesen so gütigen, zartfühlenden Menschen aus seiner Geborgenheit herausgerissen und an sich gebunden hatte? Hatte vielleicht doch ihre Mutter, Isabeau Sautel, recht gehabt mit ihrem Versuch, ihre Tochter vor diesem Abenteuer zu bewahren? Denn ein Abenteuer war es geworden, wenn auch ein Abenteuer des Glaubens.

So litt er schwer unter den vom Schicksal ausgeteilten Schlägen, aber seinen Einsatz lähmte es in keiner Weise.

Unermüdlich war er unterwegs und rechnete jeden Tag damit, erkannt, angezeigt oder überfallen zu werden. Hinter jedem Gesträuch und hinter jedem Felsen konnte auf seinen einsamen Pfaden der Tod auf ihn lauern, da es ja als eine große christliche Tat gegolten hätte, ihm, dem Verderber ungezählter Seelen, endlich das Handwerk zu legen.

Aber er trotzte den Gefahren und er trotzte den Unbillen des Wetters, die in den Bergen des Vivarais vor allem im Winter, aber auch im Sommer nach heftigen Gewitterregen, die Wege und Pfade schier unbegehbar machten.

Wie sehr kam ihm da sein treues schwarzes Pferd zustatten, mit dem er Zwiesprache halten konnte auf seinen Ritten über die öden, oft windüberbrausten Höhen.

Seine gewissenhaft geführten Tauf- und Trauregister sind zum Teil erhalten geblieben und geben wertvollen Aufschluß über den Wohnort der Eltern und der Jungvermählten. Diese Angaben vermitteln ein Bild des unerhörten Eifers, mit dem Pierre Durand seiner Gemeinde diente. So hielt er sich zu Beginn des Jahres 1730 in Cruas, Pranles und St-Fortunat auf, und stieg dann hinauf gegen Chalençon, St-Barthélemy-le-Miel zum Plateau von Vernoux. Trotz der damals herrschenden grimmigen Kälte, bei der Weg und Steg vereist waren, verließ er am 12. Februar Desaignes, war am 21. wieder in Chalençon, am 27. in Gluiras, am 28. in St-Jean-Chambre. Am 29. März hatte er in Pranles zu tun, am 8. April in Vernoux und am 15. in St-Barthélemy-le-Miel, wo er einer Synode vorstand, in deren Verlauf Durands neuer Helfer, Jean-Pierre Fauriel, der jüngere Bruder Jean-Gabriels, in die Reihe von ‚Frankreichs Predigern der Wüste im Vivarais' aufgenommen wurde.

Jean-Pierre arbeitete fortan unter dem Decknamen Ladreyt. Auf Ansuchen Antoine Courts wurde Durand von der Synode ermächtigt, Lassagne, der im Seminar zu Lausanne seinen Studien oblag, zu gestatten, sich in der Schweiz, und zwar dort, wo er es vorziehe, konsekrieren zu lassen.

Immer seltener fand Pierre Durand Zeit und Gelegenheit, das Haus seines Vaters im Bouchet aufzusuchen, in dem ja nun nach der Gefangennahme des Vaters die vierzehnjährige Schwester Marie allein wohnte. Mit der ihr eigenen Beharrlichkeit versuchte sie, sich ohne Hilfe zurechtzufinden.

An Arbeit fehlte es nicht, wenn sie das Heimwesen in Ordnung halten wollte. Vor allem galt es, die Tiere zu besorgen, auf die sie für ihren Lebensunterhalt ja angewiesen war. Aber auch der Garten unterhalb des Hauses mußte bestellt werden, wenn sie weiterhin Gemüse und Früchte ernten wollte.

So war sie von früh bis spät tätig, und sie war froh darüber, daß sie so eingespannt war, blieb ihr in der Arbeit doch weniger Zeit, über all das Schwere nachzugrübeln, das sie in diese Vereinsamung gestürzt hatte.

Bei all ihrem Leid um den Vater, bei all ihrer Sorge um den Bruder wußte sie ja, daß es auch andere traf, daß auch andere heimgesucht wurden und vielleicht noch Schwereres als sie selbst zu erdulden hatten. Ihr war wenigstens noch das väterliche Haus, das Dach über dem Kopf geblieben, wenn es ohne den Vater auch kein eigentliches Heim mehr war.

Aber Anne, die Ärmste! Verfolgt und ständig auf der Flucht wie Pierre. Und dabei war sie die Mutter von zwei kleinen Kindern, die sie mit sich schleppen und bald hier, bald dort mitleidigen Frauen für ein paar Tage überlassen mußte, weil die Kleinen das unstete Leben, zu dem ihre Mutter verurteilt war, gar nicht ausgehalten hätten.

Das erstgeborene Töchterchen Jeanne, das Pierre so sehr ins Herz geschlossen hatte, war ein gar schwächliches Kind. Wie gern hätte Marie die kleine ‚Tonton' zu sich genommen, um nicht mehr so allein zu sein, um das Kind betreuen und pflegen zu dürfen! Aber jetzt, da sie die ganze Arbeit im Haus, im Stall und auf dem Feld allein verrichtete, war ja gar nicht daran zu denken. Zudem wollte Anne nichts davon wissen, da die Kleine im Hause ihres Schwiegervaters zu sehr gefährdet gewesen wäre. Unermüdlich setzten die Truppen alles daran, um des so tätigen Wüstenpfarrers endlich habhaft zu werden, und so wurde das Haus in Le Bouchet ständig überwacht und wer dort aus und ein ging von Verrätern bespitzelt. Hätten die Feinde nicht mit einem Kinde Pierre Durands eine Geisel in Händen gehabt, um den verhaßten Vater, wenn man ihn doch nicht erwischen sollte, wenigstens zum Verlassen des Landes zwingen zu können?

Diese ständige Angst um die Kinder war ja wohl das Allerschlimmste, was Anne zu ertragen hatte. Wenn sie die Kleinen irgendwo in ein Versteck gab, konnte sie nie wissen, ob man es wirklich ehrlich mit ihr meinte. Fraglos wären die Kinder, wären sie den Feinden in die Hände gefallen, zur Erziehung in ein Kloster gesteckt worden.

Ja, Anne hatte es bestimmt noch viel schwerer als sie. An der Mutter hatte sie auch keinen Halt, die beiden entfremdeten sich im Gegenteil immer mehr. Isabeau Sautel bemühte sich gar nicht mehr, vor ihrer Tochter den Groll zu verbergen, den sie gegen Pierre Durand hegte, weil sie in ihm den Urheber des ganzen Unglücks sah, das über ihr Haus hereingebrochen war.

Aber das ließ Anne nicht gelten, und so kam es zwischen ihr und der Mutter immer häufiger zu lauten Auseinandersetzungen.

«Hat er nicht Pierre auf die Galeere und dich ins Unglück gebracht? Man wird um seinetwillen auch mich noch verfolgen, ich fühle es. Oh, hätte dieser Unglücksmensch doch nie unser Haus betreten!»

«So darfst du nicht reden, Mutter. Nein, nein, nein, dazu hast du kein Recht. Ich liebe Pierre und ich verehre ihn. Ich bin stolz darauf, seine Gefährtin sein zu dürfen!»

«Schöne Gefährtin eines Mannes, der nie zu Hause ist!»

«Weil es für ihn gar kein Zuhause mehr gibt! Bedeutet sein Mut dir nichts, mit dem er jeden Tag von neuem sein Leben aufs Spiel setzt, nicht für sich, nicht um selber etwas zu gewinnen, immer nur für die andern, für seine Brüder und Schwestern in Christo.»

«Für die andern, ja, aber nicht für dich.»

«Mutter!»

«Wer heiratet, ist in erster Linie für das Wohl der von ihm gegründeten Familie verantwortlich. Kümmert er sich nicht darum –»

«Schweig, Mutter, sag nichts Häßliches über ihn, der Hunderten, der Tausenden so viel bedeutet! Ich liebe ihn, und trotz aller Sorge und aller Angst bin ich doch glücklich, denn durch ihn, erst durch ihn, hat mein Leben einen Sinn erhalten.»

Und wenn es auch immer seltener vorkam, daß sie für Stunden oder gar für ein paar Tage beisammen sein konnten, so waren diese seltenen Gelegenheiten ein nur um so kostbareres Geschenk, für das Anne und Pierre doppelt dankbar waren.

Im Oktober 1729, ein gutes halbes Jahr nach der Verhaftung Etienne Durands, an einem Vormittag, als Marie Durand im nahen Wäldchen mit dem Zusammenrechen von Kastanien beschäftigt war, wurde sie ganz unerwartet von hinten angesprochen.

Sie schrak zusammen und wandte sich hastig um.

Erleichtert atmete sie auf. «Ach, Sie sind es, Herr Serres! Ich habe gar nicht gehört, wie Sie gekommen sind.»

«Das tut mir leid, Marie, ich wollte dich gewiß nicht erschrecken. Ich war im Hause unten, aber da niemand dort war, bin ich aufs Geratewohl hier heraufgekommen. Ich wollte einmal nach dir schauen. Ah, das Unglück, daß dir nun auch der Vater noch genommen wurde!»

«Ja, Herr Serres, es ist schwer, plötzlich so ganz allein zu sein. Und all der Kummer und all die Angst um den Vater und auch um Pierre!»

Matthieu Serres bewirtschaftete einen kleinen Hof in Poux, im Kirchspiel von St-Pierre-Ville. Er war ab und zu zum Vater gekommen, denn auch Serres war ein treuer Anhänger der protestantischen Religion und hatte als solcher den heimlichen Zusammenkünften in Durands Hause beigewohnt. Marie erinnerte sich, daß sich der Vater immer gerne mit ihm unterhalten, und daß er seine stille, ein wenig schwerfällige Art geschätzt hatte.

«Ja, so ganz allein, jetzt im Herbst, wo es so viel zu tun gibt, wo man überall zur gleichen Zeit sein sollte», nickte Serres, «kannst du denn das alles allein bewältigen?»

«Bis heute ist es gegangen.»

«Aber es gibt doch auch schwere Arbeit, die nichts für ein Mädchen ist.»

«Es sind Nachbarn da, die mich noch nie im Stich gelassen haben.»

«Wenn ich dir helfen könnte, Marie! Ich möchte dir beistehen. Die ganze Zeit hindurch ist mir das durch den Kopf gegangen. Es hat mir keine Ruhe gelassen. Ich habe deinen Vater gekannt, wir haben uns gut verstanden. Ach, es ist schade um ihn. Mir scheint, ich sei es ihm schuldig, mich ein wenig um dich zu kümmern. Jeden Tag seit der bösen Nachricht habe ich mir das gedacht. Und heute bin ich nun eigens in dieser Sache herübergekommen.»

«Nur wegen mir?»

«Du mußt es mir glauben. Ich habe dir auch etwas mitgebracht. Der Korb steht vor der Haustür, ich habe ihn dort hingestellt. Jetzt im Herbst, wo alles weggeräumt werden muß, solltest du doch zwei starke Arme brauchen können. Das war so meine Überlegung. Und nun bin ich da.»

«Und in Poux haben Sie alles liegen lassen, um zu mir zu kommen und mir zu helfen?»

«Ja, Marie, so ist es. Die Schrift lehrt uns doch, uns in besonderem Maße der Witwen und Waisen anzunehmen. Heute kann ich gut bis am Abend hierbleiben. Ich habe in den Stall hineingeschaut und gesehen, daß der Barren ausgebessert werden sollte. Oder vielleicht weißt du noch dringlichere Arbeit? Sag mir nur, wo und womit ich beginnen soll. Ich bleibe bis am Abend, ich habe damit gerechnet.»

Marie war verlegen. «Aber ich weiß nicht –»

«Nun bin ich einfach da. Also. Hast du einen Sack mitgebracht?»

«Nein, ich reche die Kastanien zu einem Haufen zusammen, der vorläufig liegenbleibt, bis sich die Schalen zu lösen beginnen. Oder macht ihr das in Poux anders?»

«Natürlich nicht.»

«Da ich damit fertig bin, wollen wir hinuntergehen. Wenn Sie mir wirklich im Stall behilflich sein wollen – mit dem Barren wäre ich allein wirklich nicht fertig geworden.»

Sie schulterte den Rechen und schritt neben Serres dem Weiler zu. Silberner Glanz lag über dem nassen Gras, denn der lichte Nebel hatte sich auseinandergeschoben und gab das zarte Blau des Himmels frei.

Ja, da stand der Henkelkorb. Serres hob ihn auf und trug ihn hinein, wo er ihn vor dem mächtigen Kamin auf den Tisch stellte. Dabei fiel sein Blick, wie der aller Besucher, auf die in den Stein eingehauenen Worte: «Loué soyt Dieu!»

Es blieb ihm jedoch nicht lange Zeit, sich darüber Gedanken zu machen, denn Marie Durand hatte unterdessen das weiße Tüchlein weggezogen und damit den Inhalt von Matthieu Serres' Korb freigelegt.

«Aber das ist ja wunderbar! Und das alles, das haben Sie mir gebracht, Herr Serres?»

Die Freude des Mädchens rührte ihn beinahe zu Tränen.

«Ein Huhn und diese herrlichen Trauben! Und da die Birnen, mh, wie sehen die prächtig aus!»

«Am Spalier selber gezogen. Es sind von den besten, die ich habe», nickte Serres und konnte den Blick nicht von der lieblichen Gestalt, von diesem von Freude geröteten Gesicht wenden.

Marie Durand war ja – war ja gar kein Kind mehr, wie er sie von seinen früheren Besuchen her in der Erinnerung gehabt hatte, sie war jetzt eine junge Frau!

«Vielen Dank, vielen Dank, Herr Serres, damit haben Sie mir eine ganz große Freude bereitet.»

«Nun, dann habe ich den Korb wenigstens nicht umsonst hierhergetragen.»

Und Matthieu Serres kam wieder.

Immer häufiger wußte er es einzurichten, für einen Tag ins Bouchet hinüberzugehen, um dort Marie Durand behilflich zu sein. Er arbeitete mit einer Selbstverständlichkeit, die es dem Mädchen nicht schwer machte, seine Hilfe anzunehmen.

Herr Serres hatte etwas so Gütiges an sich, daß Marie bald keine Scheu mehr vor ihm kannte und sich ihm nach und nach anvertraute, wie sie sich dem Vater anvertraut hatte.

Serres hätte ja auch ganz gut ihr Vater sein können, war er doch über vierzig Jahre alt, dreimal so alt wie sie selber. Was Marie vor allem für ihn einnahm, das war sein kindliches Gemüt, das ihn immer wieder über etwas ganz Unscheinbares staunen ließ. Auf dem Weg dem Wäldchen entlang konnte er plötzlich stillestehen, um ein im Tau glitzerndes Spinngewebe zu betrachten, er hob ein Blatt vom Boden auf, um die bunten Farben zu bewundern, und wenn neben ihm ein Rotbrüstchen durchs Gezweig hüpfte, klaubte er einen Nußkern aus der Tasche und wartete geduldig, bis sich der kleine Vogel auf der ausgestreckten braunen Hand niederließ und den beglückten Mann aus großen, schwarzen Märchenaugen dankbar ansah. «Wie hat doch der Herr alles wunderbar eingerichtet, wie zeugt selbst noch das kleinste Ding von der Größe seiner Schöpfung!»

So kam es Marie ganz selbstverständlich vor, daß er etwa ihre Hand ergriff, wie ein Vater die Hand seines Kindes ergreift, und sie dann Hand in Hand ein Stück Weges schritten.

Auch als die letzten Äpfel gepflückt, die Arbeit auf den Feldern für dieses Jahr verrichtet war und alles bereit lag, um unter der tiefen Schneedecke des Winters einen neuen Frühling zu erwarten, stellte Matthieu Serres seine Besuche im Hause Etienne Durands nicht ein. Jetzt, da auch in Poux die Arbeit getan war, hatte er ja Zeit genug.

Und Marie war es recht so. Sie freute sich jedesmal über sein Kommen und war enttäuscht, wenn er sie einmal länger als zwei Wochen warten ließ.

Jetzt brachte er immer seine Bibel mit, um Marie daraus vorzulesen oder sich von Marie vorlesen zu lassen, denn Etienne Durands Bibel war ja bei der Haussuchung von den Soldaten beschlagnahmt und wie alle andern Bücher weggeschafft worden.

Als sie wieder einmal beisammen vor dem Feuer saßen und die Wärme der züngelnden Flammen ihnen entgegenstrahlte, da schlug Serres die auf seinen Knien liegende Bibel auf, neigte den Kopf darüber, sah wieder empor, blickte das Mädchen an und lächelte. Lächelte auf eine ganz sonderbare Art.

«Nun», verwunderte sich das Mädchen, «was ist es denn, was Sie gelesen haben?»

«Da ist mein Blick auf ein Wort gefallen, auf ein sehr schönes Wort, von dem ich wünschen möchte, daß auch ich es von mir sagen könnte.»

«Und welches ist denn das Wort, Herr Serres?»

«Es ist ein Wort aus dem Hohelied Salomos: ‚Aber eine ist meine Taube, meine Fromme!' Verstehst du das, Marie? Von sechzig Königinnen, achtzig Kebsweibern und zahllosen Jungfrauen eine einzige, aber diese eine ist meine Taube. Verstehst du den Sinn?»

Marie hatte den Blick gesenkt und Serres, der sie erwartungsvoll betrachtete, schien es, als überzöge eine feine Röte ihr Antlitz. Oder war es nur der Widerschein des Feuers?

«Hast du den Sinn des Wortes verstanden, Marie?»

«Ich – ich glaube nicht, daß ich verstehe, was Sie meinen, Herr Serres. Aber wollen wir nun nicht dort weiterlesen, wo wir das letztemal verblieben sind?»

«Das letztemal? Wo sind wir denn stehengeblieben?»

«Doch bei den Psalmen. Haben Sie das vergessen? Zuallerletzt haben wir den einundfünfzigsten Psalm gelesen, den herrlichen, den ich auswendig weiß. Also fangen wir heute mit dem zweiundfünfzigsten an.»

In der Nacht mußte Marie immer wieder über das Wort nachdenken, das Serres ihr aus dem Hohelied vorgelesen hatte. Dem Buch entsprechend, in dem es stand, konnte es ja nur einen Sinn haben. Aber es war doch nicht möglich, daß Herr Serres ihr gegenüber derartige Gefühle hegte! Nie hatte sie bisher in ihm etwas anderes als den väterlichen Freund gesehen.

Oh, für eine andere Liebe, für die Liebe zwischen Mann und Frau, wäre er für sie doch viel zu alt.

Aber nein, natürlich nicht, daran hatte auch er bestimmt nicht gedacht!

Und doch war in ihr nun etwas geweckt, was sie fortan und immerfort in Unruhe versetzte und verwirrte, so daß sie beschloß, Herrn Serres künftighin auszuweichen. Sie hätte ihm nicht mehr unbefangen wie bisher entgegentreten können.

So paßte sie auf, und als sie ihn eines Tages daherkommen sah, verließ sie das Haus, um nach Craux zu gehen und sich dort wieder einmal nach Anne zu erkundigen. Durch Frau Sautel würde sie vielleicht auch etwas über Pierre erfahren können.

Aber je mehr sie sich eilenden Schrittes von Le Bouchet entfernte, um so mehr schien es ihr unrecht zu sein, die Güte und die Fürsorge, die ihr Herr Serres entgegengebracht, mit einem solchen Verhalten zu lohnen.

Hatte er ihr je etwas anderes als Freundlichkeiten erwiesen? Und sie lief davon, um ihm nicht begegnen zu müssen.

Daß sie vor ihm geflohen war, konnte er zwar nicht wissen. Da er nicht regelmäßig kam und er sein Kommen nie anmeldete, mußte er damit rechnen, sie einmal nicht zu treffen.

Es war doch vielleicht richtig so.

Die weiten Schneefelder um sie her glitzerten in der Sonne, und der Wind wirbelte Wolken staubfeiner Eiskristalle durch die Luft.

Aber von nun an blieb Matthieu Serres aus.

Hatte ihm am Ende doch jemand ihr Davoneilen verraten, oder war er krank?

Und jetzt, da er nicht mehr kam, sah Marie ein, wie manche Arbeit er ihr in seiner stillen Art abgenommen und als ganz selbstverständlich getan hatte. Nun wurde ihr aber auch bewußt, daß er ihr weit mehr als ein Helfer gewesen war.

Jetzt, da er ausblieb, hatte sie niemanden mehr, bei dem sie sich hätte aussprechen können. Ja, es war so, bei ihm war sie geborgen gewesen. Und dieses gute Gefühl des Geborgenseins vermißte sie noch viel mehr als die beiden in der Arbeit zupackenden Hände.

Zwei Monate später, in den ersten Apriltagen des Jahres 1730, sprach er sie eines Morgens vom Sträßchen aus an. Sie war in ihrem kleinen Garten beschäftigt. Seine Stimme erkannte sie sogleich, und ihr Herz begann wild zu schlagen.

Wie hatte sie sein Kommen ersehnt!

Sie richtete sich auf und blickte empor.

Da stand er zwischen dem rosigen Geflock der blühenden Mandelbäumchen und hob grüßend die Hand. «Da bist du ja, Marie.»

«Ach, Herr Serres, wie schön, daß Sie wieder da sind!»

Sie ließ den Kratten stehen, wischte die Hände an der Schürze ab und stieg über das Steintreppchen zu ihm hinauf.

«Nun fängt die Arbeit wieder an», sagte er und ließ den Blick seiner hellen Augen, die sie wiederum wie schon früher an die Augen eines treuen Hundes denken ließen, auf ihr ruhen. «Und so bin ich gekommen, um dir wieder zu helfen, wenn es dir recht ist.»

«Sie sind lange nicht mehr ins Bouchet gekommen, Herr Serres. Sie waren am Ende doch nicht krank?»

Matthieu Serres schüttelte den Kopf. «Nein, krank bin ich nicht gewesen. Aber da war etwas anderes, das mich abhielt, zu kommen, bis ich es nicht mehr ausgehalten habe.»

Er brach verlegen ein blühendes Zweiglein aus dem Geäst über ihm und drehte es zwischen den Fingern. «Hast du denn nicht gespürt, daß ich dich gern habe, Marie, daß ich dich liebe? Erschrick nicht, Marie, erschrick nicht! Ich weiß, daß ich älter, daß ich viel älter bin als du. Du bist ja noch so jung. Aber fragt die Liebe danach? Schau, Marie, ich bin allein, du bist allein, warum sollen wir uns da nicht zusammentun? Auch dann, wenn du mich nicht so liebst, wie ich dich liebe. An meinem guten Willen, dich glücklich zu machen, wirst du nicht zweifeln können. Für dich kann es so doch nicht weitergehen. Du brauchst jemanden, der zu dir steht, der dich beschützt. Oder – ist da ein anderer, der dir näher steht als ich, Marie?»

Das Mädchen schüttelte den Kopf.

«So sag ein Wort, Mie, liebe gute Mie!»

Behutsam zog er sie an sich, und sie spürte, wie er zitterte.

«Mie, hast du mir keine Antwort?»

«Ach, Herr Serres», und sie legte ihren Kopf gegen seine Schulter.

Unbeholfen strich er ihr über das Haar. «Mie, liebst du mich nicht auch ein wenig?»

Sie nickte, und die Tränen rannen ihr über die Wangen.

Da beugte er sich über sie und küßte sie auf die Stirn, auf die Augen, und dann auf den Mund.

Wie ein Feuerstrahl durchzuckte sie diese Berührung.

War es gut, was sie da tat? Was hätte der Vater, was hätte Pierre dazu gesagt? Sie wollte, sie konnte sich noch nicht entscheiden, ehe sie den Vater und den Bruder um ihre Meinung gefragt hatte.

Damit war Serres einverstanden.

Er kannte ja Maries Vater und war so gut wie überzeugt, daß der ihn als Tochtermann nicht abweisen würde.

Und tatsächlich gab der gefangene Etienne Durand seine Einwilligung zu einer Ehe zwischen Marie und Matthieu Serres. Sein Brief traf allerdings nie in Le Bouchet ein, so daß Marie nicht erfuhr, ob ihre Anfrage den Vater überhaupt erreicht hatte. Dagegen erhielt sie von Pierre den niederschmetternden Bescheid, daß er sich mit einer solchen Verbindung nie einverstanden erklären werde. Der Person des Bewerbers wolle er nicht nahetreten, er kenne ihn auch zu wenig. Gegen was er sich aber auflehne, das sei der Altersunterschied. Ob sich Marie denn das nicht überlegt habe? Sie, ein halbes Kind noch, zum Heiraten überhaupt noch zu jung, und er, ein bestandener Mann von bald fünfzig Jahren. Das gehe einfach nicht. Er könnte ja ihr Großvater sein. Sie solle noch ein paar Jahre zuwarten, der Richtige werde sich schon einfinden, wenn die Zeit erfüllt sei. Diese so entschieden ablehnende Haltung des geliebten und verehrten Bruders traf Marie Durand hart und stürzte sie neuerdings in Zweifel.

Hatte er am Ende doch recht? Empfand sie wirklich das für Matthieu, was eine Frau für ihren Gatten empfinden mußte, mit dem sie Kinder haben wollte? Es war ja so schwer, hier zu entscheiden.

Serres drang in sie, schließlich habe nicht ihr Bruder, sondern sie selbst über ihr Leben zu bestimmen.

Pierres Haltung ihm gegenüber kränkte ihn. Was hatte er dem jungen Manne zuleide getan? Warum sollte eine Ehe zwischen ihm und Marie nicht statthaft sein? Konnte er, ein gereifter Mann, dem vereinsamten Mädchen in diesen unsicheren Zeiten nicht mehr Schutz bieten als ein junger verliebter Gimpel ohne jede Lebenserfahrung? Diesen immer wieder und in rührender Weise vorgebrachten Gründen konnte sich Marie Durand auf die Dauer nicht verschließen.

Überglücklich über ihren Entschluß, ihn als Lebenskameraden anzunehmen, schloß Matthieu Serres das Mädchen in die Arme. «Gleich morgen werden wir zu Herrn Boursarié nach Pranles gehen, um den Ehevertrag anfertigen zu lassen.»

Sie sollte nicht die Möglichkeit haben, auf ihren Entscheid zurückzukommen oder sich noch einmal durch ihren etwas selbstgerechten Bruder beirren zu lassen.

«Mie, meine liebe Mie, glaube mir, ich werde alles tun, um dich glücklich zu machen. Nun ist das schöne Wort also doch in Erfüllung gegangen. Erinnerst du dich? ‚Aber eine ist meine Taube', Mie, und diese eine bist du!»

Am 26. April des Jahres 1730 fertigte dann Herr Boursarié, Notar in Pranles, übrigens ein Vetter Etienne Durands, tatsächlich den Ehevertrag aus, nach welchem Marie Durand 799 Pfund in die Ehe brachte. Für seine Bemühungen stellte der Notar einen Betrag von 8 Pfund in Rechnung. Die Eintragung in das Register erfolgte wenige Tage später, am 1. Mai. Im Hinblick auf die mißbilligende Haltung Pierrc Durands ließen es die Eheleute vermutlich bei diesem Ehevertrag bewenden und verzichteten auf eine religiöse Feier. Wenigstens sind darüber keinerlei Aufzeichnungen erhalten. Daß das für die so streng im Glauben erzogene Marie Durand ein Opfer, und zwar ein großes Opfer bedeutete, versteht sich. Matthieu Serres verpachtete sein eigenes Heimwesen in Poux und zog zu seiner jungen Frau in das Haus Etienne Durands in Le Bouchet-de-Pranles.

Ein paar Tage später ereilte sie die Schreckensnachricht, daß in der Gegend von Vernoux zwei Frauen festgenommen worden waren. Sie hatten am Sterbelager eines Protestanten trotz des anwesenden Priesters für den Sterbenden gebetet.

Obwohl eine von ihnen, Marie Tracol-Jullien, hochschwanger war, wurden die beiden Frauen unverzüglich nach dem Turm der Constance verbracht, der seit einigen Jahren ausschließlich als Gefängnis für Frauen diente.

Kurz darauf verheiratete sich die Schwester der beiden Wüstenprediger, Madeleine Fauriel, mit Pierre Prad aus Rias. Es schmerzte Marie Durand von neuem, als sie vernahm, daß ihr Bruder Pierre diese Ehe eingesegnet und also ganz in der Nähe geweilt hatte, ohne die Gelegenheit wahrzunehmen, sie und Matthieu zu besuchen.

Er mußte ihr also ihren Entschluß, ohne sein Einverständnis die Ehe mit Serres einzugehen, arg übelgenommen haben. Und in der Tat äußerte er sich in diesem Sinne Antoine Court in Lausanne gegenüber, findet sich doch unter den Eintragungen Courts unter dem 31. Mai ein Vermerk: «Durands Schwester hat sich gegen den Willen ihres Bruders, des Pfarrers, verheiratet.»

La Devèze schlägt noch einmal zu

Inzwischen hatten Jean-Gabriel Fauriel und drei seiner Studiengenossen, nämlich Combes, Claris und Faure, ihre Studien am Seminar in Lausanne abgeschlossen und brannten nun darauf, konsekriert zu werden, um nachher so rasch als möglich in ihre Heimat zurückzukehren und dort ihre Tätigkeit im Dienste der Wüstenkirche aufnehmen zu können.

Es lag ihnen daran, noch in der Schweiz in den Pfarrerstand aufgenommen zu werden, wußten sie doch, mit was für Schwierigkeiten das in Frankreich verbunden gewesen wäre, wo die die Handlung vornehmenden Pfarrer zu weiten und damit gefahrvollen Reisen genötigt würden.

Allerdings genügte die Einwilligung einer Synode noch nicht, um den Wunsch eines Anwärters, in der Schweiz ordiniert zu werden, erfüllen zu können. Es bedurfte dazu auch der Bewilligung durch die bernischen Behörden, deren Gerichtsbarkeit Lausanne unterstellt war. Und die bernische Regierung sah sich zu einer gewissen Zurückhaltung genötigt, um nicht mit einer die Verfügungen der französischen Regierung ignorierenden Haltung den in Solothurn residierenden Gesandten Frankreichs allzu sehr vor den Kopf zu stoßen. Es gehörte mit zu den von Antoine Court übernommenen Aufgaben, in Bern die jeweils notwendigen Schritte zu unternehmen. So hielt er sich am

5. Mai 1730 in der Angelegenheit der vier Kandidaten in Bern auf. Auf seine Vorsprache hin erhielt er unterm 30. Juni von Pfarrer Dachs in Bern die Mitteilung, daß schriftlich alles angeordnet worden sei und im geheimen die Ordination von Lassagne und seinen drei Gefährten vorbereitet werde.

Und tatsächlich fand der Akt ein paar Tage später in Anwesenheit Antoine Courts, der Professoren und einiger Vertrauensleute in Lausanne statt. Die Ergebnisse der abgenommenen Prüfungen waren so, daß alle vier Studenten in den Kirchendienst aufgenommen werden konnten.

In eben diesen Tagen holte der Militärkommandant La Devèze im Vivarais erneut zu einem Schlag gegen den so gehaßten Wüstenpfarrer Pierre Durand aus.

Da man seiner noch immer nicht hatte habhaft werden können und auch die Einkerkerung des Vaters nicht zum erhofften Resultat geführt hatte, sollte nun der Schwester der Prozeß gemacht werden. Die Ehe, die sie verbotenerweise außerhalb der römischen Kirche eingegangen war, verschaffte ihm die Möglichkeit, zuzupacken. Von dieser neuerlichen Maßnahme gegen die Familie Durand erwartete er verschiedene Erfolge. Einmal sollte der ebenso unerschrockene wie unermüdliche Pfarrer getroffen und neu zur Prüfung der Frage genötigt werden, ob es am Ende nicht doch gescheiter wäre, vor dem mächtigen Gegner, der offensichtlich den längeren Arm hatte, die Waffen zu strecken und das Land zu verlassen, wie es vor ihm Court bereits getan hatte.

Dann sollte mit einer strengen Bestrafung Marie Durands und ihres Ehemannes ein Beispiel gegeben werden, das geeignet war, die Hugenotten in Zukunft von der Schließung derartiger Ehen abzuschrecken.

«Solche Heiraten kommen im Vivarais sehr häufig vor; schon der Name des Mädchens verlangt es, daß ein Exempel statuiert wird», hieß es im Bericht an La Fare in Compiègne, mit dem die beiden Haftbefehle angefordert wurden.

Am 11. Juli starb Jeanne, das erstgeborene Töchterchen Pierre Durands, als dieser in der Umgebung von St-Jean-Chambre wirkte. Das an sich schon kränkliche Kind war gestorben, weil ihm die Mutter in ihrem ruhelosen Wanderleben die Pflege nicht hatte angedeihen lassen können, deren es so notwendig bedurft hätte. Zwei Tage später brachte ein Junge die Trauerbotschaft ins Bouchet. Ausdrücklich im Namen des Pfarrers.

Marie atmete auf.

Das hätte er nicht getan, wenn sie ihm durch ihren Schritt fremd und gleichgültig geworden wäre. Um so mehr nahm sie Anteil am neuerlichen Leid, das über Anne und Pierre gekommen war. Wie gern wäre sie zu den beiden geeilt, um ihnen ihre Teilnahme zu bekunden und ihnen behilflich zu sein.

Aber daran war ja nicht zu denken. Immer wieder, bei Tag und bei Nacht, kreisten ihre Gedanken um Pierre und dessen totes Kind. Auch in der Morgendämmerung des 14. Juli. Mit einem ungewollt ausgestoßenen Seufzer mochte sie den neben ihr liegenden Matthieu geweckt haben.

Der schob ihr die Hand unter den Nacken und zog sie an sich.

«Bist du schon lange wach, Mie?»

«Ach, Matthieu, es ist mir so schwer. Ich kann es einfach nicht verstehen. Was hat denn Tonton verbrochen? Sie war doch ein so liebes Kind.»

«Vielleicht eben deshalb. Vielleicht paßte sie gar nicht in diese Welt und ist so weggerafft worden vor dem Unglück.»

«Wie du das sagst, Matthieu, vor dem Unglück! Mag sein, daß du recht hast. Ach, ich weiß nicht –»

«Was hast du, Mie, du wirst mir doch nicht etwa krank?»

«Nein, nein, bestimmt nicht; aber mir ist – mir ist, als stehe uns etwas ganz Fürchterliches bevor. Als wäre es das Unglück, von dem du gesagt hast, das auf uns zukommt.»

«Tröste dich, tröste dich, Mie, du machst dir zu viel Sorgen, hast nicht gut geschlafen, bist nicht ausgeruht, und siehst nun Berge vor dir, schwarze Berge.»

«Vielleicht hast du recht, Matthieu.»

«Bestimmt, Mie. Und nun versuche, noch ein wenig zu schlafen.»

Serres lag ganz ruhig, um seine Frau, die sich schutzsuchend an ihn geschmiegt hatte, nicht am Einschlafen zu verhindern.

Plötzlich fuhr sie auf, den Blick angstvoll nach der Tür gerichtet. «Was war das? Hast du nichts gehört?»

Nun richtete sich auch Serres lauschend auf.

Ganz deutlich waren vor dem Hause Stimmen zu hören.

Und jetzt wurde an die Haustür gepocht.

«Aufmachen! Im Namen des Königs!»

«Nun ist es da!» Aufschluchzend schlang sie die Arme um ihres Gatten Hals. «Matthieu, Matthieu, das ist das Ende!»

Inzwischen wurde weiter, vermutlich mit den Kolben der Gewehre, gegen die Türe geklopft.

Serres sprang aus dem Bett und kleidete sich in aller Hast notdürftig an.

Wenige Augenblicke später drangen Soldaten in die Kammer und forderten Marie Durand auf, aufzustehen und sich anzuziehen.

«Aber rasch ein wenig!»

«Was wollt ihr?»

«Schwatz nicht und beeile dich, oder sollen wir dir behilflich sein?»

Die andern lachten. Schon drängten sie die Fassungslose über die Treppe hinunter.

Und wenige Minuten später befanden sich Matthieu Serres und Marie Durand bereits auf dem Weg nach Schloß Beauregard, von wo sie am 18. Juli, sofort nach Eintreffen der Haftbefehle, weitertransportiert wurden.

Die mit der Bewachung der Gefangenen betrauten Soldaten wurden von Posten zu Posten abgelöst, einzig der Sergeant, der die königliche Order auf sich trug, begleitete seine Opfer während des ganzen Transportes.

In Nîmes trennten sich die Wege der beiden Gefangenen.

Matthieu Serres sollte, wie zwei Jahre zuvor Etienne Durand, nach dem Fort von Brescou verbracht werden, Marie Durand aber nach Aigues-Mortes, in den berüchtigten Turm der Constance, wohin ja erst vor wenigen Wochen die beiden Frauen aus der Gegend von Vernoux verbannt worden waren.

Unterdessen hatten die vier jungen, in Lausanne ordinierten Pfarrer ihre Vorbereitungen zur Rückkehr in ihre Heimat mit großem Eifer und viel Umsicht getroffen. Da sie sich von französischen Spitzeln beobachtet wußten, die möglicherweise ihre bevorstehende Rückkehr nach Frankreich bereits gemeldet hatten, kamen sie überein, sich von ihren Freunden gar nicht zu verabschieden und nicht in Genf, sondern in der Gegend von Pontarlier über die Grenze zu setzen.

Um keinerlei Argwohn zu erwecken, verkleideten sie sich als Händler und traten ihre Reise am Donnerstag, dem 3. August, zu Pferde an. Sie bekamen es gleich zu spüren, wie sehr sie ihre sitzende Lebensweise während ihres Studiums verweichlicht hatte, denn sie waren keineswegs mehr an das Reiten gewöhnt und hätten sich am liebsten schon nach wenigen Stunden irgendwo hingelegt. Zudem war Lassagne schon kurz nach ihrem Aufbruch gestürzt, so daß er nun ständig die Hände gegen die ihn schmerzenden Nieren pressen mußte. Auch bereiteten ihnen ihre Tiere mancherlei Schwierigkeiten, vor allem Faures Pferd Flanquine. Aber schließlich fanden sich die vier jungen Pfarrer lachend mit den verschiedenen Unzulänglichkeiten ab, sie waren ja von früher her mancherlei gewohnt, und dann befanden sie sich ja unterwegs nach der Heimat.

Am Morgen ihres zweiten Reisetages ritten sie durch Pontarlier, wo sie zu ihrer Genugtuung aus einer Werkstatt einen Buben sagen hörten: «Da reiten vier Schweizer vorbei.» Also schöpfte wohl niemand Verdacht.

Am Abend langten sie in Arbois an, etwas weniger zerschlagen als am Vortage. Als sie am Samstag Montfort erreichten, fühlten sie sich noch besser, mit Ausnahme Faures, dessen Pferd ihm rundweg seine weiteren Dienste verweigerte. Am Sonntagmorgen wollte die halsstarrige Flanquine einfach nichts mehr mit sich anfangen lassen, so daß ihnen nichts übrig blieb, als Wein und die Gerte zu Hilfe zu nehmen, um den Starrsinn des Tieres zu brechen.

Mit einer reichlichen Ration von gut mit Wein durchtränktem Hafer und mit der Peitsche gelang es endlich, das hinterhältige Tier so weit zu bringen, daß die vier Reiter schließlich mit Ach und Krach nach Saint-Amour gelangten, wo sie zufälligerweise auf eine leere Kutsche stießen, die nach Bourg-en-Bresse bestimmt war. Was für ein Glück für die vier Reisenden! Nachdem sie ihre Pferde vorgespannt und das widerspenstige Tier wohlweislich hinten angebunden hatten, damit ihm der ins Bild gesetzte Kutscher von Zeit zu Zeit die Peitsche verabreichen konnte, rollte der Wagen davon und erreichte sein Ziel schon nach kurzer Zeit. So war es den vier Pfarrern möglich, schon am Abend in Saint-Paul zu sein. Nun war es nur noch eine Tagesreise bis nach Lyon.

Was für eine glückliche Ankunft in dieser Stadt! Glücklich vor allem für Faure, dessen Kümmernisse durch die Hoffnung versüßt wurden, aus dem Sattel steigen und sich hier mitsamt seinem unangenehmen Tier einschiffen zu können.

Aber leider zerschlug sich ihm diese Hoffnung, da kein Schiff zum Auslaufen bereit war, so daß er sich wohl oder übel entschließen mußte, sich erneut als Reiter zu betätigen. Er sah ein, daß die Fortsetzung seiner Reise unter diesen Umständen nur noch in kleinsten Etappen möglich war, und verabschiedete sich von seinen Gefährten.

Sie befahlen ihn dem göttlichen Schutze an und setzten ihrerseits ihre Reise nach St-Etienne fort. Aber kaum hatten sie Saint-Chamond hinter sich, als plötzlich Lassagnes Pferd auf einem Bein zu lahmen anfing. Da es damit immer schlimmer wurde, mußte er das Tier in Yssingeaux stehenlassen. So verabschiedete er sich von seinen Kameraden aus den Cevennen und ging zu Fuß weiter.

Nun trennten ihn nur noch zwei Meilen Weges von seinem Ziel. Beschwingten Schrittes legte er die Strecke zwischen Yssingeaux und Freycenct zurück und wurde von der Bevölkerung von Freycenct mit offenen Armen und lautem Jubel empfangen.

Die Leute waren überglücklich, Lassagne wieder unter sich zu haben und jetzt als Pfarrer, als richtig ordinierten Diener an Gottes Wort. Es wurde beschlossen, unverzüglich eine Versammlung einzuberufen und einen Dankgottesdienst abzuhalten.

Die Gläubigen aus der Gegend wurden aufgeboten, und am Samstagabend strömten sie aus weitem Umkreis herbei, um sich in St-Voy zu versammeln.

Was für eine Freude, was für ein weihevoller Augenblick war es für den jungen Pfarrer, nach zweijährigem Unterbruch wiederum das Evangelium verkündigen zu dürfen. Was für ein Labsal, spüren zu dürfen, mit welcher

Aufmerksamkeit die Versammelten seinen Worten lauschten, wie sie das, was er sagte, gierig als eine lebensspendende Kraft in sich aufnahmen, wie ausgedörrte, dürre Erde einen warmen Sommerregen in sich aufsaugt.

Zur Feier seiner Heimkehr segnete er nach der Predigt noch zwei Ehen ein und nahm durch die heilige Taufe ein Kindlein in den Schoß der Kirche auf.

Zu Hause in Sagnes mußte er erfahren, daß hier vor wenigen Wochen seine Mutter gestorben war. Da sie, auch im Sterben treu an ihrem protestantischen Glauben festhaltend, die Sakramente verweigert hatte, die der Priester ihr aufdrängen wollte, wurde ihr eine letzte Ruhestätte in der geweihten Erde des Kirchhofes verwehrt, so daß die Leiche nach hugenottischem Brauch geheim in der Stille eines abgelegenen und nur den Angehörigen bekannten Plätzchens bestattet wurde. Lange kniete Jean-Gabriel betend vor dem schon kaum mehr erkennbaren Erdhügel, hinter dem der Vater eigenhändig eine junge Zypresse gepflanzt hatte, eines mehr der vielen Wahrzeichen hugenottischer Glaubenstreue, die noch heute im Vivarais den Wanderer wie tröstend emporweisende Finger grüßen. Dann aber mochte es Lassagne kaum mehr erwarten, bis er all seine Mitstreiter wiedergesehen und gegrüßt hatte, vor allem seinen nun auch als Prediger wirkenden Bruder Ladreyt und seinen Meister und Freund Pierre Durand.

Was hatten sich die beiden nicht alles zu erzählen. Hier erfuhr Lassagne auch, mit welcher Verbissenheit La Devèze in der Zwischenzeit die Durands verfolgt, wie er erst den Vater und nun auch die Schwester und deren Mann ins Gefängnis geworfen hatte, wie er wie ein Bluthund hinter Durands Frau her war und wie nun nach dem ewigen Gejagtsein der Mutter sein Kind, die süße Tonton, gestorben war. Alle diese Schläge galten ja ihm, waren dem gegenwärtig wohl eifrigsten und erfolgreichsten Wüstenpfarrer zugedacht, der als geistiger Führer für den hugenottischen Widerstand im Vivarais verantwortlich war. Solange er noch lebte und wirkte, war an eine Vernichtung der protestantischen Pest gar nicht zu denken.

«Und gerade deshalb darf ich nicht aufgeben, Lassagne, muß ich ausharren und weiterkämpfen, solange es Gott gefällt, mich in seinem Namen wirken zu lassen.»

«Das alles ist schwer, Pierre, aber es ist auch herrlich. Du darfst doch spüren, daß das alles nicht umsonst war, daß dein Wirken gesegnet ist. Doch, doch, es ist so. Durch deinen Einsatz ist die Kirche im Aufbau begriffen, allen Verfolgungen und Schlägen zum Trotz erstarkt sie, und das, Pierre, ist dein Werk. Was nun Anne anbetrifft, hast du nie daran gedacht, sie ins Ausland zu bringen, wie Court seine Rahel in Sicherheit gebracht hat?»

«Doch, Lassagne, wir haben davon gesprochen und sind auch schon entschlossen, es zu tun, weil es so nicht mehr weitergeht. Anne hält dieses unruhevolle Leben, zu dem sie an meiner Seite verurteilt ist, einfach nicht länger aus. Sie leidet aber auch seelisch. Ihre Mutter, die immer gegen eine Verbindung mit mir war, weil sie in mir nun einmal den Unheilbringer für ihr Haus sieht, wendet sich mehr und mehr auch gegen die Tochter, die treu zu mir hält. Aber im Augenblick geht es noch nicht. Erst vor ein paar Wochen, am 28. Juli, hat sie mir ein Söhnlein geboren und ist damit zum drittenmal Mutter geworden.»

«Wie freut mich das, Pierre! Wie heißt das Büblein?»

«Jacques-Etienne. Aber meine Frau erholt sich diesmal von der beschwerlichen Geburt nur langsam. Ist sie aber soweit hergestellt, daß sie reisen kann, dann soll sie versuchen, nach Lausanne zu entkommen, wo Court und dessen Frau sich ihrer annehmen werden. Das wird mir eine große Beruhigung sein. Die Kinder werden allerdings vorerst noch hier bleiben müssen, bis sie groß genug sind, daß die beschwerliche Reise, die ja eine Flucht ist, auch ihnen zugemutet werden kann.»

Die Rückkehr Lassagnes bedeutete für Pierre Durand einen großen Trost. Daß nun ein zweiter Pfarrer da war, der im Vivarais wirken konnte, würde auch ihm gewisse Erleichterungen bringen.

Die Erwartungen, die er in seinen ehemaligen Helfer Jean-Gabriel gesetzt hatte, waren schönstens in Erfüllung gegangen. Die beiden Studienjahre und der Aufenthalt im Ausland hatten dem jungen Mann gut getan. Er hatte sich prächtig entwickelt und war auch geistig reifer geworden.

Da Lassagne bei seiner Abreise einiges Gepäck, vor allem auch Bücher, in Lausanne hatte zurücklassen müssen, die ihm nun nützlich gewesen wären, schrieb er an Court und bat ihn, ihm die Effekten nachzusenden. Er bat ihn auch, die Herren und Brüder der Gesellschaft um Entschuldigung zu bitten, daß er und seine Kameraden sich nicht von ihnen verabschiedet hatten. «Sagen Sie ihnen bitte, daß die Vorsichtsmaßnahmen, zu denen wir uns genötigt sahen, es uns nicht gestatteten, uns von jedermann zu verabschieden.»

Ein paar Wochen später, am 26. und 27. September, fand in Gamarre die dritte Nationalsynode der Wüstenkirche statt. Hier, im Schutze einer ausgedehnten Hügelkette, eignet der Landschaft nicht die im Ardèche sonst übliche Herbe, mit den wenigen alten Häusern des Weilers, die zwischen Feldern und Wäldern eingebettet sind, macht sie einen geradezu lieblichen Eindruck. Vor allem ist der Ort still und weit abgelegen und war so für die geplante Zusammenkunft trefflich geeignet. Die Synode wurde von Pierre Durand präsidiert, Lassagne amtete als Sekretär. Drei Pfarrer aus dem Languedoc: Courteiz, Bétrine und Maroger, sowie Pfarrer Roger aus der Dauphiné fanden sich mit ihren Kollegen aus dem Vivarais zusammen.

Die Synode beschloß einige durch die Umstände notwendig gewordene Abänderungen des früher angenommenen Reglementes, erneuerte die Vollmachten des Abgeordneten der Kirchen den protestantischen Ländern gegenüber und verfaßte eine an diese gerichtete Adresse bezüglich des erbarmungswürdigen und kläglichen Zustandes der seufzenden Kirchen unter dem Kreuz, «sie anflehend, diesen beizustehen in der Unterstützung und Ermutigung sowohl der Pfarrer als auch der betrübten Herden.»

Die Adresse forderte ferner die ausländischen Regierungen auf, sich beim König von Frankreich zugunsten der protestantischen Kirche zu verwenden, doch enthielt sie nicht nur Klagen und Bitten. Nach einem Hinweis auf die beträchtliche Zahl der Protestanten im Königreich «sind die Pfarrer glücklich darüber, anzeigen zu können, daß seit kurzem auch Seelen, die vordem lau gewesen, aufgewacht sind und daß sich selbst katholische Ehepaare in unserer Kirche haben trauen lassen».

Die örtliche Synode, die drei Wochen später in den Boutières zusammentrat, anerkannte offiziell Lassagne als «Pfarrer aller Kirchen des Vivarais». Die gleiche Synode erhob Matthieu Morel in den Rang «eines Predigers des heiligen Evangeliums unter dem Kreuz» und bevollmächtigte Boyer, sich nach Lausanne zu begeben, um dort am Seminar den Platz einzunehmen, der durch die Rückkehr Lassagnes frei geworden war.

Das war für Pierre Durand die willkommene Gelegenheit, um seinen Plan, seine Frau nach der Schweiz bringen zu lassen, zu verwirklichen.

Schweren Herzens trennte sich Anne Rouvier von ihrem Gatten und den beiden Kindern, doch blieb ihr keine Wahl, da sie mit ihrer schwankenden Gesundheit das unstete Wanderleben der Frau eines Wüstenpfarrers nicht länger ausgehalten hätte.

Pierre Durand anvertraute sie dem Schutz des ihm treu ergebenen Jünglings, und noch im Oktober erhielt er aus Lausanne die Nachricht, daß die beiden wohlbehalten am Ziel ihrer Reise angelangt seien.

Der Turm der Constance

Die «Tour de Constance», was gerne als «der Turm der Standhaftigkeit» oder als «der Turm der Beständigkeit» übersetzt wird, ist heute wie seit Jahrhunderten das Wahrzeichen von Aigues-Mortes, der Stadt in den toten Wassern. Weithin ist das mächtige, aus der flachen Landschaft aufstrebende Bauwerk sichtbar.

Den Namen verdankt der Turm nun allerdings nicht der Standhaftigkeit der Gefangenen, die seit 1686 während 84 Jahren um ihres Glaubens willen hinter seinen sechs Meter dicken Mauern schmachteten und starben und damit diesen Kerker geadelt haben, sein Name erinnert an Constance, Tochter Louis VI., Königs von Frankreich, Gemahlin des Herzogs von Toulouse, Raymond V. von Saint-Gilles.

Und Aigues-Mortes! Wie konnte hier in dieser Sumpflandschaft, dem ungeheuren Mündungsgebiet der Rhone, je eine Stadt entstehen?

König Ludwig IX., der als Ludwig der Heilige in die Geschichte eingegangen ist, benötigte zur Vorbereitung der von ihm geplanten Kreuzzüge einen Hafen am Mittelmeer. Die in Büchern vielfach anzutreffende Behauptung, Aigues-Mortes habe früher am Meer gelegen und sei nur durch die ununterbrochene Versandung wie etwa Brügge in Belgien im Laufe der Jahrhunderte vom Meer abgetrennt worden, ist irrig. Schon als die Stadt gegründet wurde, mußte die Verbindung zwischen dem südlich von

Aigues-Mortes gelegenen Hafenbecken und dem offenen Meer durch Kanäle hergestellt werden, und diese Kanäle waren es, die bereits im 14. Jahrhundert zu versanden begannen.

Um also zur ungestörten Vorbereitung seiner Kreuzzüge einen eigenen Hafen benützen zu können, erwarb Ludwig im Jahr 1246 von den Mönchen der Abtei Psalmodi ein Stück Sumpfland, auf dem bereits ein armseliges Fischerdorf gelegen war.

Allerdings ist dann erst unter seinem Sohn Philipp dem Kühnen das Werk vollendet und die Stadt nach dem Vorbild Daniettes und Jerusalems erbaut worden, von einer gewaltigen, rechteckig angelegten Schutzmauer umgeben, um sie sowohl gegen den heranwehenden Sand als auch gegen etwaige Angriffe der Sarazenen verteidigen zu können.

Die Mauer hat eine Länge von tausendsiebenhundert Meter, ist elf bis zwölf Meter hoch und alle hundert Meter durch einen Turm oder ein von Türmen flankiertes Tor zu einer eigentlichen Befestigung ausgebaut.

In die Regierungszeit Ludwigs des Heiligen reicht mit Sicherheit nur der zuerst in Angriff genommene Turm der Constance zurück, der mit seinen dreißig Meter Höhe die übrigen, nur etwa achtzehn Meter hohen Türme weit überragt.

1248, also zwei Jahre nach der Gründung der Stadt, schiffte sich Ludwig hier mit einem Heer von vierzigtausend Mann nach Cypern ein, von wo er im Frühjahr 1249 nach Ägypten übersetzte, mit dem Ziel, von dort aus das Heilige Grab den Händen des Sultans zu entreißen.

Einen zweiten Kreuzzug führte er, ebenfalls von Aigues-Mortes aus, im Jahre 1270 durch, im letzten Jahre seines Lebens.

An die Tatsache, daß in Aigues-Mortes der König und

seine Ritter aus den Händen der Kardinallegaten das Kreuz in Empfang nahmen, erinnert eine schlichte Inschrift in der Kirche Notre-Dame-des-Sablons in der heute toten Stadt. Unter den beiden Daten steht der Wahlspruch des Königs: «Dieu le veut – Gott will es.» Der Turm der Constance, der damals noch ringsherum von einem Wassergraben umgeben war, der später zum Teil zugeschüttet worden ist, enthält in seinem Innern zwei übereinander gelegene, kreisrunde Gewölbe, beide in den Ausmaßen von ungefähr elf Meter Durchmesser und elf Meter Höhe. Durch eine Wendeltreppe, die in die Dicke der Mauern eingebaut ist, sind die beiden Gelasse miteinander verbunden. Sie sind aber auch noch verbunden durch ein rundes Luft- und Lichtloch im Deckengewölbe des untern, beziehungsweise im Boden des oberen Rundraumes. Ein gleiches Luftloch ist in der Deckenmitte des oberen Raumes ausgelassen, das auf die Plattform des Turmes führt, auf der nachträglich noch ein schlankes, zehn Meter hohes Türmchen errichtet wurde, das man mit einer Laterne krönte, um so den einsam aufragenden Turm auch als Leuchtturm benützen zu können.

Beide Luftlöcher, die genau übereinander liegen, sind mit einem steinernen Randmäuerchen eingefaßt und mit einem Gitter bedeckt.

Durch Jahrhunderte hindurch diente der Turm der Constance als sicheres Gefängnis, wobei der untere, feuchtere Saal für die gewöhnlichen Gefangenen bestimmt war, während der obere, etwas weniger dunkle Raum für Personen von einiger Bedeutung verwendet wurde.

1686 wurden zum erstenmal Hugenotten aus Nîmes und Montpellier wegen ihres Glaubens im Turm eingekerkert, von denen im ersten Jahr, allein in der Zeit vom 22. Juni bis zum 13. Dezember, 16 starben, da ihnen Holz, Licht und Pflege mangelten. Obwohl sich sowohl die mit der

Bewachung des Turms betrauten Offiziere als auch die katholischen Priester immer wieder bemühten, die Gefangenen von ihrem verbotenen protestantischen Glauben abzubringen, wodurch sie ihre Freiheit zurückerlangt hätten, gab nur ein einziger von ihnen im Sterben seinen protestantischen Glauben auf.

Das Elend im Turm war groß. Praktisch waren die Gefangenen auf Brot und Wasser gesetzt, wobei allerdings gesagt werden muß, daß Trinkwasser in Aigues-Mortes eine Kostbarkeit bedeutete und meilenweit herbeigeschafft werden mußte, da ja die Stadt von salzhaltigen Sümpfen umgeben war.

Jedem Gefangenen waren als Tagesration anderthalb Pfund Brot zugemessen, das von einem Bäcker der Stadt geliefert wurde. Unter Aufsicht des kommandierenden Majors erfolgte die Abgabe des Brotes vom Bäcker direkt an die Gefangenen. Für jede Brotration erhielt der Bäcker 3 Sols.

Der Major beklagte sich darüber, daß ihm für diese zusätzlichen Bemühungen im Turm keine besondere Entschädigung ausgerichtet werde, und setzte es durch, daß er in der Folge von Zeit zu Zeit eine bescheidene Gratifikation erhielt. Seinem weiteren Ersuchen, ihm für die Arbeit im Gefängnis einen Kerkermeister zur Verfügung zu stellen, wurde jedoch nicht entsprochen. Man bewilligte ihm lediglich einige zusätzliche Brotrationen, die es ihm ermöglichten, eine Magd zu ernähren.

Der gleiche Major hatte auch für das Stroh in die Säcke der Gefangenen zu sorgen. Erneuerte er es weniger häufig, als das vorgesehen war, dann trug das zur Vermehrung seiner privaten Einkünfte bei. Alles, was die Gefangenen zusätzlich benötigten oder womit sie ihre Ernährung etwas abwechslungsreicher gestalteten, ging auf ihre eigene Rechnung, so daß die Begüterten unter den Gefangenen die

Möglichkeit hatten, sich ihren Aufenthalt im Turm etwas zu erleichtern.

Zur Zeit des Kamisardenaufstandes in den Cevennen wurde im Jahr 1705 der Kamisardenführer Abraham Mazel mit etwa dreißig seiner Glaubensgenossen im Turm gefangengesetzt. Mazel, der selber ein Inspirierter war, erklärte schon kurz nach seiner Gefangennahme, Gott habe ihm offenbart, daß er ihn aus seinem steinernen Grabe befreien werde. Zuerst wagte er es nicht, seine Mitgefangenen, von denen er manchen kaum oder überhaupt nicht kannte, ins Vertrauen zu ziehen; als sich dann aber seine Gesichte wiederholten, da erblickte er darin einen ihm erteilten Befehl, alle Gefährten in sein Geheimnis einzuweihen. Nun es so weit war, legte Mazel keineswegs die Hände in den Schoß, um untätig auf das verheißene Wunder zu warten. Vielmehr ging er mit großer Umsicht daran, einen Plan auszuarbeiten, wie das scheinbar Unmögliche, aus einem solchen Verlies auszubrechen, am Ende doch verwirklicht werden könnte. Er wußte sich einige einfache Werkzeuge zu verschaffen. Ein Messer war ja bereits in seinem Besitz. Mit unsäglicher Geduld gelang es ihm schließlich, einen Verbindungshaken aus dem mächtigen Gemäuer zu lösen, und endlich verwendete er ein paar alte, unbrauchbar gewordene Kanonenkugeln, die in einer Ecke des Gefängnisses lagen. Mit solch primitiven Hilfsmitteln vermochte er – was kaum verständlich ist – einen der mächtigen Quadersteine aus dem Gemäuer zu heben und sich durch diese Öffnung an einem aus zusammengeknüpften Tüchern verfertigten Seil in die Tiefe hinunterzulassen. Sechzehn, etwa die Hälfte seiner Gefährten, folgten seinem Beispiel und konnten so wie Mazel durch den Wassergraben in die Sümpfe und weiter in die Cevennen entkommen. Da auf der Plattform und unten im Turm ständig Wachen aufgestellt waren, wäre eine solche Massenflucht nie möglich gewesen, wenn nicht in jener Nacht der Mistral geheult und der Sturm die Aufmerksamkeit der Soldaten abgelenkt hätte. Dieser Vorfall hatte zur Folge, daß durch königliche Verordnung der Turm der Constance von 1724 an zum ausschließlichen Frauengefängnis erklärt wurde. Von Frauen hatte man wohl kaum mehr zu befürchten, daß sie hier ausbrechen würden.

Die einzige Schuld der Frauen, die von nun an hier eingekerkert wurden, war, daß sie dem protestantischen Glauben anhingen, an Versammlungen teilgenommen oder sich in der Wüste hatten trauen oder ihre Kinder hatten taufen lassen.

Daß es unter den ja ganz wahllos zusammengewürfelten Frauen jeden Alters nicht immer nur friedlich zuging, daß sie sich im zermürbenden Gleichmaß der Tage einer nicht nur Jahre, sondern Jahrzehnte dauernden Gefangenschaft auch stritten und auflehnten, ist leicht verständlich, wurde aber gern als Zeugnis wider die Protestanten ausgewertet, was Antoine Court veranlaßte, ein Mahnschreiben an die Gefangenen im Turm zu richten: «Meine sehr geliebten Schwestern, Ihr zweifelt nicht daran, daß die Leiden der Gläubigen eine Auszeichnung bedeuten, und daß sie ihnen zu großen Vorteilen verhelfen. Die Leiden machen die Leidenden Jesus Christus vergleichbar, dessen Leben ja nichts anderes gewesen ist als eine ununterbrochene Kette von Trübsalen. Sie bewahren sie vor den mancherlei Versuchungen, denen sie in einem Leben des Wohlergehens ausgesetzt wären. Sie verschaffen ihnen in diesem zeitlichen Leben aber auch Tröstungen, und sie werden sie schließlich zu den höchsten Höhen der Herrlichkeit und des Glücks emportragen. Damit sie aber diese segensreiche Wirkung haben können, müssen die Leiden – und das wißt Ihr ja – in Geduld und in völliger Unterwerfung unter den Willen des Höchsten erduldet werden, von dem einzigen Gedanken beseelt, Gott zu verherrlichen, der Kirche zu dienen und die Pflichten, die einem treuen Jünger Christi obliegen, zu erfüllen. Denkt daran, Ihr geliebten Schwestern, damit Ihr, die Ihr für die Gerechtigkeit leidet, nicht durch ein schlechtes Betragen dieser köstlichen Frucht Eurer Trübsal verlustig geht. Wie Ihr wißt, ist uns bekannt geworden, daß unter Euch nicht immer nur Friede geherrscht hat, und ich muß Euch schon sagen, daß Ihr damit all denen Kummer bereitet, die Euer Betragen überwachen und Euch im Auge behalten, in der Absicht, zur Linderung Eurer Schmerzen und Leiden beizutragen. Im Namen Gottes, meine geliebten Schwestern, so darf es nicht weitergehen! Vertreibt den unter Euch herrschenden Geist der Zwietracht und der Absonderung. Laßt vielmehr den Geist des Friedens und der Eintracht unter Euch wohnen. Liebet Euch untereinander nicht nur als Schwestern in Christo, sondern als solche, die gemeinsam für eine gemeinsame Sache leiden. Ertragt großherzig Eure gegenseitigen Fehler, begebt Euch nicht wegen nichts oder wegen einer Geringfügigkeit oder einer persönlichen Beleidigung in die Gefahr, der Gnade Gottes, des Wohlwollens Eurer Brüder und Eures Seelenfriedens verlustig zu gehen. Richtet Eure Gedanken ausschließlich auf Gutes und Heiliges. Speiset Eure Seelen mit dem Wort Gottes und verliert Euch nicht an leere Hirngespinste, von deren Sinnlosigkeit Ihr ja oft genug überzeugt worden seid. Einzig das Wort Gottes kann Euch weise machen, Euch unterrichten und Euch helfen, immer vollkommener zu werden.»

Solcherart war die Welt, in die die fünfzehnjährige Marie Durand in den ersten Augusttagen des Jahres 1730 eintrat.

Am 25. August meldete dann Statthalter De Bernage dem Minister Saint-Florentin in Versailles, daß er seine

Befehle ordnungsgemäß ausgeführt habe. Matthieu Serres sei im Fort Brescou untergebracht und Marie Durand in den Turm von Aigues-Mortes eingeliefert worden.

In der Gefangenschaft

An der Wache vorbei führte der Sergeant seine Gefangene über die Brücke, die über den Wassergraben gelegt war.

Obwohl Marie Durand vollständig erschöpft war nach der langen Reise in der sömmerlichen Hitze und die Angst vor dem Unbekannten, das ihr bevorstand, ihr Herz zittern ließ, nahm sie doch mit Verwunderung wahr, daß das Wasser im Graben in leuchtendem Hellgrün schimmerte: seine Oberfläche war bedeckt mit dem dichten Gewebe kleiner Blättchen einer Wasserpflanze.

Es roch nach Tang und faulen Fischen.

Hinter dem gewaltigen Mauerwerk des Turmes stand der tiefblaue Himmel.

Am Ende der Brücke wartete der Kommandant.

Er betrachtete das Mädchen, nicht unfreundlich, eher gleichgültig, während der Sergeant die Brusttasche aufknöpfte, um die königliche Order herauszuziehen und dem Kommandanten zu überreichen. Damit war seine Mission beendet.

Der Kommandant warf einen flüchtigen Blick auf das Papier, die Einlieferung der neuen Gefangenen war ihm bereits angezeigt worden. Namen und Unterschrift waren in Ordnung. Er bedeutete dem Mädchen, an ihm vorbei in den Turm zu treten und die schmale, gewundene Treppe emporzusteigen. «Sie sind wirklich schon verheiratet?»

Marie Durand senkte den Kopf und nickte.

«Hm, dann wird es Ihnen vorerst nicht leicht fallen. Hier

werden Sie es weniger unterhaltsam haben. Ein noch so junges Ding!»

Die Treppe schien endlos lang zu sein. Auch unter Aufbietung all ihrer Kräfte konnte Marie fast nicht mehr. Ihre Glieder waren schwer wie Blei. Und immer noch tauchten neue Stufen vor ihr auf. Endlich standen sie vor einer schweren, mehrfach gesicherten Tür. Der Kommandant schloß sie auf.

«Hier ist es», sagte er, «es liegt ein Sack Stroh für Sie bereit.»

Sie sah ihn an aus ihren dunklen Augen.

Es war ihm wie unter dem Blick eines zu Tode getroffenen Tieres. Er ließ sie eintreten, und während sie zögernd die paar wenigen Schritte tat, hörte sie, wie hinter ihr die Tür verschlossen wurde. — Da war sie nun.

Mein Gott, mein Gott, hatte er sie verlassen?

Doch nein, schon schämte sie sich ihrer Schwäche.

Und ihr war, als strömten die Kräfte, die sie während Augenblicken zu verlassen gedroht, ihr wieder zu.

Der große, runde Raum, in dem sie stand, war fensterlos, so daß ihre Augen, die noch an die blendende Helle von draußen gewöhnt waren, in der hier herrschenden Dunkelheit vorerst kaum etwas erkannten. Die Luft, die sie umgab, war stickig und verbraucht. Aber nun sah sie, daß das Licht, das den Raum spärlich erhellte, durch vier ganz schmale Lichtschächte drang, die senkrecht im ungeheuren Gemäuer standen.

Und nun erkannte sie auch, daß in einem dieser Schächte mehrere Frauen zu einem Häuflein zusammengedrängt waren und sie, die da eben neu in ihr Reich eingedrungen war, neugierig betrachteten. Das würde nun ihr Los sein, wie diese Frauen, die bleich und abgehärmt aus einer andern Welt zu stammen schienen, ihre Tage, Wochen, ja vielleicht Jahre zu verbringen.

Eine Scheu wie vor etwas Unheimlichem hielt Marie Durand zurück, auf die sie anstarrenden Frauen zuzutreten.

Endlich löste sich eine der Frauen wie ein Schatten von den andern los und trat auf Marie Durand zu: «Sie gehören nun also auch zu uns?»

Marie Durand nickte.

«Wo kommen Sie her?»

«Aus dem Vivarais.»

«Aus dem Vivarais?»

«Aus der Gegend von Pranles.»

«Aus der Gegend von Pranles? Und der Name?»

«Marie Durand.»

«Durand? Oh, vielleicht gar die Schwester des Pfarrers?» rief eine der andern Gefangenen und ging lebhaften Schrittes zu der Neuen hin.

«Ja», sagte Marie Durand, «Pierre Durand ist mein Bruder.»

«Und Ihre Schuld?»

«Ich weiß sie nicht. Vermutlich, weil ich Pierres Schwester bin.»

«Natürlich, das genügt ihnen, die Schwester eines Pfarrers.»

«Aber so laßt sie doch nicht länger stehen!» ließ sich eine dritte der Frauen vernehmen. «Sie kann sich ja kaum mehr halten. Führt sie her, sie soll sich erst einmal ausruhen.»

Marie Durand dankte. Ja, es war gut, sich niedersetzen zu können.

«Also aus dem Vivarais sind Sie? Es sind hier noch andere Frauen von dort. Zur Zeit sind zwar die meisten von uns aus der Gegend von Nîmes. Erst vor ein paar Wochen hat man sie hergebracht. Aber aus dem Vivarais sind auch welche hier. Vielleicht kennt Ihr einander. Da, Marie Béraud, die Blinde. Sie ist nun schon fünf Jahre da.»

Marie Durand sah sich um.

«Ja», nickte die Blinde, «seit 1725. Während einer Versammlung in Gluiras haben sie mich verhaftet.»

«Und Sie waren – Sie haben schon damals nichts mehr gesehen?»

«Schon damals, schon seit meinem vierten Lebensjahr sind meine Augen tot. Kommen Sie zu mir, ich möchte Ihre Hände spüren. Ah, an Ihren Kleidern haftet noch der Duft der Freiheit. Ja, Sie riechen nach Lavendel und Thymian. Wunderbar, wunderbar. Der von der Sonne heiße Boden, die Bienen, die summenden Bienen. Es ist ja Sommer. Meine Schwestern! Es ist Sommer draußen. Ach, Sommer im Vivarais!» Und in Gedanken schüttelte sie den Kopf. «Wie jung sind diese Hände, wie jung noch! Das sind die Hände eines Mädchens. Wie alt sind Sie denn, Marie Durand?»

«Fünfzehn Jahre.»

«Fünfzehn Jahre! Mein Gott! Noch ein halbes Kind und schon dem Leben entrissen!» So riefen die Frauen durcheinander.

«Und da die andern aus dem Vivarais: Madeleine Marion, und dort Antoinette Gonin und Marie Vernès, die beiden Prophetinnen aus La Traverse, sie werden die beiden ja predigen hören. Da Suzanne Tracol und Marie Guéraut und hier endlich Marie de la Roche, Dame de la Chabannerie. Marie Guéraut, Suzanne Tracol und Marie de la Roche kommen aus den Boutières. Ach mein Gott, ich kann mir vorstellen, wie Ihnen zumute ist. Da wollen wir Ihnen die Namen der andern nicht alle aufzählen. Sie würden sie doch gleich wieder vergessen. Sie haben ja nun Zeit, uns alle kennenzulernen. Wir sind achtundzwanzig, mit Ihnen jetzt neunundzwanzig. Zwei davon aber sind Kinder. Hier geboren. Jawohl, hier im Turm. Jetzt schlafen die beiden Engelchen, Sie werden sie aber noch oft genug zu hören bekommen. Da, Suzanne Maurau. Sie liegt selber noch. Erst vor ein paar Tagen ist sie mit einem Büblein niedergekommen. Marie Jullians Mädchen dagegen ist schon mehr als ein Vierteljahr alt. Am 3. Mai kam es hier zur Welt. Da, unter uns!»

Am dritten Mai, durchfuhr es Marie Durand heiß, da war sie eine Woche mit Matthieu Serres verheiratet gewesen. Wenn sie nun selber – es wäre doch möglich! Erst in ein paar Tagen würde sie Gewißheit haben.

Es war kaum vorstellbar, sein Kind in dieser Umgebung zur Welt bringen zu müssen und in der Freudlosigkeit dieses trostlosen Dämmerdunkels aufwachsen zu sehen!

Ihr Blick schweifte in die Runde, der Mauer entlang, zu den elenden Lagerstätten, die zumeist aus einem Sack feuchten Strohs und einer Decke bestanden. Nur auf vereinzelten Säcken lagen auch Leintücher, die vermutlich persönliches Eigentum der betreffenden Gefangenen waren. Dann gab es da auch noch ein paar aus rohen Brettern gezimmerte Bänke.

Was für eine Welt!

Was für eine Welt, in die sie da hineingeführt worden war! Doch der Herr würde ihr beistehen. Er würde ihr die Kraft verleihen, auch dieses unfaßbar Traurige zu ertragen. Sie hatte ja ihren Glauben. Nun würde es sich zeigen, ob er auch echt war.

Und so geriet Marie Durand mit ihrer Einlieferung in den Turm in den endlos scheinenden Strom der Einförmigkeit, der ihre und die Tage ihrer Gefährtinnen durchfloß.

Allerdings waren die Gefangenen nicht jeder Verbindung mit der Außenwelt beraubt. So durften sie Briefe schreiben und solche auch empfangen, wobei es allerdings vom Wohlwollen des jeweiligen Kommandanten abhing, ob diese Briefe auch befördert, beziehungsweise den Gefangenen ausgehändigt wurden.

Da der Posten eines Kommandanten in diesem Gefängnis «am Rande der Welt» auch finanziell keineswegs interessant war, waren die Kommandanten nicht abgeneigt, Geschenke anzunehmen. So waren die Gefangenen aus dem Languedoc besser daran als die meist armen Bewohner des Vivarais.

Es ist bekannt, daß in eben diesen Tagen, da Marie Durand in den Turm eingeliefert worden war, der Ehemann von Isabeau François, seines Zeichens ein Strumpffabrikant, einem Bürger von Aigues-Mortes, Lafont, ein paar Seidenstrümpfe übersandte, zur Belohnung dafür, weil sich dieser Herr Lafont der Gefangenen anzunehmen pflegte und für sie kleinere Dienstleistungen, möglicherweise auch die Beförderung von Briefen, besorgte.

So waren der kommandierende Major oder dessen Frau immer wieder zu gewissen Zugeständnissen bereit, die vermutlich den strengen Dienstvorschriften zuwiderliefen, wenn sich nur die Angehörigen der Gefangenen bemühten, sich für dieses Entgegenkommen auch erkenntlich zu erweisen.

Marie Durand hatte nicht die Möglichkeit, sich die Gunst des Kommandanten zu erkaufen. Ihr Mann und ihr Vater steckten selber im Gefängnis, und ihr Bruder war seit Jahren steckbrieflich verfolgt. Wo hätten sie die Mittel für Bestechungsgelder hernehmen sollen? Durch Matthieu Serres, seinen Schwiegersohn, der inzwischen im Fort Brescou eingeliefert worden war, hatte Etienne Durand von der Einkerkerung seiner Tochter erfahren.

Nach Empfang dieser Nachricht setzte er sich hin, um am 17. September 1730 mit zitterndem Herzen und mit zitternden Händen an Marie einen Brief zu schreiben.

«An den Herrn Leutnant des Königs in Aigues-Mortes, mit der Bitte, diesen Brief Marie Durand, Gefangene im Turm der Constance, zu überbringen. Meine Tochter! Der

Schöpfer Himmels und der Erden hat es zugelassen, daß ich schon von früher Jugend an und immer wieder durch Prüfungen, Leiden und Verfolgungen aller Art heimgesucht worden bin, und wie mir scheint, werden diese Heimsuchungen von Mal zu Mal schwerer. Aber da ich auch immer wieder durch Gott getröstet worden bin, so habe ich schließlich mein ganzes Vertrauen auf ihn gestellt. Trotz aller Schicksalsschläge habe ich zu meiner und meiner Familie Erhaltung nie etwas entbehren müssen. Das ist ja auch der Grund, mein Kind, weshalb ich Dir heute schreibe: ich möchte Dich bitten, Dich nicht im geringsten niederdrücken zu lassen, sondern Dich im Gegenteil durch Gebete, Psalmen und Lieder am Herrn zu erfreuen, und zwar zu jeder Stunde und in jedem Augenblick. So wird Dir der Herr die Kraft und den Mut verleihen, alle Trübsal, die Dich heimsuchen mag, zu ertragen und mit David zu sagen: Je mehr Unglück mich betrifft, um so mehr bringt Gott mir ein. Du darfst nicht dem Wohlergehen nachtrauern, denn Du siehst, daß Dein Bruder alles verlassen hat, um für das Werk des Herrn zu arbeiten, und ich glaube, daß er nie den Mut hiefür verlieren wird. Mach es wie er! Gott ist sehr gnädig, daß Du unsere Schwestern von La Traverse und aus den Boutières zu Gefährtinnen erhalten hast – sofern sie noch am Leben sind –, ohne die andern aus unserer Gegend vergessen zu wollen. Dein Mann und ich befehlen uns ihren heiligen Gebeten an, wie auch wir für alle beten, für unsere Freunde und für unsere Feinde. Ich habe Dir darauf geantwortet, worüber Du mir im März geschrieben hast, als Du mich von Deiner geplanten Verheiratung in Kenntnis setztest; aber es scheint, mein Schreiben von damals sei ebenso wie mein Brief vom Juli im Büro verlorengegangen. Nach Deiner Verhaftung habe ich einen langen Brief nach Beauregard gesandt, aber Du mußtest von dort weg, ehe er eintraf, und so habe ich noch meinem Vetter Boursarié, dem Notar in Pranles, geschrieben, daß er sich meiner Angelegenheiten und meiner Möbel annehmen möge. Deinem Gatten geht es gut; er schläft mit mir in einem guten Bett, und ich hoffe, mit Gottes Hilfe werde er wie ich die Freiheit wieder erlangen, wenn er nur geduldig und klug genug ist, was ich aber von ihm glaube. Ich bitte Dich noch einmal, Dich in Geduld zu fassen, und bin Dein Vater E. Durand.»

Diesen Zeilen fügte Matthieu Serres, Durands Mitgefangener, einen Brief an seine junge Frau bei: «Meine herzlich geliebte Mie, ich schreibe Dir diese Zeilen, um Dich meines Respektes zu versichern und Dir mein schmerzliches Bedauern auszudrücken über unsere Trennung und die zwischen uns liegende Entfernung. Ich hatte aus Kummer darüber vollkommen aufgehört, zu essen und zu trinken, und ich hätte nie wieder etwas zu mir zu nehmen vermocht, wenn mich nicht mein gütiger Schwiegervater durch seine liebe Gegenwart endlich beruhigt hätte. Durch seinen Zuspruch hat er in mir die Hoffnung auf eine Wiedervereinigung mit Dir erweckt. Er hat mir schon tausendfach Beweise seines Wohlwollens Dir und mir gegenüber gegeben. Möchte es Gott gefallen, daß Du unter Deinen Mitgefangenen in gleicher Weise Trost finden darfst! Ich kann nichts anderes tun, als den Augenblick herbeizusehnen, in dem wir uns wiedersehen werden, und Dir zu versichern, daß ich mehr als irgendein anderer Dein ergebener Diener bin. Serres.»

Dem Brief folgte noch eine lange Nachschrift: «Mein geliebtes und sehr liebenswertes Herz, ich bitte Dich, die Güte zu haben, mich Fräulein de la Chabannerie und allen andern Frauen zu empfehlen, die mit Dir im Turm der Constance sind, auch wenn ich nicht die Ehre habe, sie zu kennen. Ich bitte Dich im Namen Gottes und um seiner Barmherzigkeit willen, mich mit einer Antwort zu trösten und es mich wissen zu lassen, wenn Du irgend etwas benögen solltest. Bitte Fräulein de la Chabannerie in meinem Namen, Dich zu beschützen und zu trösten. Vertraue Dich ihr an, wie wenn sie Deine Mie wäre.»

Beide Briefe, der Brief ihres Vaters und derjenige ihres Gatten, gelangten nie in Marie Durands Hände, sind aber erhalten geblieben. Der abgefangene Brief Etienne Durands ließ dessen Richter endgültig erkennen, daß ihre Hoffnung, der Vater des Wüstenpfarrers werde sich ihren Wünschen schließlich doch noch beugen, eine Illusion gewesen war.

So erklärte der Statthalter De Bernage, daß es ein sehr schlechtes Beispiel abgäbe, wenn man diesem eigensinnigen Hugenotten, der von den übrigen Anhängern seiner Sekte sehr geschätzt werde, die Freiheit zurückgäbe.

Und damit war auch das Schicksal Matthieu Serres' entschieden. Beide blieben Gefangene im Fort von Brescou.

Ach, diese Einförmigkeit der langen Tage, durch nichts unterbrochen als durch die kleinen Begebenheiten, die Ankunft oder den Weggang einer Gefangenen, und die etwa aus der Außenwelt eintreffenden Nachrichten, die jedesmal nicht nur für die Empfängerin, sondern ebenso für alle ihre Gefährtinnen ein Ereignis waren!

So erhielt im September Suzanne Jullian einen Brief, in dem ihre Schwiegermutter ihr zur Geburt ihres Söhnleins gratulierte und ihr mitteilte, daß sie ihr ein Bettgestell, fünf Bretter, zwei Leintücher sowie Handtücher werde zugehen lassen.

Und wenige Tage später erhielt die junge Mutter dann auch noch ein Schreiben ihres Gatten: «Meine sehr geliebte Gattin, ich habe Ihren Brief erhalten und bin sehr erfreut, daß Sie wie auch unser Kind vollauf gesund sind. Ich bin vierzehn Tage krank gewesen, nun aber kann ich durch Gottes Gnade wiederum arbeiten. Ich bin nicht mehr bei Issoire, sondern bei Albesa. Sie haben mich gebeten, zu versuchen, etwas Geld für Sie aufzutreiben. Obwohl ich in dieser Sache an alle meine Freunde gelangt bin, sind meine Bemühungen leider erfolglos geblieben. Das war ja auch der Grund meiner Krankheit, von der ich mich nicht mehr glaubte erholen zu können. Ihre Cocons werde ich Herrn Cam... senden, von dem Sie das Geld dafür direkt erhalten werden.»

Und wenig später im Jahr wurde der Gefangenen Elisabeth Michel ein an Madame la Major de St-Aulas gerichteter Brief ihres Gatten Antoine Jullian ausgehändigt, in dem die Rede war von Vorkehrungen, die zu ihrer Befreiung getroffen worden seien. «Sonst habe ich Dir nichts mehr zu sagen, es sei denn der Hinweis, daß Du stets in der Vorsehung ruhst und ständig ausharren sollst, ohne Dich aufzuregen. Denn gerade dann, wenn wir am wenigsten daran denken, kann der Augenblick Deiner Befreiung gekommen sein, kann Gott Dich erfahren lassen, wie viel Erbarmen er jenen erweist, die ihm vertrauen.»

Und wieder nach ein paar Wochen teilte Jullian seiner Frau mit, daß er entschlossen sei, ihr das Kleid zu schicken, um das sie geschrieben habe.

Marie Durand aber wartete vergeblich auf ein Lebenszeichen ihrer Angehörigen. Hatten der Vater und Matthieu ihrer ganz vergessen, oder war es ihnen verwehrt, ihr zu schreiben? Und Pierre?

War er ihr immer noch böse, daß sie entgegen seinem Willen mit Matthieu die Ehe eingegangen war? Oder war es auch ihm nicht möglich, ihr ein Zeichen zugehen zu lassen, weil er ja selbst ein Verfolgter war, für dessen Ergreifung bereits eine Belohnung von viertausend Pfund ausgesetzt war?

Jetzt im Winter war es noch viel schrecklicher im Turm, als es im Sommer gewesen war. Die Lichtschächte waren mit Brettern vernagelt worden, die wohl notdürftig gegen

Wind und Kälte schützten, die aber auch das gute, so sehr ersehnte Licht abhielten.

Der Rauch des offenen Feuers, das nur in seiner nächsten Nähe etwas Wärme verbreitete, konnte kaum mehr abziehen, strich den Wänden entlang und hing im Deckengewölbe, reizte zum Husten und brannte in den Augen, und an den Mauern lief das Wasser herunter.

Im Sommer waren die Gefangenen etwa auf die Plattform hinaufgeführt worden, wo sie sich eine Weile hatten ergehen können, wo der Wind ihre Gesichter gestreift, wo sie die Wärme der Sonne auf der Haut verspürt hatten und wo der Blick in die Ferne geschweift war, über die Kanäle, Sümpfe und weißschimmernden Salzhaufen hinweg bis hinaus, nach dem Grau-du-Roi, wo die Bläue des Himmels und die Bläue des Meeres ineinander übergingen.

An einem Tag im Herbst, an dem die Luft ganz klar gewesen war, hatte ein mit der Überwachung der Gefangenen beauftragter Soldat, ein junger Bursche, Marie Durand über die Mauerbrüstung hinweg in westlicher Richtung draußen im Meer das Fort Brescou gezeigt, in dem der Vater und Matthieu eingesperrt waren. Aber nach Einbruch der kalten Jahreszeit hatten sie nicht mehr aus ihrem düsteren Verlies hinaufsteigen dürfen, wo ja nun alles grau und nebelverhangen war.

Einmal freilich unterbrach in diesen Wintermonaten ein Geschehnis auch für Marie Durand die Eintönigkeit der Tage, und das war, als unvermutet eines Tages die Tür aufgeschlossen und von den beiden Wachtposten ein Mann hereingeführt wurde, seinem Aussehen nach ein Händler, aber er konnte ja verkleidet sein.

Er komme aus dem Vivarais, bedeutete er den Frauen, von denen sich viele sofort neugierig um ihn scharten.

Die beiden Soldaten hatten sich zu beiden Seiten der Türe aufgestellt und ließen die Frauen gewähren. Ab und zu wechselten sie ein paar unflätige Bemerkungen, mit denen sie sich gegenseitig zum Grinsen brachten. Um den Besucher, dem durch eine Vergünstigung des Kommandanten Einlaß zu den Gefangenen gewährt worden war, kümmerten sie sich weiter nicht. Es war einer, der über gute Beziehungen verfügen mußte, wenigstens war er auch schon früher in den Turm gekommen.

Er richtete verschiedenen Frauen Grüße aus, die ihm von deren Angehörigen mitgegeben worden waren, und wußte auch Fragen, die an ihn gerichtet wurden, zu beantworten.

Schon von Anfang an hatte sein forschender Blick auf Marie Durand geruht. Nachdem sein Gespräch mit den andern Frauen erschöpft zu sein schien, wandte er sich an sie: «Nach Ihrer Jugend zu schließen, Madame, müssen Sie Marie Durand sein.»

«Ja», nickte sie, «wer schickt Sie zu mir?»

«Ihr Bruder, der Pfarrer. Er möchte wissen, wie es Ihnen geht. Ich soll Sie auch fragen, ob Sie inzwischen zur Einsicht gekommen seien, daß das, was Sie getan, nicht richtig war.»

«Er zürnt mir wegen dieser Sache noch immer?»

«Nach dem, wie er sich über Sie geäußert hat, zürnt er Ihnen nicht. Er ist im Gegenteil in Sorge um Sie.»

«Sagen Sie ihm, daß er sich um mich nicht zu sorgen brauche. Ich habe nicht mehr zu ertragen, als was der himmlische Vater mir zu tragen aufgegeben hat. Bis jetzt hat er mich mit Kraft und Zuversicht ausgerüstet, er wird mich auch fürderhin nicht fallenlassen. Sagen Sie ihm das und sagen Sie ihm auch, daß ich ihn immer geliebt und bewundert habe, seit der Zeit, da ich mich an ihn erinnern kann – er ist ja doppelt so alt wie ich –, und daß sich daran nie etwas geändert hat und nie etwas ändern wird. Auch nicht hier im Turm und – auch vorher nicht. Wenn ich zurückdenke, dann scheint mir mehr und mehr, er habe recht gehabt und mein Entschluß sei ein Irrtum gewesen. Sagen Sie ihm das. Er möge mir verzeihen. Ja, sagen Sie ihm das. Ich schließe ihn in meine Gebete ein, wie auch er in der Fürbitte für mich einstehen wird. Wissen Sie etwas von seiner Frau?»

«Anne Rouvier befindet sich seit einigen Wochen in der Schweiz, in Lausanne.»

«Gott sei Dank! So kann sie sich doch in Ruhe ihrer Kinder annehmen. Es sind doch wieder zwei? Daß Tonton starb, habe ich noch erfahren. Damals war ich noch frei.»

«Ja, es sind wiederum zwei. Ende Juli hat sie einem Söhnlein das Leben gegeben.»

«Und wie heißt es?»

«Etienne-Jacques.»

«Etienne-Jacques. Der Herr möge das Kind behüten!»

«Aber die Kleinen sind nicht bei der Mutter, die Reise wäre für sie noch zu beschwerlich gewesen.»

Die dem Boten zugestandene Zeit war abgelaufen. Die Soldaten bei der Tür riefen ihn an.

Sogleich gehorchte er ihnen und brach das Gespräch ab.

Die Unterredung mit dem Boten ihres Bruders – sie wußte nicht, wer er war – beschäftigte Marie Durand durch Wochen hindurch bei Tag und in der Nacht. Ja, es war so, wie sie ihm gesagt hatte. Oft fragte sie sich, ob denn ihr Zusammensein mit Matthieu Serres, das ja auch keine Folgen gehabt hatte, nicht nur ein Traum gewesen sei. So fremd war er ihr schon geworden. Und sie glaubte, daß es so gut war, hatte Matthieu doch immer zwischen ihr und Pierre gestanden, durch ihn war sie ihrem Bruder vorübergehend entfremdet worden. Am 17. Februar 1731 schrieb Pierre Durand an Antoine Court nach Lausanne, daß die Gefangene den Fehler nun einsehe, den sie begangen, als sie dem Rat ihrer Freunde nicht gehorcht habe.

Ein Wiedersehen hinter Mauern

Die Abreise Anne Rouviers nach der Schweiz war auch von ihrer Mutter, Isabeau Sautel, gefördert worden. Nicht in erster Linie aus Sorge, ihre Tochter in Sicherheit zu bringen, sondern um zu verhindern, daß am Ende auch sie, die Mutter der Frau des Wüstenpfarrers, in die Verfolgungen einbezogen werden könnte.

«Ich habe nicht den Ehrgeiz, unter die Märtyrerinnen zu gehen», erklärte sie. Und so war es ihr hoch willkommen, als sich der junge Jacques Boyer anerbot, die Gattin des Wüstenpfarrers nach Lausanne zu begleiten.

Nur mit dem Notdürftigsten ausgerüstet, trat Anne die Flucht an. Frau Sautel atmete auf, als die Nachricht eintraf, daß die beiden in Lausanne gut angekommen seien und Antoine Court und dessen Frau Anne herzlich aufgenommen hätten.

Natürlich wußte sie, daß damit die Gefahr für sie selbst noch keineswegs endgültig gebannt war.

Wenn dem Intendanten oder dem Militärkommandanten zu Ohren kam, daß ihnen Anne Rouvier entwischt war, war es durchaus denkbar, daß sie dann die Hand nach ihr ausstreckten, in der Hoffnung, solcherweise einen Druck auf Pierre Durand ausüben und ihn am Ende doch noch zum Verlassen Frankreichs veranlassen zu können. Und das geschah wirklich.

Am 18. März 1731 wurde Isabeau Sautel in der Gegend von St-Fortunat verhaftet und ins Gefängnis von Beauregard verbracht.

Ein paar Tage später führte man sie dem Militärkommandanten La Devèze zum Verhör vor.

Als eine gebrochene Frau stand sie vor ihm, so daß der Kommandant einen Stuhl für sie bringen ließ und ihr zubilligte, während der Einvernahme sitzenzubleiben.

«Sie sind Isabeau Sautel aus Craux, Gemeinde Saint-Etienne-de-Serres, Witwe des 1720 verstorbenen königlichen Notars Jacques Rouvier?»

Frau Sautel nickte. Dann schüttelte sie traurig den Kopf und seufzte: «Warum verfolgen Sie mich, die Frau eines Mannes, der zeit seines Lebens seinem König treu gedient hat?»

«Um meiner Pflicht zu genügen, Madame.»

«Kann es je die Pflicht eines Ehrenmannes sein, eine schutzlose Frau ins Unglück zu stürzen?»

«Madame, ich muß Sie daran erinnern, daß es die mir überbundene Pflicht ist, Sie zu verhören, und nicht, mich von Ihnen verhören zu lassen. Sie bekennen sich zum protestantischen Glauben, Madame?»

«Ich bin – eine Christin, Herr Kommandant.»

«Sie wissen genau, daß es nach dem Willen unseres allerheiligsten Königs nur einen christlichen Glauben gibt, der Glaube, der von der römisch-katholischen Kirche gelehrt wird. Alle andern Bekenntnisse, mögen sie sich fälschlicherweise auch christlich nennen, sind Ketzerei. Wie man mich orientiert hat, gehören Sie der römischen Kirche nicht an. Trifft das zu?»

«Es mag richtig sein, daß ich der römischen Kirche gegenüber Zurückhaltung geübt habe. Da Sie ja so gut unterrichtet sind, müssen Sie auch wissen, daß wir alle unsere Kinder, und es sind immerhin deren sechs, katholisch haben taufen lassen.»

«Das stimmt. Aber Sie wissen so gut wie ich, daß das noch keineswegs einen Treuebeweis der römischen Kirche gegenüber darstellt. So ist ja auch der Wüstenpfarrer Pierre Durand, der uns so sehr zu schaffen macht, weil er nicht aufhört, den Samen der Zwietracht und der Rebellion auszustreuen, römisch getauft worden. Dieser Pierre Durand lebt übrigens mit Ihrer Tochter Anne im Konkubinat.»

«Was für ein abscheuliches Wort!»

«Und welch abscheuliche Handlungsweise!»

«Die beiden sind verheiratet.»

«In unseren Augen nicht. Vor unserem König und damit auch vor Gott hat eine Ehe nur dann Gültigkeit, wenn sie von unserer Kirche gesegnet wurde. Wie konnten Sie je eine solche Verbindung zulassen, Madame?»

«Es geschah alles ohne meine Einwilligung.»

«Und Ihr Sohn Pierre? Nach den Akten hat er sich selber als protestantischer Prediger aktiv betätigt, bis es dann gelang – da ist die Akte – bis es dann gelang, ihm sein verbrecherisches Handwerk zu legen. Durch Spruch vom 12. Dezember 1720 ist er durch den Herrn Intendanten verurteilt worden, seinem König, dem er vorher so wenig gehorcht hatte, fortan auf den Galeeren zu dienen. Vor etwas mehr als zehn Jahren ist er in Marseille auf der ‚Brave' in Ketten geschlagen worden.»

«Erinnern Sie mich nicht an das schreckliche Unglück, das mich damals, kurz nach dem Tode meines Gatten, getroffen hat. Kann einer Mutter Schwereres aufgebürdet werden, als ihren Sohn, den sie unter dem Herzen trug, den sie heranwachsen sah und auf den sie all ihre Hoffnungen richtete, auf solch schmähliche Weise verlieren zu müssen? Nach ihm wurde mir meine Tochter genommen, und nun soll ich selber an die Reihe kommen. Gibt es in Frankreich keine Gerechtigkeit mehr?»

«Ihre Tochter Anne ist Ihnen nicht genommen worden. Sie ist, wiederum gemäß den vor mir liegenden Akten, aus freien Stücken außer Landes gegangen und hat sich auch damit schuldig gemacht. Schade, daß sie ihren sauberen – ihren Beischläfer nicht mitnahm, so wären wir von einer Eiterbeule befreit, durch die immer noch mehr gutmütige Bürger infiziert werden. Aber wir müssen vorwärtskommen. Wir sind ja nicht da, um Konversation zu treiben, sondern um Ihre persönliche Angelegenheit abzuklären. Madame, ich frage Sie auf Ihre Ehre und auf Ihr Gewissen, haben Sie je an religiösen Versammlungen teilgenommen, die, weil ketzerisch, durch Gesetz verboten sind? Ja oder nein?»

«Nein, niemals!»

«Haben Sie je, sei es durch Ihren Sohn, Ihre Tochter oder sonstwie, Verbindung mit Predigern unterhalten?»

«Bestimmt nicht.»

«Auch zu der Zeit nicht, da Ihr Sohn noch zu Hause war?»

«Solange er zu Hause war, war er nicht Prediger, Herr Kommandant, sondern Schreiber bei einem Notar in Privas. Nach dem Wunsch meines Gatten hätte er ebenfalls Notar werden sollen.»

«Gut. Wie aber verhielt es sich, als Ihre Tochter ihre Beziehungen zu Durand aufnahm? Es ist doch anzunehmen, daß Durand öfters in Ihr Haus gekommen ist?»

«Ich habe mich, wenn er kam, stets zurückgezogen. Sein Anblick hat mich jedesmal an das Unglück meines Sohnes erinnert, das dieser nur seinem Freunde Durand zu verdanken hatte, und so habe ich ihn schon aus diesem Grunde gemieden. Nein, auch mit Durand habe ich nie Verbindung gehabt. Er war mir immer zuwider, und heute ist er mir verhaßt. Ohne ihn wäre mir alles Leid der letzten zehn Jahre erspart geblieben. Ich säße als die angesehene Witwe eines königlichen Notars in meinem Hause in Craux und nicht wie eine gemeine Verbrecherin vor Ihnen, Herr Kommandant!»

«Das mag wohl zutreffen, Madame. Und damit ist das Verhör einstweilen beendet. Man wird Ihre zu Protokoll genommenen Aussagen auf ihre Richtigkeit überprüfen.»

Damit erhob er sich, was für Frau Isabeau Sautel das Zeichen war, sich ebenfalls zu erheben. Sie wurde von der Wache hinaus und in die Zelle zurückgeführt.

Im April verurteilte der Statthalter De Bernage Isabeau Sautel zu einer unbefristeten Gefängnisstrafe, die sie im Turm der Constance verbüßen sollte.

Als sie im Turm eingeliefert wurde, hatte eben ein erster Anfall von Sumpffieber Marie Durand aufs Krankenlager niedergeworfen. Sie lag da auf ihrem Strohsack, den Blick starr auf die Eingetretene gerichtet, die sich ängstlich in ihrem Kerker umsah. Isabeau Sautel? War sie es wirklich oder war es eine Erscheinung ihrer Fieberphantasien?

Marie Durand strich sich mit der Hand den Schweiß von der Stirn.

Und immer noch stand die Frau in ihrem staubgrauen Kleide dort, das bleiche Gesicht von einer weißen Haube umrahmt.

War sie es wirklich oder sah sie ihr nur ähnlich?

Bereits waren ein paar Frauen auf die Neue zugegangen, um sie zu grüßen und sie zum Lichtschacht zu geleiten, wo sie sich tagsüber aufzuhalten pflegten, weil da etwas Sonnenlicht sie streifte.

Isabeau Sautel sah sich unter ihnen um und schüttelte den Kopf. «Ich dachte, Marie Durand hier zu treffen. Ist sie nicht mehr im Turm?»

«Dort drüben liegt sie, sie ist krank. Das Fieber hat sie erwischt. Ah, wissen Sie, in diesen Sümpfen! Fast jede von uns packt es, und wer einmal das Fieber gehabt hat, der wird es nicht mehr los.»

Isabeau Sautel hatte sich umgewandt. Und als sie zu erkennen gab, daß sie sich erheben und zu der Kranken hinübergehen wollte, traten zwei der Gefangenen neben sie hin, um sie zu stützen.

«Sie sind also immer noch hier?»

«Gewiß, Madame», antwortete die Kranke mühsam. «Wie leid tut es mir, daß Sie nun auch nicht mehr frei sind», brach sie unter großer Anstrengung hervor.

«Das war ja, bei meiner Verwandtschaft, früher oder später zu erwarten.»

Marie Durand schloß die Augen und lag völlig erschöpft da. Möglicherweise hatte sie Isabeau Sautels Antwort gar nicht mehr gehört.

«Und bei welchem Anlaß wurden Sie verhaftet?» erkundigte sich eine der Frauen.

«Anlaß? Überhaupt bei keinem Anlaß. Aber man war hinter mir her. Lange schon, wie man vorher hinter meiner Tochter her war, seitdem sie die Frau des Wüstenpfarrers wurde.»

«So ist Pierre Durand Ihr Schwiegersohn?»

Isabeau Sautel gab keine Antwort.

«Wie glücklich müssen Sie sein! Herr Durand ist doch das geistliche Oberhaupt im Vivarais.»

«Glücklich? Das kann man schon sagen! Ihm habe ich es zu verdanken, daß ich hier bin. Was nur habe ich in meinem Leben verbrochen, daß ich dermaßen gezüchtigt werde! Ich, eine Sautel, lebendig begraben in diesem schrecklichen Turm! Warum mußte ich das erleben, warum ist mir diese Schmach nicht erspart geblieben?»

«Madame, es ist bestimmt keine Schmach, um des wahren Glaubens willen Schweres erdulden zu müssen», hielt ihr eine der Frauen mit vorwurfsvoller Stimme entgegen. «‚Selig sind, die Verfolgung leiden um der Gerechtigkeit willen.‘»

«Darüber kann man zweierlei Meinung sein. Ich für meinen Teil gebe offen zu, daß ich in meinem Hause in Craux seliger wäre als in diesem abscheulichen Turm! Ach, lassen Sie mich in Ruhe! Alle, alle, ich mag von keiner mehr etwas hören!» Verzweifelt schlug sie die Hände vor das Gesicht und brach in ein hemmungsloses Schluchzen aus.

Man führte sie zu dem neuen Sack, der am Vormittag

hereingeschafft worden war. Sie warf sich darauf nieder und fuhr fort, zu weinen und zu klagen.

Man ließ sie gewähren. Es hätte nichts abgetragen, sie trösten zu wollen. Jede mußte sich auf ihre Art mit ihrem Schicksal auseinandersetzen und abfinden, wobei die einen mehr, die andern eben weniger Haltung bewahrten.

Ihre Lieblosigkeit Marie Durand gegenüber, die doch die Schwester ihres Schwiegersohnes war, war allen aufgefallen; damit hatte sie sich nicht eben vorteilhaft eingeführt.

Schon kurze Zeit später wurde eine weitere Frau aus dem Vivarais in den Turm eingeliefert: Marie Monteil von Marcols, auch sie, wie Isabeau Sautel, einzig auf Grund eines «lettre de cachet», weil sie als aktiv tätige Anhängerin des protestantischen Glaubens denunziert worden war.

Etwa vierzehn Tage lang wurde Marie Durands Körper vom Fieber geschüttelt.

In dieser Zeit lag sie meist ganz apathisch da, zu erschöpft, um nur die Augen aufschlagen zu können.

Dann plötzlich sank das Fieber und sie erholte sich wieder.

Nachrichten aus der Heimat

Anne Rouvier, die Gattin des Wüstenpfarrers Pierre Durand, hatte wohl in Lausanne herzliche Aufnahme gefunden; aber das genügte nicht, um ihre Sorgen und ihre Unruhe zu bannen.

Wovon sollte sie ihren Unterhalt bestreiten? Sie verfügte über kein Geld. Zu überstürzt war die Abreise gekommen, als daß sie diesen Punkt mit der Mutter noch hätte bereinigen können. Ja, wenn die Mutter guten Willens gewesen wäre!

Auch von Pierre war nichts zu erwarten. Von der

Synode war ihm zwar eine bescheidene Besoldung in Aussicht gestellt worden. Aber die zerschlagene Kirche verfügte über keine Mittel und mußte ihren Pfarrern und Predigern die Besoldungen meist schuldig bleiben. Zu dieser finanziellen Unsicherheit kam die Sorge um den sich ständig in Todesgefahr befindenden Gefährten und um die Kinder. Wenn jemand sie verriet, kamen sie ins Kloster.

Hätte sie nicht selber eingesehen, daß bei ihrer schwankenden Gesundheit wenigstens vorderhand an eine Rückkehr nicht zu denken war, sie hätte wohl ihr freundliches Exil wiederum mit dem unsteten Wanderleben vertauscht, zu dem sie im Vivarais verurteilt gewesen war, nur, um in der Nähe ihres Gatten und ihrer Kinder zu sein.

Oft marterte sie sich mit Vorwürfen; war es richtig, die Ihren in Gefahr zu wissen und selber ein Leben in Sicherheit zu führen? Wann immer sie vernahm, daß Vertraute Courts ins Vivarais zurückkehrten, gab sie ihnen Grüße, Botschaften und Briefe an ihren Gatten mit, wie sie denn auch jeden mit Fragen bestürmte, der aus Frankreich kam und möglicherweise Pierre gesehen oder ihr gar einen Brief von ihm zu überbringen hatte.

Und neben seiner aufreibenden Tätigkeit verstand es Pierre Durand immer wieder, seiner Frau in ausführlichen Briefen zuzusprechen und sie spüren zu lassen, daß er ihr trotz der Entfernung, die zwischen ihnen lag, in unverbrüchlicher Treue und in innigster Liebe verbunden war.

Als er von der Verhaftung ihrer Mutter vernahm, unterließ er es vorerst, seine Frau davon zu unterrichten, um ihr diesen neuen Kummer zu ersparen.

Aber auf Umwegen vernahm Anne dann doch davon und war äußerst bestürzt darüber, daß ihr Gatte ihr dieses Unglück verschwiegen hatte. Mußte sie so nicht annehmen, daß er ihr auch anderes verheimlichte? In einem Brief an Pierre gab sie ihrem Bedauern hierüber Ausdruck.

Und er schrieb ihr: «Du möchtest über die Angelegenheit deiner Mutter orientiert sein? Sei überzeugt, daß ich es nicht unterlassen hätte, Dich zu unterrichten, wenn ich nicht gewußt hätte, wie sehr Dir Sorgen schädlich sind, und daß Du Dir alles viel zu sehr zu Herzen nimmst.

Ich nehme mir die Freiheit, Dir einige Tatsachen in Erinnerung zu rufen. Vergiß nicht, daß Deine Mutter unbedingt wünschte, Du sollest in Pont-de-Dunière wohnen zu einer Zeit, als es dort zu wohnen viel gefährlicher war als damals, da sie selber dort Wohnung hatte. Sie hat sich nicht gescheut, Dich der Gefahr auszusetzen, weil sie glaubte, dadurch sich selber vor einer übrigens nur eingebildeten Gefahr zu schützen. Vergiß nicht, daß sie Dich auf die ungerechteste und unehrlichste Weise der Welt aus ihrem Hause geworfen hat. ....Ich kann es nicht unterlassen, die Vorsehung zu preisen, die alles so gerecht und weise fügt. Von allem Schweren, dem sie Dich, ein junges, frommes Mädchen, aussetzte, wird sie nun selber heimgesucht. Ausgerechnet am gleichen Ort, an dem sie Dich in Gefahr brachte, verhaftet zu werden, ist sie nun selber verhaftet worden. Erkennst Du darin nicht die Hand Gottes? Wie man mir sagte, ist durch die Gnade des Himmels gerade in den durchgemachten Erschütterungen ihr Gewissen wieder geweckt worden. Heute ist sie so weit, begangene Fehler einzusehen, wenn es stimmt, was mir gemeldet wurde. Du siehst, daß Gott über die Mittel verfügt, diejenigen, die sich von ihm entfernt haben, zu ihm zurückzuführen, so daß Du allen Grund hast, Dich nicht zu sorgen, sondern in der Stille die Weisheit und die Güte unseres barmherzigen Gottes zu bewundern. Übrigens hat der Knabe, der mir am 24. dieses Monats über Deine Mutter berichtete, auch meine Schwester gesehen. Sie soll sich wunderbar halten. Deine Mutter und Marie sind zusammen mit Fräulein de la Chabannerie aus Albon und Marie

Vernet von La Traverse. Es geht ihnen ganz leidlich. Mit den Angelegenheiten unserer Kirche steht es befriedigend. Die Zahl der Ehen, die ich eingesegnet habe, beträgt schon seit einiger Zeit über vierhundert, und Lassagne wird wohl bald das erste Hundert erreicht haben. Unsere Versammlungen werden immer zahlreicher besucht und unsere Leute sind zuversichtlich. Dein Brief hat mich in St-Agrève erreicht, wo er zwei Tage lag. Vielleicht mußte das so sein, damit er sich von den Strapazen der Reise erholen konnte. Wie dem auch sei, ich bedurfte für mich selbst vermehrter Ruhe, da eine Erkältung mich gepackt hatte, die mich kaum mehr atmen ließ. Doch geht es mir durch die Gnade Gottes langsam wieder besser. Lebe wohl, meine Geliebte, wie sehne ich mich, Dich wiederzusehen! Ja wirklich, ich sehne mich so sehr nach Dir! Aber wir müssen uns gedulden. Was an mir liegt, werde ich alles tun, um die Wartezeit abzukürzen. Inzwischen befehle ich Dich dem heiligen Machtschutz Gottes an und verbleibe, in Zärtlichkeit und Zuneigung, ganz der Deine.»

Aber trotz des unbeschwerten Tones, den Pierre Durand in seinem Briefe anzuschlagen sich bemühte, war er oft niedergeschlagen und tief bekümmert. Da war ja niemand mehr, der ihm Mut zugesprochen, an dessen Trost er sich hätte aufrichten können.

Dann war da die Sorge um seine beiden Kinder, die bei fremden Leuten untergebracht sein mußten! Es war gar nicht leicht, geeignete Pflegeeltern zu finden, da manche Mutter sich weigerte, sich der damit verbundenen Gefahr auszusetzen und nicht nur sich, sondern ihre ganze Familie zu gefährden. Denn wenn es auskam, daß sie sich eines Kindes des Wüstenpfarrers annahm, dann machte sie sich vor dem Gesetz der Auflehnung schuldig. Und wenn eine der Pflegemütter, die das Wagnis schließlich wegen des Kostgeldes auf sich genommen hatte, sich nicht bewährte, dann war es äußerst schwierig, ihr das Kind wegzunehmen, ohne sich mit ihr zu verfeinden. War man aber mit ihr verfeindet, dann mußte man damit rechnen, daß sie die neue Pflegemutter, ihre ihr vorgezogene Nachfolgerin also, denunzieren würde, was zwangsläufig die Internierung der Kinder in einem Kloster bedeutet hätte.

Unterm 11. August 1731 schrieb Pierre Durand seiner Frau: «Was nun unsere beiden Kinder betrifft, so geht es ihnen gut, wie ich Dir schon geschrieben habe. Aber daß ich sie Dir schicken könnte, wie Du das wünschest, ist ganz ausgeschlossen, da sie die Mühsale einer solchen Reise nicht überständen. Das Mädchen, obwohl es am 15. dieses Monats zweijährig wird, kann noch immer nicht allein gehen. Es ist von der Chambonne (der Frau des Chambon) derart mißhandelt worden, daß es sich, als ich ihr das Kind am 22. April wegnahm, nicht besser aufrichten konnte als ein zweitägiges Kind. Beurteile selbst, ob es da große Sprünge machen kann. Der Knabe hat es mit seiner Pflegemutter besser getroffen, aber ein einjähriges Kind kann unmöglich schon den Strapazen einer so langen Reise ausgesetzt werden. Außerdem ist er noch immer nicht entwöhnt. So muß ich Dich bitten, mir zu gestatten, die Kinder noch so lange hier zu behalten, bis es verantwortet werden kann, sie reisen zu lassen. Wenn ich die kleine Anne sehe, muß ich immer an meine arme Tonton denken. Sie hat zwar nicht dieselben Züge, aber die gleiche Stimme, und ein wenig auch dieselben Gewohnheiten. Leider ist zu befürchten, daß eines ihrer Beine etwas steif bleiben wird, doch wird sie das nicht im geringsten behindern, man beachtet es kaum. Einige Ärzte, die ich um Rat gefragt habe, lassen mich hoffen, daß sich später das Bein noch wie das andere entwickeln wird. Sie hat keinerlei Schmerzen, ist aufgeweckt, daß ich mich nur immer wieder wundern muß. Gott sei Dank ist sie von gesunder

Natur! Ihre Pflegeeltern grüßen ihre liebe Mutter. Deiner Mutter im Turm geht es ziemlich gut, ebenso meinem Vater. Meine Schwester hat das Fieber.»

Eine weitere, nicht geringe Sorge bereitete Pierre Durand der Mangel an Geld. Wie gern hätte er seiner Frau gewisse, wenn auch nur bescheidene Mittel zur Verfügung gestellt. Anne litt so sehr darunter, ausschließlich auf die Gaben ihrer Wohltäter angewiesen zu sein. Aber die Kirche hatte ihm seine Besoldung nicht nur seit Monaten, sondern seit Jahren nicht mehr auszahlen können. Und andere Einkünfte besaß er nicht.

Für sich selber waren seine Bedürfnisse sehr gering. Wo er durchkam, wurde er von Glaubensgenossen zu Tisch geladen, und nächtigen durfte er schon aus Gründen der Sicherheit nur bei Leuten, die ihm vertraut waren.

Das Kostgeld für die Kinder aber mußte er regelmäßig bezahlen, da die Pflegemütter je selber arm und auf diesen zusätzlichen Verdienst angewiesen waren.

In einem Brief an Pfarrer Jacques Boyer im Languedoc, der nicht zu verwechseln ist mit dem jungen Prediger gleichen Namens aus dem Vivarais, der zu dieser Zeit am Seminar in Lausanne war, orientierte er seinen Amtsbruder über die Ergebnisse der Synode vom 23. August wie folgt: «Unsere Synode war wenig ‚versilbert'. Die Bußen haben unser armes Vivarais noch ärmer gemacht. Unsere Pfarrer erhielten jeder nur 53 Sols* in Silber ausbezahlt. Aber wie Sie wissen, bin ich bei guter Laune und sorge mich nicht um das, was später sein wird. Ich habe die Synode mit meinen 2 Pfund und 13 Sols ebenso zufrieden verlassen, wie wenn man mir meine 540 Pfund und 3 Sols ausbezahlt hätte, die man mir an Besoldung noch schuldet.»

So blieb ihm nichts anderes übrig, als zu versuchen,

* Sol = alte Bezeichnung für sou = 5 Centimes.

einen Teil der Habe, die sich im väterlichen Hause befand, zu verkaufen. Das Haus in Le Bouchet stand ja seit der Verhaftung seiner Schwester am 14. Juli vergangenen Jahres leer. Einen Schlüssel zum Haus besaß er, er befand sich in seinem Gepäck. Ob der Vater je wieder zurückkehren würde, war ganz ungewiß, und erfahrungsgemäß wurden im Turm zu Aigues-Mortes nur Frauen untergebracht, deren man sich endgültig entledigen wollte. So war kaum mit Maries baldiger Entlassung zu rechnen. Und wenn es doch der Fall sein sollte, daß sie heimkehren durfte, dann müßte man zu gegebener Zeit eben nach einer Lösung suchen.

So begab er sich denn im Mai 1731 in die Gegend von Pranles und suchte nächtlicherweile das väterliche Haus auf, in dem er alles noch so fand, wie Marie es an dem unglückseligen Morgen ihrer Verhaftung hatte zurücklassen müssen.

Das Wertvollste schien ihm das Zinngeschirr zu sein, so daß er beschloß, vorerst dieses zu verkaufen. Er verpackte alles in einen Korb und verbrachte den Rest der Nacht in der Kammer, in der er seine Knabenträume geträumt hatte. Wie viele Jahre waren seither vergangen! Wehmütige Gedanken beschlichen ihn. Wie gut hatte er es damals gehabt, wie gut und von ihm aus wie sorglos waren jene Zeiten gewesen, die er ja allein mit den Eltern verlebt hatte. Als seine Schwester Marie zur Welt gekommen war, war er schon in Privas bei seinem Onkel gewesen, um bei diesem eine Notariatslehre durchzumachen.

Was war seither nicht alles anders geworden! Die Mutter gestorben, Vater und Schwester eingekerkert, seine Frau in der Verbannung, eines seiner Kinder gestorben und die andern als Flüchtlinge in einem Versteck verborgen, und all dies nur, weil sie ihrem protestantischen Glauben die Treue gehalten und der römischen Kirche getrotzt hatten.

Spät erst schlief er ein, erwachte aber doch früh genug, um ungesehen das Haus verlassen zu können.

Er begab sich zu Jacquette Vigne, bei der vor zehn Jahren, als die Soldaten auf der Suche nach ihm ins Bouchet gekommen waren, der Vater Marie für einige Zeit untergebracht hatte.

Er weihte die Alte in seinen Plan ein und erteilte ihr Vollmacht, das Geschirr zu holen und für ihn zu veräußern. Zu diesem Zweck überließ er ihr den Schlüssel. «Ich werde gelegentlich vorbeikommen und sehen, was Sie für mich tun konnten. Später, im Sommer, werde ich auch noch die Möbel verkaufen müssen. Aber das hat noch Zeit.»

«Was für ein Jammer!» klagte die nun alt gewordene Frau Vigne. «Was für ein Jammer! Ich erinnere mich noch gut: Ihre Eltern sind sehr glücklich gewesen, und nun soll der ganze Hausrat auseinandergerissen und verkauft werden.»

«Das ist nun leider so, liebe Frau Vigne, und ich danke Ihnen, daß Sie das für mich besorgen wollen.»

«Ach, Herr Pfarrer! Für Sie tue ich es gern. Und wenn Sie Marie eine Botschaft zugehen lassen, schicken Sie ihr doch Grüße von mir. Ich hatte sie lieb wie ein eigenes Kind.» Und sie strich sich die Tränen aus den Augen.

«Was die Möbel betrifft, werde ich vorher noch einmal kommen. Aber ich habe gesehen, daß sich auch das Spinnrad meiner Frau im Haus befindet. Es war das Spinnrad meiner Mutter. Wie oft habe ich als Knabe neben ihr gestanden und bewundernd dem flinken Spiel ihrer Hände zugeschaut. Als ich mich dann mit Anne Rouvier verheiratete, hat ihr der Vater das Spinnrad geschenkt. Und nun scheint sie es vor ihrer Flucht nach der Schweiz ins Bouchet zurückgebracht zu haben. Ihrer Mutter konnte sie es nicht in Verwahrung geben, die hat ja Anne, um sich nicht selber in Gefahr zu begeben, aus dem Hause gewiesen.»

«Wie schrecklich ist das alles, wie schrecklich!»

«Ja, Frau Vigne, es ist nicht schön. Aber nun hat das Unheil sie auch erreicht, und ich hoffe von Herzen, daß sich dadurch ihre Gesinnung ändern werde.»

«Der Herr gebe es! Gut habe ich sie nie gekannt; aber eine stolze Frau ist sie immer gewesen.»

«Das Spinnrad also werde ich nicht verkaufen. Was auch geschehen mag, ich möchte, daß Sie das wissen. Ich werde sehen, daß es Anne bei Gelegenheit nach Lausanne nachgeschickt wird.»

Und tatsächlich wurden dann im August 1731 die Möbel aus dem Hause Etienne Durands verkauft, das Spinnrad aber zurückbehalten und, den Anordnungen Pierre Durands gemäß, am 12. Oktober zusammen mit einigen Decken und einem Packen verschiedener Stoffe an Anne Rouvier nach Lausanne weggeschickt.

Schließlich stellte ihn auch seine pfarramtliche Tätigkeit vor immer wieder neue Schwierigkeiten und Probleme. So hatte sich zum Beispiel die Synode vom 10. Mai hauptsächlich mit Disziplinarfragen zu befassen gehabt. Es ging vor allem um eine bessere Auslese der Mitglieder der Kirchenräte. Es sollte künftighin keinem mehr dieses Amt übertragen werden, der nicht vorher von einem Pfarrer oder Prediger geprüft und als geeignet befunden worden war. Unfähige und Unwürdige sollten ihres Amtes enthoben werden. Es sollte auch ein Verzeichnis all jener Personen angelegt werden, die für die protestantische Kirche eine Schande bedeuteten. Die Bevölkerung seufzte schwer unter den Bußen, die ihnen von der römischen Kirche auferlegt wurden, wenn sie ihre Kinder nicht zu den Priestern in den Unterricht schickten. So versuchten einige, sich durch Kompromisse solchen Bußen zu entziehen. Eine derartige Haltung wurde jedoch von der Synode scharf gerügt. Es wurde beschlossen, daß Eltern, die ihre Kinder in die Messe oder in den Unterricht der römischen Kirche sandten, nur, um nicht mehr gebüßt zu werden, einmal väterlich verwarnt und bei Rückfälligkeit von der Teilnahme am heiligen Abendmahl ausgeschlossen werden sollten.

Aber schließlich hatte auch der Militärkommandant La Devèze seinen Ärger. Immer hinter diesen eigensinnigen Hugenotten her, immer wieder dieses Ausholen zum Schlag, wobei es sich, ach, in wie vielen Fällen, als ein Schlag ins Leere erwies. Nein, dieses ewige Versteckspiel in den Bergen des Vivarais war keine gloriose Tätigkeit. Auch die Verhaftungen, die er vornahm, waren im Grunde genommen eine erbärmliche Sache, eines Soldaten nicht immer würdig. So schrieb er am 23. August 1731 dem Statthalter nach Montpellier: «Ich hatte Kenntnis erhalten von einer Versammlung, zu der von den Protestanten auf letzten Samstag eingeladen worden war, und an der Pierre Durand hätte predigen sollen, neben Marcols und seinen beiden Anhängern Lassagne und Fauriel(!). Aber als die Soldaten hinkamen, fanden sie wohl eine kleine, von Steinmäuerchen umschlossene Wiese, darauf wie Sitze angeordnete Steine und ein brennendes Feuer; die Versammelten aber hatten sich zerstreut, ehe mit dem Gottesdienst begonnen worden war. Nun, wenigstens gelang es mir während meiner Anwesenheit in jenem Bezirk, Marie Vernet zu verhaften, ebenso Marcols, der sich als Prophet betätigt und in Verbindung mit Durand, Lassagne und Fauriel steht.»

«Am 24. Dezember», schrieb der Pfarrer seiner Frau, «begab ich mich in die Gegend, in der unsere kleine Anne sich befindet. Unterwegs traf ich mit ihrer Patin und Jeannoton Barde zusammen, die eben an diesem Nachmittage unsere Anne besuchen wollten. Wir fanden die Kleine in einem Zustand, der uns viel Vergnügen bereitete. Sie schwatzt jetzt wie ein Papagei und beginnt, allein zu gehen.

Wir trafen auch Lassagne dort. Seither sind wir miteinander dort geblieben. Gestern abend haben uns die beiden Mädchen verlassen, um auch noch den kleinen Jacques-Etienne Durand zu besuchen, dem es ebenso gut geht wie seiner Schwester, wenn nicht noch besser. Nun ist in diesem Lande der Schnee gefallen. Es gibt Gegenden, wo er sehr hoch liegt. Dadurch verzögert sich leider meine geplante Reise nach der Dauphiné. Sobald es möglich ist, werde ich aber aufbrechen, weil die Angelegenheit keinen Aufschub duldet. Hier geht durch Gottes Gnade alles seinen Gang. Ich vergaß noch, Dir zu sagen, daß ich gesundheitlich wieder hergestellt bin. Ich bin nun voller Ungeduld, zu erfahren, wie Du den Winter verbringst, und zwar sowohl in bezug auf Deine Ernährung als auch darauf, wie Du die Kälte erträgst. Teile es mir bitte in Deinem nächsten Brief mit. Ich gab gestern nahezu meinen letzten Sol her, um das Kostgeld für unseren Sohn zu bezahlen. Er ist nun vor einigen Monaten entwöhnt worden und ist kräftig wie ein Brückenbogen. Es scheint, daß aus ihm keine Schlafmütze wird, wenn Gott ihn am Leben erhält.»

Dieser Brief ist nie an seinen Bestimmungsort und damit in die Hände der so sehr nach ihm bangenden Anne Rouvier gelangt. Neuerdings hatte La Devèze auf Weisungen aus Versailles seine Anstrengungen verdoppelt, des Wüstenpfarrers Durand endlich habhaft zu werden. An Spitzeln, die danach gierten, die für die Erlangung Pierre Durands ausgesetzte Belohnung zu erhalten, fehlte es nicht.

Durand hatte vor, sich zu Beginn des neuen Jahres nach der Dauphiné zu begeben, um dort mit Pfarrer Roger zusammenzutreffen. Bei dieser Gelegenheit wollte er seine Kinder mitnehmen, um sie nachher in die Schweiz zu ihrer Mutter zu geleiten. «Gott will», schrieb er seiner Frau, «daß ich Dich bald wiedersehen werde. Mein Gott, wie sehr ich mich danach sehne!»

Verraten!

Selten heftige Stürme tobten zu Beginn des Jahres 1732 über dem Vivarais und brachten ungeheure Mengen von Schnee. Als daraufhin eine Kälte einsetzte, wie man sie auch in diesem Lande lange nicht mehr erlebt hatte, vereisten die Schneeflächen, so daß die Höhen wie mit einem Gletscher überdeckt waren und es fast unmöglich wurde, noch vorwärts zu kommen. So mußte Pierre Durand seine geplante Reise immer wieder hinausschieben und war auch im Februar noch im Vivarais.

Im Februar ließ dann die Kälte endlich nach, so daß nach und nach die Wege wieder begehbar wurden. Nun begab sich Durand am 12. Februar zu seinem Freunde Fumant, um mit ihm ein Sendschreiben zu besprechen, das sie gemeinsam unter den Gläubigen verteilen wollten.

Am Abend setzte er seinen Ritt nach dem nicht weit von St-Jean-Chambre gelegenen Weiler Gamarre fort.

Doch unterwegs, in Chalençon, wurde er auf der Straße vom Abtrünnigen Jean Brun erkannt. «Wenn mich nicht alle guten Geister im Stich lassen, ist heute mein Glückstag», sprach Brun in großer Erregung laut vor sich hin und beschleunigte seine Schritte, um so rasch als möglich nach Hause zu kommen.

«Jeannot!» rief er seinen Jungen in die Stube, «weißt du, wieviel Durands Kopf wert ist?»

«Viertausend Pfund.»

«Viertausend Pfund, jawohl. Und wenn nicht alles täuscht, wird dieses Geld bald uns gehören.»

Der Junge starrte seinen Vater verständnislos und mit offenem Munde an, während Brun die Hand gegen sein wildschlagendes Herz preßte. «Du mußt nach Vernoux. Unverzüglich und so schnell du kannst. Dort gehst du zum Kommandanten der Garnison, Herrn de la Chambardière.

Du habest eine wichtige Mitteilung. Laß dich um keinen Preis abweisen. Du weißt jetzt, was auf dem Spiele steht, was davon abhängt, ob er durch uns oder durch einen, der dir zuvorkommt, die Meldung erhält. Sag ihm, ich hätte Durand gesehen, den Wüstenpfarrer, hinter dem sie seit Jahren her sind. Bei Chalençon. Zweifellos wird er die Versammlung leiten, die von den Ketzern für heute abend im Weiler Vernat angekündigt worden ist. Lauf, lauf, und wenn du deine Sache gut machst, so hast du den Gang nicht zu bereuen. Aber nun geh!»

«Heute hätten Sie Gelegenheit, einzuschreiten, Herr Kommandant. Nie war es günstiger.»

«In Vernat, sagen Sie?»

«Jawohl», nickte der Abbé und wischte sich aufatmend mit einem Tuch die Stirn. «Sie können die Versammelten überraschen, zugreifen und sie vernichten.»

De la Chambardière studierte die vor ihm ausgebreitete Karte. «Eine große Versammlung, haben Sie gesagt?»

«Jawohl, größer als üblich.»

«Dann wird es nicht möglich sein, ihrer habhaft zu werden. Ich verfüge nur über geringe Bestände. Sind Sie Ihrer Sache auch ganz sicher, Hochwürden?»

«Unbedingt!» erklärte der Abbé Des Boscs von St-Félix-de-Châteauneuf. «Ah, es wird endlich Zeit, daß diesen Ketzern das Handwerk gelegt wird. Sonst müssen die Angehörigen vom geistlichen Stand noch verhungern. Bedenken Sie die Sporteln, die uns verlorengehen! Die fließen seit langem zur Hauptsache in die Taschen dieser Volksverführer und Seelenverkäufer!»

«Ist der Name des Predigers bekannt, der die Versammlung leiten wird?»

«Das nicht, Herr Kommandant, den geben sie wohlweislich nicht zum vorneherein bekannt. Man hat mir aber gemeldet, der Prediger Lapra sei gesehen worden.»

«Lapra?»

«Es wird ein Neuer sein, ich kenne ihn nicht», fügte Des Boscs grinsend hinzu, «wir haben eben nicht miteinander studiert.»

«Ich denke, wir überwachen alle Zugänge zum Weiler Vernat, dann können wir nach der Versammlung, wenn die Leute nach Hause gehen, wenigstens einen Teil von ihnen verhaften.»

«Sehr gut, sehr gut. Und lassen Sie vor allem den Prediger nicht entwischen. Das Übel muß mit der Wurzel ausgerissen werden.»

«Wir werden das Möglichste tun. Wie schwer das mitunter hält, diesen Kerlen beizukommen, mag Ihnen das Beispiel Durand beweisen. Seit Jahren verfolgen wir ihn, sind seit Jahren wie die Bluthunde hinter ihm her. Alles umsonst. Sobald unsere Soldaten auftauchen, ist er wie vom Erdboden verschwunden.»

«Ein Beweis mehr, daß er mit dem Teufel im Bunde steht.»

«Fast scheint es so, Hochwürden.»

Ein Soldat kam herein und nahm vor dem Kommandanten Stellung an. «Es ist ein Bursche draußen, der Sie unbedingt sprechen will, Herr Kommandant.»

«Um was handelt es sich?»

«Das wollte er nicht sagen. Er habe eine äußerst wichtige Mitteilung, die er Ihnen persönlich überbringen müsse.»

«Möglicherweise steht sie mit der von Ihnen gemeldeten Versammlung im Zusammenhang», wandte sich der Offizier an den Abbé. «Er soll eintreten!»

Jeannot Brun erschien unter der Tür, prustend wie ein Blasebalg.

«Was hast du mir zu melden?»

«Mein Vater schickt mich. Heute abend führen die Ketzer in Vernat eine Versammlung durch.»

«Das ist nichts Neues. Und das ist alles?»

Der junge Brun wich enttäuscht einen Schritt zurück, als sei ihm ein Schlag ins Gesicht versetzt worden. «Dann – wissen Sie am Ende auch schon, daß Durand die Versammlung leiten wird?»

De la Chambardière schnellte hoch, daß der Stuhl gegen die Wand polterte. «Bist du besoffen oder sagst du die Wahrheit?»

«Ich sage die Wahrheit, Herr Kommandant. Deshalb hat mein Vater mich auch hergeschickt. Also ist uns noch keiner zuvorgekommen?»

«Wo hat er ihn gesehen?»

«In Chalençon.»

«Pierre Durand persönlich?» Der Abbé war wie betäubt. «Das ist nun allerdings ein besonderer Fischzug, der uns da bevorsteht. Ein solcher Fisch geht uns nicht jeden Tag ins Netz. Bursche, wiederhol mir die Meldung, die du mir überbringen sollst, noch einmal Wort für Wort.»

Und Jeannot Brun, stolz, der Überbringer derart willkommener Neuigkeiten zu sein, wiederholte, was ihm der Vater aufgetragen.

«Gut. Wenn die Leute von der Versammlung kommen, werden alle Wege, die aus Vernat wegführen, überwacht sein. Eine Patrouille aber werde ich bei der Furt von Vaussèche, auf der alten Straße von St-Jean-Chambre nach Vernoux, in den Hinterhalt legen.» Diese alte Straße wird heute nicht mehr benützt, ist aber in der guten Jahreszeit unter Farnkräutern und wucherndem Gesträuch noch deutlich erkennbar. Hinten, in einer ziemlich dunklen Schlucht, überquert der Weg in einer Furt, eben der Furt von Vaussèche, den Bach und steigt dann in verschiedenen Windungen durch einen Wald von Eschen und Birken bergan. Früher war die steile Kuppe fast ausschließlich mit Kastanienbäumen überwachsen.

Unterdessen hatte Pierre Durand zusammen mit seinem Amtsbruder Lassagne das Abendbrot eingenommen. Später gesellten sich noch ein paar eingeweihte Freunde zu ihnen, und plaudernd und Nüsse aufklopfend verbrachten sie den Abend in der behaglichen Wärme des knisternden Feuers.

Gegen zehn Uhr erhob sich Durand. «Ich muß nun gehen, um noch ein Stück weiterzukommen.»

Lassagne anerbot sich, ihn zu begleiten.

Durand jedoch schlug seine Begleitung aus. «Wozu auch? Man reist nie sicherer als in der Nacht.»

«Hast du die Pistolen bei dir?»

«Die stecken immer im Sattel. Vermutlich sind sie aber nicht geladen», gab Durand lachend zurück.

«Du bist unvorsichtig.»

Durand zuckte die Schultern.

In der Tat kam es damals noch häufig vor, daß man von einem Wolfsrudel angegriffen oder von Räubern überfallen wurde.

Durand schwang sich auf sein schwarzes, aufwieherndes Pferd und ritt davon.

Schon hatte die Dunkelheit ihn verschluckt.

Die Nacht war kalt, der Boden hart gefroren und der Himmel übersät mit funkelnden Sternen. «So schön habe ich die Sterne schon lange nicht mehr gesehen», dachte Durand. «Der Himmel scheint mir heute näher als sonst zu sein.»

Dann überlegte er, was alles er für die nächsten Tage vorhatte. Am Abend würde er, nicht weit von Vernoux, die Ehe der Tochter seines Freundes Brunel einsegnen. Übermorgen mußte er, wenn die Wegverhältnisse es erlaubten, nach Valence hinunter, in die Dauphiné, und vielleicht war es nachher möglich, die längst geplante und von ihm und seiner Frau so sehr ersehnte Reise nach der Schweiz anzutreten. Wie sehr würde Anne sich darüber freuen, ihn wieder zu sehen und nachher wenigstens die Kinder bei sich zu haben.

Hohl klang der Hufschlag des Pferdes auf dem hart gefrorenen Boden.

Die im Hinterhalt liegenden Soldaten hörten das Geräusch von weitem.

Sergeant Chapelle wurde mit zwei Soldaten als Vorposten zur Furt vorausgeschickt.

Es ging auf Mitternacht.

Durand ritt den Weg hinauf.

Eine Kehre nach der andern gewann er.

Trotz des sternklaren Himmels war es hier unter den Bäumen dunkel. Aber das bereitete Durand keinen Kummer. Sein Pferd war mit dem Weg wohl vertraut und würde allein über die Furt hinüberfinden. Er durfte sich ohne weiteres auf das treue Tier verlassen.

Bei der letzten Wegbiegung löste sich ein Schatten aus der Dunkelheit. Der Sergeant sprang auf den Überraschten zu und griff in die Zügel.

Unwillkürlich langte Pierre Durand nach den Sattelpistolen, ließ dann aber die Hand sinken. Es war sinnlos, da er es unterlassen hatte, die Waffen zu laden.

Und dann – nein, er hätte keinen Menschen töten können, um sich selbst zu retten.

Nun war sein Leben verwirkt. Er wußte es.

Er wußte es und wunderte sich selbst darüber, wie ruhig er trotzdem blieb.

Diesmal hatte er seinen Häschern gegenüber das Spiel verloren.

«Sind Sie Herr Durand?»

«Ja, der bin ich.»

«Dann verhafte ich Sie im Namen des Königs. Widerstand ist sinnlos, ich bin nicht allein.»

Und wie zur Bekräftigung seiner Worte traten die beiden Soldaten aus dem Gebüsch hervor.

Chapelle gebot seinem Gefangenen, vom Pferde zu steigen.

Dann wurden ihm die Hände auf dem Rücken gebunden.

Sie führten ihn nach Vernat zurück.

Auf dem gleichen Weg, den er geritten war.

Einer der Soldaten hielt das Pferd am Zügel.

«Wenn nur Lassagne und die andern rechtzeitig entflohen sind», war Durands größter Kummer, während er zwischen Chapelle und dem einen der beiden Soldaten dahinschritt.

Als sie unter den Bäumen hervortraten und über ihnen wieder die Lichter des Himmels flammten, sah Durand, wie stolz die Soldaten über den ihnen gelungenen Fang waren. Sie wußten, wen sie da gebunden ihrem Hauptmann zuführten.

De la Chambardière hatte sich, nachdem alles angeordnet war, in die Stube eines Bauernhauses zurückgezogen, um da voller Unruhe das Ergebnis seines Unternehmens abzuwarten. Der Abbé Des Boscs hatte es sich nicht nehmen lassen, sich an diesem nächtlichen Abenteuer zu beteiligen und den Kommandanten nach Vernat zu begleiten.

Als endlich vor dem Hause Lärm erscholl, eilte Des Boscs hinaus, kam aber sogleich wieder hereingestürzt. «Sie haben ihn, sie haben ihn!» rief er, hob die beiden Fäuste und schüttelte sie. «In dieser Stunde entscheidet sich das Schicksal der Bewohner des Vivarais. Ohne ihren Verführer werden sie in den Schoß der alleinseligmachenden Kirche zurückfinden!»

Als Durand dem Kommandanten vorgeführt wurde, nickte dieser dem lange Gesuchten triumphierend zu.

Nun hatte sich das jahrealte Spiel endlich zu seinen Gunsten entschieden, womit doch irgendwie die mancherlei

Widerwärtigkeiten aufgewogen waren, die er hatte in Kauf nehmen müssen. «Also haben Sie sich einmal nicht unsichtbar machen können.» Ein Schwanken war in seiner sonst so festen Stimme. «Sie sind doch Herr Durand?»

Pierre Durand maß den Offizier mit ruhigem Blick. «Ja, Herr, der bin ich, und da ich in Ihre Hand gegeben bin, weiß ich, daß meine Stunde nun gekommen ist, aus dieser Welt zum Vater des Geistes hinüberzugehen.»

«Ha, er lästert, er lästert!» schrie Des Boscs hysterisch, «nicht zum Vater des Geistes wird er eingehen, sondern hinunterfahren zur Hölle, wo Heulen und Zähneklappern ist!»

Nun schleppten die Soldaten den Sattel und das dahinter aufgeschnallte Reisegepäck Durands herein.

«Hier auf den Tisch!» befahl der Hauptmann, unter dessen Aufsicht dann die Satteltaschen und der kleine Koffer ausgepackt wurden.

«Tatsächlich, es ist Durand», nickte de la Chambardière, ein paar Briefe von Durands Frau auf den Tisch zurückwerfend. Außer diesen waren einige Bücher, Werke von Malebranche und Boileau, weitere von Durand bevorzugte religiöse Schriften, die für Brunels Tochter bereits vorbereitete Ehebescheinigung und fünfzehn Pfund in Silbermünzen zum Vorschein gekommen.

«Wie gut», überlegte Pierre Durand, den fieberhaft seine Effekten durchwühlenden Händen zusehend, «wie gut, daß ich es stets unterlassen habe, die Register mitzuführen. Sie wären in den Händen dieser Mächtigen nicht anzuzweifelnde Beweisstücke gegen alle Protestanten gewesen, deren Ehen ich eingesegnet oder deren Kinder ich in meiner Tätigkeit als Wüstenpfarrer getauft habe.»

In dieser ihm zu lange werdenden Zeit, in der der Kommandant mit der Durchsicht von Durands Gepäck beschäftigt war, konnte sich Abbé Des Boscs nicht länger zurückhalten. Er trat auf den Gefangenen zu. «Sie haben selbst gesagt, zu wissen, was Ihnen bevorstehe!»

Durand sah den vor Erregung Zitternden mit einiger Verwunderung an. Was hatte dieser katholische Priester mit ihm zu schaffen? Wollte er schon versuchen, ihn zu bekehren, ihn zu veranlassen, noch zu wechseln? So wollte er dem Versucher ruhig und würdig widerstehen.

«In Ihrer aussichtslosen Lage könnten Sie mir wohl einen Teil des Geldes abgeben, das Sie aus den Ehen, die ich hätte einsegnen sollen, gelöst haben.»

Nun freilich mußte sich Pierre Durand zusammennehmen, um seine Ruhe nicht zu verlieren. «Ich habe nie, wie das Ihre Gewohnheit zu sein scheint, aus der Verwaltung der Sakramente für mich persönlich Nutzen gezogen. Und wenn Sie so gut über mich unterrichtet sind, wie Sie vorgeben, es zu sein, dann müssen Sie auch wissen, daß ich nie mehr als den Preis des Stempelpapiers für das Zeugnis und das Register gefordert habe.»

«Wie kamen Sie überhaupt dazu, Ehen einzusegnen, da der König dies doch verboten hat?»

«Wenn ich es getan habe, dann geschah es, weil Gott und mein Gewissen es mir geboten. Ist es so unverständlich, daß Protestanten ihre Ehen durch einen Pfarrer ihres Glaubens segnen lassen wollen? Und wenn Sie sagen, der König habe es verboten, dann muß ich zugeben, daß ich das wußte. Ich wußte aber auch von den Jüngern des Heilandes, daß man Gott mehr gehorchen soll als den Menschen.»

Nun wandte der Hauptmann sich wieder an Durand. «Sie haben den Abend hier in Vernat bei Freunden zugebracht. Wer waren die andern?»

Durand tat einen tiefen Atemzug. Also hatten sie sich vermutlich rechtzeitig in Sicherheit zu bringen vermocht.

«Herr Kommandant, ich glaube nicht, verpflichtet zu

sein, Ihnen über meine rein persönlichen Angelegenheiten Auskunft geben zu müssen.»

«So persönlich sind diese Angelegenheiten nun auch wieder nicht», antwortete de la Chambardière in zurechtweisendem Ton.

Es gelang ihm aber nicht, Durand zu einer Aussage zu bringen, die seinen Freunden irgendwie hätte zum Verhängnis werden können. So befahl der Hauptmann, den Gefangenen nach Vernoux zu führen.

«In der Frühe?»

«Nein, unverzüglich, jetzt, in der Nacht.»

Gegen drei Uhr morgens kamen sie in Vernoux an.

Durand wurde in die Kaserne gebracht und dort eingesperrt.

Das Gerücht von der Verhaftung des von allen Protestanten im Vivarais so sehr verehrten und geliebten Pfarrers Pierre Durand breitete sich in Vernoux und von hier aus in der weiteren Umgebung mit Windeseile aus.

Schon anderntags fanden sich die Leute zahlreich in der Kaserne ein, um den Wüstenpfarrer zu sehen.

Die Sache gefiel de la Chambardière gar nicht. Bei der Beliebtheit des Inhaftierten konnte die Trauer unter der Bevölkerung leicht in Zorn umschlagen, so daß seiner Auffassung nach der Gedanke an einen Aufstand keineswegs abwegig war.

Um so die Erbitterung der Leute nicht noch mehr zu schüren, erteilte er die Erlaubnis, die Besucher dem Gefangenen zuzuführen und sie dort einzeln, aber ungehindert, mit ihm sprechen zu lassen.

Einige von ihnen mochte wohl die Neugierde hergetrieben haben, die meisten aber kamen aus Mitleid; viele, auch Katholiken, vergossen Tränen, als sie Durand verließen.

Der Hauptmann traf alle erforderlichen Maßnahmen, um den Gefangenen möglichst bald nach Tournon abschieben zu können. Als es so weit war, wurde Durand mit einer starken militärischen Eskorte weggeführt.

Es war um halb acht Uhr morgens, als sich die Abteilung in Bewegung setzte.

Als Durand inmitten der ihn bewachenden Dragoner auf seinem Pferd dahergeritten kam, eilten die Bewohner des Fleckens trotz der noch frühen Stunde herbei und säumten die Straße. Viele knieten händeringend nieder, einige riefen ihm im Übermaß ihres Schmerzes schluchzend zu, andere weinten still vor sich hin, war es doch wohl das letzte Mal, daß sie in diesem Leben ihren Pfarrer sahen. Er war für die Protestanten mehr als nur ein Geistlicher, er verkörperte ihren Glauben, der ihnen mehr bedeutete als ihr irdisches, so rasch vergängliches Leben.

«O du barmherziger Gott», rief eine Frau, «was soll nun ohne ihren Hirten aus der Herde werden?»

Pierre Durand mußte die verzweifelten Worte gehört und verstanden haben. Er sah zu der Frau hinunter, dann hob er den Blick, und im gedämpften Licht, das eben das Gewölk durchbrach, leuchtete sein bleiches Gesicht wie verklärt, als er trotz des Einspruchs des Offiziers mit kräftiger Stimme den fünfundzwanzigsten Psalm zu singen anhob: «Nach dir, Herr, verlangt mich. Mein Gott, ich hoffe auf dich; laß mich nicht zu Schanden werden, daß sich meine Feinde nicht freuen über mich!»

Durch das Dunkel ins Licht

Als sie am Nachmittag zwischen vier und fünf Uhr in Tournon, der am Ufer der Rhone gelegenen Stadt, anlangten, wurde Durand sofort vor den Militärkommandanten der Gegend, La Devèze geführt, der ihn einem Verhör unterzog.

La Devèze machte kein Hehl daraus, daß es für ihn eine große, eine wirklich große Genugtuung sei, den ebenso berühmten wie berüchtigten Wüstenpfarrer als seinen Gefangenen vor sich zu haben. «Ich freue mich darüber, daß man Sie hierhergebracht hat.»

«Herr Kommandant, eine kleinere Truppe hätte vollauf genügt, um mich dem Himmel entgegenzuführen.»

Für Augenblicke umdüsterte sich die Stirn des Kommandanten, als er über den Sinn dieser Worte nachdachte, dann aber zog er hochmütig die Brauen hoch. «Sie geben also zu, Pierre Durand zu sein?»

«Jawohl.»

«Ist es wahr, daß Sie gepredigt, getauft und Trauungen vollzogen haben?»

«Auch das trifft zu. Ich habe damit Gott und der Stimme meines Gewissens gehorcht.»

«Und damit gegen die Gesetze unseres allerheiligsten Königs verstoßen.»

Pierre Durand reckte sich hoch und bohrte seinen durchdringenden Blick in die Augen des Offiziers, so daß dieser leicht unruhig wurde. «Herr Kommandant, es steht geschrieben, daß man Gott mehr gehorchen müsse als den Menschen.»

«Das dürfte mitunter gefährlich werden.»

«Nur scheinbar und nur auf kurze Sicht, Herr Kommandant. Wichtiger ist das, was nach unserem Tode kommt.»

Schon wieder eine jener Bemerkungen, die dem Offizier nicht unbedingt angenehm waren. «Wenn Sie getauft und Ehen eingesegnet haben, dann müssen Ihnen doch wohl die Namen der Betreffenden bekannt sein?»

«Sie sind es auch, gewiß.»

«Haben Sie ein Register geführt?»

«Jawohl. Die Kirche schreibt das ihren Pfarrern vor.»

«Und – wo sind diese Register?»

«Sie sind wohl verwahrt, um nicht jenen Ungelegenheiten zu bereiten, die sich so treu zu ihrem protestantischen Glauben bekannt haben.»

«Man wird sie finden.»

«Wenn Gott es zuläßt.»

Der Zorn trieb dem Kommandanten das Blut ins Gesicht. «Er wird es zulassen, wie er es zugelassen hat, daß Sie endlich erwischt wurden, Herr Durand. Freilich, nun wird er Ihnen nicht mehr viel helfen können.»

Pierre Durand sah den Offizier mit einem geradezu aufreizenden Lächeln an und schüttelte ruhig den Kopf. «Im Gegenteil, jetzt kann nur er mir noch helfen.»

«Lassen wir diese theologische Spiegelfechterei. Man hat auf Ihnen einen Schlüssel gefunden. Hier ist er. Erkennen Sie ihn als Ihr Eigentum?»

«Jawohl.»

«Was ist es damit?»

«Es ist der Schlüssel zu einem kleinen Koffer, den meine Freunde für mich verwahren!»

«Sieh da! Diesen Koffer möchte ich haben. Haben Sie die Möglichkeit, ihn mir zu verschaffen?»

«Durchaus, Herr Kommandant», erklärte Durand nach kurzem Besinnen. «Sie müßten mir nur erlauben, meinen Freunden einen Brief zu schreiben, damit ich ihnen die entsprechenden Weisungen erteilen könnte.»

«Damit bin ich einverstanden.»

«Meine Freunde werden sich allerdings in eine große Gefahr begeben, wenn sie den Brief abholen. Sie müssen sich doch zu erkennen geben und liefern sich damit Ihnen aus.»

«Ich gebe Ihnen mein Ehrenwort, daß die Empfänger Ihr Schreiben ohne Gefahr werden abholen können. Genügt Ihnen das?»

«Ich vertraue auf Ihr Wort, Herr Kommandant.»

Pierre Durand wußte, daß jener Koffer nur persönliche Schriften und Effekten enthielt, deren Beschlagnahme keinem seiner Glaubensbrüder schaden konnte. Die Register und Rodel, für die die Behörden sich so sehr interessierten, waren anderwärts untergebracht. Der Koffer und sein Inhalt hatten ja nun für ihn keinen Wert mehr, so daß es ihm leicht fiel, den armseligen Besitz dem Kommandanten zu überlassen, da er doch dafür die Möglichkeit erhielt, seinem Freunde und geistlichen Bruder Lassagne einen Abschiedsbrief zu schreiben.

Allerdings bediente er sich dafür nicht dieses Decknamens, sondern richtete seinen Brief an Jean-Gabriel Fauriel. Nach der vorgebrachten Bitte, La Devèze den besagten Koffer zuzustellen, schrieb er: «Mein irdischer Lauf wird bald beendet sein. In kurzer Zeit schon werde ich vor Gott das Evangelium besiegeln müssen, das ich gepredigt habe. Ich bitte Euch, für mich zu Gott zu beten, daß er mir meine Sünden vergebe, daß er mich erleuchte durch seinen Heiligen Geist, und daß er mir beistehe in allen mir bevorstehenden Prüfungen. Durch die Gnade Gottes darf ich nun für das, was ich glaube, Zeugnis ablegen. Gott hat mir die Kraft geschenkt, frei zu bekennen, wer ich bin. Nun bitte ich den Herrn, er möge mir auch noch die Gnade verleihen, meine Tage in seiner Liebe und in der Ehrfurcht vor ihm zu beschließen. Seinem göttlichen Schutz befehle ich Euch an. Es ist wohl nicht nötig, Euch zu sagen, daß Ihr Euch weise und sehr vorsichtig verhalten sollt. Im besonderen befehle ich Euch die guten Seelen, meine arme Frau und meine lieben Kinder an, die ja nun bald ohne Vater sein werden. Herr La Devèze hat mir sein Ehrenwort gegeben, daß durch diesen Brief niemand in Schwierigkeiten geraten werde. Ich halte ihn für einen Mann von Ehre und Aufrichtigkeit. Lebt wohl, mein lieber Bruder, im Himmel werden wir uns wiedersehen. Amen.»

Kaum hatte La Devèze sein Ehrenwort gegeben, als er sich auch schon darüber ärgerte. Das wäre eine nie wiederkehrende Gelegenheit gewesen, auch der Helfershelfer Durands habhaft zu werden und gleich das ganze Nest auszunehmen. Mit einem Schlag.

Aber mußte er denn einem Ketzer gegenüber sein Wort halten? Gab es überhaupt ein Ehrenwort diesen Gesetzesverächtern, diesen Rechtlosen gegenüber?

Und noch ehe Durand seinen Brief weggeschickt hatte, erteilte der Kommandant den Befehl, den Ort, wohin der Brief gebracht würde, heimlich zu überwachen und den, der ihn abholte, gleich zu verhaften.

Aber seine Rechnung ging nicht auf.

Lassagne und seine Freunde waren mißtrauisch und ließen den Brief nicht abholen, so daß er liegenblieb.

Ungeduldig geworden, erteilte La Devèze zwei Männern den Befehl, den Brief zu erheben und zurückzubringen. Zu ihrer Sicherheit ließ er ihnen ein militärisches Geleite geben.

Die beiden Männer holten den Brief ab, nahmen aber, ehe sie ihn dem Kommandanten aushändigten, eine Abschrift davon.

Unter Bewachung durch zwei bewaffnete Kompagnien wurde Durand dann am 22. Februar nach Montpellier verbracht.

Wiederum versammelte sich eine große Menschenmenge, um Pierre Durand noch einmal zu sehen. Und es waren auch diesmal unter denen, die ihm ihr Mitleid bezeugten, viele Katholiken.

Immer wieder drehte sich der Gefangene zurück und konnte den Blick nicht wenden von den verblauenden Bergen des Vivarais, und je weiter sie zurückblieben, um so schwerer wurde es ihm ums Herz, denn er wußte, daß es ein Abschied für immer war, daß er diese geliebten Höhen nie mehr wiedersehen, den herben Duft des Thymians nie mehr atmen würde.

Nein, wahrhaftig, das war nicht leicht.

Er war doch noch so jung!

Und doch! Hatte er in der ihm zugemessenen Zeit nicht manchen Menschen helfen und beistehen dürfen, war es ihm nicht vergönnt gewesen, in vielen den schwach gewordenen Glauben durch Zuspruch und Verheißung neu zu stärken?

Aber hätte er nicht noch mehr tun, seine Zeit noch besser ausnützen können?

Müßige Frage, jetzt, da alles abgeschlossen und zu Ende war! Zu Ende, Pierre Durand!

Ohne daß er es wußte, folgte ihm einer auf seinem schweren Weg, einer seiner Schüler, der junge Helfer Jean-Pierre Espinas aus St-Félix-de-Châteauneuf, in der Hoffnung, ihm vielleicht irgendwie noch einen Dienst erweisen, und wenn möglich vor Gericht zu seinen Gunsten aussagen zu können.

Espinas hatte mit seiner Mutter an der Versammlung von Pfarrer Lapra teilgenommen, die in der Nacht, in der Pierre Durand verhaftet worden war, in Vernat stattgefunden hatte.

Er folgte dem Verehrten nach Nîmes, er folgte ihm weiter nach Montpellier, wo er dann aber von Abbé Des Boscs erkannt und – verraten wurde. Des Boscs war, um ja nicht zu spät zu kommen, nach Montpellier geeilt, um sich hier einen Teil der Prämie zu sichern, die für die Ergreifung Durands ausgesetzt worden war. Er mußte mit seinem Begehren unter allen Umständen dem tölpelhaften Jean Brun zuvorkommen.

So wurde Espinas am 17. März verhaftet und wie sein

Meister in der Zitadelle eingekerkert, ohne daß es ihm möglich gewesen wäre, mit Durand in Verbindung zu treten.

Am 26. Februar schrieb der Genfer Buchhändler Du Vilard, ein aufopfernder Freund der Emigranten und ein Wohltäter der verfolgten Kirche Frankreichs, an Antoine Court nach Lausanne: «Mit Tränen in den Augen berichte ich Ihnen von der Gefangennahme unseres lieben Freundes, Pfarrer Durand, der am 12. dieses Monats verhaftet wurde. Ich habe es aus einem Briefe erfahren, den ich gestern ohne Unterschrift und Herkunftsbezeichnung erhalten habe. Möge ihm Gott in seiner Betrübnis beistehen!» Den alten Kämpfer des Languedoc schauderte es, als er den Brief gelesen hatte. Seine Hand zitterte, er mußte sich gegen die Wand lehnen, weil in der ihn überkommenden Schwäche alles um ihn her sich zu drehen begann.

«Nun sei Gott ihm gnädig», flüsterte er. Er vermochte sich noch gar nicht klar zu werden über die Größe dieses Verlustes. Mit Durand verlor er seinen besten, den eifrigsten seiner Mitarbeiter, denn Durand war in den letzten Jahren zum unbestrittenen Leiter der Kirchen des Vivarais geworden.

Aber er war auch sein Freund gewesen, der treuesten einer.

Wie würde Anne diese Schreckenskunde aufnehmen, sie, die so sehr mit ihrem Gatten verbunden, von ihm abhängig gewesen war und das Getrenntsein von ihm kaum ertragen hatte!

Und nun sollte er ihr diesen Schlag versetzen. Nein, nicht sofort, das wäre über seine Kraft gegangen. Und ihr einfach Du Vilards Brief zustellen durfte er auch nicht. Er wollte warten, bis er sie das nächstemal traf.

Nicht minder hatte die Nachricht von Pierre Durands Verhaftung seinen Freund Lassagne getroffen. Noch in der gleichen Nacht, da das unfaßbar Schreckliche geschehen war, hatte er es durch einen aus Vernat herübergeeilten Burschen erfahren und war sofort geflüchtet, da ja die Truppen möglicherweise auch hinter ihm her waren.

Seither hatte er im Vivarais alles unternommen, womit er möglicherweise seinem Freund und Meister helfen oder wenigstens hoffen konnte, die Herzen seiner Richter zur Milde zu stimmen. Aber er war sich von allem Anfang an klar darüber, daß die Aussichten gering, sehr gering waren.

Seinem jungen Freund Boyer in Lausanne schrieb er: «Ich habe Ihnen folgende traurige Nachricht zu geben: Ha, ich fürchte, damit verschiedene Menschen in Verzweiflung zu stürzen. Doch muß es gesagt sein, wenn das auch nicht möglich ist, ohne dabei Tränen zu vergießen. Der arme Herr Durand ist am 12. dieses Monats, am Dienstagabend, von einem Trupp Soldaten aus Vernoux im Wald von Vaussèche verhaftet worden. Er wird selbst von einem großen Teil der Katholiken beklagt und viele glauben, daß man es nicht wagen werde, ihn zum Tode zu verurteilen. Ich schreibe seiner Frau nicht, da ich es vorzöge, wenn Sie ihr die traurige Mitteilung überbrächten. Trösten Sie sie im Namen Gottes, so gut Sie können, sagen Sie ihr, daß wir nichts unterlassen werden, um ihren armen Gatten aus der Gefahr, in der er sich befindet, zu befreien, und daß Gott vielleicht unsere Bemühungen segnen wird. Auf keinen Fall soll sie sich um ihre Kinder sorgen. Sie darf versichert sein, daß wir sie behüten werden, als wären es unsere eigenen Kinder. Und wenn diese armen Kleinen zu leiden haben sollten, so würden wir mit ihnen leiden.»

Nachdem sich Lassagne einige Tage in der Dauphiné aufgehalten hatte, kehrte er ins Vivarais zurück, wo er seine Tätigkeit am 28. Februar wieder aufnahm.

Als der junge Jacques Boyer der Frau seines Meisters und Lehrers die schreckliche Nachricht brachte, zeigte sich Anne Rouvier in einer Weise gefaßt, die dem Studenten beinahe unheimlich vorkam. Erst nach und nach konnte er sich davon überzeugen, daß sie ihn richtig verstanden und sich der Größe des Verlustes, der sie getroffen, durchaus bewußt war, daß sie aber darin eine Züchtigung erblickte, die der Herr ihr zugedacht hatte, um sie in ihrem Heilsleben vorwärtszubringen. «Ich habe ihn zu sehr geliebt, ich habe ihn mitunter mehr geliebt als Gott, und deshalb mußte er mir genommen werden. Ich bin seiner noch nicht würdig gewesen.»

Von überallher, aus der Schweiz und aus Frankreich, erhielt sie tröstende Zuschriften. Sie sah in ihnen vor allem den Beweis für die Beliebtheit Pierres, der sich mit seiner lauteren Art überall Freunde gewonnen hatte.

Antoine Court sammelte diese Briefe und veröffentlichte einige davon in der Schweiz.

Am 2. März erreichten die Soldaten mit ihrem Gefangenen Montpellier, wo Durand im Gefängnis der Zitadelle untergebracht wurde, in einem unter der Erde gelegenen Gelaß, in einer Art Gewölbe, dessen einziges Guckloch in einen dunklen Gang hinaussah. Die Mauern troffen vor Nässe, der Boden war feucht und schlüpfrig und das muffige, angeschimmelte Stroh des Lagers stank.

Durand litt unter diesen Zuständen, vor allem zuwider waren ihm die Ratten, die des Nachts über sein Lager rannten.

Da er so trotz aller Erschöpfung kaum mehr schlafen konnte, marterten ihn seine Gedanken an die Frau und an die Kinder nur um so mehr. Wie würde Anne sich zurechtfinden, wenn er nicht mehr da war? Er konnte ihr ja nichts hinterlassen und ihre materiellen Schwierigkeiten würden noch größer werden. Dazu kam ihre schwächliche Gesundheit. Wie sollte sie in ihrer Lage das Kostgeld für die Kinder aufbringen?

Wenn er doch hätte lesen oder schreiben können!

Wenigstens blieb ihm noch das Gebet.

Was für eine Gnade, daß er so manche Teile der Heiligen Schrift auswendig wußte, daß er sie sich aufsagen und so aus dem göttlichen Wort immer wieder neu Trost und Zuversicht empfangen durfte. Und zu welch herrlicher Kraftquelle wurden ihm da die Psalmen, die er immer wieder sang, obwohl seine Stimme in dem schrecklichen Gewölbe schauerlich widerhallte.

Fast täglich wurden Leute zu ihm hereingeführt, die versuchen wollten, ihn von seinem Irrglauben abzubringen und zum Glauben der alleinseligmachenden Kirche zu bekehren.

Wenn Durand die Zeit auch lieber allein mit Gott verbracht hätte, so brachten diese Auseinandersetzungen, so frucht- und sinnlos sie für ihn auch waren, doch einige Abwechslung. Auf Grund seiner profunden Bibelkenntnisse war es ihm ein leichtes, alle Vorhaltungen und meist falschen Behauptungen der Proselytenmacher zu widerlegen. «Wenn ihr schon die Bibel nicht besser kennt, warum haltet ihr euch nicht wenigstens an das, was eure Päpste euch gesagt haben?» hielt er ihnen vor.

«Die Päpste? Tun wir etwas anderes, als was ihnen wohlgefällig ist?»

«So ist euch nicht bekannt, was Innozenz XI. gesagt hat?»

«Nun?»

«Er hat von eurer Bekehrungswut nichts wissen wollen. ‚Dieser Methoden hat sich Christus nicht bedient‘, hat er gesagt, ‚man muß die Menschen in den Tempel führen, aber nicht hineinschleifen‘.»

«Irrtum und Täuschung! Wie sollte ein Ketzer wissen, was ein Papst gesagt hat!»

Besonders einer, der Abtrünnige Barbe, tat sich durch

fanatischen Eifer hervor. Bei seinen ersten Versuchen, Durand von seinem verhängnisvollen Irrtum zu befreien, verhielt sich Pfarrer Durand noch ziemlich zurückhaltend, um dann aber später seinen Standpunkt mit solcher Schärfe und Deutlichkeit zu vertreten, daß Barbe entsetzt entfloh und seinen Auftraggebern erklärte: «Ich trennte mich von ihm, verzweifelt, einsehen zu müssen, daß es mir nie gelingen würde, dieses verirrte Schaf zu retten.»

Stolz auf den Sieg, mit dem die jahrelange Jagd hinter Durand her endlich gekrönt worden war, schrieb der Militärkommandant La Devèze an Major de la Chambardière: «Wir müssen den günstigen Stand der Dinge ausnützen und danach trachten, nun auch Gabriel Fauriel, genannt Lassagne, zu verhaften, der Durands Gehilfe und rechte Hand war. Gabriel Fauriel, genannt Lassagne, Pfarrer, ist ungefähr fünfundzwanzig Jahre alt, von mittlerer Größe, hat ein rundes Gesicht, kleine schwarze Augen und eine Narbe auf der Stirn, sein Hals ist etwas kurz. Lassagne trägt eine Perücke, bald weiß, bald anders.»

Die Urteilsverkündigung gegen Pierre Durand fand am Vormittag des 22. April statt.

Statthalter De Bernage leitete selbst das letzte Verhör.

Die Hand auf die Bibel gelegt, schwor Pierre Durand, die Wahrheit und nichts als die Wahrheit auszusagen.

«So geben Sie zu, gepredigt, getauft und getraut zu haben?»

«Ich habe gepredigt und die Gläubigen nicht nur zur Reue, sondern auch zur Treue dem König gegenüber ermahnt und sie aufgefordert, in ihm einen Gesalbten Gottes zu betrachten. Ich habe ihnen untersagt, sich aufzulehnen, und ich habe ihnen zugesprochen, alles mit Ergebenheit und mit Geduld zu ertragen und das Laster zu verabscheuen.»

De Bernage sah ihn ernst an. «Angeklagter, ich frage Sie: haben Sie die königlichen Verordnungen nicht gekannt, welche die Ausübung der protestantischen Religion verbieten?»

«Ich habe Kenntnis gehabt von der Erklärung des Königs aus dem Jahre 1724, doch habe ich nicht geglaubt, daß sich die darin enthaltenen Verbote auf mich beziehen könnten. Denn der Sinn dieser königlichen Erklärung war doch, daß jene bestraft werden sollten, die Aufstände und Aufruhr im Königreich anzetteln und begünstigen. Ich aber habe je und je gegen Aufstand in jeglicher Form gesprochen und gepredigt. Im übrigen habe ich nie geglaubt, daß der König je die Absicht haben könnte, seinen Untertanen zu verbieten, zu Gott nach dem Lichte ihrer Erkenntnis zu beten.»

Als die Verhandlungen abgeschlossen waren, wurde Durand aufgefordert, das Protokoll zu unterzeichnen. Er tat dies mit solch ruhiger Überlegenheit, daß sich selbst seine Richter darüber wunderten.

Dann wurde Durand in seine Zelle zurückgeführt, während der Statthalter und die Richter über das Urteil berieten. Daran, daß sich Pierre Durand durch Übertretung der königlichen Anordnngen schuldig gemacht hatte, war nicht zu zweifeln, doch sprachen sich drei der Beisitzer nicht für Todesstrafe, sondern für eine Verurteilung zu Galeerendienst auf Lebenszeit aus. Diese drei wurden jedoch überstimmt.

Sobald das Urteil gefällt war, begaben sich der Stellvertreter des Intendanten und der Gerichtsschreiber in die Zelle des Gefangenen, um diesem das von De Bernage unterzeichnete Todesurteil bekanntzugeben.

Als die beiden das Gewölbe betraten, sah ihnen Pierre Durand ruhig entgegen. «Vermutlich seid ihr gekommen, um mir mein Todesurteil zu verkünden?»

Sie bejahten das und forderten ihn auf, dem Brauche gemäß niederzuknien.

Durand tat es und faltete die Hände.

Feierlich entrollte der Gerichtsschreiber das Schriftstück und leierte mit einförmiger Stimme herunter: «Pierre Durand ist überführt, sich als Pfarrer der protestantischen Religion im Vivarais betätigt zu haben, und wird verurteilt, bis zum Eintritt des natürlichen Todes gehängt und erdrosselt zu werden, an einem eigens zu diesem Zwecke auf der Esplanade dieser Stadt errichteten Galgen. Seine Güter werden eingezogen und fallen, außer einem Drittel für seine Frau und seine Kinder, an das Königreich.»

Für Augenblicke herrschte Totenstille in der Zelle.

Dann sprach Durand, den Blick emporgerichtet: «Gelobt sei Gott! Nun ist der Tag angebrochen, der allen meinen Leiden ein Ende setzt, der Tag, an dem Gott der Allmächtige mich mit seinen herrlichen Gnadenbeweisen überschütten wird, indem er mich der himmlischen Glückseligkeit teilhaftig werden läßt!»

Der Tod ist verschlungen in den Sieg

Selbst angesichts des nun so nahe bevorstehenden Todes dachte Pierre Durand an den Vater und an die Schwester. Waren sie nicht um seinetwillen verhaftet und eingekerkert worden?

«Ich flehe Sie an», wandte er sich an den Stellvertreter des Intendanten, «sich beim Statthalter dafür zu verwenden, daß nun mein lieber Vater und meine Schwester in Freiheit gesetzt werden, da doch durch meinen Tod der Grund für ihre Einkerkerung hinfällig wird.»

Dann bat er, ihn wenigstens noch für ein paar Stunden allein zu lassen, damit er sich in der Stille auf den Tod vorbereiten könne.

«Man wird Ihnen die Priester senden.»

«Davon bitte ich, abzustehen. Lassen Sie mich ungestört.»

Dennoch betraten schon nach wenigen Minuten zwei katholische Geistliche die Zelle, um noch einmal und mit allen Mitteln zu versuchen, ihn zum Abschwören seines Irrglaubens zu bewegen. Doch Durand blieb standhaft.

Er antwortete ruhig und entschieden, daß er die besten Gründe dafür habe, zu glauben, daß alle, die um ihres Glaubens willen sterben müßten, dic wahre Religion hätten. «Ich dankc Ihnen immerhin für Ihre gut gemeinten Absichten, doch beschwöre ich Sie, mich nun aus christlicher Nächstenliebe nicht noch länger zu stören, damit ich mich in der kurzen Zeit, die mir noch zu leben bleibt, mit Gott versöhnen kann, in dessen Frieden ich doch eingehen möchte.»

Damit zog er sich in eine Ecke seines Gefängnisses zurück.

Um drei Uhr nachmittags betrat der Henker die Zelle.

Durand sank auf die Knie nieder und sprach mit leiser Stimme einen Psalm vor sich hin.

Als ihm der Henker die Hand auf die Schulter legte, bat Durand, ihn vorerst sein Gebet beenden zu lassen.

Der Mann ließ ihn gewähren.

Sobald Durand so weit war, stand er auf und entledigte sich seiner Oberkleider. «Wenn ich Sie um einen Liebesdienst bitten darf, dann lassen Sie diesen Rock meinem Vater zugehen, der um meinetwillen im Fort von Brescou gefangengehalten wird. Zweifellos bedarf er seiner, und für mich – hat er ausgedient.»

Er stand jetzt da, nur noch mit Hose und Hemd, Schuhen und Strümpfen und seiner schwarzen Weste bekleidet. Auf dem Kopf trug er noch immer seine Perücke.

Nun führte der Henker an ihm die unselige Handlung

aus. Er band ihm Hände und Arme auf dem Rücken und legte ihm den Strick um den Hals.

Vor der Zitadelle standen die Truppen schon bereit, die den Verurteilten zur Richtstätte führen mußten.

Obwohl ein wolkenbruchartiger Regen niederrauschte, war eine riesige Menschenmenge herbeigeströmt, um der Hinrichtung beizuwohnen. Die unzähligen, über den Köpfen schwankenden Schirmdächer boten ein eigenartiges Bild.

Sobald Pierre Durand in Begleitung der Wache aus dem Gefängnis trat, hob er mit voller Kehle den 23. Psalm zu singen an.

Ein Detachement von Schützen marschierte vor ihm her, während ihm ein Dutzend Tambouren folgten, die den Befehl hatten, mit Trommelwirbeln Durands Stimme zu übertönen.

Aber der Regen hatte das Kalbfell der Trommeln schon aufgeweicht, so daß es den Trommlern trotz aller Mühe, die sie sich gaben, nicht möglich war, den Befehl des Majors auszuführen.

Hell schwang die Stimme über den dumpfen Lärm, den die Tambouren verursachten, und durch das Regenrauschen: «Der Herr ist mein Hirte, mir wird nichts mangeln.»

Sicheren Schrittes ging Pierre Durand seinem Ziel entgegen, den Blick zum grau und tiefverhangenen Himmel erhoben, aus dem mit nicht nachlassender Stärke die Wasserfluten wie aus geöffneten Schleusen herniederströmten.

Als dann oben auf der langen, befestigten Böschung der Galgen sichtbar wurde, stimmte Durand den Bußpsalm der Märtyrer an:

«Misericorde et grâce, oh Dieu des cieux,
un grand pécheur implore ta clémence...»

Als er vor dem Galgen niederkniete, um zu beten, stürzten sich die Priester noch einmal auf ihn und beschwörten ihn, nun doch von seinem protestantischen Irrglauben zu lassen: «Noch ist es Zeit!»

Doch Durand wies sie mit einer Armbewegung von sich. «Ist es nicht Christenpflicht, barmherzig zu sein? Dann laßt mich ruhig sterben.»

Unerschrocken stieg er die Sprossen der Leiter empor.

Dann gab er selbst dem Henker das Zeichen.

Schweigend verhielt sich die erschütterte Menge.

Alle waren von tiefstem Mitleid ergriffen.

Auf solche Weise starb Pierre Durand im Alter von zweiunddreißig Jahren.

Selten war eine Hinrichtung so rasch vollzogen gewesen.

«Er ist gestorben, wie ich es vorausgesehen habe», meldete am andern Tag der Statthalter nach Versailles, «ohne Einsicht und ohne jedes Zeichen von Reue.»

«Dieses Beispiel mußte statuiert werden», antwortete ihm Kardinal Fleury, der für den noch nicht volljährigen König seit 1726 die Regierungsgeschäfte besorgte.

Das Martyrium Pierre Durands hinterließ bei der protestantischen Bevölkerung des Languedoc den tiefsten Eindruck, und nur noch treuer und eifriger als zuvor bezeugten die Leute ihren Glauben, was vor allem im stark zunehmenden Besuch der Versammlungen zum Ausdruck kam.

«Wenn man glaubte, sie mit Herrn Durands Tod einschüchtern zu können, so wurde damit genau das Gegenteil erreicht», schrieb Antoine Court.

Als Anne Rouvier erfuhr, wie glorreich das Leben ihres Gatten geendet hatte, schrieb sie an Isabeau Courteiz: «Wie groß war meine Betrübnis! Helfen Sie mir mit Ihren Gebeten! Von seiner Verhaftung bis zu seinem Ende war es für mich ein ununterbrochenes Sterben. Immer noch hoffte ich, daß etwas zu seinen Gunsten unternommen würde. Aber unser Gott, dessen Wege nicht unsere Wege sind, hat es in seiner Weisheit nicht für ratsam gefunden, die Sorgen dieser guten Seelen zu segnen, und hat meine endgültige Trennung von meinem Gatten gewollt. Dein Wille geschehe, o Ewiger! Meine liebe Freundin, ich tue alles, was mir möglich ist, um mich zu stärken. Ich stelle mir vor, wie ruhmvoll es ist, für den Namen unseres göttlichen Erlösers zu sterben, in der ehrenvollen Art, wie mein lieber Gott seine Aufgabe erfüllt hat. Aber trotzdem sehe ich ihn immer vor mir.»

Noch ehe seit der Hinrichtung Pierre Durands ein Monat verstrichen war, trat am 21. Mai die Synode des Vivarais zusammen. Sie wurde von Lassagne geleitet, der nun im Vivarais der einzige Pfarrer im Amt war und als solcher eine außergewöhnliche Tätigkeit entfaltete. So hatte er allein in den Monaten März und April fünfunddreißig Ehen eingesegnet und vierzig Kinder getauft.

Sechs Prediger und dreiundzwanzig Älteste bildeten die Synode. Die Versammelten gedachten vor allem des Unglücks ihrer Kirchen und des unersetzlichen Verlustes, den die Kirchen erlitten hatten «durch den Tod unseres sehr verehrten und geliebten Bruders, Herrn Durand, der uns mit so viel Erbauung gedient und schließlich mit seinem Blut die Wahrheit des Evangeliums besiegelt, die er mitten unter uns gepredigt hat.»

Und zum Zeichen der Dankbarkeit für die großen Dienste, die er während seines kurzen, so jäh abgebrochenen Lebens den Kirchen des Vivarais geleistet, ordnete die Synode eine Sammlung an, um der Witwe die Besoldungen ausrichten zu können, die die Kirche dem Märtyrer noch immer schuldete. Das Total dieser Schulden betrug, wie erst jetzt festgestellt wurde, 606 Pfund.

Der Ertrag der Sammlung sollte aber nicht nur zur Bezahlung der geschuldeten Rückstände dienen, sondern auch noch zur Ausrichtung von Unterstützungen sowohl an Marie Durand als auch an die Witwe des Verstorbenen und an dessen Kinder benützt werden. Die erste Kollekte ergab indessen nur 296 Pfund. Es hatte gewiß nicht an gutem Willen gefehlt, doch lebte der Großteil der Bevölkerung des Vivarais seit der Zeit der Verfolgung in bitterer Armut.

Im Auftrag der Synode, die am 23. Oktober in den Boutières stattgefunden und von Lassagne präsidiert worden war, schrieb dieser sechs Tage später an den jungen Boyer nach Lausanne, daß es der Wunsch der Synode sei, ihn so bald als möglich zurückkommen zu sehen, da man nun nach dem Tode Pierre Durands seiner Dienste als Pfarrer noch dringender bedürfe. Er möge sich doch bei seinen Freunden in Lausanne dafür einsetzen, daß er vor der Rückkehr noch ordiniert werde.

Boyers Konsekration fand dann am 14. Juli 1733 in Lausanne statt, doch kehrte der junge Pfarrer erst ein Jahr später ins Vivarais zurück, wo er am 19. August 1734 zum erstenmal eine Ehe einsegnete. Im Oktober nahm ihn die Synode, die wiederum in den Boutières abgehalten wurde, in aller Form als Pfarrer in den Dienst an den Kirchen im Vivarais auf.

Boyer erwies sich rasch als ungewöhnlich einsatzfreudig und vor allem begabt in der Heranbildung von jungen Leuten zu künftigen Prädikanten. Er und Lassagne waren jetzt die beiden einzigen konsekrierten Pfarrer im Vivarais.

Um ihre Studien am Seminar aufzunehmen, reisten nun Matthieu Morel und Lassagnes jüngerer Bruder Jean-Pierre, genannt Ladreyt, zu Antoine Court nach Lausanne.

Durch einen Brief, den eine der Frauen erhielt, gelangte die Kunde von Pierre Durands Verhaftung und Hinrichtung auch zu den Gefangenen im Turm der Constance.

Marie Durand war erschüttert.

Erschüttert vor allem deshalb, weil es ihr nun nicht mehr möglich war, ihren Bruder, den sie so sehr geliebt hatte, noch einmal zu sehen und ihm selber zu versichern, daß es ihr leid tue, damals, mit ihrer Eheschließung mit Matthieu Serres, gegen seinen Willen gehandelt zu haben.

Das war es, was ihr auf der Seele brannte, daß sie durch ihren Ungehorsam Pierres Unwillen und Kummer erregt hatte, daß sie gewissermaßen Matthieu zwischen sich und ihren Bruder hatte treten lassen.

Und nun war Pierre als Märtyrer für seinen Glauben gestorben, und was auch geschehen mochte, es würde ihr nie mehr möglich sein, sich mit ihm auszusprechen.

Aber diesen qualvollen Tagen der Selbstvorwürfe und der Niedergeschlagenheit folgte eine Zeit, da sie, ruhiger geworden, erkannte, daß es ja keinen Zufall gab, daß vielmehr alles seinen Sinn hatte, auch wenn die Menschen diesen Sinn vorerst nicht zu erkennen vermochten. Konnte mit dem Tode ihres Bruders nun nicht ihr selbst die Verpflichtung auferlegt sein, fortzuführen, was er begonnen, an seiner Stelle den Widerstand fortzusetzen und damit die Treue zu ihrem Glauben zu bekunden?

Résister, ausharren, widerstehen.

Und das nicht nur für sich selbst, sondern auch für die andern, um ihnen, den vielleicht noch Schwächeren, den noch Angefochteneren, ein Beispiel unerschütterlicher Glaubenstreue zu geben. War das die Aufgabe, die der Herr ihr gestellt hatte?

War sie deshalb den bitteren Weg hierher geführt worden, um da unter den Frauen, die wegen ihres Glaubens in diesem finsteren Turme schmachteten, für das Evangelium zeugen zu dürfen? War ihr die geistige Betreuung dieser kleinen, armseligen Gemeinde von Gefangenen auferlegt?

Dadurch würde ihre Gefangenschaft mit einemmal einen Sinn bekommen. Dann war sie nicht mehr bloß eine unglücklich Eingekerkerte, Gott hatte sie dann selbst hineingesetzt, damit sie als ein Werkzeug in seiner Hand für ihn wirke.

Sonderbar, wie von diesem neu gewonnenen Standpunkte aus selbst die Eintönigkeit des Lebens im Turm plötzlich nicht mehr nur Eintönigkeit war, sondern alles Erleiden und Erdulden eine Bedeutung gewann.

Und immer klarer erkannte sie, daß es gar nicht anders sein konnte, daß Gott wie vordem ihren Bruder nun auch sie angerührt hatte.

Gott hatte ihr die Augen aufgetan.

Es ging hier nicht mehr um ein paar arme, gequälte Frauen, die unter der ihnen auferlegten Last seufzten, es ging hier um lebendige, um unsterbliche Seelen, die nicht verhungern durften. Und darüber zu wachen, daß das nicht geschah, nicht weniger als das war ihr nun überbunden, war das Vermächtnis ihres Bruders, des Wüstenpfarrers, der mit seinem Blute für die Wahrheit des Evangeliums gezeugt hatte, wie denn das Blut des Märtyrers der Same der Kirche war.

Ganz bewußt und planmäßig begann nun Marie Durand, ihre Gefährtinnen seelsorgerlich zu betreuen. Sie fing an, im Lichtschacht, in dem sie sich tagsüber aufzuhalten pflegten, Versammlungen, kurze Gottesdienste abzuhalten, und war glücklich, als sie verspürte, wie sehr sie damit einem Bedürfnis entsprach. Jeden Tag begann sie dort mit einer kurzen Andacht, und wie selbstverständlich wurde das von ihren Leidensgenossinnen so angenommen. Selbst die

Schwiegermutter ihres Bruders, Isabeau Sautel, die sich Marie Durand gegenüber sonst immer abweisend, ja seit dem Bekanntwerden von Pierre Durands Tod, durch den ihre Tochter nun zur Witwe geworden war, geradezu grollend verhielt und in ihrem Stolz auf die liebevolle Art, die Marie Durand ihr entgegenbrachte, gar nicht einging, schloß sich den andern an und anerkannte so stillschweigend die Führerrolle, die die Schwester des Märtyrers im Turm übernommen hatte.

Immer wieder pries Marie Durand die Vorsehung Gottes, durch die sie sich von frühester Jugend an durch das Auswendiglernen von Psalmen und andern Bibelstellen einen unverlierbaren Schatz angeeignet hatte, der sich nun für die ganze Turmgemeinde als eine köstliche Trost- und Kraftquelle erwies.

Und der damit ausgestreute Samen fiel auf gutes Land.

Mit der Festigung ihrer inneren Haltung schöpften die Gefangenen auch wieder neuen Mut und neue Hoffnung auf ihre Befreiung. Sie glaubten wieder daran, es noch einmal zu erleben, wieder zu ihren Familien zurückkehren zu können.

Übrigens bemühten sich Angehörige der Gefangenen immer wieder, durch verschiedene Vorstöße deren Freilassung zu erwirken. Gerade in jenen Wochen gingen wieder einmal Gerüchte um, wonach die Protestanten mit einer baldigen Milderung der ihnen gegenüber geübten Strenge rechnen könnten.

Es hieß, der König habe einen Widerruf seiner Erklärung vom 14. Mai 1724 unterzeichnet, wodurch die Bußen abgeschafft würden, die von den Eltern bezahlt werden mußten, wenn sie ihre Kinder am kirchlichen, katholischen Unterricht nicht teilnehmen ließen.

Selbst Lassagne gab sich dieser Hoffnung hin, die sich dann einmal mehr als trügerisch erwies. Der Widerruf war ein Wunschtraum der Unterdrückten und nicht Wirklichkeit gewesen.

Eine der Frauen im Turm, die noch junge, bereits im Jahr 1728 eingelieferte Antoinette Gonin aus St-Fortunat, die sich als Prophetin betätigt hatte, begann, sich ihren Gefährtinnen gegenüber ganz seltsam zu verhalten.

War sie krank, wurde sie von schwermütigen Gedanken heimgesucht? Sie sonderte sich ab, nahm an den Versammlungen und gemeinsamen Gebeten nicht mehr teil und verweigerte auf alle an sie gerichteten Fragen die Antwort.

Zur Überraschung ihrer Mitgefangenen geschah es verschiedentlich, daß sie an einem Sonntagmorgen von der Wache hinausgeführt wurde und nach vielleicht einer halben Stunde wieder erschien. Die andern bedrängten sie, was das zu bedeuten habe, doch setzte sie nur ein Lächeln auf und verweigerte jede Auskunft.

Als eine der Frauen sich einmal bei den Soldaten erkundigte, wo die Gonin hinzugehen pflege, da meinte der achselzuckend: «Sie kommt mit uns beten.»

Daß vor ihrer Türe für die Soldaten und die Familie des Kommandanten kurze Gottesdienste stattfanden, war ihnen natürlich bekannt; aber es war doch nicht möglich, daß eine von ihnen, die wegen ihres protestantischen Glaubens eingesperrt worden war, daran teilnahm!

Die Bemerkung des Soldaten war wohl nur ein Scherz gewesen.

Endlich machte sich Antoinette Gonin an Marie Durand heran, sei es, daß sie ihre selbstgewählte Einsamkeit nicht mehr ertrug, oder aber, daß sie damit eine bestimmte Absicht verfolgte.

«Sie haben sich gewundert, daß ich mit Ihnen keine Gemeinschaft mehr gesucht habe.»

«Sprechen Sie, liebe Schwester, Sie können sich mir ruhig anvertrauen.»

«An Vertrauen zu Ihnen fehlt es mir nicht. Ich habe Sie beobachtet: Sie sind ein tapferes Mädchen. Aber sehen Sie, wie sollte ich mich zu den andern zählen können, da ich gar nicht mehr zu ihnen gehöre?»

«Ich verstehe Sie nicht.»

«Nun, alle Frauen hier sind wegen ihres protestantischen Irrglaubens hier eingekerkert worden.»

«Irrglauben? Und Sie?»

«Nein», schüttelte Antoinette Gonin den Kopf, «ich nicht. Ich gehöre längst nicht mehr zu ihnen. Wenn ich eine Zeitlang als Prophetin aufgetreten bin, so geschah das, weil ich vorübergehend den Versuchungen des Bösen erlag. Ich sehe das ein, habe es schon längst eingesehen, und deshalb bin ich zu meinem früheren, römischen Glauben zurückgekehrt.»

«Antoinette Gonin!»

«Es ist so, wie ich Ihnen sage.»

«Treiben Sie mit diesen Dingen nicht Spott!»

«Das liegt mir fern. Ich habe Ihnen die volle Wahrheit gesagt. Ich bin Katholikin und gehöre deshalb nicht länger in diesen Turm. Aus Irrtum bin ich verhaftet worden.»

«Antoinette! Sie haben doch selber gepredigt und gegen den römischen Irrglauben aufgerufen. Da ist ein Irrtum doch nicht möglich!»

«Und dennoch ist es so. Ich habe an den Herrn Intendanten De Bernage geschrieben, habe ihm alles auseinandergesetzt und ihn gebeten, meine Freilassung zu veranlassen. Ich zweifle nicht daran, daß er meinem Gesuch entsprechen wird. Ich habe mich auf den Geistlichen von Aigues-Mortes berufen, der bezeugen kann, daß ich keine Ketzerin, sondern eine gläubige Katholikin bin.»

«Aber das ist ja entsetzlich! Warum, wenn das die Wahrheit ist, haben Sie sich nicht früher zur Wehr gesetzt, haben vier Jahre lang als Gefangene in diesem Turm geschmachtet! Sie geben sich einer Sinnestäuschung hin! Erwachen Sie aus Ihrem Wahn, geliebte Schwester, erwachen Sie, knien Sie nieder, lassen Sie uns miteinander beten!»

«Niemals, niemals! Versuchen Sie mich nicht! Mit Ihren Ketzereien will und darf ich nichts mehr zu tun haben. Und nun lassen Sie mich in Ruhe! Sagen Sie den andern Bescheid und bitten Sie sie, mich bis zu meiner Befreiung nicht mehr mit Fragen zu belästigen.»

Damit sank sie in die Knie, richtete verzückt den Blick in die Höhe, bekreuzigte sich und begann das Ave Maria zu beten.

Marie Durand wußte nicht, was sie darüber denken sollte. Kopfschüttelnd verließ sie die Kniende und kehrte zu den andern Frauen zurück, die aufmerksam dem Gespräch der beiden gefolgt waren, aber aus der Entfernung nicht alles verstanden hatten. Sie waren aber aufgebracht und fühlten sich durch das Verhalten der Gonin herausgefordert. Einige murrten, andere wiesen kopfschüttelnd auf die noch immer auf dem Boden Kniende.

Was war nun die Wahrheit?

Marie Durand gebot ihren Gefährtinnen, Ruhe zu bewahren.

Hatte sich Antoinette Gonin jahrelang verstellt und nur vorgegeben, eine Prophetin zu sein? Was aber hätte sie mit einem solchen Verhalten bezwecken können? Oder verstellte sie sich jetzt, da sie behauptete, katholisch zu sein?

War das alles nur eine Finte, ein Spiel auf lange Sicht, mit dem sie, wenn sie es gewann, die Freiheit zu erlangen hoffte?

Oder war sie im Kopf krank geworden, hatten sich ihre Sinne verwirrt?

Aber ihre Behauptung, unschuldig eingesperrt worden zu sein, hielt sie auch dem Kommandanten gegenüber aufrecht, der von Zeit zu Zeit zu einer kurzen Inspektion im Frauengefängnis erschien. Anfänglich war der Major auf ihre Beteuerungen eingegangen, da sie nun aber bei jedem seiner Besuche wiederholt wurden, winkte er jeweils ungehalten ab.

«Das werden Sie noch zu bereuen haben, Herr Kommandant. Sie werden noch Schwierigkeiten bekommen, wenn Sie mich nicht endlich auf freien Fuß setzen.»

«Das wird sich weisen.»

«Haben Sie mir nicht erlaubt, da draußen vor der Tür der heiligen Messe beizuwohnen? Würde ich das tun, wenn ich keine Katholikin wäre?»

«Ich habe Weisung aus Versailles, Wünsche meiner Gefangenen, die in dieser Richtung gehen, zu respektieren und ihnen nach Möglichkeit zu entsprechen. Das habe ich getan und nicht mehr, denn ich habe nicht nach Ihren, sondern nach den Vorschriften meiner Vorgesetzten zu handeln!» donnerte er sie an.

«So fragen Sie doch den Abbé von Aigues-Mortes, der meine Beichte abgenommen hat! Fragen Sie doch ihn!»

«Das werde ich bei Gelegenheit tun. Nun aber schweigen Sie. Man hat Sie hier eingeliefert, weil Sie sich als Prophetin betätigt haben, und ehe ich nicht von meinen vorgesetzten Stellen eine diesbezügliche ausdrückliche Weisung erhalte, bleiben Sie meine Gefangene.»

Woche um Woche verstrich, ohne daß sich im Falle der Gonin etwas ereignet hätte.

Entweder hatte Antoinette Gonin dem Statthalter gar nicht geschrieben, oder er war auf ihren Brief nicht eingegangen. Antoinette Gonin lebte nun unter den übrigen Gefangenen vollkommen für sich, und auf Weisung Marie Durands, die mehrmals, doch immer erfolglos versucht hatte, noch einmal mit ihr zu reden, ließen die Frauen sie gewähren, wie denn auch die Gonin ihre Mitgefangenen keineswegs zu stören versuchte, wenn sie sich zu ihren Andachten versammelten.

In der Folge kamen drei neue Leidensgefährtinnen in den Turm: Marie Chambon, eine Prophetin aus der Gegend von Granges, sowie die beiden Schwestern Isabeau und Suzanne Amalric, zwei verheiratete Frauen, die der Teilnahme an einer Versammlung im Mas-des-Crottes angeklagt waren.

Gegen Ende des Jahres 1732 gestattete die Kirche dem jungen Lapra, nach Lausanne zu gehen, um dort im Seminar seine Studien abzuschließen. Auf Drängen Lassagnes nahm nun Lapra die beiden Kinder Pierre Durands mit.

Wohlbehalten langte er mit ihnen in der Schweiz an.

«Ein Glück, daß Sie die Kleinen gebracht haben», begrüßte Antoine Court den Studenten. «Es geht Anne Rouvier gesundheitlich nicht gut, obwohl sich meine Frau sehr um sie bemüht. Aber ihr Leiden ist wohl mehr seelischer als körperlicher Art, und so hoffen wir, die Freude darüber, die Kinder wieder bei sich zu haben und sich ihnen zum erstenmal ungestört widmen zu können, werde sich günstig auswirken. Mit der Fürsorge für die Kinder erhält ihr Leben doch wieder einen Sinn.»

Antoine Court selber begab sich nach Bern, um dort die Angelegenheit der Witwe des Wüstenpfarrers vorzubringen.

Er erreichte, daß Anne Rouvier künftighin von der Flüchtlingskammer eine bescheidene Rente ausgerichtet wurde, die immerhin ausreichend war, um sie der Sorge für sich und die Ihren zu entheben.

Im Gleichmaß der Tage, das nur selten durch eine Einlieferung, einen Abgang oder durch den Besuch eines Notars unterbrochen wurde, der zur Aufnahme eines Testamentes in den Turm gerufen worden war, folgte sich Jahreszeit auf Jahreszeit und reihte sich Jahr an Jahr.

Immer wieder wurden die Gefangenen von Krankheiten heimgesucht, im Sommer, wenn draußen über den Sümpfen die Hitze brütete, vom Fieber und im Winter, wenn der beizende Rauch des offenen Feuers unter dem Gewölbe hing und das Wasser an den Wänden herunterlief, wenn die Lichtschächte mit Brettern vernagelt waren und es so auch am Tag dunkel blieb, von Erkältungskrankheiten, die die davon Betroffenen für Monate auf das Lager niederwarfen, weil ihnen ärztliche Hilfe und Pflege versagt waren.

Marie Vernet-Monteil aus Marcols war die erste der Gefangenen, die, seit Marie Durand im Turm war, ihrem Leiden erlag.

Sie hatte, ihr Ende nahe fühlend, den Notar kommen lassen, damit er ihr das Testament schreibe.

Ihre letzten Tage wurden für die übrigen Frauen, die diesem Sterben zusehen mußten, zu einer harten Prüfung, weil die Frage, wer wohl die nächste sei, die vom Schatten des Todes gestreift werde, jede von ihnen beschäftigte.

Die Furcht trieb sie zusammen in die Nische des entferntesten Lichtschachtes, wo sie sich nur mit gedämpften Stimmen unterhielten und immer wieder angehaltenen Atems zu der Sterbenden hinüberlauschten, ob das Stöhnen und Röcheln noch nicht verstummt sei.

Einzig Marie Durand hielt sich noch am Lager der alten Frau auf, erwies ihr kleine Liebesdienste, indem sie ihr den Schweiß von der elfenbeinernen Stirn wischte und die dürren Lippen mit einem feuchten Tüchlein netzte, das

Kissen aufschüttelte, die verschobene Decke zurechtzog oder ganz einfach die knöchernen Hände der Sterbenden hielt und mit leiser, ruhiger Stimme einen Psalm oder sonst ein tröstendes Bibelwort sprach.

Sie konnte das Grauen verstehen, das durch den Saal kroch, und doch tat es ihr leid, daß die Gefährtinnen der Scheidenden nicht mehr Teilnahme entgegenbrachten.

Aber es war wohl wie bei aller Kreatur die Furcht des Lebens vor dem würgenden Tod, wiewohl Marie Durand in ihren Andachten immer wieder daran erinnerte, daß ja für den Christen der Tod nicht Ende, sondern strahlender Anfang sei.

In den Weihnachtstagen des Jahres 1735 ging das Leben der stillen Dulderin Marie Vernet-Monteil zu Ende. Sie war ja schon vorher eine Vergessene gewesen, überlegte Marie Durand, als sie ihr die Augen zudrückte. Und doch war sie, genau wie ihr Bruder Pierre, bis zu ihrem letzten Atemzug ihrem Glauben treu geblieben. In ihr war eine Märtyrerin dahingegangen, eine von der Legion derer, die nicht in die Geschichte eingingen, deren Namen aber im Himmel verzeichnet waren.

Zwei Tage hindurch blieb der Leichnam noch liegen, dann erschien die Wache und schaffte ihn fort, und damit war das leer gewordene Lager für ein weiteres Opfer bereit.

Nur wenige Wochen vorher hatte Antoinette Gonin den Turm verlassen. Jahrelang war ihr ständig wiederholtes Gesuch um Entlassung unbeachtet geblieben, weil ihr im Ernste niemand geglaubt und auch der Statthalter es nicht für notwendig gehalten hatte, auf diese von einer überführten Prophetin inszenierte Komödie einzugehen. Bis sich dann die Gonin in einem Schreiben direkt an Kardinal Fleury gewandt hatte. Daraufhin war sofort eine Untersuchung der Angelegenheit angeordnet worden.

Dabei stellte es sich heraus, daß die Gonin tatsächlich

schon seit längerer Zeit den Gottesdiensten beigewohnt hatte, die der Abbé von Aigues-Mortes im sogenannten Betzimmer des Heiligen Ludwig abzuhalten pflegte. So wurde der schmale, zwischen Treppe und Saal liegende Vorraum genannt, der in die Dicke des Gemäuers eingelassen war.

Der Geistliche bezeugte ihren Eifer, er bezeugte auch, daß er ihr verschiedentlich die Beichte abgenommen habe und daß sie sich seiner Meinung nach durch nichts von einer guten Katholikin unterscheide.

Auf Grund dieses Zeugnisses war dann Antoinette Gonin unverzüglich in Freiheit gesetzt worden.

Dafür kam als neue Gefangene Marion Cannac in den Turm, ein noch junges, lebenslustiges Ding mit hübschem Gesicht, das von rotblonden Locken umrahmt war. Es stellte sich bald heraus, daß sie keine Protestantin, sondern eine Dirne war. Was die Behörden veranlaßt hatte, sie im Turm der Constance unterzubringen, war unerfindlich.

Marion Cannac war ein Fall für sich. Durch ihre lästerlichen Redensarten noch mehr als durch ihr Benehmen erregte sie sofort das größte Mißfallen bei ihren Mitgefangenen. Dafür aber versetzte sie das Blut der beiden jungen Wachtsoldaten in Wallung, machte den mehr und mehr Feuer fangenden Burschen schöne Augen und gluckerte wohlig auf, wenn diese der Versuchung nicht mehr widerstehen konnten und handgreiflich wurden.

Beschämt und empört wandten einige der Frauen die Blicke ab.

«Lassen Sie das!» wies eine von ihnen das junge Ding zurecht.

«Ach Madame, so machen Sie mir doch nichts vor. Ganz gewiß gab es einmal auch in Ihrem Leben eine Zeit, da Sie glücklich waren, wenn einer sich mit Ihnen abgab. Das ist doch Natur! Habe ich nicht recht, meine Herren?»

Und sie lehnte sich an einen der Soldaten und streckte ihm ihren gespitzten Mund entgegen. «Vive le roi! Auch er weiß, wie wohl das tut!» kicherte sie.

Doch schon wenige Tage später erschienen zwei andere Soldaten, die den Reizen Marions weniger zugänglich zu sein schienen. Oder vielleicht hatte der Kommandant etwas gemerkt und strengere Order erteilt.

Marion schimpfte wie ein Spatz, und als eines Tages der Major erschien, schnellte sie auf und stellte sich mit blitzenden Augen vor ihn hin. «Was soll das heißen, Herr Kommandant? Seit wann ist es in Frankreich Sünde, sich zu lieben?»

«Mademoiselle, ich bedaure, ich bedaure es sehr und teile durchaus Ihren Standpunkt. Aber was wollen Sie? Ich habe lediglich auszuführen, was mir befohlen ist.»

«Auch wenn es – gegen die Menschenrechte verstößt?»

«Auch dann, Mademoiselle.»

«Das ist empörend. Ich werde mich beschweren. Jawohl, das werde ich tun. Glaubt man vielleicht, aus mir eine Nonne machen zu können, indem man mich mit diesen Damen, mit diesen Betschwestern zusammensperrt? Glaubt man das vielleicht?»

«Die näheren Umstände sind mir unbekannt. Ich werde mich aber erkundigen.»

Und damit ließ der Major die vor Empörung an allen Gliedern Bebende stehen und machte seine Runde der Mauer entlang, vor der die Lagerstätten der Gefangenen aufgestellt waren.

Auf den 31. Dezember des Jahres 1736 hatte Marie Durand, die nun einundzwanzig Jahre alt geworden war, eine Liste mit den Namen aller Gefangenen anzulegen. Es waren, Marion Cannac eingerechnet, deren zwanzig, von denen vier sogar schon vor 1724 in den Turm eingeliefert worden waren.

Zu Beginn des neuen Jahres erschienen zwei weitere Gefangene, zwei Frauen aus dem Vivarais: Marie Vérilhac-Sauzet aus Pranles und Marie Vidal-Durand aus der Nähe von Vals. Beide hatten ihren Ehebund in der Wüste, und zwar durch Pfarrer Lassagne, einsegnen lassen, was den Behörden genügte, sie ins Gefängnis zu werfen. Am 3. März wurden wiederum zwei Frauen eingeliefert: Marie Vey-Goutet, «die Goutète» genannt, aus St-Georges-les-Bains und Isabeau Menet-Fialès von Beauchastel. Beide Frauen waren junge Mütter und hatten ihre Säuglinge bei sich.

Beim ersten Anblick Isabeau Menets, die, das Kindlein an die Brust gepreßt, verängstigt um sich sah, erwachte in Marie Durand ein ganz eigenartiges, bisher nicht gekanntes Gefühl. Sie wußte sofort, daß diese Frau in ihrem Leben Bedeutung gewinnen würde, und wäre am liebsten auf sie zugeeilt, um sie in die Arme zu schließen.

Isabeau Menet mochte im gleichen Alter stehen wie sie selbst, und als nun Marie Durand auf sie zutrat, sie begrüßte und die Arme ausstreckte, ihr das Kindlein abzunehmen, da lächelte sie ihr unter Tränen entgegen.

«Wissen Sie, was ich damals empfand, als Sie so vor mir standen?» fragte sie Marie Durand später einmal. «Nach all dem Unglück, das hinter mir lag, war es mir, als sei da plötzlich ein Engel auf mich zugetreten, um mich zu trösten und mir Kraft zu geben, weiterhin auszuharren. Und dann war es noch etwas anderes, was mich sogleich zu Ihnen hinzog. Sie gleichen meiner Schwester Jeanne so sehr, daß ich mich oft frage, wie eine solche Ähnlichkeit nur möglich sei.»

So fühlten sich beide von ihrer ersten Begegnung an zueinander hingezogen, wodurch ihr Leben eine ganz neue Note bekam.

Schon zwei Jahre zuvor, im März 1735, hatten sich die

beiden Schwestern Jeanne und Isabeau Menet nach La Grange-de-Blanches begeben, um an einer von Pradon gehaltenen Versammlung bei einem gewissen Teissier teilzunehmen.

Aber der Militärkommandant des Vivarais, La Devèze, war benachrichtigt worden, so daß es ihm gelang, die Versammelten zu überfallen und einige der Frauen und Männer gefangenzunehmen. Sie wurden vorerst ins Gefängnis von Pont-St-Esprit verbracht.

«Seit der Hinrichtung Durands», meldete La Devèze dem Statthalter, «habe ich mit Ausnahme von Lassagne von keinem andern Pfarrer in diesem Lande mehr gehört. Nun sind mehrere Prediger und Pfarrer aus dem Ausland gekommen: Boyer, Bos und Pradon. Ich zweifle nicht daran, daß Boyer und Bos dieselbe Person sind.»

Vorgängig dieser Meldung hatte sich der Militärkommandant gerühmt, die Eltern von sechs Kindern, die von diesen versteckt gehalten worden, mit Trommelwirbel zur Taufe in die Kirche getrieben zu haben.

Zwei Jahre dauerten die Gerichtsverhandlungen in der Angelegenheit der Schwestern Menet, und in dieser Zeit gelang es der jüngeren, der sechzehnjährigen Jeanne, aus dem Gefängnis zu entweichen. Die beiden andern weiblichen Gefangenen, Isabeau Menet und Marie Vey-Goutet, waren schließlich zu lebenslänglicher Haft im Turm von Aigues-Mortes verurteilt worden, während die drei Männer, von denen der eine Isabeau Menets Gatte war, für den Rest ihrer Tage auf die Galeeren geschickt wurden. Während ihrer Haft im Gefängnis von Pont-St-Esprit hatte Isabeau ein Söhnlein zur Welt gebracht, das – natürlich durch einen katholischen Geistlichen – auf den Namen Michel-Ange getauft worden war.

«Ich schätze mich sehr glücklich», schrieb Isabeau im Herbst 1739 ihrer Schwester Jeanne, «daß Gott mich für würdig befunden hat, für seinen Namen Verfolgung erleiden zu dürfen. Du kannst versichert sein, daß alle Drohungen der Welt mich nicht vom Gut meines Glaubens zu scheiden vermöchten. Ich hoffe, der große und barmherzige Vater werde mir die notwendige Hilfe nicht versagen, um die Prüfungen ertragen zu können, die zu tragen mir aufzugeben ihm gefällt. Mein Söhnchen, das sich mit einem Zahn groß macht, umarmt Dich in seinem unschuldigen Lallen. Ich habe hier eine gute Freundin, Fräulein Durand. Sie gleicht Dir sehr. Ich sagte ihr dies, als ich hier eintrat, und seither fühlen wir uns wie Schwestern. Sie umarmt Dich herzlich.»

Diese Freundschaft mit der gleichaltrigen und geistesverwandten Isabeau Menet, die sich auch auf die ganz ähnlich schweren Schicksale der beiden Frauen gründete, bedeutete für Marie Durand eine große Freude, und in den Stunden, da sie mit den andern Frauen im Lichtschacht saßen und des Sonnenscheins gewärtig waren, der durch die schmale Scharte eindringen und im Verlauf einer Viertelstunde wie eine liebkosende Hand über sie hinstreichen würde, wenn das Schwatzen der Kinder um sie her war und Marie Durand den kleinen, strahläugigen Michel-Ange an sich drücken und herzen konnte, empfand sie ein ungetrübtes Glück. Durch einen Besucher war die Meldung in den Turm gelangt, daß Pierre Rouvier, der kurz nach seiner Rückkehr nach Frankreich verhaftet und zu den Galeeren verurteilt worden war, die Freiheit wiedererlangt habe.

Siebzehn Jahre hatte er in Sklavenketten geschmachtet.

Wie frohlockte Marie über diese Botschaft!

Wie lebte Isabeau Rouvier, seine Mutter, auf, die in den zurückliegenden Jahren immer schweigsamer und im Gemüt verdüsterter geworden war.

«So dürfen auch wir auf unsere eigene Befreiung hoffen», richtete sie zum erstenmal seit langem das Wort wieder an Marie Durand. Und wie eine kleine Flamme leuchtete es in ihren matt gewordenen Augen auf.

Bereits 1720, also kurz nach Pierre Rouviers Strafantritt, hatte sich der englische Gesandte Lord Stanhope für seine Befreiung eingesetzt, die aber, dem Rat des Statthalters folgend, abgelehnt worden war. «Man würde damit ein schlechtes Beispiel geben.»

Und nun, siebzehn Jahre später, hatte ihn «das große Glück seiner Freiheit durch die Güte Gottes und die Fürsprache der erlauchten und mildtätigen Regierung Hollands» doch erreicht. Aber nach alldem, was Rouvier durchgemacht hatte, war er ein gebrochener Mann, auch wenn er das selber im ersten Glück über seine Befreiung noch nicht wahrhaben wollte.

Sein erstes Ziel war Lausanne, wo er sich eine Weile bei seiner Schwester Anne, der Witwe Pierre Durands, aufhielt, um sich dann für immer nach Holland zu begeben, vorerst nach Den Haag und später nach Amsterdam, von wo er sich mit seinen Glaubensbrüdern in Frankreich in Verbindung setzte. Wie gern hätte er sich für sie verwendet, aber er war ja nur ein Flüchtling, der froh sein mußte, in einem gastfreundlichen Land ein Asyl gefunden zu haben, und so konnte er nichts anderes tun, «als meine Tränen mit denen eurer Herden zu vereinigen und meine heißesten Gebete an Gott zu richten, damit er euch endlich zu wahrem Frieden verhelfe».

Und noch ein drittes, scheinbar ganz unwesentliches Ereignis erwies sich für die gefangenen Frauen im Turm der Constance als ein Geschenk Gottes: die Aufsicht über den Turm wurde dem Leutnant Roqualte de Sorbs überbunden, der sich in der Folge als ein Mann erwies, dessen edler Erscheinung die edle Gesinnung durchaus entsprach. Er empfand das grausame Schicksal, das über die unglückseligen Frauen verhängt worden war, als eine Schmach. Als eine Schande für Frankreich. Woher nahm die Kirche das Recht, im Namen Gottes solche Grausamkeiten zu verüben?

Er konnte in den Gefangenen nichts anderes als arme Opfer erblicken, mochten sie auch andern Glaubens sein als er!

Wem von seinen Leuten war wohl durch diese Frauen je ein Leid zugefügt worden? Und sein Gewissen drängte ihn, alles, was in seiner Macht lag, zu tun, um ihr Los zu verbessern.

Ihre Lagerstätten wurden erneuert und die Kost abwechslungsreicher gestaltet, er ließ ein paar Bänke in das Gefängnis stellen und ordnete an, daß den Frauen häufiger als bisher die Wohltat erwiesen wurde, auf den Turm geführt zu werden, wo sie einen Hauch der Freiheit verspüren konnten.

Ah, welche Gnade, hinunterschauen zu dürfen auf die Dächer der von der Mauer so genau umschlossenen Stadt, den Blick hinschweifen zu lassen über die sich dehnende Weite bis zu den verblauenden Höhen der Cevennen hin, wo sie einmal daheim, wo sie wohl arm, aber frei gewesen vor langer, ach, vor wie langer Zeit! Und die Sonne, die gütige Sonne, die so freundlich die Glieder erwärmte, die sie mit ihrer fast weißen Helle schließlich zwang, die Augen zu schließen und vor sich hinzuträumen. Gütiger Gott, wie war das schön! Wie viel Freude war das in allem Leid!

Matthieu Morel, genannt Duvernet, war sechsundzwanzig Jahre alt, als ihn die Synode des Vivarais am Mittwoch, dem 24. April 1737, als Pfarrer in den Dienst der Kirchen aufnahm. Am 12. November 1736 war er nach Abschluß seiner Studien in Lausanne konsekriert worden und daraufhin in den ersten Januartagen 1737 über Genf nach Frankreich zurückgekehrt. Nach Mitte Januar langte er in seinen geliebten Bergen an.

Wie glücklich war er, wiederum daheim in Cros-de-Cheyne zu sein und wieder die mächtige Silhouette des Mézenc vor sich zu sehen. Mit Ungeduld war hier seine Rückkehr erwartet worden, nicht nur von seinen Familienangehörigen, sondern auch von der Kirche, die seines Einsatzes dringend bedurfte.

Die gleiche Synode, die ihn als Pfarrer aufnahm, hatte auch das Gesuch Jacques Boyers um Entlassung aus dem Kirchendienst zu genehmigen. Nicht einmal drei Jahre war Boyer im Amt gewesen.

Schweren Herzens wurde ihr zugestimmt, denn die Zahl der amtierenden Pfarrer, die nach Boyers Ausscheiden nun noch im Vivarais verblieben, war völlig ungenügend. Und Boyer hatte gerade in der Heranbildung eines tüchtigen Predigernachwuchses ein ausgesprochenes Geschick bewiesen. «Unsere jungen Leute verlieren viel, indem sie ihn verlieren.»

Über die Gründe, die Boyer zu diesem Schritt veranlaßten, der ihm selber fraglos sehr schwer geworden war, gibt ein Brief Auskunft, den er an Antoine Court in Lausanne gerichtet hatte. «Da ich von schwächlicher Konstitution bin, war mir die andauernd schlafraubende Tätigkeit gesundheitlich nur unter größter Anstrengung möglich, die nächtlichen Reisen, zu denen ich immer wieder gezwungen war, setzten mir immer mehr zu, ich litt unter der Kälte im Winter und der Hitze im Sommer, die unregelmäßig eingenommenen Mahlzeiten mit einer immer wieder wechselnden Kost waren mir nicht zuträglich. Das alles und noch weitere Unzulänglichkeiten, die mit der Ausübung meines Pfarramtes verbunden waren, verschlechterten meinen Gesundheitszustand immer mehr, so daß ich die Überzeugung gewann, die Vorsehung könne mich doch nicht für den Kirchendienst bestimmt haben. Auch glaubte ich, daß bei der recht beträchtlichen Zunahme der im Weinberg des Herrn tätigen Arbeiter die Kirchen durch meinen Rücktritt kaum geschädigt würden, so daß ich mich entschloß, mein Pfarramt aufzugeben, außer Landes zu gehen und mich dort erneut dem Studium der Theologie zu widmen und vor allem auch meine Kenntnisse in der lateinischen Sprache zu vervollkommnen.»

Dabei hoffte Boyer, nach Abschluß seiner Studien in der Ruhe der geordneten Verhältnisse, wie er sie in der Schweiz antreffen würde, irgendwo eine Anstellung als Pfarrer zu finden, vielleicht in Basel oder in Bern.

Doch seine Wünsche erfüllten sich nicht.

Bei dem unsteten Leben eines Wüstenpfarrers hatte seine Gesundheit weit ärger gelitten, als ihm selbst bewußt gewesen war.

Am 24. Februar 1740 starb er in Bern, erst sechsunddreißig Jahre alt.

Und nun hatte die Synode an Stelle des ausscheidenden Jacques Boyer den kürzlich aus der Schweiz heimgekehrten Matthieu Morel gewählt, wodurch nun allerdings die ursprüngliche Absicht der Kirchen vereitelt war, den jungen Pfarrer Morel, der nach seinem Amtsantritt Morel-Duvernet oder auch nur Duvernet genannt wurde, den Kirchen der Dauphiné abzutreten, damit er dort Paul Faure ersetze, der in die Schweiz geflüchtet war.

Die Aufgabe, die Morel-Duvernet im Vivarais zu übernehmen hatte, war hart und gefährlich. Denn außer ihrer Tätigkeit als Lehrer der ihnen als Helfer mitgegebenen Studenten hatten die Pfarrer der Wüste der Reihe nach und immer wieder alle Gemeinden des Vivarais aufzusuchen und möglichst zweimal im Jahr an jedem Ort das Abendmahl auszuteilen, Ehen einzusegnen und Kinder zu taufen.

Matthieu Morel-Duvernet trat sein Amt voller Einsatzfreudigkeit an. Er war glücklich, anläßlich der Synode einige seiner alten Gefährten wiederzusehen, so außer Boyer, der ja nun zurücktrat, Pfarrer Lassagne, den unermüdlichen Prediger Chabrières, seinen eigenen Vetter Dunière, dem die Synode die Erlaubnis erteilte, seine Studien am Seminar in Lausanne nun zu vervollständigen, dazu die drei neuen, während seiner Abwesenheit eingesetzten Prediger Gounon, Moula und François Coste, die er alle noch als Studenten gekannt hatte.

Wie freute er sich, als er am 11. November 1737 den Ehebund einsegnen durfte, den sein Freund und Gefährte, Jean-Gabriel Fauriel, genannt Lassagne, mit Paule Escoulens schloß!

Bei der rastlosen Tätigkeit, die Duvernet entwickelte, und bei seiner Beliebtheit, die er schon nach kurzer Zeit bei den Gläubigen im ganzen Vivarais erlangt hatte, war es nicht zu verwundern, daß ihm die Behörden und die römische Geistlichkeit ihre ganze Aufmerksamkeit zuwandten und alles unternahmen, um ihn unschädlich machen zu können.

Am 10. Dezember 1738 schrieb der Militärkommandant La Devèze von Tournon aus an Jean de Reboulet, Edelmann von Lamastre und Herr von Urbilhac: «Sie werden gut daran tun, Ihre Aufmerksamkeit der Gegend von Lamastre zu schenken und dort die beiden Pfarrer Morel und Boyer zu überwachen, die sich in Ihren Bezirken herumtreiben. Ich habe dem Abbé von Grozon einen Befehl zugehen lassen, Ihnen die Anwesenheit der beiden, sobald er sie feststellt, mitzuteilen, damit Sie sofort eingreifen können. Sie müssen nur danach trachten, die Herumstreicher im richtigen Zeitpunkt zu überrumpeln. Ich kenne das Ansehen, das Sie genießen, und weiß, daß es für Sie viel leichter sein wird als für jeden andern, einen solchen Beutezug erfolgreich durchzuführen. Ein derartiger Erfolg wäre für uns von außerordentlicher Wichtigkeit. Ziehen Sie dafür vertrauenswürdige Leute bei; was Sie ihnen als Belohnung versprechen, wird Ihnen regelmäßig ausbezahlt werden.»

Jetzt im Winter waren die Wüstenpfarrer durch die überall liegenden gewaltigen Schneemassen in ihrer Tätigkeit stark behindert, da in Sturm und Schnee fast nicht vorwärts zu kommen war.

«Ich hatte mir vorgenommen», schrieb Morel seinem Vetter Dunière, «die Jugend zusammenzurufen, um ihr den Katechismus zu erläutern und sie darüber abzufragen; aber der Schnee ließ mich nicht zu Worte kommen, und ich mußte wieder gehen, ohne etwas ausgerichtet zu haben.»

In den ersten Februartagen, als die Wege wieder einigermaßen benützt werden konnten, hielt er sich mit seinem Neffen, einem aufgeweckten, fünfzehnjährigen Jungen, der wie er Matthieu Morel hieß und seinem Onkel als Sekretär diente, gleichzeitig aber auch als angehender Helfer täglich während ein paar Stunden nach dem Ostervald'schen Katechismus unterrichtet wurde, wiederum in den Bergen auf. Auch der Student Marc Coste, ein Bruder des jungen Predigers François Coste, begleitete den Pfarrer. Sie wohnten bei Morels Vetter Pierre Dunière in La Roche bei St-Agrève.

Am Montag, dem 9. Februar, taufte Morel in der Gemeinde von Chambon ein Kindlein und segnete eine Ehe ein, worauf er sich mit seinen Gefährten nach Lamastre begab. Er nahm sich vor, dort am Samstag oder Sonntag eine Versammlung abzuhalten.

Bei Louise Peyron, die ihn schon früher einmal während elf Tagen beherbergt hatte, würden sie bestimmt Unterkunft finden. Für die Versammlung hoffte er auf den weiten Keller oder das Vorratsgewölbe im Hause der Witwe Chazal.

Wie erwartet, fand er in Lamastre herzliche Aufnahme. Da er überzeugt war, hier nichts befürchten zu müssen, ging er ohne besondere Vorsicht im Dorf umher.

Dabei wurde er aber erkannt und ein Mädchen, Anne Rochebilière, meldete dem Abbé von Macheville, Jacques Dumas, daß sich bei der Peyrone zwei Männer und ein Knabe aufhielten und daß einer dieser Männer ein protestantischer Pfarrer sei.

Dumas benachrichtigte in aller Eile, wie ihm befohlen war, den Herrn von Urbilhac, und dieser machte sich unverzüglich auf den Weg nach Macheville, um die Angelegenheit mit dem Abbé zu besprechen.

Unterdessen bereitete sich Pfarrer Morel, völlig sorglos, darauf vor, mit dem Notar Broué aus Lamastre, einem eifrigen Protestanten, zum Nachtessen zur Witwe Chazal zu gehen. Eben war der Apotheker Chuzel gekommen, um den Pfarrer noch zu rasieren, da beabsichtigt war, nach dem Nachtessen die in Aussicht genommene Versammlung durchzuführen.

Der Abbé Dumas und Herr von Urbilhac kamen überein, daß jetzt der günstige Augenblick gekommen sei, um zuzuschlagen.

Sie boten eine Anzahl Männer auf, auf deren Ergebenheit sie zählen konnten, und begaben sich mit ihnen nach Lamastre, wo sie heimlich und ohne Argwohn zu erregen, das Haus der Peyrone umstellten. Als jeder auf seinem

Posten stand, klopfte Herr von Urbilhac kräftig an die Haustür.

Die Peyrone streckte den Kopf zum Fenster heraus, um zu sehen, was los sei.

Als sie die Männer gewahrte, öffnete sie die Tür, um Herrn von Urbilhac und den Abbé Dumas, die sie erkannte, eintreten zu lassen.

Im gleichen Augenblick ertönte hinter dem Haus wildes Geschrei. Die dort aufgestellten Wachtposten hatten eben bemerkt, daß der Pfarrer versuchte, sich an einer Stelle des Daches einen Durchschlupf zu verschaffen.

«Herbei, he, he, kommt zu Hilfe, sonst entwischt er uns!»

Auf diesen Alarmruf hin machte Herr von Urbilhac rechtsumkehrt und rannte in den Garten, um unter allen Umständen eine Flucht des Pfarrers zu verhindern. «He, Sagnard, steigen Sie auf das Dach hinauf und halten Sie ihn fest, und Ihr andern, haltet Eure Waffen bereit!»

Jemand im Haus schrie auf, vermutlich diePeyrone. «Sie packen ihn, gütiger Gott, sie packen ihn, sie nehmen den Pfarrer gefangen!»

Als Urbilhac in das Haus zurückgeeilt und über die Treppe hinaufgestürmt war, sah er, wie etwa ein halbes Dutzend Männer um den Pfarrer herum standen und auf ihn einschrien. Sie waren eben dazu gekommen, als er, auf einem Stoß Reisigwellen kniend, versucht hatte, mit einem Stück Holz das Dach an einer Stelle zu heben.

Urbilhac befahl dem Pfarrer, hinunterzugehen.

Unten an der Treppe ließ er ihn anhalten.

Morel-Duvernet wandte sich um und fragte ihn, auf wessen Befehl hin er verfolgt und angehalten werde.

«Schweigen Sie! Man wird Ihnen den Befehl zu gegebener Zeit vorweisen.»

Die Männer lachten und waren stolz auf den ihnen gelungenen Fang. Sie verhöhnten den Pfarrer, spuckten ihm ins Gesicht und drehten ihm die Perücke auf dem Kopf herum, so daß er nichts mehr sah.

«Nicht lange, und man wird Ihnen nicht nur die Haare, sondern gleich den Kopf umdrehen», spottete einer und versetzte ihm einen Backenstreich.

Inzwischen hatten andere auf dem Tisch der Kammer, die Morel bewohnt hatte, ein paar Bücher, einen Koffer und einen Reisesack entdeckt, der mit Büchern vollgestopft war.

Alles durchwühlten sie, wobei unter dem Strohsack des Bettes zahlreiche Papiere zum Vorschein kamen, die man dort versteckt hatte.

Sie bemächtigten sich ihrer, wie sie auch das Jagdmesser an sich nahmen, das sie in einer Truhe gefunden hatten. In einer Schublade des Schrankes entdeckten sie weitere Bücher, von denen die Peyrone allerdings behauptete, daß sie ihr gehörten.

Darauf kehrten die Häscher noch einmal in die Dachkammer zurück, in der sie den Fluchtversuch des Pfarrers vereitelt hatten. Möglicherweise hatte er hier noch etwas versteckt. Sie hoben die Reisigbündel auf und brachen in brüllendes Gelächter aus, als sie plötzlich vor sich einen Burschen kauern sahen, der sie aus erschreckten Augen anstarrte.

«Sieh einer zu, das Zeug vermehrt sich wie die Mäuse!»

Sie rissen den Knaben an den Haaren in die Höhe.

«Wer bist du, wie heißest du?»

«Matthieu Morel.»

«Matthieu Morel! Habt ihr gehört? Und wo kommst du her?»

«Ich gehöre zur Begleitung des Pfarrers. Er ist mein Onkel.»

«Darauf kannst du dir allerhand einbilden», höhnte einer der Männer.

«Junge Brut», meinte ein anderer, «man würde diesem Bürschlein, das bestimmt noch die Hosen näßt und es doch schon so faustdick hinter den Ohren hat, am besten die Hosen herunterziehen und ihm den Hintern einsalzen.»

«Nun, was meint ihr? Sollen wir damit gleich beginnen?»

«Tun Sie nur immer, was Ihnen Ihre Religion zu tun gebietet!» antwortete Matthieu mit herausforderndem Spott, wofür er gleich einen mit dem Handrücken geführten, derben Schlag ins Gesicht erhielt.

Hoch aufgerichtet stand der Junge da und maß seinen Widersacher aus flammenden Augen. Und wenn ihm auch das Blut aus der Nase sickerte und vom Kinn tropfte, so war doch in ihm die unnahbare Größe und Schönheit eines das Recht verteidigenden Engels.

«Vorwärts!» stieß ihn einer der Männer an, «man erwartet uns unten.»

Dem jungen Chazal und dem Apotheker Cluzel war es geglückt, die bei der Suche nach dem Pfarrer entstandene Aufregung auszunützen und sich unbemerkt durch ein Fenster in Sicherheit zu bringen. Dabei hatten sie auch den Studenten Marc Coste mitgenommen, der einen Nervenschock erlitten und zusammengebrochen war.

Die Nachricht von den Ereignissen im Hause der Peyrone hatte sich unter den Gläubigen mit Windeseile verbreitet.

Louis Chazal riß sein Gewehr von der Wand, stürmte hinaus, schoß in die Luft und gab damit das vereinbarte Alarmzeichen. Kurze Zeit nachher konnte man von den Höhen von Lamastre und Macheville herunter mehrere Schüsse hören, womit den Gläubigen angezeigt wurde, daß der Pfarrer verhaftet worden war und demzufolge die Versammlung, zu der man eingeladen hatte, nicht stattfinden konnte.

Morel-Duvernet, sein Neffe Matthieu und die Peyrone, eine Frau von fünfundvierzig Jahren, wurden in die Wohnung des Abbé abgeführt und dort während der ganzen Nacht einzeln bewacht.

Abbé Dumas versuchte es mehrmals, Morel-Duvernet zum Sprechen zu bringen. Dieser ließ die an ihn gerichteten Fragen vorerst unbeantwortet, schließlich aber erklärte er, daß er durch die Gnade Gottes Pfarrer geworden und ins Vivarais geschickt worden sei, um hier die Funktionen eines Pfarrers auszuüben.

«Sie hätten aber wissen müssen, daß alle diese Versammlungen nur auf Revolution und Aufstand hinzielten», warf der Abbé mit drohend erhobenem Zeigefinger ein.

Darauf schüttelte Morel-Duvernet nur mitleidig lächelnd den Kopf.

Am nächsten Tag, es war ein Sonntag, erschienen gegen dreißig Bewohner, um zuzusehen, wie Pfarrer Morel-Duvernet auf Befehl Urbilhacs mit Stricken gebunden wurde. Er sollte nach Tournon vor den Militärkommandanten geführt werden.

Während man ihn band, ergriff Ducros, seines Zeichens Schenkwirt und Polizist von Lamastre, das andere Ende des Strickes und knüpfte es sich um den Arm. «Auf diese Weise werde ich ihn leicht anhalten können, wenn es ihm einfallen sollte, auszubrechen!»

Es wurden Pferde gebracht und sowohl der Pfarrer als auch der junge Matthieu und Frau Peyron angewiesen, aufzusteigen.

Dann setzte sich der Zug der Bewohner von Lamastre und ihrer Gefangenen, mit Urbilhac an der Spitze, in Bewegung.

Aber es zeigte sich bald, daß das Pferd der Peyrone lahmte und zurückgeschickt werden mußte.

Da die meisten der Leute wie auch die Gefangenen noch

nichts gegessen hatten, wurde beschlossen, in Crestet einen Halt einzuschalten. Bei dieser Gelegenheit hoffte man, das Pferd der Peyrone auswechseln zu können.

Da aber der Wirt von Crestet kein Pferd abgeben konnte, erhielt Frau Peyron das Pferd des Pfarrers, und dieser mußte den Weg zu Fuß fortsetzen.

Vielleicht war es möglich, für ihn in der Schenke von Les Croix ein Pferd aufzutreiben.

Während man in Crestet gegessen hatte, hatte Pfarrer Morel den neben ihm sitzenden Bauern Simon Montusclat gebeten, ihm sein Messer zu leihen, da er nichts habe, um sein Brot zu schneiden. Montusclat hatte gezögert, war dann aber vom Polizisten Ducros, der das Ende von Morels Strick um seinen Arm gebunden hatte, aufgefordert worden, dem Wunsche des Pfarrers nur zu entsprechen. Nachdem der Pfarrer das Messer gebraucht hatte, hatte er es aber nicht zurückgegeben, sondern es, unbemerkt von den andern, in die Tasche gleiten lassen.

Während dann in der Schenke von Les Croix Urbilhac mit dem Wirt im Stalle war, um wegen des Pferdes zu verhandeln, verlangte der Polizist Ducros, Wein zu trinken.

Da ihm das abgeschlagen wurde, begann er zu grollen. «Wie, kein Wein?» Er machte Miene, den Strick, durch den er mit dem Pfarrer verbunden war, von seinem Arm zu lösen. «Wenn ihr mir keinen Wein zu trinken geben wollt, dann könnt ihr den Pfarrer selber bewachen.»

Morel-Duvernet wußte, daß jetzt für ihn der Augenblick gekommen war. Wenn er versuchen wollte, zu entkommen, dann durfte er nicht zögern.

Rasch langte er Montusclats Messer aus der Tasche, durchhieb den Strick, sprang auf, versetzte Ducros mit beiden Fäusten einen Stoß, daß er rückwärts taumelte, und rannte querfeldein davon. Einige der Leute, die seine Überwachung übernommen hatten, riefen ihn an, stehenzubleiben, doch der Pfarrer gehorchte nicht und setzte seine Flucht fort.

Drei Schüsse peitschten in die Stille, Morel-Duvernet taumelte, warf die Arme hoch und stürzte zu Boden.

Er war am Kopf, in den Schultern und in die Nieren getroffen worden, und dieser letzte Schuß hatte ihn getötet.

Urbilhac ließ den Leichnam des Pfarrers auf einem Pferd festschnüren und ihn nach Tournon zum dortigen Kommandanten, Herrn Delicieux, bringen, dem gleichzeitig verschiedene protestantische Bücher, ein mehrere Bücher und Papiere enthaltender Koffer und eine Anzahl von Briefen zu übergeben waren, die man in der Tasche des Pfarrers gefunden hatte.

Schweigend folgten die übrigen Gefangenen und die Bewohner von Lamastre dem Trauerzug.

In Tournon wurden die Leiche des Pfarrers, Frau Peyron und deren Hündchen, das der Herrin in großer Treue von Lamastre bis nach Tournon nachgefolgt war, in dasselbe Schmutzloch geworfen. Den jungen Matthieu Morel sperrte man in eine andere dreckige Zelle.

Anderntags holten die beiden Gefängnisknechte Berde und Cornioley den Leichnam ab, den sie aber nicht wie üblich nur irgendwo außerhalb der Stadtmauer verscharrten, sondern auf Weisung des Statthalters am Ufer der Rhone, zu Füßen eines dort stehenden hölzernen Kreuzes begruben.

«Und hier hast du noch ein Kopfkissen!» lachte Cornioley brüllend, packte das Hündchen der Peyrone, das ihnen nachgerannt und nun winselnd um das Erdloch herumgestrichen war, und warf es lebend in die Grube. «Das Bellen wird dir bald vergehen, du armseliger Köter!» gröhlte er, griff nach der Schaufel und begann, das Grab aufzufüllen.

«Du bist ein Schweinehund, Jean Cornioley!» entsetzte

sich der andere. «Dafür wirst du einst in die Hölle abfahren müssen!»

«Daß ich nicht lache! Ich bin aufgeklärt und glaube weder an Gott noch an den Teufel.»

«Dann bist du eben ein aufgeklärter Schweinehund.»

«Was regst du dich auf wie eine alte Jungfer? Nun ist der Herr Ketzerpfarrer doch nicht mehr allein und hat gute Unterhaltung.» Damit spuckte er auf den frischen Erdhügel. «So haben wir zwei Hunde auf einmal verscharrt!»

«In deiner Haut möcht' ich nicht stecken.»

«Ganz recht», rülpste Cornioley, «für dich wär' auch gar kein Platz darin, du, mit deinem Wanst!»

«Lieber noch was dran als so wie du, der du nur aus Haut, Knochen und Galle bestehst.»

«Und sonst, hast du nichts vergessen?»

«Vergessen? Doch, natürlich, deine Gemeinheit!»

Lange hielt sich unter den Protestanten das Gerücht, der erschossene Pfarrer sei Fauriel, genannt Lassagne, gewesen.

Mit einer Grausamkeit, die jedem menschlichen Fühlen Hohn sprach, wurden die gerichtlichen Verhandlungen gegen die übrigen Gefangenen geführt. Sie hatten dafür zu büßen, daß durch ein Mißgeschick der Pfarrer auf der Flucht erschossen worden war, und nun nicht nach Gesetz und Recht und als abschreckendes Beispiel zum Tode verurteilt und gehängt werden konnte.

Dieser Vorfall hatte an höchster Stelle in Versailles Mißfallen erregt, und das Grollen des Unmutes hatte sogar der Generalstatthalter in Montpellier, Louis-Basile De Bernage, zu hören bekommen, der daraufhin seinen Unterbevollmächtigten Robert Dumolard anwies, mit jeder nur erdenklichen Strenge gegen die Gefangenen vorzugehen und auf solche Weise zu versuchen, noch irgend etwas aus dem Prozeß herauszuholen, was geeignet sein konnte, die Protestanten mit Furcht und lähmendem Entsetzen zu erfüllen.

Dumolard nahm denn auch gleich die Peyrone und den kleinen Morel vor.

Matthieu verhielt sich wunderbar. Er zeigte sich von einer Größe und Unerschrockenheit, die selbst die Folterknechte beeindruckte.

Zuerst hatte er auf die ihm gestellten Fragen überhaupt nicht oder doch nur mit einem überlegenen Lächeln geantwortet. In dieser jungen Seele mußte das Feuer einer ganz ungewöhnlichen Begeisterung brennen.

Um ihn dann zum Sprechen zu bringen, wurde er an seinen langen Haaren an die Zimmerdecke hinaufgehängt, worauf ihn zwei Soldaten im Kreise herumwirbeln mußten.

Diese Prozedur wiederholten sie in kurzen Abständen.

Aber auch andern, noch weit schrecklicheren Martern wurde er unterzogen. Man riß ihm die Kleider vom Leib und peitschte seinen schmalen Leib blutig. Sein Kopf wurde völlig zerschunden, so daß er nicht mehr zu erkennen war.

Die ihm zugefügten Qualen trübten vorübergehend seine Sinne, so daß er alles zugab, was von ihm verlangt wurde, doch nur, um nachher alles zu widerrufen.

Auch Frau Peyron wurde gefoltert.

Nach Abschluß der ersten Einvernahmen wurden die Peyrone, der junge Morel und der Polizist Ducros, der den Pfarrer Morel-Duvernet durch Unvorsichtigkeit hatte entspringen lassen, von Tournon nach Beauregard übergeführt und einzeln in scheußliche Schmutzlöcher gesperrt.

Nur wenige Tage später wurden sechs weitere Protestanten in die Gefängnisse des Schlosses von Beauregard verbracht, weil ihnen irgendwelche Beziehungen zum erschossenen Pfarrer nachzuweisen waren.

Da war einmal die Witwe Chazal aus Lamastre, in deren Haus Morel seine Versammlung hatte abhalten wollen, ferner Notar Broué, Paul Dunière aus La Roche, ein vierundachtzigjähriger Greis, dessen Sohn Pierre und die Tochter Marguerite, und endlich Jean Morel, Bruder des erschossenen Pfarrers und Onkel des jungen Matthieu. Sowohl die Dunière als auch Jean Morel waren auf Grund von Briefen verhaftet worden, die man auf dem Erschossenen gefunden hatte. Von diesen neu eingebrachten Gefangenen wurde Jean Morel mit besonderer Grausamkeit behandelt. Man warf ihn in ein nicht einmal meterhohes Loch, das zudem sehr eng war und von Ungeziefer wimmelte. Die Hitze, die Fäulnis und der Gestank der Exkremente ließen das Loch zu einem wahren Höllenpfuhl werden. Es ist kaum auszudenken, was der Ärmste hier auszustehen hatte. Zudem sperrte man noch einen Raubmörder zu ihm hinein, der bereits verurteilt war, bei lebendigem Leib auf das Rad geflochten zu werden.

Der junge Matthieu Morel blieb acht Tage in seinem Schmutzloch eingesperrt, dann wurde er herausgeholt und zur Einvernahme vor Dumolard geführt.

Unerschrocken sah der Knabe zu seinem Peiniger auf. «Sie haben geglaubt, mich in die Finsternis eingeschlossen zu haben; aber um mich her leuchtete die Klarheit des Herrn.»

Die Verhandlungen gestalteten sich schwierig, nicht zuletzt deshalb, weil in Versailles Saint-Florentin, der nun Minister der Angelegenheiten der reformierten Religion geworden war, den Fortgang mit Interesse verfolgte. Dieser Fall gehörte nicht zu jenen, die von den Herren Kommandanten oder Statthaltern nach Gutdünken und oft unter Mißachtung jeder Form abgeurteilt werden durften. «Es geht darum», schrieb Saint-Florentin, «gegen das Andenken eines Pfarrers oder Predigers vorzugehen, und es ist deshalb unerläßlich, durch ein nach allen vorgeschriebenen Regeln gefälltes Urteil festzustellen, daß er eines großen Verbrechens schuldig war. Sollte man sich aber dieses Ausweges nicht bedienen wollen, dann müßte gegen diejenigen vorgegangen werden, die ihn getötet haben.»

Aber etwas später traf in Montpellier ein Beschluß des Staatsrates vom 10. Juli 1740 ein, wonach dem Herrn Generalintendanten De Bernage alle Vollmacht gegeben war, in dieser Angelegenheit unabhängig und in letzter Instanz zu urteilen.

Gewitter über dem Vivarais

Man wird sich an Jean-Pierre Espinas aus der Gegend von St-Félix-de-Châteauneuf erinnern, an den eifrigen, protestantischen Jüngling, der den Geistlichen Helferdienste leistete und davon träumte, auch einmal wie der so sehr von ihm verehrte Pierre Durand als ein Pfarrer in der Wüste wirken zu dürfen, und der dann in Schmerz und jugendlichem Ungestüm, wenig klug, aber doch in großer Treue, dem gefangengenommenen Meister über Nîmes nach Montpellier gefolgt war, in der Hoffnung, so, wie einst der Engel Raphael des jungen Tobias Reise überwacht, Pierre Durand auch irgendwie und irgendwann beistehen oder doch wenigstens in den Gerichtsverhandlungen zu seinen Gunsten eingreifen zu können. Alle diese schönen Absichten verrieten, wie weltfremd Jean-Pierre im Grunde genommen war.

In Montpellier war er ja dann vom katholischen Priester von St-Félix, dem Abbé Jean des Boscs, erkannt und angezeigt worden, worauf man ihn wie Pierre Durand in der Zitadelle von Montpellier eingekerkert hatte.

Aber auch nach der Hinrichtung Durands wurde der junge Mann in einer Art Vergessenheit in seinem Gefängnis belassen. Es lag gegen ihn keine bestimmte Anklage vor, die es ermöglicht hätte, ihn in ein Gerichtsverfahren hineinzuziehen und in der Folge zu verurteilen.

Espinas, der langsam ungeduldig wurde und lieber ins Vivarais zurückgekehrt wäre, als noch weiterhin das schmutzige Loch, in dem er steckte, mit Ratten und Ungeziefer zu teilen, wandte sich schließlich in einer Bittschrift an den Minister, und unverständlicherweise erklärte sich Abbé Des Boscs bereit, die Bittschrift in empfehlendem Sinne nach Versailles weiterzuleiten, was dort allerdings mit Staunen zur Kenntnis genommen wurde und dem zwielichtigen Geistlichen einen strengen Verweis eintrug: «Was für ein Vertrauen verdient wohl noch ein Geistlicher, der sich auf solche Weise widerspricht und sich in aller Öffentlichkeit für einen Mann einsetzt, den er heimlicherweise angezeigt hat?»

Zusammen mit diesem Verweis schickte der Minister die Bittschrift Espinas' an den Statthalter De Bernage mit der Bemerkung: «Ich überlasse es Ihnen, die Angelegenheit nach Ihrem Gutdünken zu erledigen.»

Und De Bernage, den Protestanten wenig günstig gesinnt, beschloß, den jungen Mann noch eine Zeitlang eingesperrt zu lassen, um damit den vom wahren Glauben Abgefallenen ein heilsames Beispiel zu geben.

So blieb denn Espinas noch während zehn Monaten im Kerker. Es gelang ihm dann aber am 6. Januar 1733, aus seinem Gefängnis zu entweichen, nachdem er fünf Stunden lang daran gearbeitet hatte, eine Gitterstange aus dem Gemäuer zu brechen.

Er entwich zuerst nach der Schweiz, aber als er annehnehmen durfte, daß die Gemüter sich seinethalben beruhigt hätten, kehrte er auf das elterliche Gut ins Vivarais zurück, wo er dem Vater, der eine Mühle und eine Ölpresse betrieb, in der Arbeit half.

Am 26. Oktober 1736 verheiratete er sich in der Wüste

– seine Frau sagte später «auf dem Lande» – mit Anne Lapra, der Tochter Isaac Lapras, eines Bruders von Pfarrer Jean Lapra, der in der Nacht von Pierre Durands Verhaftung eine Versammlung in Vernat geleitet hatte, zu der, wie erinnerlich, auch der junge Espinas und dessen Mutter erschienen waren.

Der Ehebund zwischen Jean-Pierre Espinas und Anne Lapra wurde von Pierre Durands Nachfolger im Vivarais, dem Pfarrer Jean-Gabriel Fauriel, genannt Lassagne, eingesegnet.

Die jungen Eheleute richteten sich in Les Bonnets, dem väterlichen Gut Espinas' in der Nähe von St-Félix-de-Châteauneuf, ein. Schon wenige Monate später brachte Anne zu ihrem und ihres Gatten Entzücken ein Mädchen, Elisabeth, zur Welt.

Nach wie vor arbeitete Jean-Pierre eifrig in der Kirche mit, obwohl er längst wußte, daß Abbé Des Boscs, der ihn in Montpellier ins Gefängnis gebracht hatte, ihn ständig und mit Eifer überwachte, da ihm natürlich bekannt war, daß Espinas weiterhin der Freund der Wüstenpfarrer war und ihm unter diesen besonders Lassagne, Pierre Durands Nachfolger, nahestand.

Des Boscs war von dem Gedanken besessen, daß nach Durand nun auch noch der berühmte Lassagne unschädlich gemacht werden müsse. Erst wenn er auch diesen noch an den Galgen gebracht hatte, durfte er hoffen, daß die ketzerische Pest, die in Châteauneuf mehr und mehr um sich griff, endlich wieder zurückgehen werde. Und schließlich lockte ihn dabei auch noch die in Aussicht stehende Belohnung. Nachdem es ihm nach mancherlei Umtrieben und Widerwärtigkeiten vor allem mit dem dummen Schwätzer Brun gelungen war, sich wenigstens einen Teil des aus dem Verrat von Pierre Durand herrührenden Blutgeldes zu sichern, wollte er auch noch in den Besitz der

Prämie gelangen, die für die Ergreifung Lassagnes ausgeschrieben war.

Zu Hause hatte Espinas mehr und mehr die Nutzung der Mühle und der Ölpresse übernommen, da der Vater, alt und gebrechlich geworden, nicht mehr mochte und froh war, alles in die Hände seines Sohnes legen zu können.

«Der junge Espinas gehört zu denen», meldete Abbé Des Boscs dem Unterdelegierten Dumolard, «die man unter den Protestanten ‚die Ältesten' nennt, er warnt die Versammlungen, sobald Truppen im Anzug sind.»

Und Dumolard, der sich daraufhin zu einem Augenschein in die Gegend begab, stellte fest, daß Espinas' Haus Les Bonnets in einem mit Bäumen überwachsenen Grund gelegen war und sich so zum Abhalten von heimlichen Versammlungen ausgezeichnet eignete.

Lassagne hatte sich ungefähr ein Jahr nach Espinas, am 11. November 1737, mit Paule Escoulens verheiratet, und zwar hatte ihn sein Kollege Morel-Duvernet getraut.

Da die Ehepaare Lassagne und Espinas freundschaftlich miteinander verbunden waren, nahm Lassagne mit Freude die Gelegenheit wahr, mit seiner Frau in Les Bonnets einzukehren, als er im August 1739 in der Gegend zu tun hatte.

Er hatte ihre Ankunft zum voraus gemeldet, und um die Freunde würdig empfangen zu können, hatte Espinas' Frau, Anne Lapra, bei einigen guten Bekannten verschiedene Gegenstände ausgeliehen, unter anderem einen kleinen Spiegel.

Nachdem Lassagne in der Nacht vom 4. auf den 5. August eine Versammlung geleitet und in deren Verlauf eine Ehe eingesegnet hatte, begab er sich mit seiner Frau am Mittwoch früh, noch vor Anbruch des Tages, auf das Gut des Freundes.

Sie wußten, daß Espinas bespitzelt wurde und daß niemand von ihrer Ankunft in Les Bonnets erfahren durfte.

Selbst Espinas' alter Vater wußte nicht, daß der erwartete Gast ein Wüstenpfarrer war. Jean-Pierre hatte ihm lediglich gesagt, daß einer seiner ehemaligen Schulkameraden und dessen Frau sie besuchen würden.

Die frühen Gäste wurden ins Haus eingelassen und in einem für sie hergerichteten Zimmer untergebracht, wo sie sich sogleich zur wohlverdienten Ruhe niederlegten.

Im Hause ging alles seinen gewohnten Gang, der alte Vater setzte die Mühle und die Presse in Betrieb und fertigte einige Kunden ab, während Anne den Hausgeschäften nachging und sich der junge Espinas zur Erledigung eines Handels nach Vernoux begab. Glücklicherweise, wie sich später herausstellen sollte, hatte Anne ein paar Tage zuvor die kleine Elisabeth zu ihren Eltern gebracht.

Wie üblich, so hütete auch an diesem Tage die kleine Catin Bouchon, eine Waise aus Boffres, die von den jungen Leuten aus Mitleid ins Haus aufgenommen worden war, auf der Weide das Vieh. Am Abend, als sie die Kühe heimtrieb, bemerkte sie, wie nach der Hitze des Tages der Himmel sich überzogen, wie schwere, blauschwarze Wolken zu wahren Gebirgen sich aufgetürmt hatten.

«Es wird ein Gewitter geben», meldete sie in der Küche der jungen Frau.

Aber noch lag bleierne Schwere in der Luft und kein Blättlein bewegte sich.

Als die Nacht hereinbrach, wurden in Les Bonnets die Türen und die Fensterläden geschlossen, dann setzten sich die beiden Ehepaare zum Nachtessen an den Tisch.

Sie freuten sich ihres Beisammenseins und bedauerten nur, daß sie sich in wenigen Stunden schon wieder trennen mußten. Nach dem Essen beschäftigten sie sich mit kirchlichen Angelegenheiten, sie sprachen von den Bußen, die wieder einmal verschärft worden waren, und von der nächsten Synode.

Dann sprach Lassagne noch ein langes Gebet.

Als er und seine Frau sich nachher bereitmachten, um zu gehen, erschütterte ein mächtiger Donnerschlag das Haus. Und dann brach das Gewitter los. In allen Richtungen flammten die Blitze auf, Schlag folgte auf Schlag, und nun prasselte auch der Regen hernieder. Der Sturm heulte, peitschte in Wellen die Schauer gegen das Haus, und unter seiner Wucht stöhnte das Geäst der alten Bäume.

Wieder ein Krachen, das das Haus in seinen Grundmauern erbeben ließ.

«Gott sei uns gnädig», stammelte Anne Lapra und schmiegte sich, Schutz suchend, in die Arme ihres Gatten. «Ich muß nachsehen, ob noch alles in Ordnung ist.»

Die andern schlossen sich ihr an. Im Treppenhaus stießen sie auf die kleine Catin, die sich in ihrer Kammer gefürchtet hatte und nun bei jedem Blitzstrahl aufheulend die Fäuste gegen die Ohren preßte.

Soviel festzustellen war, hatte das Wetter bisher noch kein Unheil angerichtet. Als man endlich wähnte, es habe sich verzogen, brach es noch einmal und mit unverminderter Heftigkeit los.

«Das ist ein Zeichen, daß ihr bleiben sollt», erklärte Anne ihren Gästen. «Bei solchem Wetter lassen wir euch nicht gehen.»

Es brauchte keiner besonderen Überredungskünste, um Lassagne und dessen Frau zu überzeugen, daß es töricht gewesen wäre, unter diesen Umständen das schützende Dach zu verlassen. Schon innert kürzester Zeit wären sie durch und durch naß gewesen. Also kehrten sie in die Stube zurück, und da nun doch das Gewitter nachließ und nur der Regen immer noch mächtig niederrauschte, nahmen sie in einem nochmaligen Beisammensein das unterbrochene Gespräch wieder auf.

«Wie herrlich duftet die nasse Erde», sagte Paule zu

ihrem Gatten, als sie sich in ihre Kammer zurückgezogen hatten.

Lassagne trat zu ihr ans offene Fenster, legte den Arm um sie und atmete mit ihr in tiefen Zügen den Erdgeruch ein. «Ja», sagte er nachdenklich, «in scheinbar flammendem Zorn hat Gott die Erde gesegnet.»

Am Donnerstagmorgen erstrahlte die Welt nach dem nächtlichen Gewitter in neuem Glanz.

Der Himmel war von seidiger Bläue, in der die goldenen Wolkenstreifen untergingen, Gras und Kräuter, von der Schwere der Regentropfen noch niedergebeugt, glitzerten im Licht.

Das alles und die Rinnsale, die das Wasser im Hof in die Erde gegraben hatte, betrachtete die kleine Catin mit aufmerksamem Blick, als sie mit dem Stock in der Hand hinter ihren Kühen her gegen die Weide trottete.

Außerhalb des Hofes, wo sie von den Bewohnern von Les Bonnets nicht mehr gesehen werden konnte, stieß sie auf Frau Hairaud, eine Bäuerin aus der Nachbarschaft, die sich wie zufällig hier aufhielt.

Sie war eine von Abbé Des Boscs Kreaturen, die sich für Zuträgerdienste hatte gewinnen lassen und der die Beaufsichtigung des eifrigen Protestanten Espinas besonders ans Herz gelegt war.

«Nun, meine Kleine, hat dich das Wetter auch nicht schlafen lassen diese Nacht?»

«Es war schrecklich. Und so bin ich aus der Kammer auf die Treppe hinausgegangen, wo sie mich dann getröstet haben.»

«Versteht sich, versteht sich. Wer hat dich denn getröstet?»

«Nun, Herr Espinas und der andere Herr, der mit seiner Frau zu Besuch da ist.»

«Ein Herr und eine Dame? Wer ist es denn?»

«Das kann ich nicht sagen, ich kannte sie nicht, ich habe sie noch nie gesehen.»

«Und seit wann sind sie da, meine kleine Catin?»

«Seit gestern. Als ich mit den Kühen von der Weide kam, waren sie schon da. Die Frau hat ihnen die schönste Kammer überlassen und einen großen Strauß Blumen hineingestellt. Ich habe es selber gesehen.»

«Was du nicht sagst! Vornehmer Besuch also? Und wie lange bleiben die Herrschaften wohl noch?»

«Sie wollten noch gestern abend fort, aber dann hat sie das Gewitter zurückgehalten. Nun werden sie erst heute abend gehen.»

«Und du hast nicht gehört, wer es ist, wie sie genannt wurden? Besinn dich gut, Catin, besinn dich gut!»

«Wie das Fräulein heißt, das weiß ich nicht. Aber der Mann wurde Herr Lassagne genannt.»

«Herr Las – o du gutes Kind, da verschwatze ich meine Zeit und sollte doch schon längst zu Hause sein. Du brauchst es niemandem zu sagen, daß ich mit dir schwatzt habe. Verstehst du, Catin, auch der Frau nicht.»

Und kichernd entfernte sie sich.

Kopfschüttelnd sah Catin Bouchon ihr nach, wie sie durch die Felder eilte. Sie mußte es wirklich eilig haben.

Kaum war die Hairaud zu Hause, als sie ihren Mann aus dem Stall in die Küche scheuchte. «Sofort machst du dich bereit und gehst zu Hochwürden, um ihm zu sagen, wenn er sich beeile, könne er in Les Bonnets einen guten Fang machen. Kein anderer als Pfarrer Lassagne hält sich bei den Espinas verborgen.»

«Der Ketzerpfarrer Lassagne? Was du nicht sagst!»

«Aber nur bis am Abend. Sobald es dunkel ist, will er weiter. Und nun geh und laß dich durch keinen aufhalten, bis du bei Hochwürden gewesen bist. Der wird Augen machen!»

Und tatsächlich konnte es Abbé Des Boscs kaum fassen, was ihm Hairaud da meldete. «Lassagne, sagst du? Hast du auch richtig gehört?»

«Oh, meine Frau spricht laut genug, Hochwürden!»

Des Boscs rieb sich die Hände. «Das ist nun allerdings eine gute Nachricht, eine sehr gute Nachricht sogar. Vorwärts, Hairaud, setz dich hin, darauf müssen wir anstoßen!»

Und er hieß die Haushälterin einen Krug Wein heraufholen.

An diesem 6. August verrichtete der Abbé von St-Félix nicht viel. Er war zu aufgeregt zu irgendwelcher Arbeit und hielt es fast nicht aus, bis es endlich Abend war.

Gegen sieben Uhr brach er auf und ging auf kürzestem Weg nach Vernoux, wo er den Hauptmann Dagout aufsuchte, der hier mit den beiden von ihm kommandierten Kompagnien des Dauphin-Regimentes im Quartier lag.

«Nun, was sagen Sie dazu?» fragte er triumphierend, nachdem er Bericht erstattet hatte.

«Tatsächlich interessant», bestätigte der Offizier, «da müssen wir zugreifen. Wir warten die Nacht ab. Es sollten unauffällig alle Wege überwacht werden, die nach Les Bonnets führen, damit er nicht entwischen kann, ehe wir zupacken.»

«O Herr Hauptmann, das lassen Sie meine Sache sein. Ich weiß, wie ich meine vierzig Mann auf die Beine bringen kann, ohne daß es auffällt. Ich habe in solchen Dingen eine gewisse Erfahrung», kicherte er widerlich.

Er eilte nach St-Félix zurück und ließ durch einen Burschen, den er ins Vertrauen gezogen hatte, sein Pferd in einen nahe bei Vernoux gelegenen Eichenwald führen.

Dann rannte er ins Dorf, wo er, wie in großer Aufregung die Hände verwerfend, vorgab, sein Pferd verloren zu haben, man möge ihm bei der Suche doch behilflich sein.

Auf diese Weise stellten sich ihm innert kurzer Zeit etwa vierzig Männer und Burschen zur Verfügung, die er nach einer kurzen Erklärung anwies, sich nicht um das verborgene Pferd zu kümmern, sondern unverzüglich die Wege nach Les Bonnets zu überwachen und ihm sofort Meldung zu erstatten, wenn Lassagne, was zwar so früh nicht anzunehmen sei, durchkommen sollte.

Gegen neun Uhr, als es dunkel geworden war und die Sterne aufflammten, zog ein Leutnant mit einem Detachement von zwanzig Mann in Begleitung Abbé Des Boscs gegen das Gut der Espinas. Kurz bevor sie dort anlangten, wurden die Soldaten in zwei Gruppen geteilt.

Ein Sergeant, zehn Soldaten und der Abbé verteilten sich als Wachen rund um das Haus, während der Leutnant und die übrigen zehn Mann auf das Portal des Gutshauses zumarschierten.

Für das Abendessen hatte Anne Lapra den Tisch festlich hergerichtet. Jean-Pierre hatte während des Tages La Blache und Suzanne Bravais aufgesucht, die jungen Leute, deren Ehe Lassagne am Tage zuvor eingesegnet hatte. Er hatte sie eingeladen, am Abend nach Les Bonnets herüberzukommen und mitzuhelfen, die Anwesenheit des Pfarrers zu feiern. Bei dieser Gelegenheit könne La Blache dann gleich von Lassagne die Ehebescheinigung in Empfang nehmen. La Blache sagte freudig zu und fand sich rechtzeitig mit seiner Frau auf dem Gute ein.

Man verschloß die Türen, man verschloß die Fenster, und dann setzte sich die kleine fröhliche Gesellschaft an den mit dem besten Geschirr, mit Silberbesteck, Blumen und Kerzen geschmückten Tisch.

Während des Essens – Anne Lapra hatte den ganzen Tag in der Küche gestanden, um zu Ehren ihrer Gäste ein besonders köstliches Mahl zuzubereiten, hob Espinas plötzlich aufhorchend den Kopf. Sofort verstummte das Lachen.

«Da stimmt etwas nicht», meinte er, und im gleichen Augenblick schlugen die Soldaten mit den Gewehrkolben gegen die Haustüre und begehrten Einlaß.

«Wir sind verraten worden! Vorwärts, flüchten wir uns durch eine der Hintertüren. So werden wir, während sie hier das Haus durchsuchen, Zeit haben, uns in der Mühle zu verbergen.»

Schreckensbleich und zitternd vor Angst entflohen Paule und Suzanne, und ernst und ohne Zeit zu verlieren, folgten ihnen La Blache, Lassagne und Jean-Pierre Espinas auf dem Fuße.

Unterdessen räumte Anne Lapra in aller Hast das Geschirr zusammen, und als nun unten im Haus die Tür krachend den dröhnenden Schlägen nachgab und der Leutnant und seine zehn Soldaten ins Haus stürmten, fanden sie zu ihrer Überraschung in der Stube nur den alten David Espinas und dessen Schwiegertochter Anne Lapra.

«Wo sind die andern?» herrschte der Offizier den alten Espinas an. Der schlotterte vor Aufregung an allen Gliedern und war unfähig, zu antworten.

«Vorwärts, wo stecken sie?»

«Ich weiß nicht, wen ihr sucht», antwortete Anne an seiner Stelle und bemühte sich vergeblich, ruhig zu bleiben. Ihre Stimme zitterte. «Ihr seht es doch, wir beide, der Vater und ich, sind allein.»

Unterdessen waren auch Abbé Des Boscs und die übrigen Soldaten ins Haus eingedrungen.

«Laßt euch nichts vormachen!» schrie Des Boscs mit sich überschlagender Stimme. «Sie halten sich irgendwo versteckt. Vorwärts, sucht sie, wir müssen sie haben, lebendig oder tot. Vorwärts, im Namen des Königs!»

Die Gefangenen im Turm der Constance waren nach wie vor so knapp gehalten, daß sie auf die Unterstützung durch ihre in der Freiheit lebenden Glaubensbrüder und Glaubensschwestern angewiesen waren, wenn sie nicht Not leiden sollten.

Die Kirchen waren sich dessen und der ihnen daraus erwachsenden Verpflichtung durchaus bewußt. So hatten sie schon im Jahr 1727 beschlossen, den Brüdern, die auf den Galeeren in Marseille gefangen waren, zwölf Pfund und den Schwestern in den Gefängnissen von Aigues-Mortes elf Pfund zuzuwenden. Elf Pfund, nach heutigem Geldwert etwa zweihundertzwanzig Franken, auf zwanzig bis dreißig Frauen verteilt, war in der Tat nicht viel.

Doch durch die immer rücksichtsloser verhängten, unbarmherzig eingetriebenen Bußen verarmte die protestantische Bevölkerung immer mehr. Das galt vorab für die Bewohner des an sich schon armen Vivarais.

Dazu kam eine gewisse überhandnehmende Gleichgültigkeit, da ja jeder jeden Tag mit seinen eigenen Angelegenheiten voll zu tun hatte.

1738 ließ dann ein Wohltäter von Aimargues durch zwei Frauen den Gefangenen im Turm achtzehn Pfund in Silber überbringen. Das hochherzige Geschenk wurde im Namen aller von Marie Durand verdankt, die das Geld unter alle Insassen des Gefängnisses gleichmäßig verteilt hatte: «Wir haben die Ehre, Herr, Ihre Wohltat sehr ergeben zu verdanken, und bitten den Vater im Himmel, daß er es Ihnen schon in dieser Welt, vor allem aber einst im Paradies vergelten möge.»

Gegen Ende des Jahres erhielt der Delegierte der protestantischen Kirchen, Du Plan, der sich damals in London aufhielt, von einem Bewohner der Stadt Alès einen Brief mit der Bitte, sich doch für seine Mitbürgerin, die im Turm der Constance gefangengehaltene Anne Soleyrol, zu verwenden.

Auf Grund der ihm in diesem Brief gemachten Angaben verfaßte dann Du Plan einen Appell an die Glaubensgenossen, sich doch um Christi Barmherzigkeit willen der in Gefangenschaft schmachtenden Brüder und Schwestern in vermehrtem Maße als bisher anzunehmen.

«Seien wir uns doch bewußt, daß der Turm der Constance ein Gefängnis ist für solche, die man ohne Aufhebens beseitigen will. Früher war Aigues-Mortes eine Hafenstadt, aber seitdem sich das Meer zurückgezogen hat*, liegt sie völlig einsam und weist weder Fabriken noch Handel auf. Die ganze Umgebung besteht aus Sümpfen. So ist das Land dort völlig unfruchtbar. Selbst das Wasser muß aus meilenweiter Entfernung herbeigeholt werden. Die Luft ist ungesund und bewirkt so mancherlei Krankheiten, daß die meisten Bewohner Trauer tragen. Und wenn schon die Stadt arm und ungesund ist, so ist es das Gefängnis noch viel mehr, wo nur durch ein paar schmale Maueröffnungen etwas Luft zu den Gefangenen dringt. Das dicke Gemäuer umschließt sie wie ein weites Grab, in dem Finsternis und Kälte während beinahe des ganzen Jahres herrschen. Deshalb sind die Gefangenen auch häufig krank, und da ihnen kaum Hilfe zuteil wird, sterben viele von ihnen. Trotz dieses Elends», fuhr Du Plan fort, «hat es unter den Opfern solche, die diese Qual schon seit zehn, fünfzehn oder gar zwanzig Jahren aushalten, sei es dank ihrer kräftigen Körperbeschaffenheit, oder aber weil Gott sie erhalten wollte als lebende Zeugnisse der Tugend und der Standhaftigkeit. Unter den Galeeren-

* Hier irrte Du Plan, denn Aigues-Mortes lag nie direkt am Meer. Auch zur Zeit, da es gegründet wurde, stellte ein Kanal die Verbindung seines Hafens mit dem Mittelmeer dar.

sträflingen und Gefangenen gibt es solche jeden Alters zwischen zwanzig und achtzig Jahren, wie zum Beispiel der Vater von Pierre Durand, der, ein treues Werkzeug, das Martyrium schon seit neun Jahren erduldet. Alle diese Tatsachen, die durch verschiedene Briefe und Zeugnisse glaubwürdiger Brüder bestätigt sind, sind zweifellos dazu angetan, die Herzen frommer und mitleidiger Menschen zu ergreifen und sie zu veranlassen, von dem, womit Gott sie gesegnet hat, etwas abzugeben zur Unterstützung ihrer Brüder und Schwestern in Christus. Wenn wir diesen Glaubenszeugen helfen und ihnen beistehen in ihren Leiden, werden sie, erfüllt von wahrer und lebhafter Dankbarkeit, ihre feurigen Wünsche für ihre mildherzigen Wohltäter zu Gott emporsenden.»

Es geschah zweifellos unter dem Eindruck dieses Aufrufs, daß einige Freunde der notleidenden französischen Kirchen in Genf eine größere Sendung an die Gefangenen im Turm der Constance abgehen ließen.

Es folgten zu Beginn des Jahres 1740 weitere Spenden mit verschiedenen Waren und Lebensmitteln, die im Namen aller Gefangenen wiederum durch Marie Durand verdankt wurden, die nun wirklich die Führerin und Betreuerin der Gefangenengemeinde geworden war. Unter den Papieren Antoine Courts fand sich folgende Quittung: «Verzeichnis dessen, was unterm 19. Februar 1740 in den Turm der Constance gesandt wurde: 155 Ellen Tuch in Stücken zu je 5 Ellen, 400 Pfund gesalzener Speck in 32 Stücken, 220 Pfund levantinischer Reis, 100 Pfund weiße Seife, 320 Pfund Olivenöl in 16 Gefäßen, 16 Pfund Pfeffer in 32 Paketen, 2 Pfund Bindfaden, 31 Paar Holzschuhe. Wir erklären und bekennen, alles oben Aufgeführte erhalten und unter den im genannten Turm der Constance festgehaltenen 31 Gefangenen verteilt zu haben. Dies zur Entlastung der Spender, gegeben zu Aigues-Mortes, den 23.

Februar 1740.» Es folgen auf dem Dokument die Unterschriften der Gefangenen. Unter ihre eigene Unterschrift schrieb Marie Durand die Namen derjenigen Frauen, die selber des Schreibens nicht kundig waren: «Für diejenigen, die selber nicht unterschreiben können: Gabiade de Pasquier, Gaussalante de Crose, Mauranne, Vidale de Durand, die Witwe von Rouvier (konnte Isabeau Sautel infolge ihrer Krankheit nicht mehr selber unterschreiben?), Savanière, Lardaitte, Marselle, Coulonne, Contesse, Suson Vernette, Ennette Goutette, Bourette, Frisole, Marie Paironne, Fräulein Rigoulet, Fialaisse, Vassase*.»

Du Plan, der Verfasser des Aufrufes, wandte sich mit persönlichen Briefen an Anne Soleyrol und eine andere Gefangene aus Alès, um sie von seinem Appell in Kenntnis zu setzen.

Sie antwortete ihm unterm 27. März 1740, und es ist anzunehmen, daß es wiederum Marie Durand war, die den Brief für sie abfaßte: «Herr, wir haben die Ehre gehabt, Ihrer Güte teilhaftig zu werden, und sind lebhaft angerührt von den frommen Ermahnungen, die Sie uns zukommen ließen. Sie sind für uns ein Geschenk des Himmels. Daran, daß uns Gott so gütige Menschen wie Sie schickt, erkennen wir, daß er uns nicht verläßt, obwohl unsere wütenden Feinde in uns den Auswurf und Abfall der Menschheit sehen wollen. Wir hoffen, daß wir durch Ihre mildtätigen Bemühungen und Ihre inbrünstige Fürbitte für uns mit Gottes Hilfe in unserem Leiden Erleichterung erfahren werden. Andere Leute, die ebenso fromm sind wie Sie, werden nicht zögern, Ihrem Beispiel zu folgen. Wie uns die Herren von Alès mitteilten, lag es in Ihrer Absicht, uns einige Hilfe zukommen zu lassen, die uns indessen bis heute noch nicht zuteil geworden ist. Wir sind gegenwärtig

* Die Schreibweise der Namen ändert oft von Quelle zu Quelle.

31 Gefangene, die meisten sind Witwen oder Waisen, so daß Sie uns unbedingt zubilligen werden, bedürftig zu sein. Wir empfehlen uns Ihrer frommen Fürbitte und flehen Sie an, uns den Kirchen in Erinnerung zu bringen. Unsererseits bitten wir den Höchsten, er möge Sie mit seiner kostbarsten Gnade überschütten und Sie mit allen geistigen und irdischen Segnungen auszeichnen. Solcherart sind die Wünsche derjenigen, die die Ehre haben, sich mit tiefem Respekt und vollkommener Hochachtung Ihre sehr ergebenen Mägde nennen zu dürfen.»

Wohl aus der damals im Turme herrschenden Not heraus schrieb Marie Durand dann am 11. Mai in ihrem und im Namen ihrer acht Leidensgenossinnen aus dem Vivarais an Fräulein Peschaire, eine treue und opferbereite Protestantin in Vallon: «Obwohl ich nicht die Ehre habe, Sie anders als durch Ihren guten Ruf zu kennen, erlaube ich mir, Ihnen zu schreiben, um Sie meiner Ehrfurcht zu versichern und Ihnen eine vorzügliche Gesundheit und reichen Segen zu wünschen. Der gegenwärtige Geber sagte mir, Sie hätten ihn beauftragt, sich bei uns nach etwaigen Wünschen zu erkundigen. Wir sind Ihnen sehr dankbar für diese Aufmerksamkeit, da wir, so weit von unsern Leuten entfernt, der Hilfe unserer Brüder wirklich bedürfen. Wir sind unser neun aus dem Vivarais, die an diesem traurigen Ort gefangengehalten werden. Aber in den zehn Jahren, die ich schon hier bin, ist uns aus dem Vivarais noch nie irgend etwas geschickt worden. Die andern Gegenden verhalten sich ganz anders, indem sie wirklich für die Bedürfnisse ihrer Gefangenen und, soweit ihnen das möglich ist, auch noch für uns besorgt sind. Unter diesen Umständen wundere ich mich nicht darüber, daß Gott die Gläubigen des Vivarais in solcher Weise züchtigt. Sie sind dem göttlichen Meister ungehorsam, der doch befiehlt, sich der Gefangenen zu erbarmen. Dieses Gebot mißachten sie völlig.

Sie bekennen sich nicht zur Liebe, die doch der wahre Grund unserer Religion ist. Daß diese göttliche Tugend in so vielen erkaltet ist, weist wohl deutlich genug darauf hin, daß die Endzeit nahe gekommen ist. Obwohl sie sich ständig mit ihren Lippen zum Evangelium bekennen, werden viele Christen verurteilt werden, weil sie Jesus Christus in den gefangenen Brüdern nicht besuchten. So ermahne ich Sie denn um der Barmherzigkeit Gottes willen, in ihnen den Eifer der Liebe den armen Leidenden gegenüber neu zu entfachen. Da nach der Verheißung des Herrn Jesus sogar ein Glas kalten Wassers vergolten wird, das einem seiner Kinder gereicht wird, wie viel mehr wird er denen vergelten, die seine unter der Fahne des Kreuzes kämpfenden Auserwählten erquicken. Ihre Wohltaten werden zu Gottes Thron emporsteigen, wie es bei Cornelius geschah, und es werden, nach dem Wort des Apostels, reichlich ernten, die reichlich gesät haben. Die Gefangenen aus dem Languedoc werfen uns vor, daß aus unserer Gegend noch nie etwas gekommen sei und sie uns so von dem mitteilen müßten, was sie eigentlich für sich erhalten. Wenn Sie, Fräulein Peschaire, nun die Güte haben wollten, uns etwas zu schicken, dann wären wir Ihnen zu großem Danke verpflichtet. Senden Sie Ihre Gaben an die Frau von Rouvier, die Schwiegermutter meines hingerichteten Bruders, die mit mir hier gefangen ist, oder an mich. Sie versichert Sie übrigens ihrer Hochachtung, wie das auch die Gattinnen von Daniel Durand und Jean Degoutet tun. Sie können diesen Brief den Gläubigen zeigen, die ihr Teil an das gute Werk beitragen wollen. Beweisen Sie uns Ihre Liebe durch Ihre Mildtätigkeit! Ich schließe, indem ich den Allerhöchsten bitte, er möge Sie hienieden mit allen Gaben überschütten und Sie im Himmel einst mit seinem Ruhm auszeichnen.»

Diese von den Behörden gewollte Not der Gefangenen

bedeutete für viele von ihnen eine Anfechtung, denn nicht alle besaßen den starken Glauben ihrer Führerin Marie Durand oder deren Freundin Isabeau Menet, die in einem Brief an ihre Schwester unter dem 23. Dezember 1739 geschrieben hatte: «Wir müssen unserem göttlichen Führer Jesus Christus nachfolgen, der als erster gelitten hat, er, der Gerechte für die Ungerechten, um uns zum Triumph der Seligkeit im Paradies zu verhelfen. Gott erweise uns die Gnade, ihm zu folgen, wohin immer er uns rufen mag, denn es geschieht zu seiner Ehre und zu unserem Heil. Ich schätze mich glücklich, daß mich der Herr dazu berufen hat, Schmach zu leiden um seines Namens willen. Er will es so. So gebe mir denn Gott die Gnade, auszuharren bis ans Ende meines irdischen Lebens, denn ich weiß, daß Jesus uns dort mit offenen Armen erwarten wird.»

Nein, einen solchen Glauben besaßen nicht alle. Wie hätten sie sich da aus der zermürbenden Eintönigkeit der Tage und aus der Not, die sie auch körperlich litten, nicht heraussehnen sollen, wer würde nicht verstehen, daß sie nach Freiheit seufzten?

Alle Bemühungen, die Regierungen anderer Länder zu veranlassen, sich für die Befreiung der Gefangenen einzusetzen, hatten keinen Erfolg gehabt, und die immer wieder aufflackernde Hoffnung auf eine Wende der Dinge zu ihren Gunsten erwies sich als trügerisch. War es da verwunderlich, wenn einige von ihnen mit dem Gedanken zu spielen begannen, ihre Freiheit durch das Abschwören des protestantischen Glaubens zurückzuerlangen? Dabei brauchte das Herz gar nicht beteiligt zu sein, es genügte ja, den Schwur mit den Lippen zu leisten.

Es gab auch immer wieder Zeiten, da die Gefangenen gehalten waren, die Messe mit anzuhören, die vom Abbé von Aigues-Mortes in dem kleinen Gelaß vor ihrem Gefängnis gelesen wurde. Es wurde einfach die Türe geöffnet und damit der Saal mit dem «Betzimmer Ludwigs des Heiligen» verbunden, in dem an den Sonntagen die Kerzen auf dem Altar brannten und das Weihrauchfaß geschwungen wurde.

Diesen schleichenden Feind der inneren Zermürbung und des endlichen Schwachwerdens spürte Marie Durand wohl.

Sie kämpfte dagegen an mit dem ganzen Einsatz ihres Glaubens und ihrer Persönlichkeit.

«Durch unsere Sünden, liebe Schwestern, ziehen wir uns alle die Übel zu, die uns bedrücken. Beten wir alle von ganzem Herzen zum Herrn, daß er unsere Qualen und Leiden abkürzen möge. Vor allem aber widerstehet der Versuchung, die sich in eure Herzen hineinfressen will, euch irrezumachen und zu Fall zu bringen. Widerstehet, liebe Schwestern in Christo, widerstehet!»

Und damit verkündete Marie Durand ihren Genossinnen nichts anderes, als was schon Calvin mit seiner Perseverantia-Verheißung von den Gläubigen gefordert hatte, das Ausharren als die «Brüder und Mitgenossen an der Trübsal, am Reich und an der Geduld Jesu Christi».

Ein Verkünder dieser Calvin'schen Lehre war ja auch der hugenottische Gelehrte Peter Du Moulin gewesen, der nach dem Fall der protestantischen Festung La Rochelle 1628 erklärt hatte: «Nichts gibt es in der christlichen Religion, das mehr zur Tröstung der Gewissen geeignet ist, kein Dogma, dessen Reinheit mit größerer Sorgfalt zu bewahren ist, als die Lehre von der Gewißheit der ‚Persévérance'.»

Aus dieser Persévérance Calvins aber ist das Résister der Hugenotten geworden.

«Vorwärts, vorwärts, im Namen des Königs!» schrie Abbé Des Boscs, und seine Stimme überschlug sich vor Aufregung.

Allen voran stürmte er durch das Haus und durchstöberte alle Räume vom Keller bis unter das Dach.

Aber es schien tatsächlich, als seien Anne Lapra und ihr alter Schwiegervater allein im Hause.

«Wenn sie nicht hier sind, dann sind sie eben drüben in der Mühle!» feuerte der streitbare Geistliche die Soldaten zu weiterem Suchen an. «Da sie Les Bonnets ja nicht verlassen haben, müssen sie hier sein. Vorwärts, sucht, und wir werden sie finden! Ha, seht ihr das Reisegepäck da! Die, die wir suchen, können nicht weit sein!»

Des Boscs und die Soldaten stolperten in der Mühle herum.

«Hier diese Falltür! Öffnet sie!»

Einer der Soldaten stemmte sich dagegen.

Sie gab sofort nach und ließ sich ohne weiteres öffnen.

Sie standen im schmalen Gang, der zum Mühlrad führte.

Und da, wahrhaftig, erkannten sie in der Dunkelheit drei Gestalten, die sich gegen die Mauer preßten.

«Da sind sie ja schon!» triumphierte der Abbé. «Bitte herausspaziert, meine Herrschaften!»

Da die Soldaten dicht gedrängt in der Mühle herumstanden, wäre jeder Fluchtversuch sinnlos gewesen.

Als erster trat Jean-Pierre Espinas aus dem Gang. Ihm folgten Paule Escoulens, die Frau von Lassagne, dem Pfarrer, und Suzanne Bravais, die seit zwei Tagen mit La Blache aus Piberets verheiratet war, beide Frauen schluchzend und mit beiden Händen die Augen verdeckend.

«Aber Lassagne selbst ist nicht da», stellte Des Boscs fest und stampfte vor Zorn. «Hoffentlich ist er uns nicht doch entwischt. Vorwärts, Herr Espinas, wo hat sich der Pfarrer versteckt?»

«Das sollten Sie wissen, Sie sind doch weitherum der beste Spürhund.»

«Antworten Sie!» drohte ihm Des Boscs.

«Ich weiß es nicht. Er war, wie Sie selber festgestellt haben, nicht mit uns.»

«Tod und Teufel!» Und damit stürmte der Abbé zur Mühle hinaus und drang in den kleinen Anbau, wo sich die Ölpresse und ein offener Kamin befanden.

Einige der Soldaten folgten ihm auf dem Fuß.

Von Lassagne war keine Spur zu entdecken. Das kleine Fenster war verschlossen, jeder Winkel leer.

Des Boscs, außer sich bei dem Gedanken, sie könnten am Ende doch um die kostbare Beute gebracht sein, kroch in die Feuerstelle und versuchte, in den Kamin emporzuspähen.

Da rieselten ihm Mörtel und Ruß ins Gesicht.

«Ah, hier ist er, hier oben steckt er, was sich da bewegt, muß Lassagne sein.»

Des Boscs kroch heraus, strich sich mit der Hand über das Gesicht und konnte nicht wissen, wie lächerlich er mit seinem rußverschmierten Gesicht aussah.

Doch Lassagne hatte keineswegs die Absicht, herunterzukommen und sich Des Boscs und den Soldaten einfach auszuliefern, solange er noch die Möglichkeit sah, durch den Kamin auf das Dach zu entkommen und von hier in die Dunkelheit der einsamen, baumbestandenen Umgebung des Gutes zu verschwinden.

Der Abbé begriff natürlich rasch, was Lassagne vorhatte, und stürmte auch schon mit dem Leutnant und den ihnen nachfolgenden Soldaten in die Nacht hinaus.

Sie kamen eben dazu, als Lassagne aus dem Kamin herauskroch.

Einer der Soldaten schwang sich aufs Dach, ergriff den Flüchtling an einem Bein, aber da der Kamin eng und schlecht gemauert war, stürzte er ein und die herunterpolternden Steine trafen nicht nur den Soldaten, sondern auch den Offizier, der zunächst stand. Seiner Verfolger auf diese Weise ledig, kletterte Lassagne über das Dach hinweg, schwang sich in das Geäst eines Maulbeerbaumes hinauf und erreichte von da das höher gelegene Dach der Mühle, über das er ohne Schwierigkeiten entwischen konnte.

Der Leutnant befahl den Soldaten, den Flüchtenden unter Feuer zu nehmen.

Ein paar Schüsse krachten durch die Nacht, Lassagne warf die Arme empor, taumelte und stürzte.

Eine Kugel hatte ihn getroffen und war ihm durch die Brust gedrungen.

Blutüberströmt lag er da und gab schon kein Lebenszeichen mehr. Vorsichtig hoben ihn die Soldaten auf, trugen ihn ins Haus und legten ihn dort auf ein Bett.

Mit Genugtuung stellte Des Boscs fest, daß er sich nicht getäuscht hatte, und daß es wirklich der berühmte Lassagne war, der vor ihm lag.

«Er ist es», nickte er, und der ganz verwirrt neben ihm stehende alte David Espinas bestätigte unaufgefordert in einem fort:

«Gewiß Herr, er ist es selber.»

Inzwischen war Lassagne aus seiner Ohnmacht aufgewacht.

«Geben Sie zu, daß Sie Lassagne sind?» bedrängte ihn der Abbé.

Und Lassagne, aus weit offenen Augen zu ihm aufblickend, gab zu, Lassagne zu sein.

«Zu dumm, daß wir auf ihn schießen mußten», ärgerte sich der Leutnant.

«Machen Sie sich keine Vorwürfe, es gab keine andere Möglichkeit, er wäre uns sonst entwischt», rechtfertigte Des Boscs das Vorgehen. «Damit mußte gerechnet werden.»

«Der Herr Statthalter wird nicht zufrieden sein. Er war sehr ungehalten, als man den anderen Pfaffen, diesen Morel-Duvernet, erschoß.»

«So lassen wir einen Chirurgen kommen, der ihn verbinden kann», schlug Des Boscs vor.

Der Vorschlag leuchtete dem Offizier ein. Er erteilte zwei Soldaten den Befehl, sich unverzüglich nach Vernoux zu begeben, um den Apotheker Jacques Moulin zu holen.

Dieser kam und verband, so gut oder so schlecht er es verstand, Lassagnes Wunde.

Als er damit fertig war und sich aufatmend anschickte, nach Hause zurückzukehren, ordnete der Offizier an, daß die Espinas und alle ihre Gäste gebunden und nach Vernoux abgeführt werden sollten. «Sie können sich ihnen anschließen», sagte er zum Apotheker, «und haben so sicheres Geleite.»

«Noch etwas, Herr Moulin», wandte sich der Abbé an den Apotheker. «Haben Sie doch die Freundlichkeit, den Geistlichen von Vernoux, meinen Kollegen Roustaing, vom Vorgefallenen zu benachrichtigen und ihn zu bitten, möglichst rasch hierher, nach Les Bonnets, zu kommen.»

Der Apotheker versprach es.

Der Sergeant und zehn Soldaten, die Hälfte des Detachements also, hatten den Transport der Gefangenen zu überwachen.

Der Leutnant, Des Boscs und zehn Soldaten blieben mit dem verwundeten Lassagne in Les Bonnets zurück.

Gegen ein Uhr früh war vor dem Hause Lärm zu hören.

Es waren Jacques Ponce, königlicher Notar, Maître Badon, Richter, der Gerichtsschreiber Chabrière und

Abrial, der Substitut des Staatsanwaltes, alle vier aus Vernoux, die zur Aufnahme des Tatbestandes gekommen waren.

Nachdem sie sich von ihrem nächtlichen Gang etwas erholt hatten – vor allem der Richter und der Notar waren solche Märsche nicht gewohnt – stellte ihnen Des Boscs vom Wein auf, der für die Gäste der Espinas bestimmt gewesen.

Nach dieser Stärkung trat Maître Badon an das Lager des Verwundeten, räusperte sich und fragte den Pfarrer nach seinen Personalien.

«Ich heiße Jean-Gabriel Fauriel, genannt Lassagne, bin gebürtig von Sagnes in der Gemeinde Silhac und bin Minister des göttlichen Worts.»

«Nun», schluckte Maître Badon, «wie lange sind Sie das schon?»

«Ich übe mein Amt seit neun Jahren aus.»

«Und wer hat Sie dazu bevollmächtigt?»

«Das Recht, Gottes Wort zu verwalten, ist mir durch eine ausländische Akademie verliehen worden.»

«Und was war sonst noch Ihres Amtes! Ich meine, Sie haben doch nicht nur gepredigt?»

«Nein», schüttelte Lassagne mühsam den Kopf, «natürlich nicht.» Er sah sehr bleich aus, und aus den Lippen war jede Farbe gewichen. «Ich habe auch unterrichtet, ich habe getauft, Ehen eingesegnet, das Abendmahl ausgeteilt und das Wort Gottes verkündet all jenen, die mich darum gebeten haben.»

«Können Sie mir noch weitere Fragen beantworten?»

«Fragen Sie.»

«Seit wann sind Sie hier in Les Bonnets?»

«Ich bin mit meiner Frau am Mittwoch früh ins Haus der Espinas gekommen.»

Auf einen Wink Maître Badons brachte der Gerichtsschreiber Chabrière die Effekten und Bücher herbei, die man auf Lassagne gefunden hatte.

Da sich dieser nicht aufzustützen vermochte, wies ihm Badon jedes Stück einzeln vor und fragte ihn, ob er das alles als sein Eigentum anerkenne.

Lassagne bestätigte es. Auch zu den Büchern bekannte er sich. Es waren ein Auszug aus der Bibel, ein Katechismus und die Psalmen. Unter seinen Papieren fanden sich ferner zwei Verzeichnisse von Gläubigen, die sich durch ihn hatten trauen lassen und die alle der Kirchgemeinde von Desaignes angehörten.

Hier wurde die Einvernahme unterbrochen. Als der neue Tag dämmerte, traf der Geistliche Roustaing ein.

Des Boscs, der sich ein wenig niedergelegt hatte, ging ihm entgegen, unterhielt sich eine Weile eifrig mit ihm, worauf sie das Zimmer betraten, in dem Lassagne auf dem Bette lag.

Der Verwundete schlug die Augen auf und sah den beiden Geistlichen ruhig entgegen.

Durch das offenstehende Fenster drang mit der Morgenkühle aus den Wipfeln der Bäume das helle Zwitschern der Vögel. Ein schwaches Lächeln spielte um Lassagnes blassen Mund.

«Herr Lassagne, wir sind gekommen, weil uns um das Heil Ihrer Seele bange ist. Sie behaupten, zur reformierten Religion zu gehören. Was soll das heißen?»

«Das heißt, daß unsere Religion gereinigt ist von den Irrtümern und Mißbräuchen, mit denen sie durch die Schlechtigkeit der Menschen verunreinigt worden ist.»

«Sind Sie nicht bereit, abzuschwören?»

«Nein, Gott bewahre mich davor!»

«Wir wollen Ihr Bestes. Wenn Sie uns versprechen, zu wechseln, dann werden wir uns dafür einsetzen, daß man Sie freiläßt.»

«Mag mein Leib auch gefangen sein, so ist doch meine Seele frei. Und das ist mehr wert als alle Güter der Welt.»

«Sie sind im Irrtum befangen, in einem verhängnisvollen Irrtum. Sie tappen im Dunkel. Hören Sie auf uns, lassen Sie uns Ihnen das Licht, das Licht des wahren Glaubens bringen.»

Doch Lassagne drehte müde den Kopf zur Seite. «Nein, nein, geben Sie sich keine Mühe, ich brauche Ihr Licht nicht.»

«So fahren Sie in Ihrem Eigensinn zur Hölle!» knurrte Des Boscs, und sein Kollege Roustaing aus Vernoux bekreuzigte sich.

Die beiden Geistlichen verließen das Zimmer.

Wieder hörte Lassagne den Gesang der Vögel.

Ganz ruhig lag er da mit geschlossenen Augen.

Unterdessen hatten zwei der Soldaten eine Tragbahre angefertigt.

Um neun Uhr erschien der Offizier bei Lassagne, erkundigte sich nach dessen Befinden und ließ dann die beiden Soldaten eintreten, die den schwer verwundeten Pfarrer sorgfältig auf die Bahre betteten und dann hinuntertrugen.

So brachten sie ihn nach Vernoux, wo er von Hauptmann Dagout noch einmal ausgefragt wurde.

Am folgenden Tag, am 8. August, wurden Lassagne und die übrigen Gefangenen unter Bewachung durch ein Detachement von 33 Mann und vier Sergeanten, denen zur Betreuung des Verwundeten der Apotheker Moulin mitgegeben wurde, nach Tournon übergeführt.

Auf halbem Wege begegnete ihnen ein anderes Detachement, das von Tournon her kam und ihnen vom Militärkommandanten La Devèze entgegengeschickt worden war.

Die traurigen Ereignisse, die sich in Les Bonnets zugetragen hatten, waren in Tournon schon vor vierundzwanzig Stunden bekannt geworden, und so wartete eine Schar von Männern und Frauen vor dem Stadttor auf die Ankunft der Gefangenen, unter denen sich der so beliebt gewesene Pfarrer Lassagne befand.

Unter den Wartenden war auch La Devèze selbst, der sich als erster dem Zuge näherte, auf die Bahre zutrat, das über den Verwundeten gebreitete Leintuch zurückschlug und sagte: «Da sind Sie ja, mein armer Lassagne. Es tut mir leid, Sie in diesem Zustand sehen zu müssen. Sie brauchen sich vor mir nicht zu fürchten, denn ich bin keineswegs so schrecklich, wie Ihre Leute sagen.»

Und in der Tat verhielt sich La Devèze auch den übrigen Gefangenen gegenüber äußerst freundlich. Er ließ sie in das Schloß führen und wies ihnen dort einen gemeinsamen Raum an, nachdem sie gebeten hatten, sie nicht vom Verwundeten zu trennen, den La Devèze, um ihm mehr Ruhe zu verschaffen, in ein besonderes Zimmer hatte legen wollen.

So hatte nun Paule Escoulens die Möglichkeit, sich selber ihres geliebten Gatten anzunehmen und ihm durch kleine Hilfeleistungen ein wenig Liebe zu erweisen.

Sofort nach Eintreffen der Gefangenen war der Chirurg Pierre Delorme zum Verwundeten gerufen worden.

Nachdem er den Pfarrer sorgfältig untersucht hatte, erklärte er, daß die Kugel die Brust durch und durch durchbohrt habe, was ihn zuerst annehmen ließ, die Wunde sei tödlich.

Unter Mithilfe des Apothekers Moulin ging er dann daran, den Verwundeten neu zu verbinden und mit Heilmitteln zu behandeln.

Kurze Zeit später meldete sich der Unterbevollmächtigte des Statthalters, Dumolard, im Gefängnis des Schlosses, um Lassagne einem Verhör zu unterziehen.

«Ich bin Jean-Gabriel Fauriel, genannt Lassagne», erklärte dieser, «bin dreiunddreißig Jahre alt, Minister des göttlichen Wortes, gehöre als solcher der protestantischen Religion an und habe keinen ständigen Wohnort.»

«Aus welchem Grund und an welchem Ort wurden Sie verhaftet?»

«Weshalb ich verhaftet wurde, ist mir unbekannt», antwortete Lassagne. «Die Verhaftung erfolgte auf dem Gut Les Bonnets in der Kirchgemeinde von St-Félix, im Hause des Gehilfen Espinas.»

«Und was hat Sie veranlaßt, das Haus des besagten Espinas aufzusuchen?»

«Ich bin mit meiner Frau hingegangen, um ein Papier zu holen, das Espinas bei sich verwahrte.»

«Hatten Sie nicht die Absicht, in seinem Hause eine religiöse Versammlung abzuhalten?»

«Nein. In jenem Hause haben meines Wissens nie Versammlungen stattgefunden.»

«Warum haben Sie bei der Ankunft der Soldaten versucht, durch den Kamin zu entfliehen?»

«Weil ich nicht in die Hände der Soldaten fallen wollte.»

«Wie lange waren Sie Pfarrer?»

«Neun Jahre.»

«Und in dieser ganzen Zeit haben Sie getauft, gepredigt und das Abendmahl ausgeteilt?»

«Ich habe das eine und das andere getan, wann immer sich mir Gelegenheit dazu geboten hat.»

«Haben Sie viele Ehen eingesegnet?»

«Ja, sehr viele.»

«Und in welchen Gegenden des Vivarais haben Sie die Funktionen eines Pfarrers und Predigers ausgeübt?»

«Überall dort, wo ich Gläubige gefunden habe», antwortete Lassagne, trotz seiner Schwäche mit erhobener Stimme.

«Und endlich möchte ich noch wissen, ob Sie einen gewissen Matthieu Morel, genannt Duvernet, gekannt haben.»

«Gewiß, den habe ich gekannt.»

Das Sprechen hatte den Verwundeten dermaßen angegriffen, daß er nun völlig erschöpft in seinen Kissen lag. Sein Antlitz war totenblaß, und der Schweiß stand ihm in großen Tropfen auf der Stirn.

Sein Atem flatterte.

Dumolard machte ein bedenkliches Gesicht, dann zuckte er die Schultern: «Meine Herren, heute richten wir da nicht mehr viel aus. Es bleibt uns nichts anderes übrig, als hier das Verhör zu unterbrechen und es morgen wieder aufzunehmen.»

Am nächsten Tag beeilte sich dann Dumolard, den Statthalter De Bernage von dem ihm geglückten Fang in Kenntnis zu setzen. Er teilte ihm mit, daß er den Pfarrer selber verhört, daß dieser aber unter starker Beklemmung gelitten und vor Fieber geglüht habe. Trotz dieser Schwierigkeiten sei es möglich gewesen, von ihm ein vollkommenes Geständnis zu erlangen, und er, Dumolard, könne nur immer wieder sagen, was für ein Glück es gewesen sei, dieses Pfarrers endlich habhaft zu werden. Leider aber habe sich während des Verhörs der Zustand des Verwundeten zusehends verschlimmert, so daß der Abbruch der Einvernahme unumgänglich geworden sei. Nur mit größter Mühe sei es noch gelungen, ihn das Protokoll unterzeichnen zu lassen. «Ich hatte gehofft, ihm heute noch einige weitere Fragen vorlegen zu können, aber als ich ihn am Vormittag besuchte, traf ich ihn in einem so schlechten Zustand an, daß es unmöglich war, von ihm klare Auskünfte zu erhalten.»

Es war ganz ungewöhnlich, in welcher Weise sich sowohl Dumolard als auch der Militärkommandant La Devèze um den verwundeten Pfarrer bemühten. La Devèze ordnete die beste Pflege an und wachte persönlich darüber, daß Lassagne mehrmals täglich Fleischbrühe gebracht wurde, weil er hoffte, damit dem vom großen Blutverlust so sehr Geschwächten zu neuen Kräften zu verhelfen. Er bestand darauf, daß auch Lassagnes Frau, die ihrem Gatten die hingebungsvollste Pflegerin war, regelmäßig ihre Bouillon bekam. Er liebte es, sich mit den beiden ganz unbeschwert zu unterhalten, wobei er spaßeshalber Lassagne als ‚mein König' und Lassagnes Frau als ‚meine Königin' anzusprechen pflegte.

Er, vor dessen Strenge Tausende zitterten, und dessen Unerbittlichkeit ein Meer von Tränen verschuldet hatte! Was war in ihn gefahren, was bezweckte er mit seinem schier unverständlichen Verhalten?

Dumolard konnte nur staunen über die Freundlichkeit, die La Devèze plötzlich entwickelte und deren er ihn gar nicht für fähig gehalten hätte, und da ihn dieses Spiel eines witzigen Charmeurs mächtig beeindruckte, wollte er nicht zurückstehen und übernahm die vom Kommandanten aufgebrachten, etwas sonderbaren Anreden.

«Nun, mein König», beugte sich La Devèze händereibend über das blasse Gesicht des Verwundeten, «bedürfen Sie nicht irgendeines Trostes? Aber ach, was frage ich, mir scheint, es könnten andere bei Ihnen Trost holen.»

Fraglos bewiesen sowohl La Devèze als auch Dumolard durch ihre dem Kranken immer wieder erwiesenen Aufmerksamkeiten, daß ihr Amt, das sie zwang, mit äußerster Strenge gegen die Protestanten vorzugehen, ihre Herzen noch nicht völlig verhärtet hatte, daß sie immer noch Menschen und menschlicher Rührung fähig waren.

Aber ganz zweifellos steckte Berechnung hinter ihrem Verhalten, ihre Sorge um den verwundeten Lassagne war keineswegs selbstlos. Wie wäre eine solche Wendung, die ja dem, was für die beiden nach wie vor Gebot war, völlig zuwiderlief, auch möglich gewesen!

Sowohl der Statthalter als auch der Gerichtshof und die hohe Geistlichkeit hatten dem Militärkommandanten gegenüber mit einer sehr unangenehmen Deutlichkeit ihrem Mißfallen darüber Ausdruck gegeben, daß der protestantische Pfarrer Matthieu Morel Duvernet auf dem Wege nach Tournon von seinen Verfolgern kurzerhand zusammengeschossen worden war. Denn diese Voreiligkeit oder doch Unvorsichtigkeit hatte die Durchführung eines ordentlichen Prozesses und eine daran anschließende Verurteilung in aller Form unmöglich gemacht.

Nun sollte unter allen Umständen und um jeden Preis vermieden werden, daß sich das im Fall Lassagne wiederholte.

Das wird denn auch durch ein Schreiben bestätigt, das La Devèze am 9. August an den Statthalter De Bernage richtete: «Der genannte Fauriel-Lassagne, Pfarrer, der, nachdem Durand gehängt worden war, zum einflußreichsten Pfarrer dieses Landes wurde, und den ich, wie man weiß, seit langem suchen ließ, ist endlich verhaftet worden. Dieser Mann, von einer so hübschen und gewinnenden Erscheinung, der sich mit so viel Anmut auszudrücken versteht, stand seit dem Tode Durands bei allen Protestanten in sehr hohem Ansehen, selbst in der Dauphiné und in den Cevennen, wohin er häufig Reisen unternahm. Ich zweifle nicht daran, daß er in diesen beiden Ländern nicht minder betrauert wird, als das hier der Fall ist. Sein Abenteuer hat uns deutlich vor Augen geführt, wie empfindlich die Protestanten durch seine Gefangennahme getroffen worden sind. Ich sorge dafür, daß er nicht aus den Augen gelassen, sondern gepflegt und durch einen unserer besten Chirurgen behandelt wird, der den Fall nicht mehr als hoffnungslos beurteilt.»

Und De Bernage antwortete ihm: «Es ist wirklich zu hoffen, daß er nicht an seiner Verwundung stirbt.»

Aber trotz aller Pflege, die man ihm angedeihen ließ, verschlimmerte sich Lassagnes Zustand, und am Freitag, den 14. August, gegen drei Uhr Nachmittags, nachdem er noch seine geliebte Gattin dem Militärkommandanten anbefohlen hatte, verschied er. Er wurde nicht, wie das sonst üblich war, nur verscharrt, sondern, wie kurze Zeit zuvor sein erschossener Amtsbruder Morel-Duvernet, am Ufer der Rhone bestattet.

Wie einem Bericht von Lassagnes jüngerem Bruder, Jean-Pierre, zu entnehmen ist, ließ Paule Escoulens für ihren geliebten Gatten, mit dem sie nicht einmal zwei Jahre verheiratet gewesen war, einen Sarg anfertigen, kleidete den Verstorbenen in ein weißes Hemd, und La Devèze brachte als persönliche Gabe ein Leichentuch aus feiner Leinwand, um den Toten einzuhüllen.

«Ich kann nicht an seinen Tod denken, ohne von tiefstem Schmerz ergriffen zu werden», schrieb Ladreyt, Lassagnes jüngerer Bruder, seinem Freunde Peirot. «Wenn ich auch überzeugt bin, daß mein geliebter Bruder das selige Glück der Unsterblichkeit erlangt hat, daß er in die Reihen der Märtyrer eingegangen und in seinem Herrn gestorben ist, um nun auszuruhen von allen seinen Werken, so stürzen mich doch die Verbundenheit des Blutes und die grausame Art, in der er seine Tage beschließen mußte, immer wieder, sobald ich an ihn denke, in die tiefste Kümmernis.»

Die Nachricht von Lassagnes Tod versetzte alle, die ihn gekannt und damit auch geliebt hatten, in schmerzliche Trauer, weil die Lücke, die durch sein jähes Ausscheiden gerissen worden, nicht mehr zu schließen war.

Selbst an höchster Stelle in Versailles erregte die Todesnachricht einige Gemüter.

Allerdings in etwas anderer Weise als unter Lassagnes Glaubensbrüdern.

«Eben habe ich vernommen, daß er an seiner Wunde gestorben ist», schrieb der Minister Saint-Florentin dem Generalstatthalter De Bernage nach Montpellier. «Das ist insofern sehr ärgerlich, als es nun nicht möglich sein wird, eines der so sehr erwünschten Exempel zu statuieren.»

Die Gefangenen von Beauregard

Nach dem Tode Jean-Gabriel Fauriels, genannt Lassagne, wurden die übrigen Personen, die beim Überfall auf Les Bonnets verhaftet worden waren, gegen Ende August 1739 nach dem Schloß von Beauregard verbracht, um hier wie die Gefangenen aus Lamastre, die sich ebenfalls im Schloß befanden, einvernommen zu werden.

Wie schon in Tournon, so wurden sie auch im Schloß Beauregard sehr gut behandelt, ganz im Gegensatz zu den Qualen, die die Opfer von Lamastre in Tournon hatten erdulden müssen.

Vor allen andern wurde wiederum die Frau des verstorbenen Pfarrers, Paule Escoulens, ausgezeichnet, und zwar nicht nur durch den Kommandanten des Schlosses, de la Roue, sondern auch durch die Soldaten und das Personal, das mit den Gefangenen in Berührung kam.

Man erwies ihr jede nur erdenkliche Aufmerksamkeit, wie wenn sie eine in Gefangenschaft geratene Prinzessin gewesen wäre.

Während des Tages konnte sie sich nicht nur im Innern des Schlosses, sondern auch im Park völlig frei bewegen, sie hatte sogar die Erlaubnis, in den Hof des Wirtschaftsgebäudes hinüberzugehen. Nicht erlaubt war ihr einzig das Betreten der Befestigungsanlagen.

Sie bewohnte für sich allein ein Zimmer, das sie auch in der Nacht, wann immer sie wollte, schließen oder öffnen konnte. Es stand ihr ebenfalls frei, eine der übrigen Gefangenen, wer es auch sei, oder eine der Besucherinnen, die sie ungestört empfangen durfte, in ihrem Zimmer nächtigen zu lassen.

Alle, die ins Schloß kamen, um die Gefangenen zu sehen und mit ihnen zu reden, durften so lange bei ihnen bleiben, wie sie das wünschten.

Ganz fraglos genossen nie andere Gefangene, die wegen ihres Glaubens eingesperrt waren, so viel Freiheiten wie die Gefangenen von Beauregard seit der Ankunft von Paule Escoulens und ihren Gefährten.

So war denn eigentlich auch niemand von ihnen niedergeschlagen oder sehr betrübt, da die Behandlung, die ihnen zuteil wurde, sie zuversichtlich in die Zukunft blicken ließ.

Am strengsten gehalten von allen war Jean-Pierre Espinas, der Sohn, weil er, da er dem Pfarrer Obdach gewährt hatte, am stärksten belastet war. Doch fügte er sich ebenso willig wie die andern und war stets ruhig und zufrieden.

Für ihren Unterhalt hatten die Gefangenen selber aufzukommen. Aber es fehlte ihnen auch hierin nichts, da ihnen ihre Freunde und Glaubensgenossen in großer Treue beistanden. Die ihnen erwiesenen Wohltaten waren mehr als ausreichend, um sie nichts entbehren zu lassen.

Trotz der Vergünstigungen, die ihnen eingeräumt waren, blieben sie aber doch Gefangene.

«Wie lange wir hier bleiben, wissen wir nicht. Aber wo wir auch hinkommen werden, nirgends kann die Möglichkeit, zu entfliehen, größer sein als hier», zog Paule Escoulens ihre Freundin Anne Lapra ins Vertrauen.

«Ich habe auch schon daran gedacht, Paule. Aber werden nicht die andern, die zurückbleiben, dafür büßen müssen, wenn uns die Flucht gelingt? Ich denke vorab an Jean-Pierre.»

«Das glaube ich nicht. Wir würden einen Brief an den Kommandanten hinterlassen und ihm darin versichern, daß wir allein die Flucht geplant und vorbereitet hätten und niemand sonst darum gewußt habe. Natürlich wäre es noch herrlicher, wenn Jean-Pierre mit uns entfliehen könnte. Aber das wird nicht möglich sein, da er, er allein, ständig überwacht wird.»

«Es ist so, wie du sagst, Paule», bestätigte Anne traurig.

«Nun stellt sich die Frage: was ist besser, wenn ihr beide gefangen bleibt, oder wenn wenigstens du die Freiheit erlangst? Ich glaube, daß du deinem Mann mit deiner Gefangenschaft nicht viel wirst helfen können.»

«Ja, Paule, natürlich ist es so, wie du sagst. Wenn du es wagen willst, dann werde ich dich begleiten.»

«Ich danke dir, Anne. Ich muß es versuchen, schon wegen des Kindleins, das ich von Jean-Gabriel unter dem Herzen trage. Ich bin im fünften Monat, Ende des Jahres wird es zur Welt kommen. Bis dahin hoffe ich, in der Schweiz zu sein. Herr Court und seine Frau werden fürs erste für uns sorgen.»

«Wie hast du dir alles ausgedacht, Paule?»

«Morgen, am 14. September, gegen Abend, wenn es dunkel wird und die Wache auf ihrem Rundgang durch die Gefängnisse ist. Ich werde dafür sorgen, daß eine der Leitern, die im Wirtschaftshof gebraucht werden, an die Mauer gestellt wird, so daß wir in den Park hinausschleichen und über die Leiter hinunter die Freiheit gewinnen können.»

«Wir wollen Gott bitten, daß er es gelingen läßt.»

«Morgen abend, gegen acht Uhr. Wir werden uns vorher noch sehen.»

Am Nachmittag des 14. Septembers hielt sich Paule Escoulens wie zufällig im Hof des Wirtschaftsgebäudes auf. Dort hingen die Leitern!

Aber es war ausgeschlossen, selber eine von ihnen zur Mauer zu schleppen und dort aufzurichten. Das wäre aufgefallen und als das gedeutet worden, was es war. Vor allem aber hätte ihr die Kraft dazu gefehlt.

Es mußte ihr jemand behilflich sein, sonst war der Plan nicht durchführbar.

Da fiel ihr Blick auf zwei Jungen, die miteinander balgten. Sonst war weit und breit niemand zu sehen. Die andern waren wohl noch alle draußen auf den Feldern.

«Habt ihr auch schon einmal versucht, welcher von euch besser in die Tiefe springen kann?»

«In die Tiefe springen?» Die Jungen schauten die Frau verständnislos an.

«Nun ja, von einem Wagen herunter, oder gar von noch höher.»

«Ob wir das können!»

Und schon kletterten sie auf einen Wagen und traten unverzüglich ihren Mutbeweis an. «Wir könnten noch viel höher!»

«So stellt doch eine der Leitern an die Mauer, dann könnt ihr es jedesmal von einer höheren Sprosse aus versuchen.»

Begeistert machten sich die Jungen daran, die Leiter hinzutragen. Gemeinsam ging das ganz gut.

«Nein, stellt sie dort in jene Ecke ins Gras», wies Paule Escoulens sie an, «dort müßt ihr nicht auf den harten Boden springen.»

Auch das anerkannten die Knaben als richtig. Eine Weile vertrieben sie sich mit ihren Tiefsprüngen die Zeit, dann wurden sie der Sache müde.

«Und wer von euch beiden ist nun wohl der schnellere Läufer? Von hier bis zu jenem Birnbaum hinüber?»

Schon stoben die Jungen davon.

«Recht so», lächelte Paule Escoulens und ging ihnen nach, schwatzte noch ein wenig mit ihnen, lobte ihren Mut und hoffte nichts sehnlicher, als daß die beiden die Leiter längst schon vergessen hätten. Darauf mußte sie es ja nun ankommen lassen.

In ihr Zimmer zurückgekehrt, machte sie sich daran, die Mitteilung niederzuschreiben, die sie und Anne für den Kommandanten zurücklassen wollten. «Damit niemand in falschen Verdacht gerate und ungerechterweise bestraft werde, erklären wir Ihnen feierlich, daß wir den Entschluß, zu versuchen, die Freiheit zu erlangen, selbständig und ohne Wissen und Zustimmung anderer, oder gar mit Unterstützung durch Drittpersonen gefaßt haben. Kein Mensch hat uns dabei wissentlich Hilfe geleistet.»

Das war die Wahrheit, auch in bezug auf die Leiter die volle Wahrheit.

Gegen acht Uhr, als es dunkel zu werden begann, kam Anne Lapra, wie sie es verabredet hatten, in Paule Escoulens Zimmer.

«Bist du immer noch entschlossen?» fragte Paule.

«Ja», nickte Anne, «ich bin bereit. Durch Gottes Güte wurde mir heute noch Gelegenheit, ein paar Worte mit Jean-Pierre zu wechseln.» Sie strich sich mit den Fingerspitzen die Tränen aus den Augen.

«Und?»

«Er ist einverstanden und hofft, daß es uns gelingen möge.»

«Mit Gottes Hilfe! Hier, unterschreibe noch diesen für Herrn de la Roue bestimmten Brief.»

Dann gingen sie.

Arm in Arm, wie zwei Freundinnen, die nichts Arges im Sinne hatten, schlenderten sie durch den Gang und schwenkten, als niemand sie sehen konnte, in den Park hinaus.

Auf dem Wipfel eines Apfelbaumes sang eine Amsel.

Silbern stand die Sichel des Mondes am blaßblauen Himmel.

Paule Escoulens und Anne Lapra traten zur Mauer und spähten über die Brüstung hinunter.

«Gott sei Dank! Die Jungen haben die Leiter wirklich vergessen. Sie steht immer noch da und wird bis morgen da stehen.»

«Es ist nicht sehr hoch», stellte Anne aufatmend fest.

«Nach meiner Schätzung etwa zwölf Fuß. Ich gehe zuerst.»

Die Leiter stand rechts neben dem Brunnen.

Paule Escoulens schwang sich über die Mauerbrüstung und tastete mit den Füßen nach der obersten Sprosse.

Bis sie die beiden Holme zu fassen bekam, war es schwierig. Nachher aber ging es ganz leicht, obwohl die Leiter etwas schwankte. Sobald sie unten angelangt war, tat Anne es ihr nach.

Auch sie kam wohlbehalten unten an.

Hinter den Gebäuden durch entfernten sie sich.

Auch das gelang ihnen, ohne jemandem zu begegnen.

«Kein Mensch hat uns wissentlich Hilfe geleistet», kicherte Anne Lapra.

Die Flucht der beiden Frauen wurde erst anderntags zwischen acht und neun Uhr morgens entdeckt.

Der Kommandant las die für ihn bestimmte Mitteilung, runzelte die Stirn und biß sich auf die Lippen.

«Zum Teufel, die Vögel sind fortgeflogen und kehren von selbst nicht mehr zurück.»

Natürlich ordnete er an, daß im Hause, im Garten und überall nach ihnen gesucht werde.

Ahnungslos, noch ehe die Flucht entdeckt war, hatte jemand die Leiter, die er brauchte, weggetragen, so daß auch diese Spur ausgelöscht war.

De la Roue schickte unverzüglich Boten nach Vernoux, man ließ die Entflohenen im Hause der Espinas in Les Bonnets suchen, in Crozat, in Juventin, aber alle Bemühungen waren umsonst.

Durch die Gnade Gottes fanden Paule Escoulens und Anne Lapra genügend Zeit, um jeden Schritt, ehe sie ihn taten, wohl zu überlegen und alle nur erdenklichen Vorsichtsmaßnahmen zu beachten. Ihr erstes Ziel war Paule Escoulens Schwager Ladreyt.

Der junge Pfarrer brachte sie bis in den Winter hinein in immer wieder neue Verstecke, deren es in den Tälern und auf den einsamen Höhen des Vivarais ja viele gab.

Sobald dann die ersten großen Schneefälle einsetzten, verringerte sich die Gefahr für die beiden Frauen beträchtlich, da jetzt freiwillig keiner mehr unterwegs war.

In den Weihnachtstagen des Jahres 1739 brachte Paule Escoulens in einem sicheren Versteck und von guten Leuten betreut einen kleinen Jean-Pierre Fauriel zur Welt.

«Ach du herziges Kindlein», sagte die junge Mutter mit tränennassen Augen, als sie das große Gottesgeschenk, das ihr in diesem kleinen Wesen zuteil geworden, an die Brust drückte, «hätte dich mein Jean-Gabriel doch auch noch sehen dürfen! Aber nun ist mir in dir etwas von seinem Leben und Wesen zurückgegeben. Der Herr sei gelobt dafür! Und wenn es sein Wille ist, dann sollst du wie dein Vater ein Pfarrer in der Wüste werden. Möge dein Leben so reich gesegnet sein, wie es durch die Gnade Gottes das Leben deines Vaters war.»

Als die mildere Jahreszeit kam, die Schneemassen schmolzen und langsam die Hänge sich wieder grün färbten, gaben die beiden Frauen ihr Leben in den Verstecken auf und machten sich, obwohl der kleine Jean-Pierre ja erst wenige Monate alt war, im Vertrauen auf Gott auf, um zu versuchen, nach der Schweiz zu entkommen. Und ihre Flucht gelang.

Im April kamen sie in Genf an und reisten schon kurz nachher nach Lausanne weiter. Dort wandten sie sich an Antoine Court, und dieser Unermüdliche setzte sich sofort dafür ein, für die beiden Frauen eine Unterstützung zu erlangen.

Am 24. Mai schrieb er in ihrer Angelegenheit nach Bern und nach Zürich.

Von Bern erhielt er den Bescheid, daß die Mildtätigkeit den religiösen Flüchtlingen aus Frankreich gegenüber stark erkaltet sei. Viele seien der Auffassung, daß auch in Frankreich niemand mehr wegen seiner Religion behelligt werde, wenn er nicht gerade Versammlungen veranstalte, die nun einmal durch die Gesetze verboten worden seien.

In Zürich wurde Courts Brief mehreren Herren der Regierung und einigen Pfarrherren vorgelegt, aber sie alle hatten nur ein bedauerndes Achselzucken dafür und die Erklärung, daß die beiden Damen Lassagne und Espinas in Lausanne näher bei Bern als bei Zürich seien, und daß zudem Bern über viel mehr Mittel verfüge als Zürich.

Schließlich gelang es Court dann doch, in Bern durchzusetzen, daß die Flüchtlingskammer der Witwe des Märtyrers Lassagne eine Rente ausrichtete, die zwar bescheiden, aber doch genügend war, damit Paule Escoulens mit ihrem Söhnlein und ihre Freundin Anne Lapra in Lausanne ein Leben in stiller Zurückgezogenheit führen konnten.

Es ist verständlich, daß der Kommandant de la Roue nach der geglückten Flucht von Paule Escoulens und Anne Lapra den übrigen Gefangenen die ja auch ihnen eingeräumten Erleichterungen sofort entzog und sie aus ihren hellen Zimmern und Zellen in Verliese bringen ließ, aus denen ihm wohl keiner mehr entwischen konnte. Die Gefangenen hatten auch nichts anderes erwartet.

Sie wurden neuerdings und zu verschiedenen Malen einvernommen, was aber zu keinem Ergebnis führte, da tatsächlich mit Ausnahme von Jean-Pierre Espinas niemand die Absicht der beiden Frauen gekannt hatte, und demzufolge keiner etwas aussagen konnte.

Der alte David Espinas und die junge Suzanne Bravais waren überzeugt, daß ihnen überhaupt nichts zur Last gelegt werden könne, und versuchten so durch Bittschriften, ihre Freilassung zu erlangen. Aber ihr Hoffen und ihre Bemühungen waren umsonst.

Der Prozeß in der Angelegenheit, in die auch sie verwickelt waren, war vorbereitet, das Räderwerk in Bewegung gesetzt, und nun war es am Gericht, zu entscheiden, wer schuldig war und wer nicht.

Ein paar Monate später, mitten im Winter, verfügte der Statthalter De Bernage, es seien sämtliche Gefangene, die mit der Verhaftung der beiden erschossenen Pfarrer Morel und Lassagne in Lamastre und in Les Bonnets im Zusammenhang standen, nach Montpellier überzuführen, wo sie sich ihren Richtern zu stellen hätten.

Von dieser Verfügung wurden vierzehn Personen betroffen.

Um den Transport der Gefangenen und der den Gefangenen notwendigerweise mitzugebenden Bewachungsmannschaft überhaupt bewerkstelligen zu können, mußte ein besonderes Schiff angeschafft werden, auf das dann am 19. Januar 1740 die Häftlinge im Hafen von Grange verladen wurden.

Die Fahrt rhoneabwärts führte bis Pont-St-Esprit, von wo man die Gefangenen in Etappen über Nîmes und Lunel nach Montpellier brachte. Die jüngeren Leute hatten den Weg zu Fuß zurückzulegen, für einige standen Pferde zur Verfügung, und die Greise oder solche, die durch irgendwelche Gebresten weder zum Gehen noch zum Reiten genötigt werden konnten, lud man auf einen klapprigen Karren.

Sechs Tage dauerte die Reise.

Am 25. Januar langte der Transport in der Zitadelle an, und sofort wurden die dann mit Eifer betriebenen Verhandlungen aufgenommen.

Bereits am 8. Februar sah sich der Statthalter De Bernage in der Lage, die ersten Urteile zu verkünden.

Vorab erfolgte der Urteilspruch über diejenigen Gefangenen, die in die unter so unglückseligen Umständen erfolgte Verhaftung von Pfarrer Matthieu Morel, genannt Duvernet, verwickelt worden waren.

«Wir haben erkannt und erklären», verkündete der Statthalter mit seiner tief rollenden Stimme in die den Gerichtssaal wie mit einem lähmenden Bann erfüllende Stille, «daß das Andenken an den verstorbenen Matthieu Morel, genannt Duvernet, der überführt und schuldig befunden wurde, die Amtshandlungen eines Pfarrers der vorgeblich reformierten Religion ausgeübt zu haben, als da sind predigen, taufen, unterrichten und Ehen einsegnen, zur Strafe für alle Verfehlungen ausgelöscht, aufgehoben und auf ewig verdammt wird. Wir erklären ferner Matthieu Morel von Cheyne in der Gemeinde Chambon-en-Velay als überführt und schuldig befunden, den vorgenannten Morel, seinen Onkel, begleitet und ihm in seinen Vorbereitungen geholfen zu haben, wofür wir ihn verurteilen, lebenslänglich als Galeerenknecht auf den Galeeren des Königs zu dienen. Wir erklären auch Louise Peyron aus Lamastre als überführt und schuldig befunden, in ihrem Hause dem vorgenannten, verstorbenen Morel, genannt Duvernet, Pfarrer, in ihrem Hause Unterkunft gewährt zu haben und im Besitz von Büchern für den Gebrauch der obgenannten Religion zu sein, wofür wir sie verurteilen, kahl geschoren, rasiert und für den Rest ihrer Tage in die Gefängnisse des Turms der Constance in Aigues-Mortes eingesperrt zu werden. Im übrigen wird das Vermögen dieser drei Hauptangeklagten beschlagnahmt und zu Gunsten Seiner Majestät eingezogen. Die Witwe Chazal wird in einem späteren Zeitpunkt noch einmal vor uns zu erscheinen haben, um einen Verweis entgegenzunehmen. Im übrigen verurteilen wir sie zu einer Buße von hundert Pfund an den König, ohne daß auf Ehrlosigkeit erkannt wird. Paul Peyron, Pierre Ducros, Jean Morel und Paul Dunière werden entlassen; dagegen werden zwecks einer noch eingehenderen Untersuchung J. F. Broué, Pierre und Marguerite Dunière, ferner die hier nicht anwesenden Louis und Marie Chazal, sowie Antoine Cluzel für weitere zwei Monate in Haft belassen. Die restlichen Angeklagten Dubesset, Callon, Morel aus Châteauneuf, Vetter der Marguerite Dunière, sollen verhaftet und in das Gefängnis der Zitadelle eingebracht werden, und endlich verurteilen wir gemäß Artikel VIII der Verordnung von 1728 die Neubekehrten der Gemeinden von Desaignes, Lamastre, Macheville, Retourtour, Saint-Basile, La Bâtie und Saint-Jeure-d'Andaure, die den Bezirk bilden, in dem der obgenannte Morel, genannt Duvernet, Pfarrer, verhaftet worden ist, zu einer Buße von dreitausend Pfund, verwendbar zu Gunsten der Angeber.»

Am Vormittag des folgenden Tages, am 9. Februar, führte der Statthalter erst noch in seinem Schreibzimmer ein letztes Verhör von Vater und Sohn Espinas durch, worauf sich dann das Strafgericht über den Häuptern jener entlud, die im Zusammenhang mit der Gefangennahme von Pfarrer Jean-Gabriel Fauriel, genannt Lassagne, verhaftet worden waren.

Sowohl der alte David Espinas, Besitzer von Les Bonnets, als auch die jungen Eheleute Suzanne Bravais und La Blache wurden in Freiheit gesetzt mit der Begründung, daß ihre Strafe durch die ausgestandene Untersuchungshaft bereits als verbüßt zu betrachten sei. Dagegen wurde Jean-Pierre Espinas für schuldig erklärt, dem protestantischen Pfarrer Fauriel-Lassagne Unterkunft gewährt und in seinem Hause Bücher für den Gebrauch der genannten Religion aufbewahrt zu haben, wofür er verurteilt wurde, bis zu seinem Lebensende als Galeerensklave auf den Galeeren des Königs zu dienen.

Die beiden Frauen Paule Escoulens und Anne Lapra, die sich ja nun mit dem kleinen Jean-Pierre Fauriel in Lausanne der Freiheit erfreuten, hatte das Gericht in contumatiam dazu verurteilt, daß ihnen die Köpfe zuerst kahlgeschoren und nachher noch rasiert würden, und daß sie für den Rest ihres Lebens in die Gefängnisse des Turms der Constance in Aigues-Mortes gesperrt werden sollten. Das Vermögen aller Verurteilten wurde eingezogen und fiel an den Staat. Zudem wurden die Neubekehrten der Gemeinden von Vernoux, Châteauneuf-de-Vernoux, St-Julien-le-Roux und St-Fortunat, die zusammen den Bezirk von Vernoux bildeten, in dem Pfarrer Fauriel verhaftet worden war, zur Bezahlung einer Buße von dreitausend Pfund verurteilt.

Gleichen Tages, am Nachmittag des 9. Februars, hatte die Witwe Chazal im Zimmer des Obergerichtes von Montpellier zu erscheinen, wo ihr in Anwesenheit der Richter vom Herrn Generalstatthalter der angekündigte Verweis erteilt wurde, und am 24. Februar wurde dann auf einem Platz in der Stadt vor einer neugierig herbeigeströmten, beträchtlichen Volksmenge ein Feuer angezündet und dessen Flammen die beschlagnahmten Bücher und Schriften übergeben, die im Besitze der Witwe Chazal, des jungen Espinas und Pfarrer Fauriels, genannt Lassagne, gefunden worden waren.

Damit sollten, wenigstens symbolisch, in aller Öffentlichkeit diese Zeugnisse ketzerischen Gedankengutes in Rauch aufgehen.

Dieses Autodafé vermochte indessen die Anwesenden weder zu erschüttern noch zu erheben. Man sah in der das Feuer umstehenden Menge gelangweilte und auch grinsende Gesichter, und es flogen, als die Bücher nicht recht brennen wollten, auch einzelne mehr oder minder despektierliche Bemerkungen auf.

Aber es ist ja bekannt, daß bei jeder Art von Volksauflauf immer ein paar Lausbuben meinen, ihre Nasen zuvorderst haben zu müssen. Wie dem auch sei, es wurde mit diesem harmlosen Ketzergericht wenigstens dem Gesetz Genüge getan, und so wurden den Stadtdienern auf Weisung des Herrn Intendanten als Entgelt für ihre Bemühungen und als Entschädigung für das vermittelte Schauspielchen zwölf Pfund ausbezahlt, die nach Ansicht des Statthalters wohlverdient waren und zudem von den eingezogenen Vermögen der Protestanten abgezweigt werden konnten.

Zu eben dieser Stunde saß Jean-Pierre Espinas im Gefängnis der Zitadelle und schrieb einen Brief.

Er hatte die Erlaubnis erhalten, seiner nach Lausanne entflohenen Frau Anne Lapra zur Kenntnis zu bringen, daß er durch den Wahrspruch seiner Richter zu lebenslänglichem Galeerendienst verurteilt worden sei.

Er saß sehr unbequem, das Licht war schlecht und die

Feder kratzte, aber in Gedanken versank das feuchte, graue Gemäuer um ihn her und er fühlte sich in den blühenden Sommergarten von Les Bonnets versetzt, mit seinen von Hummeln umschwärmten Stockmalven, die unter den schweren Duftwolken der blühenden Lindenbäume wie Fackeln dem blauen Himmel entgegenloderten.

Ja, damals war er mit Anne glücklich gewesen, restlos glücklich, damals war ihm durch Gottes Güte ein Vorgeschmack paradiesischer Freuden zuteil geworden.

Jean-Pierre seufzte, tauchte die geknickte Feder in den Tintensaft und schrieb: «Das ist es, was mir zugeteilt wurde: Galeerenknecht bis ans Ende meiner Tage. Aber Gott sei gelobt! Er hat uns ja auch das Glück schmecken lassen. Er hat es uns gegeben, er hat es uns genommen, der Name des Herrn sei gelobt! Ich bitte Dich im Namen Gottes, Dich durch meine Nachricht nicht betrüben zu lassen. Unterziehe Dich vielmehr in Demut dem Beschluß der Vorsehung. Bitte unseren göttlichen Meister ohne Unterlaß, daß er uns beistehen möge in allen unseren Kümmernissen, und daß er uns am Ende all unserer Kämpfe den Sieg verleihe. Nimm alles als durch seine große Güte aus seiner Hand kommend. Im übrigen bitte ich Dich von Herzen, Dir ja Sorge zu tragen. Dein Verlust würde das Maß meines Unglücks übervoll machen, und dazu wird es kommen, wenn sich Dein Fieber festsetzen kann. Rufe den Namen Gottes an und greife zu Heilmitteln! Übrigens ist der kleine Morel, der Neffe des Pfarrers, wie ich zu lebenslänglicher Galeerenstrafe verurteilt worden. Wie grausam für den hübschen, zarten Jungen!»

Da die Häscher des Militärkommandanten sich in erneuter Treibjagd vergeblich bemüht hatten, auch noch Lassagnes jüngeren Bruder, den Pfarrer Jean-Pierre Fauriel, genannt Ladreyt, zu packen und unschädlich zu machen, so legten sie Hand auf einen andern Bruder des Erschossenen und verhafteten den 1703 geborenen Jean-Jacques, der seit dem Tode seines Vaters im Jahre 1731 die Bewirtschaftung des elterlichen Gutes in Sagnes übernommen hatte. Man verbrachte ihn nach Beauregard, wo er sofort nach seiner Einlieferung am 12. März vom Unterbevollmächtigten des Intendanten, Dumolard, einem ersten Verhör unterzogen wurde. Jean-Jacques Fauriel erklärte sich außerstande, über die Tätigkeit seiner Brüder Auskunft geben zu können, gestand aber ohne weiteres, sich «in der Wüste» verheiratet zu haben und sogar noch durch den berühmten Pfarrer Pierre Durand getraut worden zu sein. Er bestätigte, die königlichen Verbote hinsichtlich der protestantischen Religion mißachtet zu haben, und fügte bei, daß es noch viele andere gebe, die es genau gleich wie er gehalten hätten. Im übrigen gab er zu, schon früher einmal, vor neun Jahren, aus dem gleichen Grunde verhaftet worden zu sein, doch habe er damals das Glück gehabt, daß es ihm gelungen sei, nach einer Haft von drei Monaten aus dem Schloß von Beauregard zu entweichen.

«Wie Ihre Schwägerin», stellte Dumolard mit einem verbissenen Lächeln fest. «Aber verlassen Sie sich darauf, daß Ihnen das ein zweites Mal nicht gelingen wird.»

Und in der Tat starb Jean-Jacques Fauriel schon drei oder vier Monate später, noch vor seiner Aburteilung in den Verliesen von Beauregard, «nach schwerem Leiden und ohne auch nur einen einzigen Augenblick den lebhaft betriebenen Bemühungen des katholischen Ortsgeistlichen nachgegeben zu haben, der es versucht hatte, ihn zum Wechseln seiner Religion zu veranlassen».

Der tragische Tod seiner beiden Brüder Jean-Gabriel und Jean-Jacques innert weniger Monate lastete schwer auf Jean-Pierres Seele, die Erschütterungen lähmten seinen vordem so freudigen Einsatz.

Nicht, daß er in seiner Arbeit etwas versäumt hätte, aber

mehr und mehr fühlte er sich der ungeheuren Last, die ihm als dem zurzeit einzigen amtierenden Pfarrer im Vivarais auferlegt war, nicht mehr gewachsen. Die Pflichten häuften sich zu einem Berg, der ihn zu erdrücken drohte.

Allein konnte er das alles auf die Dauer nicht bewältigen. In seiner Not schrieb er an Pierre Peirot, der in Lausanne seinen Studien oblag, und beschwörte ihn, doch unverzüglich zu seiner Hilfe nach Frankreich zurückzukehren, da die guten Seelen, die nach den Vorhöfen Gottes schmachteten, seiner dringend bedürften. «Die vielen so tragisch ums Leben Gekommenen», schrieb Ladreyt, «all die bedeutenden Verluste und unsere so schlechte Besoldung, das alles könnte genügen, Sie zu entmutigen, je zu uns zurückzukehren, wenn Sie nicht so fest entschlossen wären, sich als Pfarrer für immer dem Dienste an unserer unter dem Kreuz seufzenden Kirche zu weihen.»

Und tatsächlich kehrte Peirot bereits Ende April 1740 über Genf nach Frankreich zurück.

Im Januar 1741 folgte ihm Jacques Dunière, und nur wenig später kam auch François Coste zurück, so daß nun mit Ladreyt vier Pfarrer die Gemeinden im Vivarais betreuten. Allerdings nicht für lange, da Ladreyt, dessen Gesundheit seit den tragischen Geschehnissen in den beiden zurückliegenden Jahren erschüttert war, die Synode vom 12. Oktober 1741 um Entlassung aus dem Kirchendienst bat, weil er sich den außerordentlichen Anforderungen, die an einen Wüstenpfarrer gestellt waren, nicht mehr gewachsen glaubte.

Die Synode respektierte die von Ladreyt vorgebrachten Gründe und entsprach seinem Gesuch. Sie dankte ihm für die während der Ausübung seines Amtes als Pfarrer den Kirchen des Landes geleisteten Dienste und bat Gott, daß er ihn immer begleiten und segnen möge, wohin auch immer er sich begebe.

Am 7. März 1740 bestätigte Minister Saint-Florentin die Urteile, die der Generalstatthalter Louis-Basile De Bernage am 8. und 9. Februar in den Prozessen gegen die beiden Pfarrer Morel-Duvernet, Fauriel-Lassagne und Konsorten gefällt hatte.

Dagegen hatte er in einem vorhergehenden Brief dem Herrn von Urbilhac eine scharfe Rüge erteilt, weil dieser eigenmächtig und ohne militärischen Beistand Duvernet von Lamastre nach Tournon hatte überführen wollen, wobei dann der Pfarrer durch Unvorsichtigkeit erschossen worden war.

Dadurch war Saint-Florentins Wunsch vereitelt worden, durch ein Todesurteil gegen den Pfarrer wieder einmal eines der ihm so wichtig erscheinenden Beispiele zu statuieren.

Die Kosten allein für den ersten der beiden Prozesse beliefen sich auf 1799 Pfund, 13 Sols und 8 Denare*. Dazu kam noch die Prämie in Höhe von 3000 Pfund, die unter jene zu verteilen war, deren Angaben die Ergreifung Duvernets ermöglicht hatten, oder die selber an der Ergreifung beteiligt gewesen waren. Sie wurde nach Weisung Saint-Florentins wie folgt verteilt: Der Herr von Urbilhac erhielt die Hälfte, also 1500 Pfund, nicht zuletzt deshalb, weil er sich durch seinen Einsatz den Haß seiner Nachbarn zugezogen hatte und weil ihn der Minister bei dieser Gelegenheit auch für früher geleistete, kleinere Dienste entschädigen wollte. Anne Rochebillière wurden 200 Pfund zugesprochen, Herr von Giron und sein Sohn bekamen gemeinsam 300 Pfund, je 300 Pfund wurden an den Richter Dubuisson, Herrn Courbis und den Abbé Dumas ausbezahlt, und den Rest von 100 Pfund erhielten die Bauern von

* 1 livre (Pfund) = 20 sols (Sous) = 240 deniers (Denare). Ein Denar war eine Kupfermünze im Wert von einem halben Sou. Nach dem Geldwert von 1963 1 Pfund = 20 Schweizerfranken.

Lamastre, die bei der Ergreifung des Pfarrers geholfen hatten. Die Bestimmung, daß die Prämie durch die Neubekehrten des Bezirks aufgebracht werden mußte, in dem die Verhaftung Duvernets erfolgt war, bildete Bestandteil des Urteils.

Daß offiziell die Bevölkerung nur in die beiden Gruppen bewährter Katholiken und Neubekehrter (Katholiken, die vorher Protestanten waren und zu ihrem alten Glauben zurückkehrten) eingeteilt wurden, offiziell also das Vorhandensein von Protestanten gar nicht zugegeben wurde, geht unmißverständlich aus einem Schreiben Dumolards hervor, in dem er sich beklagte: «Es war keine geringe Arbeit, die alten Katholiken von den Neubekehrten zu unterscheiden und unter diesen letzteren jene festzustellen, die ihre Pflichten als Katholiken erfüllen im Gegensatz zu den andern, die in ihrem Irrtum verharren.»

Die Kosten für den zweiten Prozeß, der die Angelegenheit von Lassagne und Komplizen betraf, bewegten sich in gleichem Rahmen. Auch hier war für die Neubekehrten des betreffenden Bezirks eine Buße von 3000 Pfund ausgesprochen worden. In ein paar kleinen, armen Gemeinden hatten also die Neubekehrten, zu denen auch die Protestanten gezählt wurden, gemeinsam 6000 Pfund zur Ausrichtung von Judaslöhnen aufzubringen. So hatten die Neubekehrten zu bezahlen: In Desaignes 1531 Pfund, 15 Sous, 1 Denar; in Vernoux 1298 Pfund, 10 Sous; in Saint-Fortunat 892 Pfund, 1 Sou, 1 Denar; in La Bâtie et Saint-Jeure 539 Pfund, 18 Sous, 9 Denar; in Lamastre 514 Pfund, 7 Sous, 10 Denar; in Saint-Basile 320 Pfund, 19 Sous, 4 Denar; in St-Julien-le-Roux 248 Pfund, 19 Sous, 3 Denar; in Retourtour 87 Pfund, 6 Sous, 6 Denar; in Macheville 85 Pfund, 10 Sous und 10 Denar.

Das war eine ganz ungeheuerliche Zumutung, die sogar der Unterbevollmächtigte Dumolard als solche empfand,

Nachdem er in seinem Brief auf die Schwierigkeit hingewiesen hatte, diese schwere Buße «bei einer Unzahl von Ärmsten» einzutreiben, machte er sich zum Fürsprecher der so hart Betroffenen, indem er anführte, daß ein solches Vorgehen gar nicht geeignet sei, die doch befohlene Ergreifung der protestantischen Pfarrer zu fördern. Solange die gebüßt würden, in deren Bezirk eine solche Ergreifung stattfinde, würden die Leute geradezu veranlaßt, sich um die Anwesenheit eines Pfarrers in ihrem Bezirk überhaupt nicht mehr zu kümmern.

Am 8. Februar 1740 war Louise Peyron zu einer lebenslänglichen, im Turm der Constance zu verbüßenden Gefängnisstrafe verurteilt worden, und drei Wochen später wurde der Befehl erteilt, sie von Montpellier nach Aigues-Mortes überzuführen.

Recister!

Am 7. März 1740 traf die Gefangene Louise Peyron im Turm der Constance ein.

Erschöpft von der langen und beschwerlichen Reise und verwirrt von den Eindrücken, die sie eben jetzt, noch zum Abschluß der Reise, auf dem Weg durch dieses nicht enden wollende Sumpfland der Camargue empfangen hatte, wobei sie sich immer wieder gefragt hatte, ob diese Gegend eigentlich aus einem Wirrwarr von Inseln bestehe, stand sie wie ein Baum nach schwerem Gewitter unter der Tür des Gefangenensaales, wo die Wärter sie hatten stehen lassen, und ließ den Blick über die Gestalten schweifen, die sie im Dämmerdunkel des Raumes gut zu unterscheiden vermochte. Wenn sie sich nicht verzählt hatte, waren es zweiundzwanzig. Zweiundzwanzig Gefährtinnen in ihrem Leid.

Dann senkte sie den Blick und starrte auf das Papier, das nach dem Eintritt in den Turm in ihre Hand geraten war, sie wußte nicht wo und durch wen.

Es war die Rechnung für ihre Überführung von Montpellier nach Aigues-Mortes und lautete auf den Betrag von 19 Pfund und 15 Sols. Dafür hatte sie selber aufzukommen, das heißt, sie würde sich an ihre Leute in Lamastre wenden müssen mit der Bitte, den Betrag für sie zu bezahlen.

Was sie besessen, das Land, das Haus, Vieh, Möbel und Hausrat, das gehörte ihr nicht mehr, das war alles für den König eingezogen worden. Sie besaß nichts, gar nichts mehr als das, was sie auf dem Leibe trug.

Es schüttelte sie, sie hatte sich wegen ihres unter der Haube kahlgeschorenen Kopfes unterwegs erkältet.

Aber das hatte ja keine Bedeutung, nein, auch das nicht mehr. Für jemanden, der lebendig begraben wurde, war es völlig gleichgültig, was in diesem Grabe mit ihm geschah, ob er ein wenig früher oder später darin verweste, nein, das war ohne jede Bedeutung. Einzig wesentlich war das Wissen darum, daß der Mensch wie ein Weizenkorn war, das in der Erde verwesen mußte, um auferstehen zu können. Und der Schimmer eines glücklichen Lächelns verklärte die harten Züge ihres Antlitzes, als ihr das schöne Wort einfiel: «Wahrlich, wahrlich, ich sage euch, wenn das Weizenkorn nicht in die Erde fällt und erstirbt, so bleibt es allein; wenn es aber erstirbt, so trägt es viel Frucht.» Das Wissen um dieses Sterben und Auferstehen, das unerschütterliche Wissen darum, war die einzige Sonne, die ihr für den Rest ihrer Tage noch scheinen, die sie noch erwärmen würde.

Ja, Louise Peyron gehörte zu jenen Gefangenen, die durch ihre Standhaftigkeit diese steinerne Grabstätte am Rande der Welt zu einem durch die Jahrhunderte strahlenden Denkmal der Glaubenstreue und des Sieges über den

Versucher erhoben haben, vor das der gläubige Mensch unserer Tage nur erschüttert und beschämt hinzutreten vermag.

Es gab im Turm der Constance viele dieser Glaubensstarken, die sich da um ihre junge Führerin Marie Durand scharten, sich durch sie immer wieder aufrichten und stärken ließen, die ein Gemeindebewußtsein miteinander verband, und denen dadurch Anfechtungen, denen sie immer wieder und in mannigfacher Form ausgesetzt waren, erleichtert wurden, weil sie sie gemeinsam, als des andern Last, ertrugen. Und die Segnungen dieser Gemeinde von lebendig Begrabenen strahlten durch das dicke Gemäuer ihres Gefängnisses hinaus und übten ihre guten Einflüsse aus auf die, die als Freie noch im tätigen Leben standen.

So bat die Witwe Frizol aus Saint-Césaire, die schon seit dreizehn Jahren im Turm war, Marie Durand um den Liebesdienst, an ihrer Stelle, da sie selber des Schreibens unkundig war, einen Brief an deren Sohn aufzusetzen. «Der Gedanke ist mir unerträglich geworden, daß er sich so wenig bemüht, mit seiner Frau in Frieden und Eintracht zu leben. Wie können zwei Menschen, die doch aufeinander angewiesen sind, die doch miteinander Kinder gezeugt haben, sich ihr Leben gegenseitig dermaßen vergällen und es sich, trotzdem sie in Freiheit leben, zur Hölle machen! Schreiben Sie ihm das, liebe Schwester, schreiben Sie ihm, daß ich unter dem gegenwärtigen Zustand zwischen ihm und seiner Frau leide, und legen Sie ihm so recht ans Herz, daß sie sich künftighin beistehen und einander nicht länger quälen sollen.»

Und so geschah es immer wieder, daß den im Leben Zurückgebliebenen von ihrer Mutter, Frau oder Tochter aus dem Turm eine Botschaft zukam, die sie wie eine Stimme aus dem Jenseits anmuten mochte und ihnen bewies, wie sehr ihnen die Gefangenen verbunden blieben und selbst nach jahrelanger Trennung noch Anteil nahmen an allem, was sie betraf.

Aber auch den Gefangenen bedeutete es viel, durch Nachrichten von Angehörigen oder Bekannten mit der Welt, aus der sie kamen, der sie auch einmal angehört hatten, immer wieder, wenn auch in bescheidenem Maße, in Beziehung gebracht zu werden, mochten diese Beziehungen nun durch Leid oder durch Freud genährt werden. So traf aus Lausanne eine Mitteilung ein, die Marie Durand großen Kummer bereitete.

Jacques-Etienne, Anne Rouviers drittes Kind, war im Alter von zehn Jahren gestorben. Der Knabe war doch nicht so stark und gesund gewesen, wie das sein Vater geglaubt hatte, als er seiner Frau nach Lausanne schrieb, der Kleine sei stark wie ein Brückenbogen.

Nun lebte von den drei Kindern Pierre Durands und Anne Rouviers nur noch die zweitgeborene Anne, die am 15. August 1740 elf Jahre alt geworden war.

Ein brennendes Verlangen überfiel Marie Durand, das Mädchen, das sie ja noch in den Armen gehalten hatte, wieder einmal sehen zu dürfen, war es doch das Kind ihres Bruders, zu dem, seit er als Märtyrer gestorben war, ihre Liebe und Verehrung sich nur noch gesteigert hatten. In Anne, und nur noch in ihr, lebte noch etwas von seinem Blute weiter.

Am 20. Januar 1741 mußte Marie Durand eine Liste der Gefangenen bereinigen, die ihr zu diesem Zwecke der Statthalter De Bernage hatte überreichen lassen. Ein Beweis dafür, daß selbst die offiziellen Stellen in dieser jungen Frau, von der ein so starker Einfluß auf die andern ausging, stillschweigend die Führerin der Gefangenen im Turm der Constance anerkannten.

Jetzt waren auf der Liste wiederum zweiunddreißig Namen aufgeführt; seit dem Eintritt Louise Peyrons im März

1740 hatte die Zahl der Gefangenen also um zehn zugenommen.

Die hinter ihrem Namen angebrachte Bemerkung «In der Wüste verheiratet» strich Marie Durand kräftig durch und ersetzte sie durch den ihr wohl ehrenvoller erscheinenden Hinweis: «Schwester eines in Montpellier hingerichteten Pfarrers.»

Ehe die bereinigte Liste dem Statthalter nach Montpellier zurückgesandt wurde, hatte der für die Gefangenen verantwortliche Kommandant noch jeden Namen mit einer kurzen Aufzeichnung über den Zustand der Betreffenden zu ergänzen. Der Major zerbrach sich den Kopf nicht über dieser Arbeit, sondern ergänzte jeden Namen lakonisch mit der Bemerkung: «Glaubenszustand unverändert.»

Hätte er diesen stillen Heldinnen ein ehrenvolleres Zeugnis ausstellen können?

Allerdings traf es nicht auf ganz alle zu, daß sie unverändert an ihrem protestantischen Glauben festhielten.

Da war zum Beispiel Anne Sabourin, am 19. November 1739 in den Turm eingeliefert, die etwa ein Jahr später in Gegenwart des Majors, eines Offiziers der Garnison und des Priors des Kapuzinerklosters abschwor und dann fünf Monate später auch wirklich auf freien Fuß gesetzt wurde.

Und nicht viel später folgte Marguerite Maury ihrem Beispiel. Sie war eine der Frauen aus Nîmes, die im April 1730, also im gleichen Jahr wie Marie Durand, eingekerkert worden waren. Die Tage und Wochen, in denen sich solches vorbereitete und zutrug, waren für Marie Durand wahre Leidenszeiten, in denen sie unter der Schwachheit und Untreue der andern nicht nur seelisch, sondern auch körperlich litt.

Solche Vorfälle, die sich, verständlicherweise, periodisch immer wieder ereigneten, waren für Marie Durand Grund genug, in ihrem Wächteramt nicht müde zu werden und zum Kampf gegen Schwachheit aufzurufen: «Résistez! Widersteht und bleibet im Glauben!»

«Marie, erzählen Sie uns doch bitte wieder einmal die Geschichte der Suzanne de Fontannes, die einst, wie wir heute, hinter diesen Mauern gelebt hat», bat eine der Frauen, als die Gefangenen eines Nachmittags im Lichtschacht beisammen saßen, gewärtig des Sonnenstreifens, der durch die Luftscharte eindringen und warm, wie eine gütig liebkosende Hand, über sie hinwegstreichen würde. «Unsere Schwester Louise Peyron kennt sie noch nicht.»

«Ja, bitte!» setzten sich auch andere dafür ein und lächelten in glücklicher Erwartung.

«Die Geschichte der Suzanne de Fontannes?» Marie Durand schloß für die Dauer von ein paar Herzschlägen die Augen, sammelte sich und hob dann die Geschichte zu erzählen an, die sie selber im Turme erst vernommen hatte und die seither, nach mehrmaligem Wiederhören, zu einem Bestandteil ihres Gefangenenlebens geworden war. Jedesmal, wenn die Frauen sie wiederhörten, schöpften ihre einfachen Seelen neuen Mut und neuen Trost aus ihr.

«Wenn ihr sie hören wollt!»

Und die Frauen verstummten, die einen saßen da mit gefalteten Händen, andere hatten den Arm um den Rücken der Nachbarin gelegt, aber aller Blicke hingen unverwandt und erwartungsvoll an den Lippen der Erzählerin.

«Zwei Bettlerinnen wanderten auf der staubigen Straße, die von Anduze nach Aigues-Mortes führt. Die eine, die ältere von den beiden, hatte weißes Haar und zeigte in ihrer Haltung eine Würde, über die sich alle, die den Frauen begegneten, sehr verwunderten. Die jüngere aber fiel ihnen durch den Reiz ihrer Jugend auf. In Wahrheit waren es gar keine Bettlerinnen, sie hatten sich zu dieser Verkleidung nur entschlossen, um unterwegs weniger aufzufallen. Ihr Ziel war der Turm der Constance, wo sie eine junge Gefangene besuchen wollten, die erst seit kurzem ihrer Liebe entrissen war: Suzanne de Fontannes. Die alte Bettlerin war ihre Mutter, Frau von Fontannes, die jüngere aber war ihre Schwester, Frau von Rodier.»

Hier unterbrach sich Marie Durand ein Weilchen, einige der Gefangenen seufzten, andere atmeten tief, doch keine von ihnen sprach ein Wort, um nicht den süßen Bann zu verscheuchen, der sich auf sie gelegt hatte.

«Als sie zum Turm Carbonnière kamen», nahm Marie Durand ihre Erzählung wieder auf, «der zwei Meilen nördlich von Aigues-Mortes die Zufahrtsstraße zur Stadt überwacht, die durch den Turm wie durch ein Tor hindurchführt, da baten sie, daß ihnen das Fallgitter geöffnet werde. Der Pförtner erkundigte sich nach dem Ziel ihrer Reise. Als er ihre vom Kummer zerfurchten Gesichter sah, sagte er voller Mitleid: ‚Mein Gott, es gehen viele auf dieser Seite hinein, die man nicht mehr zurückkommen sieht.' Und ohne ihre Antwort abzuwarten, gab er ihnen den Durchgang frei. Der Abend senkte sich hernieder, als die beiden Frauen in Aigues-Mortes anlangten. Der Turm war rundherum von einem Wassergraben und einer mit Schießscharten versehenen Mauer umgeben. Frau von Fontannes und ihre Tochter schleppten sich an diese Umfassungsmauer heran – näher zum Turm konnten sie ja nicht gelangen – und stimmten einen jener Psalmen an, die sie daheim in der Familie immer gesungen hatten. Doch eingeschüchtert durch die schreckliche Düsternis der Festung, vermochten sie den letzten Satz des Liedes nicht mehr zu singen. Aber was hörten sie da? Ein paar müde Stimmen hatten den Schlußsatz des angefangenen Psalms angestimmt. Frau von Fontannes glaubte, die geliebte Stimme ihrer Tochter zu erkennen. Mit einem Aufschluchzen rief sie: ‚Suzanne, Suzanne!' Und eine durch das schwere

Mauerwerk gedämpfte Stimme antwortete ihr: ‚Meine Mutter, oh, meine Mutter!' Aber schon kam auf der Befestigungsmauer die Wache herbeigeeilt. Nie mehr sahen die beiden Frauen das Gesicht der Gefangenen, denn das finstere Gefängnis, meine lieben Schwestern, gibt nur ganz selten seine Beute frei.»

«Nur ganz selten», nickte Louise Peyron, «so wird es wohl sein.»

Eben jetzt hatte die Sonne den Stand erreicht, daß ihre Strahlen durch die schmale Maueröffnung hereinschienen und die Frauen erreichten.

«O du goldene Gabe des Himmels», sagte eine von ihnen, und sie wußte, daß sie damit ausgesprochen hatte, was die meisten von ihnen, was alle empfanden.

In jenem Jahr flammte in den Herzen der Gefangenen der Tour de Constance neue Hoffnung auf.

Die Erschütterungen des Krieges, in den Europa hineingerissen war, waren selbst in Aigues-Mortes zu verspüren. Die Truppen aus den Provinzen wurden abgezogen und an die Grenze verlegt, was die Protestanten im Languedoc ermutigte, wieder häufiger als bisher und oft mit einer geradezu herausfordernden Unverfrorenheit Versammlungen durchzuführen. Die Schatten der sie überwachenden Dragoner waren ja von ihnen gewichen.

Aber das war nur eines der Zeichen dafür, daß die Protestanten an den Anbruch für sie besserer Zeiten glaubten.

Vor allem ermutigte sie das bis zu ihnen gedrungene Gerücht, daß kein Geringerer als der Preußenkönig Friedrich II., der ein Verbündeter von Louis XV. war, sich unterm 24. November 1741 beim Minister des Äußern Amelot de Chaillon für die wegen ihres Glaubens Verfolgten eingesetzt habe. Und dieses Gerücht war nicht nur Ausdruck eines brennenden Wunsches, sondern beruhte ausnahmsweise einmal auf Tatsachen. Friedrich hatte wirklich ersucht, man möchte «mehreren Personen beiderlei Geschlechts, die um ihres Glauben willen in der Tour de Constance gefangen liegen, die Freiheit zurückgeben». Minister Amelot de Chaillon wandte sich daraufhin um Auskunft an den Statthalter, und De Bernage riet, diese Gnadenerlasse, die der König von Preußen vorgeschlagen, nicht zu gewähren, da die Gefangenen ja nicht wegen ihres Glaubens, sondern wegen ihres Ungehorsams gegenüber dem König bestraft würden. Aus den Ketzern wurden also Rebellen gemacht.

Die Antwort des Statthalters wurde im Turm vorerst nicht bekannt, dafür hatten die Frauen vernommen, daß tatsächlich ein paar Galeerensträflinge entlassen worden waren.

Leider war der Gatte Isabeau Menets nicht mehr in den Genuß einer solchen Begnadigung gelangt, da er schon vorher, am 24. April, in Marseille gestorben war. Aber die Frauen im Turm hofften auf ihre nahe bevorstehende Befreiung.

Doch die Zeit verstrich, es vergingen Wochen und Monate, ohne daß in der Behandlung der Gefangenen eine Änderung eingetreten wäre. So sank denn das Feuer der Hoffnung, das in ihren Herzen gebrannt hatte, wieder in sich zusammen, bis schließlich auch die letzte Glut verglomm.

Bei einigen folgte der getäuschten Hoffnung tiefe Niedergeschlagenheit. Hatte das alles noch einen Sinn? Warum nicht den ihnen so oft vorgeschlagenen, leichten Weg in die Freiheit gehen? Ein einziges Wort genügte: «J'abjure.» Nur das. Und alles Leid, das in kommenden Jahren und Jahrzehnten ihrer noch harrte, bestand nicht mehr. Nur ein mit den Lippen gesprochenes Wort.

Das Beispiel, das ihnen Marguerite Maury gegeben hatte, war noch in aller Erinnerung.

Doch immer wieder wurden neue Opfer in den Turm getrieben, also gab es draußen immer noch solche, die ihrem verbotenen Glauben die Treue hielten, die um dieses Glaubens willen bereit waren, die Freiheit mit Galeere und feuchten Verliesen zu vertauschen. Loué soyt Dieu!

Am 27. Juni 1742 schlossen sich die Türen des Turmgefängnisses hinter sieben neuen Gefangenen, so daß deren Zahl auf 38 anstieg. Sie alle kamen aus den Cevennen und waren nach einer Versammlung verraten und verhaftet worden.

Einige Männer wurden auf die Galeeren geschickt. Unter ihnen auch André Goutès aus Bréan, dessen Gattin unter den Unglücklichen war, die in den Turm eingeliefert wurden. Sie hatte ein sechs Monate altes Kind bei sich und erwarb sich bald, wie Isabeau Menet, die besondere Freundschaft Marie Durands.

Erschüttert von dieser großen Zahl neuer Gefangener erklärte nun Elisabeth Michel, zum katholischen Glauben zurückkehren zu wollen. Schon früher einmal hatte sie mit diesem Gedanken gespielt, war dann aber durch die Zusprache Marie Durands an der Verwirklichung ihrer Absichten verhindert worden.

Auch Suzanne Daumerzou-Mauran und Madeleine Aberlenc schworen ihren protestantischen Glauben ab. Sie wurden am 11. September 1742 in die Pfarrkirche von Aigues-Mortes geführt, wo sie öffentlich und feierlich erklärten, von den Ketzereien Luthers und Calvins nichts mehr wissen zu wollen.

Ein halbes Jahr später, am 21. März 1743, wurde die Prophetin Isabeau Guibal aus der Gegend von Sumène in den Turm eingewiesen. Als sie hörte, wie einige der Gefangenen ihren Glauben aufgegeben und dadurch ihre Freiheit wiedererlangt hatten, ließ sie sich vor den Kommandanten führen und bat ihn um die Erlaubnis, künftighin an Sonntagen in die Kirche zur Messe gehen zu dürfen. Ihrem Wunsch wurde entsprochen und fortan betätigte sich die Guibal als überaus eifrige Anhängerin der römischen Kirche. Sie beichtete und kommunizierte, sonderte sich im Turm von den übrigen Gefangenen ab, als gelte es, sich vor einer Ansteckung zu schützen.

Marie Durand versuchte mehrmals, mit ihr zu sprechen, aber Isabeau Guibal wies sie mit erschreckt erhobenen Händen wie den leibhaftigen Gottseibeiuns von sich.

Was war nun wahr? fragten sich dic Frauen auch hier wieder, hatte sie als Prophetin geheuchelt oder war sie jetzt eine Heuchlerin?

Trotz ihres Verhaltens wurde sie vorläufig im Turme festgehalten.

«Das sind die schwersten Heimsuchungen, die über uns kommen können», seufzte Marie Durand, «viel schwerer als Krankheit oder Tod. Darum, liebe Schwestern, résistez, widerstehet und betet, daß nicht auch wir noch in Anfechtung fallen.»

Damals geschah es, daß sie in langer und hingebungsvoller Arbeit seufzend und betend, mit der Spitze ihrer Schere in das steinerne Umfassungsmäuerchen des Luft- und Lichtschachtes, der in der Mitte des Raumes diesen mit dem darunter gelegenen Gelaß verbindet, das mahnende Wort einkratzte: RECISTER. Widerstehet, haltet stand, das Wort, das zum Glaubensbekenntnis der Frauen im Turm der Constance geworden ist und noch heute jeden gläubigen Besucher des Turmes ergreift.

RECISTER!

Was für eine Treue im Glauben, die da von gequälten und gemarterten Frauen vorgelebt wurde!

Die Gefangenen bekommen Besuch

Im Frühling des Jahres 1743 erhielt Marie Durand eine frohe Botschaft, über die sich die meisten ihrer Mitgefangenen herzlich mit ihr freuten: ihr Vater, nun 86 Jahre alt, war aus der Haft entlassen worden und in sein seit der Verhaftung seiner Tochter verlassen gewesenes Haus in Le Bouchet-de-Pranles zurückgekehrt. Wenn es auch praktisch ausgeräumt war – Pierre hatte ja vor mehr als zehn Jahren nacheinander Geschirr und Möbel verkauft –, so war der Greis doch glücklich, von seinem Land und Haus noch einmal Besitz zu ergreifen.

«So werde ich doch, so Gott will, auf meinem eigenen Grund und Boden sterben dürfen, und einer meiner Glaubensbrüder wird mir dann wohl den letzten Liebesdienst erweisen und mich in meiner Erde zur Ruhe betten.»

Wie gut war es, wieder daheim zu sein, den Wind wieder zu hören in den Wipfeln der alten Kastanienbäume hinter dem Haus, vor dem Blau des Himmels das rosige Blütengeflock der Mandelbäumchen wieder zu sehen, sich von der Sonne die alten Glieder wieder durchwärmen zu lassen und dabei auf das Zwitschern der Vögel und auf das Summen der Bienen zu hören!

Loué soyt Dieu! Gelobt sei Gott für seine Güte!

Wie anders war das als das brüllende Branden der heranrollenden Wogen bei Tag und bei Nacht!

Freilich, wie einsam, wie verlassen war jetzt das Haus, einsam wie sein Leben. Die gute Lebensgefährtin seit bald zwanzig Jahren tot, der Sohn vor mehr als zehn Jahren hingerichtet, die Tochter lebendig begraben im Turm in den toten Gewässern, alle drei ihm genommen, an denen sein Herz gehangen, um ihres Glaubens willen ihm genommen, vielleicht, damit er lerne, nur dem einen anzuhangen, in dem Anfang und Ende beschlossen waren.

Loué soyt Dieu!

Daß ihr alter Vater es erlebt hatte, entlassen zu werden und heimkehren zu dürfen, darüber freute sich Marie Durand sehr. Dagegen wurde ihr ein anderer Kummer.

Das 1737 geborene Söhnlein ihrer Freundin Isabeau Menet, der kleine Michel-Ange, der mit seinen Sprüchen und seinem heiteren Wesen so viel wahre Freude in ihrer beider Leben, ja in das Leben aller im Turm gefangenen Frauen gebracht hatte, war nun sechs Jahre alt geworden und wurde im Frauengefängnis nicht mehr geduldet.

Isabeau Menet hatte sich blutenden Herzens entschließen müssen, das Büblein ihrer Schwester zu übergeben, «damit Ihr es wie Euer eigenes Kind betrachtet. Ich traue darauf, daß Ihr das Kind zu Euch heranzieht, wie Ihr es mir versprochen habt, denn ich kann sagen, daß es mir neben Gott trotz seiner Jugend ein großer Trost in meiner Umgebung war. Ich hoffe darauf, daß Gott sowohl für den Knaben als auch für mich sorgen werde, es muß ja alles von oben kommen, da die Menschen ohne die göttliche Vorsehung nichts auszurichten vermögen.»

Und da war noch eine andere Sorge, die Marie Durand belastete. Schon lange hatte Isabeau Sautel, die Mutter Anne Rouviers, über heftige Gliederschmerzen geklagt, die ja wohl mit ein Grund waren für ihr unfreundliches, gereiztes Verhalten ihren Mitgefangenen, vor allem Marie Durand gegenüber. Nun zeigten sich seit einiger Zeit in ihren Beinen Lähmungserscheinungen, die es ihr bald überhaupt verunmöglichten, sich noch von ihrem Lager zu erheben.

Damit war sie nun völlig auf die Pflege Marie Durands angewiesen. Und Marie Durand widmete sich der stark alternden Frau mit rührender Hingabe, obwohl sie von dieser nur angeherrscht und angeschrien wurde.

Im Jahr 1744 trat der Generalstatthalter Louis-Basile De

Bernage zurück, dessen Amtstätigkeit wahrhaftig nicht durch Verständnis oder gar Mitleid für die Protestanten gekennzeichnet gewesen war. Aber sein Nachfolger, Le Nain, wurde wenn möglich ein noch grimmigerer Verfolger, und wenn das vorerst nicht so deutlich zum Ausdruck kam, so hatte das seinen Grund darin, daß die Abwesenheit der Truppen die angestrebte Kontrolle und Unterdrückung der Reformierten sehr erschwerte und mancherorts sogar verunmöglichte, so daß sich die Protestanten vor allem im Languedoc einer Freiheit erfreuten, die in den Herzen vieler die Hoffnung auf eine Beendigung der Schreckensherrschaft erneut aufflammen ließ. Diese veränderten Umstände veranlaßten Antoine Court, wieder einmal, und zwar für mehrere Monate, an seine frühere Wirkungsstätte im Languedoc zurückzukehren. Die Freude der Protestanten, den unermüdlichen Kämpfer für ihre Sache nach langer Zeit wieder unter sich zu haben, war allgemein.

In Wirklichkeit hatten aber der Hof und die Geistlichkeit ihre Bemühungen, der angeblich reformierten Religion ein Ende zu bereiten und die, die starrköpfig und unbelehrbar daran festhielten, auszurotten, keineswegs eingestellt. Wo sich eine Möglichkeit bot, zuzupacken, da taten sie es mit einer Grausamkeit, die vor nichts zurückschreckte.

So zertrümmerte der Abbé von Boffre in seinem Haß gegen die Protestanten unter Mithilfe des Lehrers mit eigener Hand den Altar und das Schnitzwerk in seiner Kirche, und als er mit wütenden Axthieben alles klein geschlagen hatte, legte er Feuer an die Trümmer und warf die heiligen Geräte in einen Brunnen, um dann laut die Protestanten dieser Freveltat zu beschuldigen.

Ehe aber die solcherart Verleumdeten vor Gericht gezerrt waren, gestand der von Gewissensbissen gemarterte Schulmeister, daß die vom Abbé erhobene Anklage den

Tatsachen nicht entspreche, daß die Protestanten völlig unschuldig seien und der Abbé allein die Tat geplant und ausgeführt habe. Ihn, den Lehrer, habe der Abbé mit der Pistole bedroht und ihn auf solche Weise gezwungen, sich am Zerstörungswerk zu beteiligen.

Auch die drei jungen Geistlichen Ranc, Teissier und Désubas wurden Opfer des Zorns gegen die protestantische Sache. Aber unerschüttert in ihrem Glauben und mit einem Mut ohnegleichen gingen sie alle drei in den Tod. Auf seinem Gang zum Schafott stimmte Ranc die Verse des 118. Psalms an:

«Dies ist der schönste aller Tage,
den Gott uns schenkt, weil er uns liebt.
Daß jeder nun der Furcht entsage,
sich freue, weil Gott Freude gibt.»

Dann wurde dem jungen Pfarrer der Kopf abgeschlagen, auf einen Pfahl gespießt und dieser vor dem Hause, in dem Ranc ergriffen worden war, zur Warnung und Abschrekkung aufgepflanzt. Der Körper aber wurde entkleidet, unter dem rohen Gelächter der Henkersknechte scheußlich geschändet, verstümmelt und schließlich in eine Mistgrube geworfen.

Eine Katholikin, empört über die schändliche Behandlung des Toten, ließ den Leichnam heimlicherweise aus der Grube herausziehen und in einem Felde verscharren.

Teissier wurde nächtlicherweile im Bett von Soldaten überfallen, doch gelang es ihm, sich durchs Fenster auf das Dach zu flüchten. Ein Schuß aus der Büchse eines seiner Verfolger zerschmetterte ihm den Arm.

Schon auf dem Wege zum Gefängnis geriet der Brand in die Wunde, und um zu verhindern, daß Teissier eines natürlichen Todes sterbe, wurde er schon am dritten Tag nach seiner Ergreifung in Montpellier gehängt.

Die Neubekehrten der Gemeinde, in der Teissier ergriffen worden war, wurden zur Bezahlung einer Buße von 3000 Pfund verurteilt und das Haus, in dem der Pfarrer genächtigt, dem Erdboden gleichgemacht. Der Eigentümer des Hauses aber kam auf Lebenszeit auf die Galeeren.

Désubas* war erst sechsundzwanzig Jahre alt, als er ergriffen wurde, war aber in seinen Gemeinden dermaßen beliebt, daß die Protestanten nach Bekanntwerden seiner Verhaftung in Scharen von den Bergen herunterstiegen, um sich, wenn nötig mit Gewalt, für die Befreiung ihres Pfarrers einzusetzen.

Die Soldaten, die einen organisierten Aufstand befürchteten, feuerten in blinder Wut in die Reihen der auf sie eindringenden Bauern, so daß dreißig Protestanten tot und mehr als hundert verwundet auf dem Platze liegenblieben.

Das erbitterte die Gläubigen dermaßen, daß sie drohten, die Soldaten mit bloßen Händen in Stücke zu reißen.

Mit Eifer widersetzte sich Désubas selber dieser Absicht seiner Glaubensgenossen, und schließlich gelang es ihm, die Soldaten vor dem Zorn der Bevölkerung zu bewahren.

Daß Désubas, noch als Gefangener des Königs, seine Anhänger zur Treue und zum Gehorsam diesem König gegenüber aufgefordert hatte, rührte selbst seinen Richter.

«Es tut mit leid, Sie verurteilen zu müssen», sprach er, «aber das Gesetz, dem ich gehorchen muß, befiehlt es mir.»

«Das ist mir bekannt», antwortete Désubas mit ruhiger Stimme, «ich bin gefaßt und ergeben in mein Los.»

Am 2. Februar 1744 wurde er zum Schafott geführt und dort bis auf Hose und Hemd entkleidet.

Mit nackten Füßen und mit entblößtem Haupt stand er da, den Blick seiner strahlenden Augen auf die Menge gerichtet, die dicht gedrängt den Platz bedeckte.

* Matthieu Majal aus Ubas, genannt Désubas.

Alle waren tief ergriffen vom fast heiteren Ausdruck seines schönen Angesichts.

«Er ist ein Engel», flüsterte eine Frau, und bald ging ein Raunen durch die Menge: «Er ist wahrhaftig ein Engel Gottes.»

Zwei Jesuiten bemühten sich, ihn in dieser letzten Stunde seines Lebens noch von seinem Glauben abzubringen, aber er schenkte ihren Drohungen und beschwörenden Zusprüchen nicht die geringste Beachtung.

Mit einer edlen Handbewegung wies er sie zurück.

Dann faltete er die Hände zu seinem letzten Gebet.

Als er hinter dem Schafott stand, erhob er seine Stimme, um das Wort an die Menge zu richten.

Aber auf einen Wink des Offiziers begannen zwölf Tambouren ihre Trommeln zu schlagen, und mit ihren rollenden Trommelwirbeln übertönten sie des Predigers Stimme.

Am 14. September 1745 wandte sich der Minister Saint-Florentin, der von Versailles aus nach wie vor mit Verständnislosigkeit und grausamer Härte die protestantischen Angelegenheiten überwachte und sich mit Verbissenheit gegen die Einflüsse jener einsetzte, die angefangen hatten, einer gewissen Toleranz das Wort zu reden, an den neuen Statthalter in Montpellier, um von ihm eine Liste aller Personen zu verlangen, die auf Befehl des Königs «in den Schlössern, Gemeinden und befestigten Häusern seiner Provinz» gefangengehalten wurden.

Le Nain gelangte, um genaue Angaben über die im Turm herrschenden Verhältnisse zu erhalten, an den Kommandanten Combelles, und als die verlangten Auskünfte innert nützlicher Frist nicht eintrafen, beschloß Le Nain, die Angelegenheit selber an die Hand zu nehmen und sich durch persönlichen Augenschein über die Zustände im Turm zu informieren.

Da der Minister direkt die Frage an ihn gerichtet hatte,

ob er nicht der Auffassung sei, daß wenigstens ein Teil der gefangenen Frauen der Rechtswohltat würdig wären, begnadigt und in Freiheit gesetzt zu werden, nahm er sich vor, anläßlich seines Besuches jede Gefangene einem Verhör zu unterziehen.

So erschien denn eines Morgens Major Combelles im Gefängnis, verlangte, daß sofort alles in Ordnung gebracht werde, da man dies dem angekündigten hohen Besucher schuldig sei, und dabei erwies sich der Kommandant weniger kurz angebunden als sonst, da es ihm vermutlich angenehmer gewesen wäre, wenn er die bevorstehende Inspektion, von der man ja nicht wissen konnte, was sie alles mit sich brachte, bereits hinter sich gehabt hätte. Er ließ neues Stroh herbeischaffen, damit die Säcke frisch ausgestopft werden konnten, zerrissene Laken und Decken mußten entfernt oder doch bis nachher verborgen werden. Und da auch der Boden gefegt und aller Schutt zu einem Haufen zusammengekehrt wurde, sah es, als dann der Generalstatthalter wirklich erschien, ordentlicher aus als sonst, so daß Le Nain, wie aus einer an Combelles gerichteten Bemerkung hervorging, angenehm überrascht war. Es gab unter den Gefängnissen, die er schon visitiert hatte, schrecklichere Verliese.

Während er sich interessiert umsah, wobei ihm der Major die gewünschten Auskünfte erteilte, trugen zwei Soldaten einen Lehnstuhl herein, den sie in den Lichtschacht stellten, wo sich jeweils das Sonnenwunder vollzog.

Dort ließ sich Le Nain mit Würde nieder, und dann hatte eine Gefangene nach der andern vor ihn hinzutreten, um die ihr gestellten Fragen zu beantworten.

«Von wo seid Ihr?»

«Von Le Bouchet-de-Pranles.»

«Euer Name?»

«Ich heiße Marie Durand.»

«Ach so, Ihr seid also Marie Durand? Seit wann seid Ihr hier im Turm?»

«Seit 1730, Herr.»

«Seit fünfzehn Jahren also?»

«Ihr sagt es, Herr.»

«Wie alt seid Ihr?»

«Dreißig Jahre, Herr.»

«Zu welcher Religion gehört Ihr?»

«Zur reformierten, Herr.»

«Zur vorgeblich reformierten Religion also. Was veranlaßt Euch, Euch zu dieser falschen Lehre zu bekennen?»

«Ich habe das große Glück gehabt, durch meine Eltern in der reformierten Religion erzogen zu werden. Gott gab mir die Gnade, zu erkennen, daß einzig sie die wahre Religion sein kann, die uns unser Herr Jesus Christus vom Himmel gebracht hat.»

«Wie wollt Ihr das wissen?»

«Die Apostel haben die wahre Religion ausgebreitet, und die seligen Märtyrer, zu denen auch mein Bruder gehört, haben sie mit ihrem Blut besiegelt.»

«Euer Bruder ist in Montpellier gehängt worden, das stimmt. Wann geschah das?»

«Vor dreizehn Jahren, Herr.»

«Und Eure Eltern, leben Sie noch?»

«Meine Mutter ist vor neunzehn Jahren im Gefängnis gestorben. Mein Vater lebt noch, er ist jetzt achtundachtzig Jahre alt.»

«Und verharrt noch immer im Irrtum?»

«Wie meint Ihr das, Herr?»

«Gehört er noch immer der vorgeblich reformierten Religion an?»

«Noch immer, Herr.»

«Es ist Euch bekannt, daß der König keine Anhänger

Eurer Religion in seinem Reiche duldet. Wenn Ihr nicht wechseln wollt, widersetzt Ihr Euch den Befehlen des Königs.»

«Das weiß ich. Mein Leib und meine Habe gehören dem König, meine Seele aber gehört Gott.»

«Der König verbietet jede äußere, merkt wohl auf, ich sage äußere Betätigung des protestantischen Glaubens. Wenn Ihr Euch entschließen wolltet, Euch in diesem Sinne den Gesetzen des Königs zu unterziehen, dann wäre ich möglicherweise in der Lage, bei Hof für Eure Befreiung einzutreten. Was habt Ihr dazu zu sagen, Marie Durand?»

«Daß ich auch nicht dem Schein nach den wahren Glauben aufgeben werde. Ich werde ihm bis an den Tod treu bleiben.»

«Habt Ihr Euch überlegt, daß Euch Eure Verstocktheit teuer zu stehen kommen wird?»

«Das nehme ich auf mich, Herr. Ich werde Gott um die Geduld Hiobs bitten, um alles ertragen zu können, was mir zugemessen wird.»

«So ruft die nächste herbei!»

Sieben der Gefangenen willigten ein, sich künftighin jeder äußeren Betätigung ihres protestantischen Glaubens zu enthalten, und Le Nain versprach ihnen, für sie um Nachsicht und Freilassung zu bitten.

Er hielt auch Wort und schrieb an Saint-Florentin, daß sieben Frauen versprochen hätten, sich den Anordnungen des Königs zu fügen. Seinen Brief schloß er mit den Worten: «Es gibt gegenwärtig im Languedoc eine Unzahl von Anhängern der vorgeblich reformierten Religion, gegen die nicht vorgegangen wird, die aber schuldiger sind als diese Frauen.»

Am 23. Dezember 1745 beantwortete Saint-Florentin diesen Brief.

«Es ist wohl möglich, daß die sieben im Turm der

Constance gefangengehaltenen Frauen Gnade verdienten. Nach meiner Auffassung wäre es aber sehr gefährlich, sie ihnen im gegenwärtigen Zeitpunkt zu gewähren. Es würde damit nur erreicht, daß Frauen, die an Versammlungen teilnehmen, damit zu rechnen anfingen, bei einer Festnahme nachträglich doch wieder in Freiheit gesetzt zu werden. Was Isabeau Guibal betrifft, so soll sie der besonderen Umstände halber auch besonders behandelt werden. Sie finden in der Beilage für sie den Freilassungsbefehl des Königs.»

Nun, Isabeau Guibal kam nicht mehr in den Genuß dieser Gnade. Drei Tage, ehe der Befehl in Aigues-Mortes eintraf, war sie am 7. Januar 1746 gestorben.

Es wütete in jenem Winter unter den Gefangenen im Turm eine schreckliche Ruhrepidemie, von der fast alle ergriffen wurden. Acht fielen der Krankheit zum Opfer, so außer Isabeau Guibal auch die sechsundachtzigjährige Espérence Durand.

In dieses Unglücksjahr fiel auch der Tod Pfarrer Jacques Rogers, dieses unermüdlichen Apostels, der trotz aller Kämpfe und Verfolgungen ein Alter von siebzig Jahren hatte erreichen dürfen.

Mit ihm verschwand der letzte Zeuge der ersten Erweckung, der Mann, der seinerzeit die beiden jungen Freunde Pierre Durand und Pierre Rouvier in entscheidender Weise beeinflußt und in ihrem Entschluß bestärkt hatte, ihr Leben der Wüstenkirche zu weihen. Der greise Pfarrer war in der Umgebung von Die festgenommen und in Grenoble gehängt worden.

Standhaft, wie er in seinem Leben immer gewesen war, war er auch in den Tod gegangen. Die Nachricht von seiner Hinrichtung war für Marie Durand ein harter Schlag, weckte sie in ihr doch schmerzliche Erinnerungen an längst vergangene Zeiten.

«Und wißt ihr, meine Schwestern», sprach sie zu den zur abendlichen Andacht um sie versammelten Mitgefangenen, «wißt ihr, wie Pastor Roger von seinen Häschern gefangengenommen wurde? Er hatte sich in einer einsamen, sonst verlassenen Hütte aufgehalten. Aber sein Versteck war den Soldaten von einem Judas verraten worden. Als sie die Tür aufstießen und vor ihn hintraten, da sah er sie an, einen nach dem andern, nickte dann und sagte: ‚Jawohl, ich bin der, den ihr sucht, den ihr seit neununddreißig Jahren gesucht habt. Ich danke Gott, daß er meine Gebete erhörte und mich vor wenigen Tagen erst von einer schweren Krankheit genesen ließ. So habe ich doch das Vorrecht, durch meinen Märtyrertod für seinen Glauben zeugen zu dürfen.‘ Prüfen wir uns, liebe Schwestern, ob wir, heute in die Lage Pastor Rogers versetzt, denselben Glaubensmut aufbrächten wie er.»

Galeerensklave Espinas

Durch Richterspruch vom 8. Februar 1740 waren Jean-Pierre Espinas und der knapp fünfzehnjährige Junge Matthieu Morel zu lebenslänglichen Galeerenstrafen verurteilt worden.

Nach der Verurteilung dauerte es noch ein Vierteljahr, bis sie ihre Strafen anzutreten hatten.

Am Abend des 12. Mai wurden sie von der Polizei aus ihrem Gefängnis in der Zitadelle geholt und in Zellen im Gebäude des Obergerichts verbracht. Ihr Abtransport mit andern Sträflingen – es handelte sich um einen Transport von 401 Mann – war für den nächsten Morgen vorgesehen.

Die Verurteilten wurden paarweise mit etwa meterlangen Ketten, die an Halsringen befestigt waren, an eine lange, durchgehende Eisenkette geschlossen, die so schwer war, daß jeder Gefangene etwa 75 Kilogramm Eisen zu schleppen hatte.

Wenn einer keuchend zusammenbrach, war sofort ein Aufseher zur Stelle, um ihn so lange mit Stockschlägen zu bearbeiten, bis er entweder verschied, oder sich wieder erhoben hatte und weiterwankte.

Wo dieser sonderbare Zug durchkam, eilten Neugierige herbei und stellten sich am Rande der Straßen auf. Die Protestanten unter ihnen riefen denen zu, die sie als ihre Glaubensbrüder erkannten:

«Mut, ihr tapferen Bekenner der Wahrheit! Haltet stand! Wir wollen ohne Unterlaß Gott bitten, daß er euch die Kraft verleihe, zu seiner Ehre durchzuhalten.»

Am Abend des ersten Tages langten sie in Nîmes an, wo sie in Gruppen von je hundert Mann in Ställen übernachteten. Nach einer zweiten Tagesreise erreichte der Zug Bagnols und am folgenden Abend St-Esprit, wo die Gefangenen ein paar Tage warten mußten, ehe sie dann in der Morgenfrühe des 20. Mai auf eine eigens für Galeerensklaven eingerichtete Barke verladen wurden.

«Ich habe unterwegs alles erlitten, was man überhaupt erleiden kann, ich wußte vorher gar nicht, wie schlecht und verderbt Menschen sein können», schrieb Espinas vierzehn Tage später in einem an seine Frau gerichteten Brief. «Schurken begleiteten uns, die offenbar noch nie etwas von Gottesfurcht gehört hatten. Sowohl sie als auch die Räuber, die uns zu überwachen hatten, fluchten und lästerten Gott den ganzen Tag. Es ist unbeschreiblich, was wir da alles zu hören und auch zu sehen bekamen. Diese Kerle waren bar jeden Schamgefühls und schienen nie vor etwas Ehrfurcht gehabt zu haben. Am Dienstag langten wir endlich in Marseille an; von den 401 Mann, die der Transport ursprünglich umfaßt hatte, waren unterwegs wegen Krankheit oder brutaler Behandlung fünfzig umgekommen. Und sie waren, weiß Gott, nicht die Beklagenswertesten.»

Das Ungeziefer, das die Gefangenen zum Rasen brachte, und der Umstand, daß sie mit gemeinen Verbrechern und anderem Gesindel zusammengepfercht waren, gehörten mit zu den schlimmsten Qualen der Galeerensklaven.

Aber mit allen Kräften bemühte sich Espinas, sich nicht unterkriegen zu lassen, sich selber nicht aufzugeben, nicht wie die andern in Morast und Dreck unterzugehen. Da er von frohmütiger Natur war, fiel ihm das vielleicht weniger schwer als andern. Des jungen Morel, für den er tiefes Mitleid empfand, nahm er sich an, so gut er nur konnte. Und der Bursche, der vorab in der ersten Zeit nicht nur körperlich, sondern vor allem auch seelisch mehrmals zusammenzubrechen drohte, dankte ihm für diese freundschaftlichen, ja brüderlichen Bemühungen mit rührender Hingabe und Anhänglichkeit.

Für den zarten, idealistischen Jungen war dieses Leben unter zum Teil völlig verkommenen und vertierten Menschen ein Leben in der Hölle. Trotz der Hilfe seines Kameraden wäre er darin unweigerlich zugrunde gegangen, hätte er sich nicht in diesem Schmutz und in dieser Lasterhaftigkeit seinen kindlichen Glauben an den schließlichen Sieg des Guten über das Böse und des Lichtes über die Finsternis zu bewahren vermocht.

Die Galeerensklaven wurden mit Brutalität und Grausamkeit behandelt. Immer sechs von ihnen waren auf einer Ruderbank angekettet und hatten nach dem Pfiff des Aufsehers durch Vorwärts- und Zurückspringen das von ihnen bediente, sechzehn Meter lange Ruder derart zu bewegen, daß sich alle fünfzig Ruder des Schiffes genau im Takte hoben und senkten. Wo dies nicht der Fall war, sauste die Peitsche des Aufsehers auf den nackten Rücken des Fehlbaren nieder.

Man verlangte von ihnen, ohne Unterbrechung und ohne Trank und Nahrung aufzunehmen, zehn bis zwölf Stunden zu rudern. Damit sie vor Erschöpfung nicht in Ohnmacht fielen, steckte man ihnen ab und zu in Wein getauchte Brotbissen in den Mund.

Wehe, wenn einen aus diesem oder jenem Grund die Kräfte dennoch verließen und er in seiner Arbeit nachließ!

Sofort wurde er vom Aufseher, den man vielerorts nur den Henker nannte, erbarmungslos durchgepeitscht oder gar nackt ausgezogen und in den Mittelgang gelegt, wo er mit einem nassen oder geteerten Tau derart geprügelt wurde, daß das getroffene Fleisch unter jedem Hieb aufschwoll und unter einem späteren platzte. Dreißig, fünfzig, ja über hundert Schläge wurden verabfolgt, doch verlor der Gezüchtigte vor Schmerzen meist schon nach zwölf Hieben das Bewußtsein.

Um dem Brand vorzubeugen, wurden die blutig geschlagenen, zerfetzten Rücken mit Essig und Salz eingerieben, was erneut die fürchterlichsten Qualen verursachte.

Auf Antrag der Priester mußten alle Reformierten der Reihe nach dieser Tortur unterworfen werden, wobei sie ein einziges Wort: «J'abjure – ich schwöre ab!» für immer von dieser Höllenpein erlöst hätte.

Und dennoch kamen solche Wechsel nicht sehr häufig vor.

Benoit nennt unter 373 Namen 85, die der Versuchung nicht zu widerstehen vermochten. Alle andern hielten durch.

Ein Stück Brot, ranzige, kaum gar gekochte Bohnensuppe und mit etwas saurem Wein versetztes Wasser, das war die tägliche, sich immer gleich bleibende Nahrung der Galeerenknechte. Starb einer von ihnen, dann entkleidete man ihn und warf den nackten Leichnam zum Fraß für die Fische ins Meer.

Zu seiner Bekleidung erhielt jeder Galeerenknecht jährlich zwei Hemden aus Sacktuch, zwei Paar Hosen, die in Form eines Rockes genäht waren, da sie wegen der Fußketten über den Kopf angezogen werden mußten, ein Paar Strümpfe, einen Kittel aus grobem, rotbraunem Zeug, eine kleine rote Mütze und einen Mantel aus Kalbfell, der ihnen in der Nacht auch als Decke zu dienen hatte. Sie schliefen auf ihren Bänken, indem sie sich aneinander lehnten. Und doch wurde ihnen, um sie überhaupt am Leben zu erhalten, eine bescheidene Bewegungsfreiheit gewährt.

Gegen Bezahlung eines Sols nahm man ihnen an einem Tag die Ketten ab, in den Hafenstädten, wo das Schiff anlegte, konnten sie wohl auch unter strenger Bewachung ein wenig herumgehen, sie durften Geldspenden oder andere Gaben in Empfang nehmen, die ihnen von Angehörigen, Freunden oder Gönnern zugestellt, häufig aber auch vom Aufseher abgenommen oder von einem Mitgefangenen gestohlen wurden, und schließlich war ihnen auch erlaubt, Briefe zu empfangen und zu schreiben.

Unter den Galeerensträflingen machten jene, die wegen ihres protestantischen Glaubens zum Galeerendienst verurteilt waren, einen nur kleinen Teil aus. Immerhin trafen Morel und Espinas in Marseille mit einigen Glaubensbrüdern zusammen, die sich, soweit ihnen das möglich war, gegenseitig zu unterstützen und zu helfen suchten.

So lernten sie einen alten Prediger aus den Cevennen kennen, Jean Villeveyre, der vier Jahre zuvor in der Dauphiné verhaftet worden war. Und zwar war es Villeveyre, der sich nach Espinas erkundigte und durchfragte und eine riesige Freude zeigte, als es ihm endlich glückte, mit Espinas zusammenzutreffen. Er versicherte ihm mehrmals, daß er alles, was in seiner Macht stehe, für ihn tun werde.

Trotz des fürchterlichen Lebens, das er führen mußte, interessierte sich Espinas lebhaft für alles, was die protestantische Kirche Frankreichs betraf, und stand schriftlich auch mit Antoine Court in Verbindung, der ihn über die Schicksale der von ihm in der Schweiz betreuten Flüchtlinge auf dem laufenden hielt. Durch Court erhielt Espinas auch Nachrichten über seine Frau Anne Lapra, die ja mit zu Courts besonderen Schutzbefohlenen gehörte.

«Ihre liebe Gattin ist nach wie vor von Schmerzen erfüllt über Ihr qualvolles Leben, sie kränkelt seit dem Bekanntwerden des Urteils, das Sie betroffen hat. Während zweier Monate war sie sogar ernstlich krank, obwohl wir nichts unterließen, um sie zu trösten und zu unterstützen. Wir bemühen uns auch, sie und ihre Unglücksgefährtin, die seit einiger Zeit mit ihrem Kind in dieser Stadt weilt, einiger Hilfe teilhaftig werden zu lassen, die die Frauen in die Lage versetzen soll, ihre traurigen Tage etwas sonniger zu gestalten. Bis dahin hat Ihre Frau nichts entbehren müssen, und es wird ihr auch fürderhin nichts mangeln, wenn es Gott gefällt. Sie dürfen also in dieser Hinsicht beruhigt sein.»

Die Freundschaft zwischen dem gütigen Prediger Villeveyre und Espinas war leider nur von kurzer Dauer. Schon im Oktober 1740 starb der alte Mann.

Zu diesem Kummer kam die Sorge um Anne, von der seit dem Monat August keine Nachricht mehr eingetroffen war. Schließlich erkrankte Espinas und kam für etwa einen Monat ins Krankenhaus. Diese Zeit der Krankheit wurde für ihn zu einem wahren Geschenk, da der ihn behandelnde Arzt ihm gegenüber eine besondere Anteilnahme bekundete, die ihm unsäglich wohltat.

Im Januar 1742 übermittelte Espinas Court eine Bittschrift zugunsten der Galeerenknechte. «Wir danken Ihnen und allen unseren Wohltätern zum voraus für die uns erwiesenen Liebeswerke. Gott vergelte sie Ihnen in diesem und im kommenden Leben.»

Nach wie vor war ihm die schwankende Gesundheit seiner Frau eine schwere Sorge; nun kam dazu auch noch die Sorge um sein Töchterchen. Er hatte Elisabeth bisher bei seinen Eltern in guter Hut gewußt, nun aber war ihm zu Ohren gekommen, daß den Lapras gedroht worden war, man werde ihnen das Kind wegnehmen und es in einem Kloster rechtgläubig erziehen lassen.

Das wäre durchaus kein vereinzelter Fall gewesen, immer wieder, bald in dieser, bald in jener Gemeinde, wußten es die katholischen Geistlichen durchzusetzen, daß protestantischen Eltern vorab die Mädchen mit Gewalt weggenommen und in ein Kloster getrieben wurden.

Auch in diesem Kummer wandte sich Espinas um Rat und Beistand an Court, und dieser schlug ihm vor, unbedingt zu versuchen, das Mädchen bei nächster Gelegenheit durch eine vertrauenswürdige Person zu ihm in die Schweiz bringen zu lassen.

«Ich werde alles unternehmen», schrieb Espinas zurück, «um Elisabeth in Ihre Obhut zu geben. Bis es so weit ist, werde ich nicht mehr ruhig schlafen können. Gott leihe mir seine Hilfe! Der kleine Morel, den ich gestern gesehen habe, hat mich gebeten, Ihnen seine ergebensten Grüße zu übermitteln. Er ist heute auf dem Meer, ist er doch einer der Galeeren zugeteilt, die jeden Tag der Küste entlang zu fahren haben.»

Da die Galeerensklaven die Möglichkeit hatten, sich am Morgen gegen Entrichtung einer Gebühr von einem Sol am betreffenden Tag die Ketten abnehmen zu lassen, hatte sich in Marseille ein kleiner Ausschuß von Menschenfreunden gebildet, der zu diesem Zwecke freiwillige Spenden sammelte und von Zeit zu Zeit jedem Gefangenen zwei Sols ausrichten ließ, wobei allerdings einige der Bedachten erklärten, sie möchten den bescheidenen Betrag lieber für dringlichere Bedürfnisse verwenden.

Mit der Verteilung der Spenden an die aus Glaubensgründen zur Galeerenstrafe Verurteilten war Espinas betraut, doch das war eine Aufgabe, die ihm mancherlei Unannehmlichkeiten eintrug. Es ist eine Liste erhalten, die er zur Weitergabe an Antoine Court unterm 15. Mai 1748 seiner Frau zustellte und in der er 44 aus dem Ausland eingegangene Spenden für die Galeerenknechte aufführte. In diesem gleichen Brief erwähnte er auch seine Tochter: «Ich habe am Mittwoch Freydier getroffen, der mir viel Gutes über unsere Kleine gesagt hat. Sie soll nun lesen können.»

Im Dezember 1749 widerfuhr ihm das große Glück, nach zehnjähriger Trennung seine Frau wiederzusehen. Das Wiedersehen war vermutlich von langer Hand vorbereitet worden. Anne Lapra benützte einen Besuch bei ihrem Vetter Majal, dem älteren Bruder Désubas', um in Marseille mit ihrem Gatten zusammenzutreffen.

«Gegen vier Uhr abends kamen wir an, und unverzüglich begab ich mich zum Hafen hinunter, wo die Galeeren anlegen. Ohne daß mich jemand führte, fand ich das Schiff, auf dem mein armer, unglücklicher Gatte war. Ich verlangte aber nicht nach ihm, sondern fragte nach dem armen Morel, der mich jedoch nicht wiedererkannte. Ich bat ihn, mich zu meinem geliebten Gatten zu führen. Jean-Pierre ließ sich die Ketten abnehmen und trat auf uns zu. Zuerst meldete er seinem Meister, daß seine Frau gekommen sei, und einen Augenblick später bat er ihn, ihm doch zu gestatten, mich zu einem seiner Freunde zu führen. Man gab ihm zu unserer Begleitung einen Aufseher mit, und wir blieben eine Viertelstunde beieinander. Wir taten alles, um ihn in dieser Zeit so viel als möglich von den Ketten zu befreien. Jeden Tag ging ich hin, um ihn von acht Uhr morgens bis drei Uhr nachmittags zu sehen. Der arme Morel kam bei uns vorbei, um sich wieder in Ketten schließen zu lassen. Er ist immer sehr tapfer.

Man hatte mir vorgemacht, es gehe ihnen besser, als dies in Wirklichkeit der Fall ist. Hätte ich ihn nicht selber gesehen, ich könnte mir gar nicht vorstellen, wie sehr sie zu bedauern sind. Ach, diese armen Männer! Wenn doch nur wenigstens ihr Essen etwas weniger schlecht wäre, dann ginge es ihnen ja noch leidlich. Vier Tage blieb ich in Marseille.»

Wenig später schrieb Espinas an Court: «Dank der Gnade Gottes werden wir nie den Mut verlieren und sind bereit, alles zu ertragen, was die Vorsehung uns zubestimmt hat, wenn es sein Wille ist, daß wir in diesem schändlichen Zustand zur Ehre seines Namens leiden. Ich persönlich freue mich darüber, daß man uns keinerlei Beachtung schenkt und in uns nichts anderes als Häftlinge sieht, hergelaufene Menschen, Vagabunden, liederliche Kerle ohne Erkenntnis.»

Und wieder einen Monat später schrieb er: «Gott, der durch seine unbegreifliche Weisheit alle Pläne und Meinungen der Menschen umkehren kann, hat augenblicklich unsere Traurigkeit in Freude verwandelt, indem es ihm gefallen hat, nicht nur unsere Brüder Jullien und Bérard, sondern auch unseren teuren und sehr geliebten Bruder Pierre Loubié in Freiheit setzen zu lassen. Das verleiht uns durch Gottes Gnade Mut und gibt uns die Hoffnung, eines Tages durch unseren großen Monarchen der gleichen Gunst teilhaftig zu werden. Möge der große Gott ihn unsere Unschuld erkennen lassen und ihn uns gnädig stimmen, zu seiner Ehre und zu unserem Heil!»

Um 1750 wurden Espinas und andere Galeerensklaven nach Toulon übergeführt. Aus einer Liste vom 26. September 1753 geht hervor, daß damals in Toulon zusammen mit Espinas 48 Häftlinge wegen ihres Glaubens auf den Galeeren dienten, sechs von ihnen aus dem Vivarais.

Im Februar 1761 wurde «der gute Freund Morel» in

Freiheit gesetzt, worüber sich Espinas herzlich freute. Als Nummer 16193 hatte Matthieu seit 1746 auf der Galeere «Das Glück» geschmachtet und war dann von 1753 an als Nummer 1418 in den Registern von Toulon eingetragen.

Bei seiner Befreiung hatte er eine einundzwanzigjährige Galeerenstrafe hinter sich, zu der er verurteilt worden war, weil er als Halbwüchsiger seinen Onkel, einen protestantischen Pfarrer, auf seinen Reisen begleitet hatte.

Vor den Jahren alt geworden, zog er, da ihm bei der Freilassung ausdrücklich untersagt worden war, sich im Languedoc niederzulassen, nach Livron, wo er sich später auch verheiratete und das stille Leben eines zurückgezogenen, gläubigen Mannes führte.

Jean-Pierre Espinas hatte noch zwei Jahre auszuharren. Für ihn schlug die Stunde der Befreiung in den ersten Wochen des Jahres 1763. Seine Begnadigungsurkunde wurde am 25. Januar ausgefertigt. Nach seiner Freilassung verblieben in Toulon noch zwanzig protestantische Galeerensklaven, unter ihnen Alexander Chambon, der schließlich im Jahre 1769, nach achtundzwanzigjährigem Galeerendienst, auch befreit wurde und ins Vivarais zurückkehrte.

Es wird in einem späteren Kapitel von ihm noch die Rede sein.

Anne Durand

Im Languedoc hatte die Synode im Jahr 1741 zum Geistlichen für die Kirchgemeinde von Nîmes den kaum dreiundzwanzigjährigen Paul Rabaut gewählt, einen Pfarrer von ganz außerordentlichen Qualitäten, der sich schon bald als ein würdiger Nachfolger Antoine Courts erwies und unter den Protestanten nicht nur im Languedoc rasch immer größeren Einfluß gewann.

Seine Predigten waren von hinreißender Gewalt, die Art und Weise, wie er auch die schwierigsten Amtsgeschäfte führte, zeugte von einer ungewöhnlichen Klugheit, und durch den Feuereifer, mit dem er seinen Glaubensbrüdern und Glaubensschwestern nachging und sie seelsorgerlich betreute, gewann er sich deren Liebe und Verehrung, doch trug ihm sein Einsatz auch den Haß und die Verfolgung seiner Widersacher ein, die von ihm behaupteten, durch den Einfluß seiner Persönlichkeit stehe er im Begriff, wieder zu zerstören, was sie in den zurückliegenden fünfzig Jahren zum Heil ihrer Kirche aufgebaut hätten.

Rabaut war der Sohn wohlhabender Eltern, sein Vater war Tuchhändler, der in Paul gerne seinen Nachfolger gesehen hätte. Aber davon wollte Paul nichts wissen, er wollte es nicht mit Stoffballen, sondern mit lebendigen Menschen und deren Seelen zu tun haben.

Das heldenhafte Vorbild Antoine Courts hatte sich dem begeisterungsfähigen und mit seltenen Geistesgaben ausgestatteten Knaben schon früh so unauslöschlich eingeprägt, daß es für ihn gar nichts anderes gab, als den Beruf eines Wüstenpfarrers zu ergreifen.

Obwohl die Eltern überzeugte und eifrige Protestanten waren und mancher Verfolgte in ihrem Hause gastliche Aufnahme fand, gaben sie dem Drängen ihres Sohnes nur schweren Herzens nach, mußten sie doch damit rechnen, daß sie ihn damit dem Märtyrertode weihten.

Doch auch diese Gefahr vermochte Paul Rabaut nicht abzuschrecken.

An ihn also, an den protestantischen Pfarrer von Nîmes, sandte Marie Durand im September 1748 eine neue Gefangenenliste, und gleichzeitig bat sie ihn, ihr durch Court Nachrichten über ihre Nichte Anne zukommen zu lassen.

Annes Mutter, Anne Rouvier, fristete nach wie vor in Lausanne ein ärmliches Dasein. Da sie häufig krank war, reichte die bescheidene Rente, die ihr von der Flüchtlingskammer in Bern immerhin regelmäßig ausgerichtet wurde, kaum aus, um sich und das Kind durchzubringen.

Schon 1741 wäre sie ihren Leiden beinahe erlegen, und als sie dann sechs Jahre später, am 8. September 1747, der Tochter wirklich wegstarb, hinterließ sie ihr eine Schuld von 251 Pfund und 17 Sols. Antoine Court bemühte sich, die Summe aufzubringen, und sandte ein Gesuch an die gnädigen Herren von Bern.

Was aber sollte aus Anne werden?

Unter den Bekannten der Verstorbenen, an die Court diese Frage richtete, zeigte ein gewisser Etienne Chiron lebhafte Teilnahme für das verwaiste Mädchen.

Chiron entstammte einer Flüchtlingsfamilie aus Châteauneuf-d'Isère und hatte Theologie studiert, war auch konsekriert worden, hatte jedoch das Amt eines Pfarrers nie ausgeübt. 1742 eröffnete er in Genf eine Schule, in der vorab in den Fächern Religion, Geschichte und Geographie unterrichtet wurde, und mit dieser Schule hatte er einen ansehnlichen Erfolg. Zu seinen Schülern, die bei ihm auch in Pension waren, gehörte neben den drei Söhnen von Paul Rabaut auch der Sohn von Pfarrer Pradel aus Uzès.

Tatkräftig setzte sich Chiron für seine Glaubensgenossen in Frankreich ein, gehörte dem genferischen «Comité français» als Aktuar an und stand mit mehreren Pfarrern der Wüste in regem Briefwechsel.

Etienne Chiron gelangte nun an Anne Durand mit dem Ersuchen, ihm ihre Lage und ihre Verhältnisse zu schildern, und die nun siebzehnjährige Tochter Pierre Durands schrieb ihm unterm 5. Oktober: «Gerne will ich Ihnen genaue Auskunft geben. Ich lebe zur Zeit bei einer Dame, die mir mit viel Freundlichkeit begegnet. Sie stellt mir in ihrer Wohnung ein Zimmer zur Verfügung und gibt mir die Suppe, während ich für das übrige selber aufzukommen habe. Die Herren von Bern lassen mir in ihrer Güte die Pension weiterhin zukommen, die sie zu Lebzeiten meiner Mutter ausgerichtet haben. Sie beträgt monatlich fünf Pfund. Leider reicht dieser Betrag für meinen Unterhalt nicht aus. Da meine Mutter ihre lahm im Turm der Constance liegende Mutter unterstützte und sich bemühte, die Schulden abzuzahlen, die mein Onkel Pierre Rouvier während seiner Galeerenzeit zu machen genötigt war, ließ sie mich in einer sehr peinlichen Lage zurück, so daß ich mich gezwungen sah, alle unsere Habseligkeiten zu verkaufen, nur um die ungeduldigsten Gläubiger befriedigen zu können. In den letzten fünf Wochen ihrer Krankheit hatten wir große Auslagen, so daß ich heute lediglich über die mir von der Regierung ausgerichtete Pension zu verfügen habe. Aber das ist nicht meine größte Sorge. Ich setze mein ganzes Vertrauen auf Gott und hoffe, er werde mich nicht verlassen. Ich werde tüchtig arbeiten, um mich durchzubringen. Doch wenn ich daran denke, daß ich meine Mutter nicht mehr habe, verzweifle ich fast und rufe mit dem Propheten Jeremia aus: ‚Gibt es einen Schmerz, der meinem gleichkommt?' Würden Sie mich bitte bei meinen Basen Chajac in Erinnerung bringen? Wenn sie mir schrieben, bedeutete das für mich einen großen Trost. Ihnen von mir aus zu schreiben, wage ich nicht. Ich weiß, daß man Ihnen über mich Ungünstiges zugetragen hat, um mich bei Ihnen in ein schlechtes Licht zu setzen. Sagen Sie mir doch so bald als möglich, wer es gewesen ist. Ich werde Stillschweigen bewahren. Entschuldigen Sie doch bitte mein Geschreibsel. Aber während ich Ihnen schrieb, habe ich immerfort weinen müssen, so daß ich mit den Tränen alles verschmierte. Verzeihen Sie mir, wenn Sie können, ich beschwöre Sie.»

Chiron leitete diese Auskünfte an Antoine Court weiter, und dieser schrieb ihm zurück. «Ich werde versuchen, für sie eine Erhöhung ihrer Pension zu erwirken, doch sind die Aussichten, daß man meinem Gesuch entsprechen wird, nicht sehr groß. Es ist betrüblich, daß die Tochter eines Pfarrers, der sich für die Kirche unter dem Kreuz ganz hingegeben und ihr alles geopfert hat, und dessen Andenken so ruhmreich ist, sich solcherart in Not befindet, daß sie genötigt ist, alle ihre Habseligkeiten zu verganten, nur um ihre Gläubiger zufriedenzustellen.»

So blieb Anne Durand in Genf, gewissermaßen unter Chirons Schutz, der es nicht unterließ, Antoine Court über das Ergehen der Waise immer wieder auf dem laufenden zu halten.

Leider entwickelte sich Anne nicht sehr günstig. Sie hatte zwar geschickte Hände, die sie befähigten, schöne Handarbeiten auszuführen; ihr Charakter aber war wenig ausgeglichen. Außerdem war sie nicht sehr gesund. Das eine Bein war doch steif geblieben, so daß sie leicht hinkte.

Damals schrieb Marie Durand ihrer Nichte einen Brief, der, wie alle Briefe in jener Zeit, aus einem zusammengefalteten Blatt Papier bestand. Ohne Umschlag trug dieses Papier auf der einen Seite die Anschrift: «Herrn Chiron à la Taconnerie, Genf, zur Übermittlung an Fräulein Durand in Onez (Genf), zusammen mit einem Paket.» Diesen Brief hatte Marie Durand mit einem schwarzen Siegel verschlossen, dessen Zeichnung ein brennendes Herz unter einer Krone darstellte.

«Du wirst Dich gewundert haben, daß meine Antwort so lange ausblieb; ich wollte Dir etwas anfertigen, bin jedoch noch nicht dazu gekommen. Das ist der Grund für die entstandene Verzögerung. Du darfst mir glauben, daß ich Dich liebe, als wärest Du mein eigenes Kind. Vorausgesetzt, daß Du brav bleibst, wirst Du von mir Zärtlichkeitsbeweise einer wahren Mutter erhalten. Ich habe so meine Pläne, die Dir jetzt noch verborgen sind. Durch sie hoffe ich Dich mit Gottes Hilfe einmal glücklich machen zu können. Wie froh bin ich, daß Dir der Herr Deine Gesundheit wieder zurückgegeben hat, ich habe beinahe schon befürchtet, Du seiest gar nicht mehr am Leben. Ach, wäre es mir doch möglich, aus meinen Gütern etwas Geld zu ziehen, es gehörte alles Dir! Dennoch werde ich es einzurichten wissen, daß Du zu einem Kleid, einem Rock, einer Mantille und zu Winterstrümpfen kommst. Schreibe mir, ob Dir das Kleid, das ich Dir zuschicken lasse, auch paßt und ob Du selber es warst, die es so einfach wünschte. Ich werde dieserhalb manches entbehren müssen; aber was liegt daran! Es ist ja ein Opfer für Dich, mein liebes Kind. Bitte, schreibe mir, wie teuer der Faden für ein Spitzentuch zu stehen käme, und wie viel Arbeit Du benötigtest. Eine vornehme Freundin hat mich um ein solches Tuch gebeten. Die Spitze sollte wirklich fein sein, etwa zwei Finger breit. Überlege es Dir und gib mir bitte die gewünschten Angaben. Es würde für mich nur von Vorteil sein, denn gute Freunde sind immer nützlich. Irgend jemand hat verlauten lassen, daß Du Dich verheiratet habest. Das glaube ich nun wirklich nicht und möchte Dir auch nicht dazu geraten haben. Gott wird schon für Dich sorgen, und dann kannst Du Dich auch darauf verlassen, daß ich während meines ganzen Lebens meine Pflicht als Deine gute und Dir sehr gewogene Tante erfüllen werde. Alle meine Gefährtinnen lassen Dich grüßen. Sie haben von Herzen Mitleid mit Dir. Richte Deinen Freunden und Freundinnen meine Grüße aus. Deine Großmutter grüßt Dich. Das ist, ich weiß es, wenig genug. Aber sie ist immer dieselbe. Sie gönnt Dir auch nicht einen Denar. Sie ist sehr undankbar; aber stelle Dich so, als ob Du das nicht wüßtest. Grüße sie in Deiner Antwort an mich und schildere ihr Deine Not. Bitte sie, sie möchte mir jeden Monat so viel für Dich geben, wie sie erübrigen kann. Verbrenne diesen Brief.»

So sehr sich Marie Durand in ihren Gedanken mit ihrer Nichte beschäftigte und die ganze Liebe ihres übervollen Herzens auf sie übertrug, als wäre es die ihr noch gestellte Aufgabe, Anne zu betreuen, in der für sie ihr Bruder Pierre weiterlebte, drangen doch etwa Nachrichten in die Abgeschiedenheit des Turms, mit denen sie sich auseinanderzusetzen hatte.

So teilte ihr Notar Barruel mit, ihr Vater Etienne Durand habe am 13. November 1748 durch ihn sein Testament aufstellen lassen. Da er zu alt war, um sein Land noch selber bebauen zu können, hatte er es seinem Nachbarn Bevengut verpachtet. Seiner Enkelin Anne hatte er einen Betrag von 600 Pfund vermacht, der Tochter Marie dagegen lediglich eine jährliche Rente von 20 Pfund ausgesetzt. Da sie eine Gefangene war, konnte er sie nicht als seine Universalerbin einsetzen, wie das, da sein Sohn Pierre ja nicht mehr lebte, seine Absicht gewesen wäre. So ernannte er seinen Großneffen Pierre Astruc zu seinem Erben, allerdings mit der Auflage, auf die Grundwerte des Gutes zu Gunsten Marie Durands zu verzichten, sobald diese aus dem Gefängnis entlassen werde. Nur zwei Monate später, am 19. Januar 1749, starb Etienne Durand im Alter von 92 Jahren.

Am 11. Mai ließ Pierre Astruc in Privas das Testament seines verstorbenen Onkels einschreiben, wobei er erklärte, daß sich das geerbte Vermögen auf tausend Pfund belaufe.

In diesem Zusammenhang meldete sich eines Tages Marie Durands Glaubensgenosse Brunel, ein Onkel Annes, im Turm. Er erklärte sich bereit, sich um die Verwertung ihres Besitzes kümmern zu wollen, und brachte ihr auch schon etwas von ihrem Geld, das er hereinbekommen hatte.

Sie ordnete an, daß davon hundert Pistolen (das sind 1000 Pfund) an Anne auszuzahlen seien, aber so, daß der Betrag an Zins gelegt werde.

«Da Gott Dir dieses kleine Vermögen schenkte, so verliere es nun nicht durch Deine Schuld», schrieb sie der Nichte.

Die Pflege Isabeau Sautels, deren Lähmungserscheinungen sich unaufhaltsam verschlimmerten, so daß sie sich längst nicht mehr von ihrem Lager erheben und auch die Arme kaum mehr bewegen konnte, nahm Marie Durand körperlich und seelisch stark in Anspruch. Das Essen mußte ihr wie einem kleinen Kinde eingelöffelt werden. Mit der Verschlimmerung ihres körperlichen Leidens verdüsterte sich auch ihr Gemüt immer mehr, so daß sie für Marie Durands aufopfernde Pflege nicht nur keinen Dank hatte, sondern die junge Frau immer wieder anschrie, sie verursache ihr absichtlich und mit mörderischer Wollust Schmerzen, wie ja alles, was je von den Durands gekommen sei, ihrem Hause nur Leid und Unglück gebracht habe.

«Ach, wie anders hätte sich unser aller Leben gestaltet, wenn dein von Fanatismus besessener Bruder meinem Sohn Pierre nie in den Weg gelaufen wäre! Mörderin, Mörderin, willst du mich wohl loslassen aus deinen Klauen, du bringst mich ja um!»

Doch Marie Durand ließ sich weder entmutigen noch erbittern. Täglich tat sie in großer Treue an der alten Frau, was ihr ihre Pflicht zu sein schien.

Auch andern Kranken stand sie bei, pflegte und tröstete sie, und wenn für eine ihrer Gefährtinnen die letzte Stunde gekommen war, da sie erlöst wurde aus allem Leiden und aller Trübsal, da betete sie mit ihr und drückte ihr zuletzt die Augen zu.

Auch der Zustand ihrer Freundin Isabeau Menet bereitete ihr mehr und mehr tiefen Kummer. Schon früher hatten sich etwa Anzeichen gezeigt, die auf eine Verwirrung ihres Geistes schließen ließen; seitdem sie aber ihr

Söhnlein Michel-Ange hatte hergeben müssen, war es immer schlimmer geworden, so daß sie oft in stundenlanges, düsteres Brüten verfiel, aus dem sie plötzlich auffuhr, auf ihre Gefährtinnen eindrang, sie packte, schüttelte und schreiend beschuldigte, ihr den Knaben weggenommen zu haben. Da diese Anfälle immer häufiger und von immer erschreckenderer Heftigkeit wurden, bedeutete die Kranke eine wirkliche Gefahr für ihre Mitgefangenen.

Selbst noch in diesem Zustand vermochte Marie Durand einen starken Einfluß auf sie auszuüben. Unter liebevoll zusprechenden Worten beruhigte sich Isabeau Menet zusehends, ihre Verkrampfungen lösten sich, sie sank zusammen und weinte wie ein Kind, wobei sie dann willenlos allem zustimmte, was ihre Freundin anordnete oder von ihr verlangte.

Trotzdem erstattete der Kommandant des Turms dem Statthalter Bericht und bat, die erforderlichen Maßnahmen zu treffen. Das geschah denn auch, und auf Weisung Saint-Florentins wurde Isabeau Menet am 3. März 1750 aus dem Turme entlassen und «ihrem Vater zurückgegeben».

Ihr Bruder holte sie ab und bürgte für sie.

Noch acht Jahre lebte sie in ihrem Heimatdorf in zunehmender geistiger Umnachtung. Als sie 1758 starb, wurde sie außerhalb der Friedhofsmauer, also nicht in geweihter Erde, die allein den Katholiken vorbehalten war, bestattet. Ihr Sohn Michel-Ange, der seine Kindheit bei ihr im Turm verbracht hatte und inzwischen zu einem stattlichen jungen Mann herangereift war, besorgte ihr eigenhändig diesen letzten Liebesdienst.

Und im gleichen Jahr, da Isabeau Menet den Turm verließ, womit für Marie Durand eine zuletzt zwar tragisch verdüsterte, in den früheren Jahren jedoch wunderbare Freundschaft jäh ihren Abschluß fand, erreichte sie die Nachricht, daß Matthieu Serres nach zwanzigjähriger Kerkerhaft im meerumspülten Fort Brescou durch ein Begnadigungsschreiben des Ministers Saint-Florentin in Freiheit gesetzt worden sei, allerdings unter der Bedingung, daß er das Königreich verlasse und seinen Boden nie mehr betrete.

Matthieu Serres! Matthieu!

Diese Meldung weckte eigenartige Gefühle in Marie Durand, da sie durch sie an die Zeit erinnert wurde, in der sie mit diesem Menschen, mit diesem gütigen Menschen, wenn auch nur für wenige Wochen, verheiratet gewesen war. Und ihr war, als sie die Augen schloß, sie sehe ihn wieder unter dem rosigen Blütengeflock des Mandelbäumchens über das Mäuerchen gelehnt, ihr zulächelnd, mit braunen Armen und mit offenem Hemd über der nackten Brust. Matthieu! Beinahe hatte sie ihn und die wenigen Tage und Nächte ihres Beisammenseins vergessen gehabt, als wären sie nie Wirklichkeit, sondern nur ein kurzer, erregender Traum gewesen.

Sie hatte sie, um innerlich zur Ruhe zu kommen, mit aller Kraft vergessen wollen, weil sie zwischen ihr und Pierre eine Mauer errichtet hatten. Und nun sah sie klar, daß sich das, was einmal gewesen, vielleicht zuschütten, nie aber vergessen ließ. Nein, niemals in diesem Leben. Matthieu! Durch ihn war auch sie zur Frau geworden. Wie töricht, daß sie gemeint hatte, das auszulöschen, als sie auf der Gefangenenliste die Bemerkung hinsichtlich ihrer Verheiratung durchstrich! Das ließ sich nicht durchstreichen. Und trotzdem würden sie sich nun nie mehr wiedersehen, in diesem Leben nie mehr.

Möchte doch Gott ihn behüten und ihn segnen für alle Liebe, die er ihr erwiesen hatte, damals, daheim in Le Bouchet. Und ihr war, als spüre sie, o du stilles Glück, noch einmal seine etwas zaghaft liebkosende, gütige Hand.

Am 27. April 1752 schrieb Marie Durand an ihre Nichte:

«Die Zeit muß Dir lang erscheinen, liebe Tochter, und vielleicht denkst Du, ich habe Dich völlig vergessen. Dem ist aber nicht so, eher würde ich mich selber als Dich vergessen. Das, was ich Dir versprochen hatte, konnte ich noch immer nicht beschaffen; aber sei getrost, Du wirst es schon erhalten, auch wenn ich deshalb für mich selber auf das Allernotwendigste verzichten müßte. Deiner Großmutter geht es immer gleich. Sie läßt Dich grüßen. Alle meine beklagenswerten Gefährtinnen schicken Dir einen Kuß. Wie sehr freute ich mich, als ich Deinem letzten Brief entnehmen durfte, daß es Dir mit dem Heiraten nicht eilt. Bleibe nur dabei! Mit Gottes Hilfe werden wir uns noch einmal sehen können.»

In einem späteren Brief schrieb sie: «Wir haben ein kleines, zwölfjähriges Mädchen hier im Turm, das Töchterchen der Anne Goutèt. Der Vater der Kleinen starb den Tod eines Märtyrers. Anne und ich essen miteinander. Die kleine Cathérine besitzt wegen ihrer Bescheidenheit und Artigkeit die bewundernde Liebe aller, und oft höre ich sagen: ‚Was für ein braves Kind! Das ist die Frucht der Erziehung, die ihm Fräulein Durand hat zuteil werden lassen!' Ich darf wohl sagen, daß mich Cathérine nicht minder liebt als ihre Mutter. Zweifellos ist das ein Ergebnis der Erziehung, die ich ihr gebe. Dürfte ich doch das gleiche auch für Dich tun! Ich gäbe Dir, Du mein Engel, ein paar leichte Streiche auf die Wangen, und Du würdest mir um den Hals fallen, um mich zu küssen, wie es die kleine Cathérine tut. Strebe den Tugenden Deines Vaters nach, der von allen, die ihn kannten, so sehr geliebt worden ist. Ich hätte so gern eine Gabe von Dir, Du mein lieber Engel, ein Spitzentüchlein, weißt Du, ein mit Spitzen eingefaßtes Tüchlein, wenn Du es schaffen kannst. Ich werde es Dir mit reichlichen Zinsen zurückgeben. Wie würde mich eine solche Arbeit Deiner Hände freuen; doch wenn es nicht geht, brauchst Du Dir keine Vorwürfe zu machen, ich werde Dich deswegen nicht weniger liebhaben, Du selber bist mir ja alles. Unsere kleine Cathérine, ihre Mutter Anne und alle meine Gefährtinnen senden Dir viel Liebes. Wir alle, besonders aber das Kind, sprechen jeden Tag wohl hundertmal von Dir. Cathérine liebt Dich sehr. Auch Deine Großmutter schickt Dir einen Kuß. Sie macht mir viel zu schaffen. Bestätige mir doch bald den Empfang des Paketes und laß mich wissen, ob Du mit allem zufrieden bist. Den Brief, den Du mir durch Lassalle schicktest, habe ich erhalten. Lebe wohl, meine liebe Kleine!»

Diese liebe Kleine, die Marie Durand in so rührender Weise bemuttern zu müssen glaubte, war immerhin schon vierundzwanzig Jahre alt, also neun Jahre älter, als Marie Durand bei ihrer Verheiratung gewesen war.

Der Verfolgungen ist kein Ende

Bereits am 8. September 1748 hatte im Bezirk von Uzès eine Abteilung Soldaten in brutaler Weise eine kirchliche Versammlung überfallen, wobei sie mit ihren Bajonetten mehrere Personen verwundet hatten. Andere, die durch Flucht zu entkommen versuchten und eingeholt werden konnten, wurden in schändlicher Weise mißhandelt. Was die Frauen an Schmuck trugen, wurde ihnen heruntergerissen, während andere Rohlinge sich an ein paar Mädchen heranmachten und sie trotz ihres Geschreis in ein nahes Gehölz trieben: «Kommt, ihr Bräutchen, und sträubt euch nicht lange. Ehe ihr euch im Gefängnis langweilt, wollen wir noch miteinander Hochzeit halten!»

Am 22. November 1750 führte Pfarrer Pradel in Arpaillargues, wiederum in der Umgebung von Uzès, eine Versammlung durch. Da sich die Gläubigen, die daran teilgenommen hatten, zu wenig rasch zerstreuten, gelang es den Häschern, gegen hundert von ihnen gefangenzunehmen. Immerhin wurden die meisten, in erster Linie Gebrechliche, schwangere Frauen und Kinder, nach einem ersten Verhör wieder nach Hause entlassen. Von den Verurteilten kamen zwei Frauen kurz vor Weihnachten in den Turm der Constance: Clarisse Domergue und Françoise Barre.

Nach dem Tode Le Nains, der nach De Bernage während zehn Jahren Generalstatthalter gewesen war, übernahm 1752 der strenge Saint-Priest das Amt.

Als er unterwegs nach Montpellier war, trat auf offener Straße bei Codognan ein Mann an seinen Wagen heran, nahm den Hut vom Kopfe und verbeugte sich, so daß Saint-Priest dem Kutscher gebot, anzuhalten.

Der Mann trat an den offenen Schlag der Kutsche und überreichte dem neuen Statthalter eine Denkschrift. Und dieser Mann war kein anderer als der protestantische Pfarrer von Nîmes, Paul Rabaut, auf dessen Kopf bereits ein Preis von 6000 Pfund ausgesetzt war, und der sich trotzdem nicht scheute, dem neuen und gestrengen Machthaber Auge in Auge gegenüberzutreten und ihm eine selbstverfaßte Schrift auszuhändigen, die eine gewissenhafte Darstellung der grausamen Verfolgungen enthielt, denen die Protestanten in den letzten Jahren unter dem Haß der römischen Geistlichkeit ausgesetzt gewesen waren, die sie aber in stillem Dulden und in treuem Gehorsam dem König gegenüber ertragen hatten. Die Ausführungen waren mit genauen Angaben über Ort, Tag und Namen belegt. Rabaut war sich der Gefahr, in die er sich begab, durchaus bewußt. Ein Wort des Statthalters hätte genügt, den steckbrieflich Verfolgten augenblicks zu zerschmettern.

Rabauts Denkschrift, die lange Zeit als vernichtet galt,

ist hundertfünfzig Jahre später in Paris aufgefunden worden.

Die erste Amtshandlung Saint-Priests war ein Prozeß gegen ein paar Protestanten, die nach einem von Paul Rabaut im Mas de Ponge gehaltenen Gottesdienst verhaftet worden waren. Sieben von ihnen wurden in der Festung von Nîmes eingekerkert und drei Männer auf die Galeeren geschickt.

Nur wenig später gelang es den Königlichen, in Vignan den Theologiestudenten François Bénéget festzunehmen, der nach kurzem Gerichtsverfahren in Montpellier gehängt wurde.

Zehn Tage später verurteilte Saint-Priest zwei Männer und fünf Frauen wegen Ausübung der protestantischen Irrlehre zu lebenslänglicher Kerkerhaft. Sie hatten sich in der Umgebung von Clarensac, wo sie einer Versammlung beigewohnt hatten, überraschen lassen. Zwei der Frauen, Jeanne Angier-Bastide und Suzanne Séquin-Vedel, waren über siebzigjährige Witfrauen, eine andere hatte ein Gebrechen.

Am 18. März 1752 wurde Pfarrer Jean Molines, genannt Féchier, in Marsillargues festgenommen und zum Tode verurteilt. Nach der Urteilsverkündung wurde er schwach, schwor seinen protestantischen Glauben ab und trat in ein Priesterseminar ein. Allein, das Gewissen ließ ihm keine Ruhe. Er brach aus dem Seminar aus und flüchtete nach Holland, wo er aber unter schrecklichen Seelenqualen elendiglich zugrunde ging.

Seine Frau, Madeleine Pilet, die Witwe des Infanterie-Hauptmanns Jean-Louis de Saint-Sens, in deren Haus Pfarrer Féchier überrascht und verhaftet worden war, wurde von Saint-Priest zu lebenslänglicher Gefängnisstrafe in der Tour de Constance verurteilt. Vorher wurden ihr, wie das üblich war, die Haare abgeschnitten und der

Schädel rasiert. Ihr Haus sollte, da sich ein protestantischer Pfarrer darin aufgehalten hatte, dem Erdboden gleichgemacht werden. Nach einigem Zögern aber kam der Statthalter auf das Urteil zurück, widerrief in Anbetracht des Standes der Unglücklichen den bereits erteilten Befehl zur Zerstörung ihres Hauses und ließ es bei ihrer Einkerkerung im Turm der Constance bewenden. Er war sogar großmütig genug, ihr eine monatliche Pension von dreißig Pfund ausrichten zu lassen, wobei das Geld allerdings ihrem eigenen Vermögen entnommen wurde, das konfisziert worden war.

Marie Durand befreundete sich rasch mit dieser gebildeten und gediegenen Frau, und Frau de Saint-Sens schickte mehrmals an Anne Durand, von deren Los sie durch ihre Gefährtin wußte, ihre Grüße.

Schon bald, nachdem Saint-Priest sein Statthalteramt angetreten hatte, fing er an, die protestantisch getauften Kinder umtaufen zu lassen. Da aber seiner Meinung nach die von der Maßnahme betroffenen Eltern seinem Befehl viel zu wenig rasch nachkamen, wurden zur Beschleunigung dieser Prozedur und auf Anraten der Geistlichkeit Dragoner, diese gefürchteten Himmelspolizisten, eingesetzt, die überall wo sie auftauchten Furcht und Schrecken verbreiteten. Viele der protestantischen Eltern, die das Aufgebot erhalten hatten, ihre Kinder in die Kirche zu bringen, zogen es vor, dies den Soldaten zu überlassen und sich selber inzwischen irgendwo zu verbergen, um nicht in die Hände der mit mancherlei Privilegien ausgestatteten Mordbuben zu fallen.

In der Gegend von Ledignan wurden drei katholische Geistliche, von denen man wußte, daß sie für diese schrecklichen Maßnahmen verantwortlich waren, von der aufgebrachten Bevölkerung kurzerhand niedergeschossen.

Diese drei Schüsse wirkten wie ein Warnungsruf.

Saint-Priest befürchtete einen allgemeinen Aufstand, und um die erregten Gemüter nicht noch mehr in Wallung zu versetzen, ordnete er an, die befohlenen Zwangstaufen wenigstens vorderhand einzustellen.

In dieser Zeit, da sich der Protestanten zufolge der Dragonaden, Martern und Schändungen erneut eine furchtbare Aufregung bemächtigt hatte, zeigte sich Paul Rabauts ganze Größe.

Ständig und unermüdlich war er unterwegs von Ort zu Ort, tröstete und ermahnte zu Vorsicht und Gehorsam der Obrigkeit gegenüber, flehte die Aufgebrachten an, nicht durch Unbesonnenheit sich selber und andere ins Verderben zu stürzen, sondern die Prüfungen zu erdulden und weiterhin in der Anfechtung auszuharren. Wo er auch ging, waren Spione und Häscher hinter ihm her; um sich seiner endlich zu bemächtigen, war der auf seinen Kopf gesetzte Preis von 6000 Pfund auf 20 000 Pfund* heraufgesetzt worden. Bei seiner Ergreifung drohte ihm nicht mehr nur der Galgen, sondern das Rad.

Aber das alles vermochte ihn nicht zu schrecken oder davon abzuhalten, seiner Gemeinde ohne Rücksichtnahme auf seine eigene Sicherheit und Gesundheit bei Tag und bei Nacht zu dienen.

Einmal verriet der Abbé eines Ortes dem Militärkommandanten das Haus, in dem Rabaut die Nacht zubringen werde. Truppen umstellten vorsorglich das Gebäude von allen Seiten und überwachten jeden Weg, auf dem der Gesuchte hätte entfliehen können.

Als letzte Zuflucht blieb Rabaut nur ein schon früher eigens zu diesem Zweck aus der Mauer gebrochenes Versteck, das eben groß genug war, daß er hineinkauern konnte.

* Nach dem Geldwert von 1963 = 400 000 Schweizerfranken.

Kaum hatte er sich verborgen, als die Soldaten auch schon das Haus stürmten. Sie durchsuchten alle Räume und in ihnen den hintersten Winkel, doch nirgends war auch nur die geringste Spur von Rabaut zu entdecken. Er war und blieb verschwunden.

Die Soldaten schäumten vor Wut, hatten sie sich doch der kostbaren Beute schon sicher gewähnt.

Hatte sich am Ende der Abbé geirrt, war er selbst einer Falschmeldung zum Opfer gefallen?

Dieser aber beteuerte seine Unschuld und erklärte, mit diesen seinen eigenen Augen gesehen zu haben, wie Rabaut in das Haus hineingegangen sei. Und zu verhindern, daß der Ketzerpfarrer daraus habe entweichen können, sei doch nicht seine, sondern die Aufgabe der königlichen Truppen gewesen. — Das stimmte.

Also hielten sie sich in ihrer Enttäuschung an den alten Eigentümer des Hauses, fesselten ihn, schlugen auf ihn ein und drohten, unverzüglich das Haus über seinem Kopf anzuzünden, wenn er das Versteck nicht verrate, in dem sich Rabaut verborgen halte.

Aber der Mann schüttelte nur den Kopf und weigerte sich auch dann noch, auszusagen, als der Abbé befahl, ihn auf den Boden zu legen und ihm die Fußsohlen zu verbrennen.

Eigenhändig griff er nach der Feuerzange, um sie in die Glut zu stecken.

Von seinem Versteck aus hatte Rabaut die Vorgänge in der Küche beobachten können. Schon war er im Begriff, aufzuspringen und sich den Häschern auszuliefern, um das Grausame nicht geschehen zu lassen und um den Greis zu retten.

Mit glühendem Eisen trat der Abbé vor den Alten hin, zwei Soldaten griffen nach den Beinen des Opfers und hielten dem Abbé die Füße des Mannes entgegen.

Doch im entscheidenden Augenblick schreckte der Abbé doch vor solch grausiger Tat zurück. Er ließ das rauchende Eisen sinken und warf es schließlich in die Feuerstelle zurück.

Dann entfernten sich die Soldaten und schleppten den Hausherrn als Gefangenen mit sich.

Als sie am nächsten Tag zurückkehrten, um auf Befehl des Kommandanten das Haus niederzureißen, da entdeckten sie in der Mauer das Versteck, das nun allerdings leer war.

Im Jahr 1752 erteilte der Hof dem Marquis de Paulmy d'Argensan den Auftrag, sich persönlich ins Languedoc zu begeben, um hier eine Erhebung über die patriotische Einstellung der Neubekehrten durchzuführen.

Um seiner Aufgabe möglichst gerecht zu werden, scheute sich de Paulmy nicht, mit Pfarrer Paul Rabaut Fühlung zu nehmen, um durch diesen wohl zuverlässigsten Gewährsmann den protestantischen Standpunkt kennenzulernen. Rabaut stimmte einer Zusammenkunft zu, obwohl die Möglichkeit bestand, daß das Ganze eine Falle war. Aber der Marquis meinte es ehrlich. Rabaut beteuerte ihm, daß an der Treue der Protestanten dem König und dem Staat gegenüber nie ein Zweifel bestanden habe und daß jeder Pfarrer verpflichtet sei, die Gläubigen immer wieder zu ermahnen, dem König als dem von Gott eingesetzten Monarchen gegenüber die Treue zu halten. Rabaut bat de Paulmy, sich doch bei Hof für eine Milderung der grausamen Maßnahmen den Protestanten gegenüber einzusetzen.

Es spricht für die geistige Größe des Marquis, daß er beschloß, die Gefangenen im Turm der Constance zu besuchen, um sich auch in dieser Angelegenheit ein eigenes Urteil bilden zu können. Als er in Begleitung des Kommandanten das Gelaß betrat, in dem die Frauen gefangengehalten wurden, viele von ihnen schon seit Jahrzehnten, und an der vor Feuchtigkeit glänzenden Mauer hinaufgeschaut und die Gesichter der Gefangenen gesehen hatte, bleich und abgehärmt, da überkam ihn eine große Rührung.

«Es tut mir leid, es tut mir wirklich sehr leid», murmelte er und wandte sich, wie Hilfe suchend, an den hinter ihm stehenden Offizier.

Doch dieser zuckte nur mit den Schultern.

Der Marquis suchte in der Tasche nach Geld und reichte der ihm zunächst stehenden Frau zwei Pfund.

Als sie ihm dankte und die Hand küssen wollte, entzog er sie ihr wie erschreckt. «Nicht doch; aber Sie können für mich beten. Wollen Sie das?»

«Ja Herr, ich werde Sie von nun an täglich in mein Gebet einschließen, denn Sie haben ein gutes Herz.»

«Mein Gott, welche Größe in diesem Elend. Man soll es am Hof erfahren, denn wie es hier ist, weiß man dort nicht. Ja, gute Frau, beten Sie für mich.»

Und er nickte auch den andern Frauen zu, versuchte zu lächeln; aber man sah es ihm an, daß er zutiefst erschüttert war. Er trat auch an das Lager Isabeau Sautels, erkundigte sich nach ihrem Leiden, sagte ihr ein paar freundliche Worte und wischte sich mit einem Spitzentuch den Schweiß vom Gesicht.

Da die Kranke unter starken Schmerzen litt, beantwortete sie seine Fragen nur mit Seufzen und Stöhnen.

«Wer ist sie?» fragte de Paulmy den Kommandanten.

«Ihr Gatte war der königliche Notar Rouvier in Craux, aber der ist schon vor bald einem Menschenalter gestorben.»

«Und was ist ihre Schuld?»

«Ihr Glaube.»

«Kann ein solcher Glaube denn Schuld sein? Man kennt

in Versailles die Wahrheit nicht, man will sie nicht kennen.» Und an eine andere der Gefangenen sich wendend, fragte der Marquis: «Weshalb sind Sie eingekerkert worden?»

«Weil ich in der Wüste einem Gottesdienst beigewohnt habe.»

«Aber sie wußte es, daß der König diese Gottesdienste verboten hat», warf der Offizier ein, als müsse er das Amt, das er in diesem Turm innehatte, verteidigen.

«Wir können es nicht glauben, daß der König es mißbilligt, wenn friedliche Leute zusammenkommen, um gemeinsam zu Gott zu beten», fuhr die Frau fort.

«Nein, mein Kind», antwortete ihr der Marquis, «ganz gewiß nicht.»

Als der Marquis, ganz benommen von den empfangenen Eindrücken, vornübergebeugt und ein wenig schwankend, aus dem Dunkel des Turmes ans helle Licht hinaustrat, das über der Zugangsbrücke flimmerte, eilten zwei Mädchen auf ihn zu, die hier zwischen dem heißen Gemäuer gespielt hatten und Kinder von Gefangenen waren, das eine war die kleine Cathérine Goutèt.

Sie warfen sich dem Marquis zu Füßen: «O Herr, schenken Sie doch unsern Müttern die Freiheit! Herr, seien Sie barmherzig!»

Und sie schluchzten auf und klammerten sich an seinen samtenen Rock und netzten dessen Saum mit Tränen.

Paulmy beugte sich väterlich über sie, fuhr ihnen mit der Hand liebkosend über die Haare und konnte es nicht hindern, daß ihm selber Tränen über die Wangen rannen. In tiefer Bewegung gab er den Kindern sechs Pfund und versprach ihnen, daß er sich ihrer Mütter erinnern werde.

Wohl setzte er sich in Versailles für die Gefangenen im Turm der Constance ein. Aber sein guter Wille vermochte nichts gegen den hartnäckigen Widerstand von Hof und Geistlichkeit.

So blieb das Leben im Turm unverändert. Nach wie vor waren die Gefangenen, um nicht Not leiden zu müssen, auf die Unterstützung durch ihre Glaubensgenossen in der Freiheit angewiesen. Aber es waren meist nur noch bescheidene Gaben, die für sie eingingen. Zu Beginn des Jahres 1754 erhielten sie durch Pfarrer Rabaut eine Spende von zwanzig Pfund. Das war nicht viel, für jede nicht einmal ein Pfund; aber Marie Durand bedankte sich in ihrem und im Namen ihrer Gefährtinnen mit folgenden Worten: «In unserem Herrn Jesus geliebte Brüder und Schwestern! Wir haben die zwanzig Pfund erhalten, die Ihr uns gütigst gesandt habt. Wir freuen uns, Euch dafür danken zu können, und bitten Gott, er möge es Euch noch auf dieser Welt reichlich vergelten durch die Fülle seiner Gaben aus der Natur und aus seiner Gnade. Gott beschütze Euch vor allen Pfeilen des Feindes und berge Euch im Schatten seiner Flügel. Und wenn Ihr ihm nach seinem Rate in diesem Leben gedient habt, möge er Euch ins Reich seiner ewigen Treue aufnehmen, wo Ihr dann die Früchte der Gerechtigkeit, die Ihr Euch durch Eure Ausdauer und Eure Mildtätigkeit verdient habt, genießen könnt. In diesen Gebeten und Wünschen für Euch erblicken wir unsere besondere Pflicht. Wir bleiben, in unserem Herrn und Heiland geliebte Brüder und Schwestern, in christlicher Freundschaft Eure sehr ergebenen und gehorsamen Dienerinnen, die Gefangenen, La Durand.»

Früh und mit ungewöhnlicher Strenge setzte der Winter ein. Die Spenden waren in letzter Zeit so spärlich eingegangen, daß die Gefangenen bei Einbruch der Kälte ohne jegliche Vorräte waren. Nur ein wenig Holz hatten sie, aber es war noch nicht ausgetrocknet und brannte nicht gut.

Vor allem fehlten ihnen zusätzliche Decken, so daß sie im eisigen Wind, der durch die Luftscharten hereinblies, selbst in der Nacht, wenn sie auf ihrem Lager lagen, durch und durch erschauerten. Wären sie besser ernährt gewesen, dann hätten sie der Kälte auch mehr Widerstand entgegenzusetzen gehabt.

Viele der Frauen, es waren jetzt ihrer fünfundzwanzig im Turm, litten unter Erkältungskrankheiten.

Elf der Gefangenen waren älter als sechzig Jahre. Die blinde Marie Barraud hatte sogar das achtzigste Lebensjahr abgeschlossen, und von diesen achtzig Jahren hatte sie neunundzwanzig im Kerker zugebracht. Jeanne Anquier war sechsundsiebzig, Suzanne Séquin achtundsiebzig Jahre alt. Mehrere der Frauen hatten ihr Alter vergessen. Anne Gaussent-Cros war seit einunddreißig Jahren, Anne Saliège seit fünfunddreißig Jahren, Marie Frizol seit siebenundzwanzig und Marie Durand seit vierundzwanzig Jahren im Turm.

In diesem Winter erkrankte auch Marie Durand. Vielleicht hatte sie zu wenig auf sich aufgepaßt. Nun litt sie an heftigen und äußerst schmerzhaften Rheumatismen, die sie in der Nacht nicht mehr schlafen ließen. Sie wußte kaum, wie sie daliegen sollte. Die lähmenden Schmerzen hatten den ganzen Körper befallen. Dazu kamen noch Neuralgien im Kopf und eine starke Entzündung der Stirnhöhle, die sie während einer Woche am Tag und in der Nacht aufschreien ließ.

Ärztliche Hilfe wurde ihr keine zuteil, und ihre Gefährtinnen umstanden hilflos ihr Lager, schüttelten die Köpfe und klagten, weil sie diesen Qualen gegenüber ohnmächtig waren.

Später flossen Ausscheidungen aus der Stirnhöhle in den Rachen und verbreiteten einen fürchterlichen Geruch, so daß die Kranke von allen gemieden wurde.

Tagelang glaubte sie an ihr bevorstehendes Ende. So konnte es ja nicht mehr weitergehen, noch länger ließen sich solche Peinigungen nicht ertragen.

Und nichts stand zur Verfügung, weder Kräuter noch andere Heilmittel, um der Gemarterten Linderung zu verschaffen. Nichts gab es als ungeheure Mengen von Schnee auf der Terrasse zu ihren Häupten, aus dem das Wasser durch den Lichtschacht über das Gewölbe und am Gemäuer niederrann, auf dem Fußboden große Lachen bildete und unter die Liegestätten der Gefangenen drang.

Das bißchen Holz, das ihnen zur Verfügung stand, verbreitete nur geringe Wärme, erfüllte aber den Raum mit beizendem Rauch, der nirgends abziehen konnte und ständig zum Husten reizte.

Als Marie Durands Schmerzen im Kopf endlich etwas nachließen und auch Eiter und Schleim zu fließen aufhörten, kam es wie ein stiller Friede über sie.

Freilich vermochte sie sich noch nicht von ihrem Lager zu erheben und konnte so auch Isabeau Sautel nicht beistehen, die ebenfalls unsägliche Qualen litt, stöhnte und aufschrie und zwischendurch nach Marie Durand rief, die sie beschuldigte, für sie kein Herz zu haben und sich über ihr Elend nur zu freuen.

Auf die Erklärung ihrer Gefährtinnen, daß Marie Durand selber schwer krank sei, ging sie gar nicht ein. «Durch ihre Schuld liege ich auf diesem Schandbett!» schrie sie, «und nun sie mich so weit gebracht hat, läßt sie mich im

Stich. Das sind die Durands, so sieht Durand'sche Frömmigkeit aus!»

Marie hörte diese Anschuldigungen, sie waren auch wirklich nicht zu überhören, und das Herz krampfte sich ihr zusammen. Aber sie wußte, daß diese Anklagen nicht gerechtfertigt waren. Neun Jahre lang hatte sie die alternde Frau nun schon in aufopfernder Weise gepflegt, alle die bösen Worte hatte sie stillschweigend entgegengenommen und sich bemüht, darauf mit Liebe und Hingabe zu antworten. Sie hatte sie gepflegt, wie sie ihre eigene Mutter nicht besser hätte pflegen können. «Wir müssen die Zuchtrute küssen, die uns schlägt», murmelte sie und betete mit Inbrunst, daß der Herr sie doch wieder gesund werden lasse, damit die kranke Isabeau Sautel nicht länger ohne ihre Hilfe bleiben müsse. Denn von den andern Frauen war keine einzige imstande, die Gelähmte aufzustützen oder gar aufzuheben, ohne ihr Schmerzen zu bereiten, die sie wie eine Wahnsinnige aufschreien ließen.

Als sich der Zustand Isabeau Sautels dermaßen verschlimmert hatte, daß mit dem baldigen Sterben der Kranken gerechnet werden mußte, da war es Marie Durand vergönnt, sich langsam von ihren eigenen Übeln zu erholen.

Wohl war sie noch lange schwach und elend, so daß sie sich immer wieder hinsetzen oder gar hinlegen mußte, auch hatte sich am Kopf ein offenes Geschwür gebildet, das ständig floß, wodurch auch ihre Augen in Mitleidenschaft gezogen wurden.

Aber zwischendurch konnte sie sich doch an das Lager der Gelähmten schleppen, konnte wieder ihre kleinen Handreichungen tun, konnte unter Schmerzen wiederum lächeln und ein tröstendes Wort sprechen und konnte wiederum beten mit ihr.

Aber ohne den Beistand ihrer Freundin Anne Goutèt

und einiger anderer Gefährtinnen wäre es ihr nicht möglich gewesen, durchzuhalten, da sie sich bis zur völligen Erschöpfung ausgab.

Oh, welch großes Gnadengeschenk war es, in den Tagen ihrer eigenen langsamen Genesung die Liebe all ihrer Leidensgenossinnen verspüren und entgegennehmen zu dürfen, diese so scheue und unbeholfene Liebe, die sich ja oft nur in einem Aufleuchten der Augen, der alten, in der Enttäuschung matt gewordenen Augen, kundzutun vermochte!

Daß sie dem Leben und damit ihnen zurückgegeben worden war, konnte diesen einfachen Menschen nicht gleichgültig sein, sie brauchten sie ja und waren auf ihren Beistand und ihre Führung immer wieder angewiesen. Sie kamen ihr vor wie verschüchterte Vögel, die noch halb gelähmt waren vor Schreck, weil der Habicht unter sie gefahren war. Und Marie durfte erneut erkennen, daß sie das mahnende, aber auch das wärmende Herz dieser Gemeinde erniedrigter und beleidigter Seelen war, und daß, wenn dieses Herz zu schlagen aufhörte, das auch das Ende dieser armseligen Gemeinde bedeuten müßte.

Am 27. November 1754 starb Isabeau Sautel nach unsäglichen Leiden, die sie nicht geläutert, sondern verbittert und verkrampft hatten, weil es ihr nicht gegeben gewesen war, in Demut das ihr bestimmte Kreuz anzunehmen.

Durch ihren Tod wurde eine große Last von Arbeit und Verantwortung von Marie Durand genommen, was zweifellos ihre Gesundung beschleunigte. Sie schrieb ihrer Nichte, um ihr den Hinschied der Großmutter zu melden: «Sie gab ihren Geist dem Vater der Geister am 27. des letzten Monats. Sie hatte unendlich gelitten. Gott hat es gnädig gemacht, sie aus dieser Stätte des Kampfes wegzunehmen, um sie den Sieg der Herrlichkeit schauen zu lassen.»

«Ach, meine gute Nichte, wie lange habe ich sie diesmal auf einen Brief warten lassen. Was wäre das für ein Glück, wenn ich das Kind hier, hier bei mir haben dürfte!» klagte sie ihrer Freundin Anne Goutèt, mit der sie auf ihrem Lager saß.

«Ja, Marie, wir würden sie pflegen, wir beide. Nicht wahr, nie wollen wir uns mehr verlassen. Auch dann nicht, wenn wir aus diesem Gefängnis befreit werden sollten!»

«Nein, Anne, auch dann nicht. Oft schon habe ich darüber nachgedacht, daß die beiden Menschen, die mir auf dieser Erde am nächsten stehen, Anne heißen. Ist das nicht seltsam?»

«Ja, in der Tat. Daran habe ich noch gar nie gedacht. Wenn Gott uns zur Freiheit verhelfen sollte, dann ließest du dein liebes Kind hierherkommen, ich hätte meine Cathérine, und so würden wir uns über unsere beiden Kinder freuen. Ach, Marie, wie wäre das schön!»

Und so träumten sich die beiden Frauen, wie schon so oft, in ein einfaches Glück, das sie für eine Weile das kalte, feuchte Gemäuer um sie her und all die Traurigkeit in ihren Herzen vergessen ließ.

Längst schon war ihre Sorge um ihre Nichte in Genf zum eigentlichen Inhalt von Marie Durands Leben geworden, all ihre Gedanken kreisten um sie, die sie immer mehr als das Kind betrachtete, für das zu sorgen, wie eine Mutter zu sorgen, sie dem Andenken ihres Bruders schuldig zu sein glaubte.

Anne war das Wesen, dem sie die aufgestaute Liebe ihres mütterlichen Herzens ganz und vorbehaltlos verschenkte.

Regelmäßig wechselten die beiden Briefe, und Marie Durand versicherte immer von neuem, daß sie Anne mehr liebe als sich selber, daß Anne mit diamantenen Lettern in ihr Herz eingeschrieben sei.

Im Gegensatz zu ihren andern Briefen, die sie lange

überdachte und vielfach zuerst aufsetzte, schrieb sie der Nichte so, wie das Herz es ihr eben eingab, und da ihr Leben im Turm nicht reich war an äußeren Erlebnissen, gewann für sie der geringfügigste Vorfall Bedeutung.

Auch fehlte es in den Briefen der Tante nicht an mancherlei Ratschlägen und Ermahnungen. Gewisse Andeutungen Annes, die sich auf ihre einmal möglich werdende Verheiratung bezogen, waren Marie Durand durchaus nicht angenehm, weil sie ja dadurch ihre Nichte als Kind, für das sie sich verantwortlich fühlte, verloren hätte. «Was jene Person betrifft, von der Du mir schriebst, so hast Du sehr wohl daran getan, ihre Angebote zurückzuweisen. Sie wären für Dich verderblich gewesen. Widerstehe immer derartigen Versuchungen, liebes Kind, und betrachte die Personen, die Dir solche Anträge machen, als Deine schlimmsten Feinde. Trachte nach nichts anderem als nach Gottes Wort und nach Gottesfurcht, die stets Dein Verhalten leiten mögen.»

Wieder einmal hegten die Protestanten im Languedoc große Hoffnungen, die Befreiung der wegen ihres Glaubens Gefangenen stehe nahe bevor.

Paul Rabaut schrieb selber am 12. November 1755 an Chiron: «Die Ketten unserer Gefangenen beginnen zu fallen. Ich hoffe, daß sie alle nach und nach frei werden. Drei von ihnen erwarte ich heute oder morgen.»

Tatsächlich war mit der Freilassung von Gefangenen aus den Festungen in Montpellier und Nîmes begonnen worden; aber es handelte sich hier um Leute, die nur gefangengenommen, nicht aber abgeurteilt worden waren.

Diese Vorkommnisse gaben aber den freien Protestanten Mut, sich in zahlreichen Versammlungen für ihre gefangenen Glaubensgenossen einzusetzen. Die protestantischen Pfarrer wagten es sogar, nicht nur dem Statthalter, sondern auch dem König Bittschriften einzureichen, und

Marie Durand wandte sich an einen von ihnen, Pierre Peirot, um ihm die Lage Anne Durands, der Tochter des noch nicht vergessenen Märtyrers, zu schildern und ihn zu bitten, die Gläubigen seines Bezirkes für ihr Schicksal zu interessieren. Sie billigte sich nachher selber befriedigt zu, Peirot «mit der guten Tinte» geschrieben zu haben.

Und in der Tat fühlte sich Pfarrer Peirot durch Marie Durands Brief veranlaßt, ein ausführliches Gesuch nach Versailles zu schicken, in dem er sich zwar nicht für Anne Durand in Genf im besonderen, dafür aber für die Gefangenen im allgemeinen einsetzte.

«Vermöchten wir doch, o Majestät, vor Ihren Augen das ebenso rührende wie seltsame Gemälde zu entrollen von einer Anzahl von Frauen, die für ihr ganzes Leben in einem abscheulichen Loch eingekerkert sind, in dem einige von ihnen schon seit dreißig Jahren dahinsiechen, wo man sie im Elend umkommen läßt, und zwar einzig deshalb, weil sie dabei überrascht wurden, als sie zu Gott beteten. Man verurteilt mehrere unserer Brüder zur Folterqual der Ruchlosen, indem man sie auf die Galeeren schleppt, man schließt sie in schwere Ketten, ohne Rücksicht auf ihr Alter und ihren Stand. Aller notwendigen Dinge beraubt, der Grausamkeit der Rudermeister ausgeliefert, läßt man sie alle Qualen erleiden. Was für eine Unbarmherzigkeit, Majestät, was für ein Widerspruch zur Milde Ihres Regiments! Wie ist es nur möglich, daß unter dem Szepter des besten aller Könige schwache, unschuldige und tugendhafte Männer unter Qualen zu seufzen haben, die sonst nur für die verworfensten Verbrecher bestimmt sind?»

Die vom 4.–10. Mai 1756 versammelte nationale Synode faßte unter anderen Beschlüssen folgende Resolution: «Die Synode, aufs tiefste bewegt von den Leiden unserer lieben Brüder, die ihren Glauben auf den Galeeren bezeugen, und vom Elend der anderen Gefangenen, die für ihren Glauben ausharren, bewundert ihre Tapferkeit und empfiehlt diese Unglücklichen der Fürbitte und Handreichung der Gläubigen.»

Damit bewies die Kirche, daß sie diejenigen nicht vergessen hatte, deren verborgener und mit so viel Schmerzen und Entbehrungen verbundener Widerstand hinter den Mauern des alten Turmes fortdauerte.

Ein kühner Plan

Nach jenem Gespräch mit Anne Goutèt wurde Marie Durand den Gedanken nicht mehr los, wie schön es sein müßte, wenn sie ihre Nichte bei sich haben, wenn sie sie wenigstens einmal, nur einmal wiedersehen dürfte nach einer so langen Zeit des Getrenntseins.

Ein halbes Menschenalter war verstrichen, seitdem sie das Kindlein auf dem Arm gehalten hatte, ein halbes Menschenleben, das sie zwischen dem grauen, feuchten Gemäuer dieses Turmes hatte verbringen müssen.

Warum eigentlich sollte sie Anne Durand nicht nahelegen, nach Frankreich zurückzukehren?

Das kleine Kind, das sie damals gewesen, als Lapra sie der Mutter ins Schweizer Exil gebracht hatte, war ja nie steckbrieflich ausgeschrieben und verfolgt worden. Ihrer Rückkehr in die Heimat, die übrigens auf illegalem Weg erfolgen würde, standen keine unüberwindlichen Schwierigkeiten entgegen.

Und wenn Anne erst da war – sie war ja mit ihren Händen so geschickt –, würden sich wohl Mittel und Wege finden lassen, um ihr ein Auskommen zu verschaffen.

Hatte nicht sie selbst, Marie Durand, der Nichte aus ihrem Besitz durch die Vermittlung Brunels hundert Pistolen an Zins legen lassen? Das Geld mußte doch flüssig gemacht und Anne zur Verfügung gestellt werden können! Um ihr zu helfen, war es doch auf die Seite gelegt worden.

Und dieser Plan, der Marie Durand bei Tag und Nacht beschäftigte, nahm immer mehr, nahm immer deutlicher Gestalt an.

Längst hatte sie ihre Freundin, die Goutèt, ins Vertrauen gezogen und bei ihr begeisterte Zustimmung gefunden.

«Das müssen wir tun, Marie, dieser Plan muß verwirklicht werden. Wie herrlich wird es sein, wenn das Kind bei uns ist, wir werden es pflegen und mit Liebe umgeben! Schreibe ihr, Marie, schreibe ihr bald, so bald als möglich. Ach, ich kann es ja nicht erwarten, bis sie da ist.»

«Glaubst du, daß wir sie bei uns im Turm werden aufnehmen dürfen? Es wäre so schön, sie ganz bei uns zu haben.»

«Du wirst mit Combelles sprechen, ich glaube, daß es nur eine Geldfrage sein wird. Kannst du ihm so viel geben, daß für ihn selber noch etwas dabei herausschaut, dann wird er nicht nein sagen. Bestimmt nicht. Seine Gattin ist dir ja gut gesinnt. Wenn du ihr – halt, ich hab's. Anne soll ihr etwas sticken und ihr durch deine Vermittlung überreichen lassen, das ist der Weg, so wird es sich machen lassen. Aber glaubst du auch, daß Anne mit deinem Vorschlag einverstanden sein wird, daß sie überhaupt bereit ist, nach Frankreich zurückzukehren?»

«Was sollte sie daran hindern?»

«Sie hat doch in Genf ihre Freunde, dort ist sie aufgewachsen, dort ist sie in Sicherheit und dort erhält sie auch ihre Rente.»

«Du hast recht, Anne, ich habe mir aber alles wohl überlegt. Natürlich würde sie der Rente verlustig gehen, wenn sie nicht mehr als Refugiantin in der Schweiz lebte.»

«Mit dieser Rente hat sie sich bisher immerhin durchgebracht.»

«Es wird sich ein Ausweg finden lassen, Anne. Die Grundgüter des Hauses im Bouchet sind mir vermacht. Wenn ich einmal frei bin, werde ich nach Gutdünken darüber verfügen können. Daraus wird sich schon vorher etwas lösen lassen. Ich werde alles mit meinem Notar besprechen. Ich werde Combelles bitten, einen Notar kommen zu lassen, mit dem ich alles ordnen kann.»

«Ja, Marie, ich glaube auch, daß sich ein Weg wird finden lassen. Wir wollen guten Mutes sein.»

«Und dann ist es doch wegen ihrer Gesundheit.»

«Natürlich.»

«Sie soll doch von ihren Übeln befreit werden. Die Bäder von Balaruc sind ausgezeichnet gegen Gicht und Rheumatismen. Ich will ihr die Wohltat einer Heilung verschaffen.»

«Du hast recht, sie muß den Vorschlag annehmen. Sie muß nach Balaruc reisen, um gesund zu werden. Schreibe ihr, Marie, schreibe ihr so rasch als möglich. Noch ehe du mit Combelles und mit dem Notar gesprochen hast, das alles kannst du später noch tun. Schreibe ihr vorläufig nur von der Badekur. Sie braucht sich nicht im voraus zu entscheiden, ob sie nur für diese Badekur oder aber für immer nach Frankreich zurückkehren will. Ist sie einmal hier, dann wird es sich weisen, dann können wir drei in Ruhe alles besprechen und die Vor- und Nachteile gegeneinander abwägen. Dieser Entscheid soll nicht überstürzt werden.»

«Wohlan, kleine Miette», schrieb Marie Durand in freudiger Erregung ihrer Nichte unterm 17. Mai, «ordne Deine Angelegenheiten, so gut Dir das möglich ist, und dann fliege in meine Arme. Du wirst darin die Zuflucht finden, die ein geratenes Kind an der Brust einer guten und zärtlich liebenden Mutter finden kann. Laß Dir aber vor Deiner Abreise durch die Stadtbehörden und den Pfarrer ein Leumundszeugnis ausstellen und eine Bescheinigung geben über Deinen regelmäßigen Abendmahlsbesuch. Dann magst Du ohne Gefahr für Deine Badekur in Balaruc herkommen und bleiben, so lange Du willst. Die großmütigen Herren und Wohltäter werden dem Kind eines Märtyrers und einer elenden Gefangenen, die seit sechsundzwanzig Jahren für den Gekreuzigten leidet*, eine solche Gunst nicht ausschlagen. Ich kann von diesen durch und durch frommen Herren nichts anderes erwarten. Ich hatte Gelegenheit, mich mit zwei tüchtigen Ärzten zu unterhalten, die mir versicherten, daß die Sandbäder Dich heilen würden. Das ist ja auch der Grund, weshalb ich sie Dir verschaffen möchte. Aber Du solltest unbedingt nächsten Monat hier sein. Beeile Dich also, alles in Ordnung zu bringen, um die günstigste Zeit nicht zu verpassen. Du kannst hier im Turme bleiben, so lange Du willst. Bringe, wenn möglich, zwei Paar Handschuhe mit, aus weißer Seide und mit einem Hohlsaum, mit einem kleinen und hübschen Muster, das eine Paar breit, das andere etwas schmäler. Diese Handschuhe sind für die Gattinnen der beiden Kommandanten, Major Combelles und Leutnant de Roqualte de Sorbs, bestimmt. Im übrigen solltest Du alles mitbringen, was Du für Deine Arbeit nötig hast. Du wirst sehen, daß ich Dir Aufträge haben werde, so viel Du nur bewältigen kannst, sei es in Spitzen oder in anderen Handarbeiten. Und nun paß gut auf, was ich Dir sagen werde! Wenn Du auf dem Rückweg eine Kutsche finden kannst, die nach Nîmes fährt, dann benütze sie, und wenn der Himmel Deine Reise begünstigt, worum ich ihn bitte, wirst

* Man beachte, daß sich hier Marie Durand als die Mutter Anne Durands betrachtete.

Du zuerst bei Fräulein de Durand, à la Belle-Croix in Nîmes absteigen. Von dort wirst Du mir schreiben, und ich werde Dich durch jemanden abholen lassen. Im Interesse Deiner Gesundheit darfst Du auf diese Reise nicht verzichten. Deine Lage und Deine Leiden drücken mich mehr als mein Gefängnis. Vergiß nichts von Deinen Siebensachen, denn Du wirst alles brauchen können. Nimm also alles mit. Und wenn Du alte Strümpfe hast, so bringe sie auch, damit ich sie Dir anstricken kann... Bitte richte meine Grüße aus an Herrn und Frau Chiron und alle Deine Freunde und Freundinnen. Für alles, was sie Dir Gutes erweisen, danke ich ihnen. Sage der kleinen Gaussent, daß es ihrer Mutter gut gehe. Ich werde ihr noch diese Woche selber schreiben. Sobald Du in Nîmes bist, erkundige Dich nach Fräulein Fabrot, Fräulein Guireaud und Fräulein Tourain. Halte Dich stets brav, meine liebe Tochter, und tröste mich bald mit der Freude, Dich in meine Arme schließen zu dürfen. Meine Freundin, die Dich ebenfalls liebt, sehnt sich sehr, Dich kennenzulernen.»

Marie Durand hoffte also auf ein Wiedersehen mit ihrer Nichte im Juni des Jahres 1756, allein, verschiedene Gründe hinderten Anne vorläufig daran, der Einladung ihrer Tante zu folgen und die Badereise nach Balaruc anzutreten.

Einmal ergaben sich Schwierigkeiten, die hundert Pistolen, die Marie Durand zu Gunsten ihrer Nichte hatte anlegen lassen, zurückbezahlt zu bekommen, dann verschlimmerte sich Annes Befinden, so daß sie davor zurückschreckte, unter diesen Umständen alle Unzulänglichkeiten einer langen Reise auf sich zu nehmen, und schließlich ließen Meldungen über grausame Maßnahmen gegen Neubekehrte sie zaudern, ihre Sicherheit und Freiheit in der Schweiz aufzugeben und in das Land zurückzukehren, in dem ihr Vater um seines Glaubens willen hingerichtet worden war, und in dem nach wie vor Regierung und Geistlichkeit die völlige Unterdrückung und Ausrottung der Protestanten als ihr Ziel verfolgten.

Marie Durand, die in fieberhafter Ungeduld die Ankunft ihrer Nichte herbeisehnte, litt unter deren Zaudern. Sie schrieb ihr am 5. August: «Deine Briefe, meine Liebe, sind mir ausgehändigt worden. Sie haben mich in meiner freudigen Erwartung, Dich bald in meine Arme schließen zu dürfen, enttäuscht. Es ist so, wie Salomo in seiner Weisheit gesagt hat, daß hingehaltene Hoffnung Herzeleid bringt. Ich werde so lange in Unruhe verbleiben, bis ich mich an Deiner Gegenwart erfreuen kann. Wann wird dieser glückliche Augenblick kommen? Wenn Deine Angelegenheiten endlich geregelt sind, dann schiebe Deine Reise nicht länger hinaus. Besänftige ein Herz, das außer für Gott nur für Dich da ist. Ich erwarte nicht, daß Du Dich in unserer Heimat in Le Bouchet aufhältst oder auch nur dort durchreisest. Trachte danach, eine Postkutsche ausfindig zu machen, die nach Nîmes fährt, wo Du im Haus, das ich Dir empfahl, absteigen wirst. Sobald Du dort ankommst, schicke mir Bescheid, damit ich Dich abholen lassen kann. Ich kann mir nicht vorstellen, wie ich Dir noch einmal schreiben soll. In meiner freudigen Erwartung vergesse ich mich ganz. Wenn Du kommst, so bringe doch bitte zwei schöne Kämme mit, einen für mich und den andern für meine Freundin. In ungeduldiger Erwartung, Dich zu sehen, grüßt sie Dich herzlich. Ein geschickter Arzt in dieser Stadt stellt ein Heilmittel für Deine Übel her. Er hat mir versichert, daß er mit Gottes Hilfe auch Dich heilen könnte. Er hat schon zu allen Jahreszeiten Leuten in dieser Stadt geholfen und wollte mir sein Rezept geben, aber als ich ihm sagte, daß er Dich bei Deinem Hiersein werde behandeln können, fand er das noch besser. Er kommt aus Paris, wo er lange praktiziert hat.»

Aber Marie Durands Hoffnung, nunmehr bald mit ihrer Nichte vereint zu werden, wurde abermals enttäuscht.

Herbst und Winter verstrichen mit ihren kurzen grauen Tagen und den nicht enden wollenden Nächten, mit ihrem Nebel und den Stürmen, deren eindringenden eisigen Winden die Frauen im Turm erbarmungslos ausgeliefert waren.

Endlich wurde es wieder Frühling, weiße Wolken fuhren über die immer tiefer werdende Bläue des Himmels dahin, ahnungsvolle Düfte von neuem Grünen und Blühen strichen selbst über dieses trostlose Sumpfland hin und weckten in den Gefangenen Erinnerungen an weit zurückliegende Zeiten, da sie den Duft der feuchten und dunklen Erde und der ersten Blumen und Blüten geatmet hatten in den sonnigen Weiten der Provence oder auf den kargen Höhen des Vivarais.

Mit dem Frühling erwachte in Marie Durand von neuem das Verlangen nach einem Wiedersehen mit Anne, und so griff sie denn am 26. April 1757 wieder nach Papier und Tinte, um ihrem Sehnen und ihrer Ungeduld Ausdruck zu verleihen: «Wie Du, so habe auch ich mit dem Schreiben lange gewartet. Du begründest Dein langes Stillschweigen mit einem Schlag an eines Deiner Beine, ich hatte einen schlimmen Erguß in den Augen, der mir viel Schmerzen verursachte. Gott will uns eben in mancher Hinsicht züchtigen. Es ist eine Wirkung seiner Liebe, daß er diejenigen, die er mehr liebt, auch mit mehr Strenge bestraft. So wollen wir denn, liebes Kind, die Hand küssen, die uns schlägt, und wollen uns ganz dem göttlichen Willen unterziehen.»

Endlich glückte es, Annes Geld frei zu bekommen.

«Trage Sorge zu dem Geld, das Dir zu verschaffen mich so viel Mühe gekostet hat. Sei mehr und mehr zurückhaltend und klug, um das bitte ich Dich ganz besonders, meine liebe Kleine. Meine Freundin erhielt von einer Bekannten ein Paar schöner baumwollener Strümpfe. Aber

Cathérine, ihre Tochter, zog sie ihr gleich wieder aus, um sie als ein Geschenk für Dich auf die Seite zu legen. Darüber haben wir alle herzlich gelacht, obwohl sonst beide so ernst sind. Du wirst die Strümpfe an dem Tag erhalten, an dem Gott mir erlaubt, Dich zu sehen. Da meine Augen gelitten haben, bitte ich Dich, mir ein Psalmen-Gesangbuch in großer Schrift zu verschaffen, es sollen darin die geistlichen Gesänge für die wichtigsten Feiern enthalten sein. Dann hätte ich gerne die beiden 1737 in Genf erschienenen Predigten von M. Renoult ‚Das wahre und das falsche Jubiläum', zwei Predigten über 3. Mose, Kapitel 25, Vers 12.»

Ob Anne ihr die gewünschten Bücher besorgte, ist ungewiß, und was sie weiterhin zögern ließ, die längst vereinbarte Badereise nach Frankreich anzutreten, geht aus den Briefen, die sie mit der Tante wechselte, nicht hervor.

Man erfährt daraus lediglich, daß sie nun Zahnschmerzen vorschützte, und daß Marie Durand das ewige Zaudern zwar nicht verstand, sich aber damit abzufinden sich bemühte. «Ich möchte Dich nicht zu unüberlegten Schritten veranlassen. Handle klug, an meiner Liebe zu Dir, liebes Kind, ändert das nichts.» So schrieb sie am 22. August 1757 nach Genf.

Offenbar erhielt sie auf diesen Brief durch Monate hindurch keine Antwort, was sie dann veranlaßte, am 10. November energischer als sonst, ja fast ungehalten zu schreiben: «Warum bewahrst Du mir gegenüber ein so langes und hartes Schweigen? Glaubst Du, daß es mir nichts ausmache, so lange nichts von Dir zu erfahren? Ich bin in der größten Unruhe. Manchmal stelle ich mir vor, Du seist krank, dann wieder, es sei Dir ein Unglück zugestoßen und Du seist tot. Es ist lange her, seitdem ich Dir schrieb. Wenn nur Nachlässigkeit der Grund ist, weshalb ich keine Antwort erhalte, dann begehst Du ein großes Unrecht, eine Tante, die nur für Dich lebt, so grausam in Sorge zu lassen. Und wenn Du krank bist, warum bittest Du nicht Herrn Chiron, mir das mitzuteilen? Wenn Du nur noch eine Spur von Liebe für Deine Tante übrig hast, für Deine Tante, die Dich ungleich mehr liebt als sich selbst, dann lasse ihr durch eine Mittelsperson Nachricht zukommen, an wen sie sich um Auskunft wenden darf, um Dich nicht zu bemühen. Wäre sie je gezwungen, Dir nicht mehr schreiben zu dürfen, sie hörte dennoch nie auf, Dich zu lieben. Nur der Tod, dessen kannst Du sicher sein, nur der Tod, mein liebes Kind, kann ihrer Liebe zu Dir ein Ende bereiten. Über meinen Gesundheitszustand kannst Du beruhigt sein. Er ist, Gott sei Dank, recht leidlich. Nur Dein Stillschweigen setzt ihm zu. Mach mir die unendlich große Freude und gib es auf.»

Aber es wurde Herbst, es wurde Winter und wieder Frühling, und noch immer konnte sich Anne Durand nicht entschließen, zu reisen. Was eigentlich hielt sie in Wahrheit davon ab, was ließ sie immer und immer wieder zögern, den gefaßten Plan nun endlich zu verwirklichen?

War sie nicht aufrichtig ihrer Tante gegenüber, verheimlichte sie ihr etwas? Oder war es nur ihre Willensschwäche, die sie zu keinem endgültigen Entschluß kommen ließ?

Im Juni 1758 verfaßte Pfarrer Paul Rabaut eine Bittschrift an den König, die er einer an den Hof zurückkehrenden Hofdame, Madame Savine de Coulet, mitgab.

Madame de Coulet überreichte das Schriftstück der Königin, die es ihrerseits an den Minister Saint-Florentin weitergab.

Dieser nahm das Gesuch sehr ungnädig auf und erklärte, daß er weniger denn je Veranlassung habe, die Protestanten zu begnadigen. Einmal bekomme er mancherlei über sie zu hören, was eine Begnadigung niemals rechtfertigen würde, und da man sich ja seit 1756 mit England im Krieg befinde, müsse Frankreich im Mittelmeergebiet jederzeit auf eine Aktion der feindlichen Flotte gefaßt sein. Für ihn unterliege es keinem Zweifel, daß sich in einem solchen Fall die protestantische Bevölkerung mit Begeisterung einem solchen Handstreich anschließen und mit den Engländern gemeinsame Sache machen würde.

Tatsächlich waren für den Fall einer englischen Landung schon vor einiger Zeit Truppen nach Aigues-Mortes verlegt worden, was natürlich auch die Gefangenen im Turm erfuhren. Der Gedanke, möglicherweise in kriegerische Handlungen verwickelt zu werden, versetzte ihre einfachen Gemüter in große Unruhe.

In jenen Tagen wurde Cathérine Goutèt aus dem Gefängnis entlassen. So sehr ihr Marie Durand die Freiheit gönnte, sie nahm doch sehr bewegten Herzens Abschied von dem Mädchen, das sie während sechzehn Jahren im Turm hatte heranwachsen sehen, das sie betreut und geliebt hatte, und das so ein Stück ihrer selbst geworden war.

Der Traum der beiden Freundinnen, mit ihren Töchtern zusammen zu sein, war also nicht in Erfüllung gegangen.

Cathérine war eine junge Frau geworden, älter, als Marie Durand zur Zeit ihrer Verheiratung gewesen war. Sie zog in ihr Dorf Bréan zurück und verheiratete sich wenig später mit dem Strumpffabrikanten Pierre Causse in Ganges. Nie aber vergaß sie Marie Durand, die ihr während ihrer Kindheit und Jugend eine Freundin und zweite Mutter gewesen war.

Spätere Ereignisse bewiesen, daß der Glaubensmut Marie Durands, ihr ständiger Mahnruf, den Versuchungen zu widerstehen, sich dem heranwachsenden Mädchen unauslöschlich eingeprägt hatten.

Im September erschien wieder einmal, offenbar unter dem Druck der öffentlichen Meinung, die sich mehr und mehr gegen die Verfolgung der Protestanten richtete und für eine tolerante Haltung eintrat, ein Abgeordneter der Regierung, de Fitte, im Turm, um dem König einen Bericht über die tatsächlichen Verhältnisse abgeben zu können. Aber er nahm den ihm erteilten Auftrag offensichtlich nicht sehr ernst, denn er schrieb nachher dem König, daß die Frauen in zwei Sälen untergebracht seien*, von denen jeder fünfzehn Betten fasse, daß für die Gefangenen gut gesorgt werde und sie allem Anscheine nach nichts zu entbehren hätten. «Sie haben keinerlei Bedürfnisse und wissen keine Klagen vorzubringen.»

Damit war die Angelegenheit für die Regierung wieder einmal erledigt.

Es befanden sich damals noch einundzwanzig Gefangene im Turm. Seit 1754 waren fünf gestorben, unter ihnen Marie Béraud, die Blinde, die seit 1725 eingekerkert, und Anne Saliège, die sogar seit 1719 im Turm gewesen war.

Die Verfolgung der Protestanten hatte merklich nachgelassen. Man hörte monatelang nichts mehr davon. Waren die Verantwortlichen doch endlich zu besserer Einsicht gelangt?

Um so mehr erschreckte es da die Protestanten, als der Militärkommandant plötzlich Marguerite Vincent aus Valerargues gefangennehmen ließ, und zwar nur deshalb, weil sie sich in der Wüste hatte trauen lassen. Im Juni 1759 wurde sie verurteilt und in den Turm eingeliefert.

Kurz zuvor hatte Marie Durand die Nachricht erhalten, daß Anne Durand Genf bereits verlassen habe, um nach Frankreich zurückzukehren. Bei dieser Kunde setzte ihr Herz während ein paar Schlägen aus. Sie schwankte und

* Seit der Inhaftierung Marie Durands war dies nie mehr der Fall. Der Bericht de Fittes entsprach also auch in diesem Punkte nicht den Tatsachen.

mußte sich gegen die Mauer lehnen. Alles vor ihren Augen verschwamm und begann sich zu drehen.

Aber schon hatte sie sich wieder gefaßt.

Die Hände gegen das Herz gepreßt, ein verklärtes Lächeln auf ihrem blassen Gesicht, so stand sie da und starrte auf den hellen Lichtstreifen, der durch die Luftscharte fiel und über den Boden lief, gerade auf sie zu, wie eine schmale, goldene Brücke.

Der lang ersehnte Tag

Nach jahrelangem Zögern hatte Anne Durand endlich im Frühling 1759 Genf verlassen, um nach Frankreich zurückzukehren, in ihre Heimat, die sie in Begleitung Lapras, als kleines Kind vor siebenundzwanzig Jahren verlassen hatte.

Den Bemühungen Paul Rabauts war es gelungen, ihr in Nîmes eine Stelle als Gouvernante zu verschaffen.

Sie traf es aber nicht sehr gut; selber von schwierigem Charakter, fiel es ihr schwer, sich der etwas sonderbaren Dienstherrschaft anzupassen, so daß es bald zu Reibereien und peinlichen Auseinandersetzungen kam. Rabaut mußte verschiedentlich eingreifen und den Vermittler spielen. Daß aber der Fehler nicht nur auf Annes Seite lag, geht aus einem Brief hervor, den Rabaut an Chiron schrieb: «Es geht jetzt mit Fräulein Durand besser als vorher. Sie müßte vollkommen sein, sollte sie alle um sie her zufriedenstellen können. Auf jeden Fall werde ich ihr jederzeit zur Seite stehen.»

Warum die Nichte monatelang zögerte, ihre Tante in Aigues-Mortes zu besuchen, obwohl sie wußte, wie sehr sie dort täglich, ja stündlich herbeigesehnt wurde, ist nicht bekannt. Sie entschloß sich dazu erst, als es in der Familie, in der sie gearbeitet hatte, einfach nicht mehr ging.

Im Juli verließ sie Nîmes und reiste auf einem Fuhrwerk durch die sonnenflimmernde Camargue nach der Stadt der toten Gewässer. Eine seltsame Beklemmung befiel sie, als sie in der Ferne den klotzigen Turm der Constance aus der Ebene aufragen sah. «Ist das Aigues-Mortes?» fragte sie den Fuhrmann.

Der nickte. «Und in den Turm, den Sie dort sehen, werden die gefährlichen Ketzerinnen eingesperrt. Da kommt keine mehr heraus; die sind vergessen und vermodern alle bei lebendigem Leibe.»

«Schrecklich!»

«Das kann man schon sagen, auch wenn man selber mit der Ketzerei nichts zu tun hat.» Und er schwang die Peitsche über das in der Hitze träge dahintrottende Pferd. «Da, sehen Sie dort drüben die Stiere!» Auf der andern Seite eines Wassers stand eine ganze Herde schwarzer Tiere. «Nun sind sie zu faul; aber wenn sie wollen, haben sie den Teufel im Leib. Da drüben ist eine ganze Manade.»

Ein Schwarm von Vögeln strich unter dem weißlichen Himmel dahin.

In der Stille des Nachmittags polterte schließlich das Fuhrwerk über die den Kanal überquerende Brücke, um dann im fleckigen Schatten von Platanen dem düsteren Gemäuer entgegenzurollen, das die Stadt umschloß.

«Da sind wir», sagte der Fuhrmann, «das ist Aigues-Mortes.»

Sie fuhren zwischen den beiden mächtigen Rundtürmen durch die Porte de la Gardette hinein in die Stadt.

Anne ließ sich ihr Gepäck in eine nahe Schenke tragen, entrichtete den Fuhrlohn und ging den kurzen Weg zum Turm hinüber.

Da also, hinter diesen gewaltigen Mauern, lebte die Tante seit neunundzwanzig Jahren.

Daß das nur möglich war, daß das ein Mensch aushielt!

Anne Durand schauerte zusammen und während ein paar Augenblicken zauderte sie. Sie war müde nach der langen Fahrt durch die Ebene, über der die heiße Luft gezittert hatte.

Sollte sie sich nicht zuerst ausruhen und dann erst morgen die Tante besuchen?

Aber dann kam ihr dieser Gedanke doch als ein Unrecht vor, sie raffte sich zusammen und ließ sich von der Torwache zum Kommandanten führen.

Dieser, von Marie Durand längst über den in Aussicht stehenden Besuch ihrer Nichte unterrichtet, bekundete Interesse, war ihm doch bekannt, daß die, die da vor ihm stand, die Tochter des einst so beliebten Wüstenpfarrers Durand war, der als Märtyrer geendet hatte.

So führte er sie selbst über die im dicken Gemäuer sich emporwindenden Treppen empor, nicht zuletzt in der Absicht, bei der Begrüßung der beiden Frauen dabeizusein.

Es ging schon gegen Abend, und so war der Saal bereits in Dämmerdunkel getaucht. Die Kühle, die ihr beim Öffnen der schweren Tür entgegenkam, empfand Anne Durand nach der Hitze als eine wahre Wohltat.

«Madame Durand!» rief der Major in die unter den allein oder in kleinen Gruppen herumsitzenden Frauen herrschende Stille, «Madame Durand, es ist jemand da, der Sie sehen möchte: Fräulein Anne Durand.»

Marie Durand, die am Lager einer alten Frau gesessen und der Kranken einen Psalm vorgelesen hatte, unterdrückte einen Schrei und richtete sich dann langsam auf, den Blick nicht wendend von der Gestalt, die in einem schlichten, aber hübsch gemachten taubengrauen Kleide neben dem Kommandanten stand und auch ihrerseits unablässig nach der Frau schaute, die ihre Tante, die ihres Vaters Schwester war, die sie mit Bewußtsein in ihrem Leben zum ersten Male sah.

Marie Durand, das offene Buch immer noch in der Hand haltend, ging auf ihre Nichte zu, und die Blicke ihrer Mitgefangenen folgten ihr mit gespannter Aufmerksamkeit, fühlten sie sich doch alle an dem, was sich da im Leben ihrer Schicksalsgenossin ereignete, mitbeteiligt.

Noch immer hatte keine der beiden Frauen die andere aus den Augen gelassen, und die Eindrücke, die sie voneinander empfingen, mochten in ihnen immer wieder andern Gedanken und Überlegungen rufen, die aber sogleich in wildem Wirbel sich verwirrten.

Marie Durand war die erste, die das Schweigen brach. «Miette! Endlich bist du da!»

«Ja, Tante!» Und Anne eilte ihr entgegen und warf sich ihr an die Brust, und da die Spannung der letzten Stunden nun gelöst war, brach sie in ein befreiendes Schluchzen aus.

Damit war auch unter den andern der lähmende Bann gebrochen, sie tuschelten miteinander, tauschten eifrig Bemerkungen aus, die einen lächelten und andere wischten sich die Tränen vom Gesicht.

So war sie nun endlich gekommen, von der Marie Durand so oft und so viel erzählt, auf die sie seit Jahren gewartet hatte.

Das also war nun die Tochter des Märtyrers.

Aber eine Kleine, wie Marie Durand sie stets genannt hatte, war sie nun eigentlich nicht, nein, wirklich nicht. Das war eine nicht einmal mehr junge Frau. Oder war sie vielleicht doch jünger, als sie aussah?

Ach, man hatte ja im Turm jeden Maßstab verloren!

Und noch immer weinte Anne an Marie Durands Brust, und mit scheuer und unbeholfener Hand, wie sie sich das hundertmal in ihren Gedanken ausgemalt hatte, strich die Ältere der Jüngeren die Haare aus dem Gesicht und dankte in ihrem Herzen dem lieben Gott dafür, daß er den lang ersehnten Tag nun doch noch hatte anbrechen lassen.

Inzwischen war, während Major Combelles nicht unbeeindruckt das Gefängnis verlassen hatte, auch Anne Goutèt zu den beiden hingetreten, wurde begrüßt, und damit war auch schon ein Gespräch angebahnt, in dem immer wieder neue Fragen gestellt wurden, auf die alle zu antworten vorderhand gar keine Zeit war. Das konnte ja später geschehen, morgen, übermorgen, «wie lange wirst du hierbleiben, Anne?»

«Das habe ich mir noch gar nicht überlegt; aber ich bin ja nun frei, meine Anstellung in Nîmes habe ich aufgegeben, es ging wirklich nicht mehr, und jetzt kann ich über die nächste Zeit nach meinem Gutdünken und nach Euren Wünschen verfügen, liebe Tante.»

«Das ist gut, das ist sehr gut. So habe ich es mir auch vorgestellt. Wie viel werden wir uns zu sagen haben. Anne, was ist das durch dein Herkommen nun doch für ein großer Tag! Vor dreißig Jahren ist unsere Familie auseinandergesprengt worden, nun bist du gekommen, und damit haben sich wenigstens zwei Glieder unserer Familie wieder gefunden. Der Ring beginnt sich wiederum zu schließen. Gott sei Lob und Dank! Loué soyt Dieu! Ob sie wohl noch erhalten ist, die Inschrift, die mein Vater in den steinernen Mantel des Kaminhutes meißeln ließ? Ob das Haus in Le Bouchet überhaupt noch steht? Du wirst hingehen, Anne, du wirst alles sehen, du wirst die Heimat deines Vaters kennenlernen, denn sie ist ja auch deine Heimat. Aber komm, so setz dich doch, und hier alle unsere Mitgefangenen, sie kennen dich aus meinen Erzählungen, alle, alle haben sich auf dich gefreut. Ist es nicht so?»

Und sie sah sich um, und ihre Leidensgenossinnen, die in dieser Stunde zu Genossinnen ihrer Freude geworden waren, nickten ihr zu, und ein Leuchten war auf ihren bleichen Gesichtern und ein scheues Aufglänzen in ihren Augen.

Und Anne spürte die Liebe, die sie hier umgab, die sich ihr wie ein weiches Tuch wohlig um die Schultern legte, und es tat ihr wohl, so unsagbar wohl.

Sie kamen dann überein, daß es doch besser sei, wenn Anne während ihres Aufenthaltes in Aigues-Mortes nicht unter den Gefangenen im Turm, sondern in der Stadt Wohnung nehme, und die Frau Combelles, erfreut über die ihr überreichten, wirklich gediegenen Handschuhe, deren Stulpen Anne selber geschmackvoll mit Spitzen reich ausgeschmückt hatte, vermittelte ihr im Hause Bekannter ein kleines, aber freundliches Zimmer, in dem sie ruhig und wohl aufgehoben war. Auch die beiden Kämme, um die Marie Durand sie gebeten, hatte Anne mitgebracht.

«Noch nie in meinem Leben habe ich etwas so Kostbares in meinen Händen gehabt», staunte Anne Goutèt, «und dieser Kamm soll nun wirklich mir gehören?»

«Sie sind tatsächlich prächtig, meine liebe Anne», bestätigte Marie Durand, «du kannst dir nicht vorstellen, was du uns damit schenkst, die wir hier wie verschüttet und begraben sind. Deine Auslagen werde ich dir alle ersetzen. Du sollst durch uns nicht zu Schaden kommen. Nein, wahrhaftig nicht, nachdem du uns schon die Freude deines Hierseins geschenkt hast.»

Der Kommandant zeigte sich äußerst entgegenkommend und mochte damit nicht mehr streng nach Regel und Vorschrift handeln.

Er erteilte Anne die Erlaubnis, untertags im Turm zu erscheinen, wann immer sie wollte. So aß denn Anne am Mittag fast regelmäßig im Gefängnis und freute sich, daß es ihr möglich war, durch mancherlei Zutaten die Mahlzeiten der Tante und deren Freundin reichhaltiger und abwechslungsreicher zu gestalten.

Auch das wurde vom Kommandanten stillschweigend gebilligt.

Wenn die Frauen beieinander saßen, beschäftigte sie vor allem Anne Durands Zukunft. Was sollte aus ihr werden? Den Gedanken, sie solle in Aigues-Mortes bleiben und hier durch Handarbeiten ein einfaches Leben fristen, verwarfen sie schon bald. Nicht, daß dieser Plan undurchführbar gewesen wäre. Anne war tatsächlich außergewöhnlich begabt und hätte bestimmt mit genügend Aufträgen rechnen können, um sich durchzubringen.

Aber mehr und mehr versteifte sich Marie Durand auf den Gedanken, daß Anne ins Bouchet ziehen und dort das Haus der Durands bewohnen sollte.

Wohl waren die Güter nach Etienne Durands Tod dem jungen Pierre Astruc überlassen worden. Im vergangenen Jahr, am 31. Januar 1758, hatte sich Astruc mit Marie Sibleyras verheiratet. Vom Besitztum seines Vaters fiel ihm nicht viel zu, da er mit noch vier Geschwistern zu teilen hatte. Und so war es ihm höchst willkommen, daß er sich in Le Bouchet, im Hause Etienne Durands, niederlassen konnte. Aber Pierre Astruc war katholisch.

War es richtig, daß das Haus ihres Vaters, in dem ihr Bruder, der Märtyrer, aufgewachsen war, in dem auch sie ihre Jugendjahre verlebt hatte, die seit nun dreißig Jahren um ihres protestantischen Glaubens willen hier in diesem Turm gefangengehalten wurde, von einem Manne bewohnt war, der dem römischen Glauben anhing?

Das hätte der Vater verhindern müssen, das hatte er sich zu wenig überlegt. Aber wer dürfte ihm einen Vorwurf machen? Er war alt und müde gewesen, ein einsamer, schwer geprüfter Mann. Und hatte er nicht wenigstens in seinem Testament bestimmt, daß Astruc ihr, der Tochter Etienne Durands, die Güter im Bouchet zurückzuerstatten habe, sobald sie aus dem Turm entlassen werde? Konnte etwas anderes Gottes Wille sein, als daß die Tochter eines Märtyrers dort eine Wohnstatt fand, wo ihr Vater aufgewachsen, wo er zu dem herangereift war, wozu ihn Gott bestimmt hatte?

Als Anne Durand einen Monat in Aigues-Mortes verweilt hatte, war alles so vorbereitet, daß ihrer Rückkehr ins Vivarais nichts mehr im Wege stand. Vorerst sollte sie sich nach Craux begeben, zu ihrem Onkel Marc Rouvier, um zu versuchen, den ihr zustehenden Anteil aus der Erbschaft der Großmutter herauszubekommen.

«So wie alles steht, hoffe ich zuversichtlich auf unsere baldige Freilassung», erklärte Marie Durand ihrer Nichte. «Dann werden wir miteinander in Le Bouchet wohnen. Oh Anne, wie wird das schön sein! Du und ich in unserem kleinen Haus!»

«Ja, Tante, wir werden es gut haben.»

«Bestimmt wird es dazu kommen. Mancherlei Zeichen sprechen dafür. Vorgestern abend hat Leutnant de Roqualte einen Befehl von Herrn von Thomond erhalten, er möge ihm ein Verzeichnis aller Gefangenen im Turm zustellen, und zwar unverzüglich, da er, Herr von Thomond, nach Paris verreisen und diese Aufstellung mitnehmen müsse. Ich habe ihm versprochen, ihm diese Liste anzufertigen, so wie ich ja auch die früheren geschrieben habe. Was kann dieses Interesse für uns arme Gefangene anderes bedeuten, als daß nun doch endlich unsere Freilassung beantragt werden soll?»

«Ich danke Ihnen, Madame Durand», sagte Herr de Roqualte, als Marie Durand ihm die ohne Aufschub angefertigte Aufstellung übergab. «Sie können mir glauben, daß ich Sie und Ihre Leidensgenossinnen in meinem Herzen beklage. Sie sind ehrliche Leute; davon sind alle, die guten Willens sind, überzeugt. Ich gäbe zehn Louisdors, wenn ich damit erreichen könnte, daß man Sie, die Schuldlosen, gegen die Schamlosen austauschen könnte, die sich der Freiheit erfreuen.»

«Gott wird, wenn die Zeit hiefür gekommen ist, Seine Majestät mit jener Urteilskraft ausrüsten, die den König unsere Unschuld erkennen lassen wird.»

«Sie haben recht, Madame, und vielleicht ist diese Zeit näher, als wir glauben.»

«Trifft es zu, daß ein Versuch unternommen wurde, den König zu ermorden?»

«Woher wollen Sie das wissen?»

«Eine der Frauen vernahm es durch ihren Sohn.»

«Ich habe auch davon gehört, weiß aber nicht, ob Wahres daran ist. Man hat auch erzählt, es sei auf dem Tisch ein Zettel gefunden worden, auf dem geschrieben stand: ‚Da es diesmal nicht gelang, wird es das nächstemal gelingen.' Aber es wird viel erzählt, wovon nicht die Hälfte wahr ist. Das aber ist die volle Wahrheit, daß der Krieg, den Frankreich und seine Verbündeten gegenwärtig gegen Preußen zu Lande und gegen England zur See führen, unser Land schon heute in Armut gestürzt hat. Die Staatskasse ist leer, und Seine Majestät hat alle Mächtigen des Reiches aufgefordert, ihr goldenes und silbernes Tafelgeschirr dem nationalen Münzinstitut abzuliefern. Nicht nur die Höflinge und Banquiers, auch die Kirchen, die katholischen Kirchen in Frankreich, sind angegangen worden, einen Teil ihrer Reichtümer dem Landeswohl zu opfern. Der König hat den Erzbischof von Paris in dieser Sache zu sich kommen lassen. Auf die Frage des Erzbischofs, was denn von ihm erwartet werde, antwortete Seine Majestät: ‚Alles, mit Ausnahme der heiligen Kelche.' Geht daraus nicht hervor, daß der Hof gewillt ist, auch die katholische Geistlichkeit an den Staatslasten zu beteiligen, daß es also doch nicht die Kirche ist, die regiert? Der Herr Erzbischof hat versucht, Zugeständnisse zu erlangen, hat sie jedoch nicht erhalten. Seine Majestät hat ihm geantwortet, man könne sich seiner Ansicht nach ebenso gut vor einem Stück Holz niederbeugen wie vor Gold und Silber, und daß er darauf beharren müsse, daß alles, mit Ausnahme der Kelche, der Münzanstalt abgeliefert werde. Ich habe es in Montpellier mit eigenen Augen gesehen, wie sogar das Altarglöcklein zum Einschmelzen abgeholt wurde.»

Tagelang unterhielten sich die Gefangenen über das zwischen dem königlichen Leutnant und Marie Durand geführte Gespräch und stärkten sich gegenseitig ihre Hoffnung und ihre Zuversicht auf ein baldiges Ende ihrer Gefangenschaft.

«Die Ereignisse bestätigen, daß sich die Schrift erfüllt», tröstete Marie Durand während der abendlichen Gebetsstunde ihre Leidensgenossinnen. «Der Tag der Befreiung Zions nähert sich. Wir wollen Gott bitten, liebe Schwestern, daß er das Herannahen dieses glücklichen Augenblicks beschleunige. Er möge in seinem Mitleid seine mächtige Hand ausstrecken und sein Werk vollenden!»

Und dann kam der Tag, an dem sich Anne Durand von ihrer Tante verabschiedete, um sich zu ihrem Onkel nach Craux zu begeben.

«Gott behüte dich, meine Tochter! Durch dein Hiersein hat er mein, hat er unser aller Leben reich gemacht. Ich werde Astruc auffordern lassen, das Haus in Le Bouchet zu verlassen, das nach meinem Willen später dir gehören soll. Ich werde das alles durch den Notar untersuchen und in Ordnung bringen lassen. Wir werden uns wiedersehen, Anne, vielleicht eher, als wir heute denken.»

Ein Jahr später, am 25. Oktober 1760, trafen sich Tante und Nichte tatsächlich wieder, doch nicht in Le Bouchet, sondern in der Schreibstube von Notar Crouzot in Aigues-Mortes.

Marie Durand hatte ihre Nichte, die bei ihrem Onkel Marc Rouvier in Craux vorübergehend Aufnahme und Unterkunft gefunden hatte, zu sich kommen lassen, weil sie ihr Testament machen und Anne als ihre Universalerbin einsetzen wollte.

Unter Bewachung waren die beiden Frauen vom Turm zum Notar geführt worden.

Bereits am 17. Mai hatte Marie Durand Pierre Astruc auffordern lassen, «die Häuser und übrigen Güter samt Vieh, Ausstattung und Saatgut zu verlassen», wessen er sich nach dem Tode Etienne Durands bemächtigt habe.

Allein, Astruc hatte sich geweigert, der Aufforderung nachzukommen, vermutlich mit der Begründung, daß er laut Testament die Grundgüter an Marie Durand abtreten müsse, wenn diese die Freiheit erlange, was aber noch gar nicht der Fall sei.

Nach einer weiteren Aufforderung erklärte sich Astruc dann doch zu einem Vergleich bereit. Am 29. Juli unterzeichnete er bei Notar Reymondon in St-Pierreville, zu welcher Gemeinde Craux gehörte, die Verzichterklärung auf die Nutznießung der Güter in Le Bouchet, die ihm im Testament Etienne Durands zugesprochen worden war, auf den 25. März 1762 hin. Zu diesem Zeitpunkt sollten sowohl die Güter aus der Erbschaft Etienne Durands als auch jene seiner schon 1726 verstorbenen Gattin Claudine Gamonet beider Tochter Marie Durand zufallen.

Astruc versprach auch, beim Verlassen des Hauses das Mobiliar zurückzulassen, sowie das Vieh und die Ernte des Jahres 1762, ferner ein Weinfaß, zwei verschließbare Truhen, eine Herdstange und einen Stoßwagen. Das Vieh war früher einmal mit 262 Pfund eingeschätzt worden.

Dagegen verpflichtete sich Marie Durand, Astruc 350 Pfund auszuzahlen und ihm die Erträgnisse der Ernten seit dem Tode des Gemeindeschreibers Etienne Durand bis zum Ertrag der Ernten des Jahres 1762 zu überlassen, als Entschädigung für die 969 Pfund und 12 Sols, die Astruc an Etienne Durands Gläubiger hatte auszahlen müssen. Auf die Rente von 20 Pfund, die er der Gefangenen alljährlich hätte auszahlen sollen, verzichtete Marie Durand und verpflichtete sich ferner, ihrerseits für die 600 Pfund aufzukommen, die ihr Vater seiner Enkelin vermacht hatte und die Astruc nach den testamentarischen Bestimmungen ebenfalls hätte bezahlen müssen.

Damit Marie Durand ihren eingegangenen Verpflichtungen ihrem Vetter Astruc gegenüber überhaupt nachkommen konnte, stellte ihr Anne, die übrigens von ihrer Tante mit einer umfassenden Vollmacht ausgestattet worden war, ihre bescheidenen Gelder zur Verfügung, die ihr aus der Erbschaft ihrer im Turm der Constance verstorbenen Großmutter Isabeau Sautel zugefallen waren.

Gerade dieses hilfreiche Verhalten ihrer Nichte war es gewesen, was Marie Durand veranlaßt hatte, nunmehr ihr Testament aufzustellen und Anne zu ihrer Universalerbin zu machen.

«Ohne jeden Vorbehalt?» fragte der Notar.

«Mit dem einzigen Vorbehalt, daß meine Erbin sechs Jahre nach meinem Tod einen Betrag von 500 Pfund an Cathérine Goutèt auszuzahlen hat. Cathérine ist die Tochter meiner Freundin Anne Goutèt. Sie lebt in Ganges und hat sich dort mit dem Strumpffabrikanten Pierre Causse verheiratet. Sie ist mir im Turm wie eine Tochter gewesen. Sechzehn Jahre lang lebte sie bei uns Gefangenen, und mit der Einwilligung ihrer Mutter habe ich sie erzogen. Sie war ein gutes Kind und ist mir ans Herz gewachsen. Sie hat das Legat verdient, auch um ihrer Mutter willen, die alles Schwere dieser Jahre mit mir geteilt hat und immer noch teilt.»

Wie Marie Durand ihre Nichte Anne, so setzte Anne Durand ihre Tante zu ihrer Erbin ein. Auch diese Verfügung wurde durch Notar Crouzet verurkundet.

Marie Durand hatte mit Anne ausgemacht, daß für den Fall, daß sie, Marie Durand, am 25. März 1762, dem Tage, an dem Pierre Astruc ihr ihre Güter in Le Bouchet abtreten mußte, ihre Freiheit noch immer nicht wiedererlangt haben sollte, Anne Durand in das Haus in Le Bouchet einziehen würde.

Und tatsächlich, als der in den Verträgen von St-Pierreville zwei Jahre zuvor festgelegte Tag herankam, war Marie Durand noch immer eine Gefangene im Turm der Constance.

Astruc verließ den Hof, den er während dreizehn Jahren bewirtschaftet hatte, in einem erbärmlichen Zustand. Ein Teil des Hauses drohte einzustürzen, in einem der Räume bröckelte das Mauerwerk Stück um Stück heraus, alles Balkenwerk war verfault, das Dach schadhaft und die Planken der Fußböden waren herausgerissen worden, so daß im ganzen Haus tatsächlich kein einziger Raum mehr war, in dem man sich vor den Unbillen des Wetters schützen konnte.

Da Anne Durand das Geld aus der Erbschaft ihrer Großmutter hatte drangeben müssen, um die Forderungen Pierre Astrucs zu befriedigen, standen ihr keine Mittel mehr zur Verfügung, um auch nur die dringendsten der notwendigen Reparaturen vornehmen zu lassen. Alles, was sie tun konnte, war, ihrer Tante einen Brief zu schreiben und sich damit ihr Herz zu erleichtern.

Aber auch Marie Durand hatte kein Geld; sie war im Gegenteil wie die anderen Gefangenen verschuldet, da sie ja im Turm für jede Hilfeleistung und für jedes zusätzliche Nahrungsmittel persönlich aufkommen mußten, so daß sie durch Krankheit auch immer in große finanzielle Bedrängnis gerieten.

So lastete zur Zeit auf Marie Durand eine Schuld von 27 Talern*. Das war ja auch der Grund, weshalb die Pfarrer die Glieder ihrer Gemeinden immer wieder ermunterten, für die gefangenen Glaubensbrüder und Glaubensschwestern zu sammeln und sie durch solche Hilfe ihre Verbundenheit fühlen zu lassen.

Auch die protestantischen Freunde im Ausland beteiligten sich an diesen Unterstützungen; so langten vor allem aus Holland Spenden für die gefangenen Glaubensgenossen in Frankreich ein.

Aber auch diese Sendungen waren in den letzten Jahren beträchtlich zurückgegangen, da auf Grund falscher Meldungen vielerorts die Auffassung herrschte, die Kerker seien nun leer, und wenn es in Aigues-Mortes immer noch Gefangene gebe, so handle es sich dabei um solche, die freiwillig eine Internierung im Turm ihrem Freisein vorzögen, da so für sie auf anständige Weise gesorgt werde und sie als sogenannte Gefangene jeder Not enthoben seien.

So hatte das Hilfskomitee in Holland am 4. Dezember 1760 einen Betrag von 800 Pfund gesandt mit der Bemerkung, daß das nun aber die letzte Unterstützung sei, nachdem die Gefangenen der Hilfe gar nicht mehr bedürftig seien.

Marie Durand erhielt Annes Brief, und da sie sich nicht

* Gemeint sind kleine Taler zu je 3 Pfund, also 81 Pfund, im Geldwert von 1963 ca. 1500 Schweizerfranken.

anders zu helfen wußte, wandte sie sich wie schon so oft an Pfarrer Paul Rabaut, den unermüdlichen Helfer und Retter in mancherlei Nöten. «Lieber Herr Pfarrer und verehrter Beschützer, könnte ich doch bei Ihrer Mildtätigkeit Hilfe finden für zwei Ärmste, die in großer Not sind. Daß das Haus meiner Mutter vollständig verloren ist, da es ja dem Erdboden gleichgemacht wurde, gereicht Gott zur Ehre. Aber das andere, das bisher dem Sturm der Verfolgung zu widerstehen vermochte, sollte wenigstens so instand gestellt werden, daß es von dem, der das Heimwesen besorgt, wieder bewohnt werden kann. Sollte mich Gott in seiner unfaßbaren Barmherzigkeit segnen wollen, dann könnte ich Ihnen vielleicht alles wieder zurückerstatten... Versetzen Sie sich doch bitte in meine Lage, und Sie werden sich meiner erbarmen. Wie demütigend ist es, Leute um Hilfe angehen zu müssen, die einem nichts schuldig sind! Ich kenne niemanden, der sich für mich bei frommen und hilfsbereiten Menschen einsetzte. Bedenken Sie, daß mein Haus erst seit 21 Tagen wieder in meinem Besitz ist, und daß ich vorher während 20 Monaten für den Unterhalt meiner Nichte aufkommen mußte, so gut mir das möglich war. Daher rührt ja auch meine Verschuldung. Im Laufe der nächsten 16 Monate werde ich auf meinem Gute nichts als ein paar armselige Kastanien ernten, da die meisten meiner Bäume durchgesägt worden sind. Doch Gott scheint es für heilsam zu halten, mich nach allen Seiten hin zu läutern. Möchte er mir auch die Kraft geben, alles in heiliger Geduld zu ertragen. Seien Sie überzeugt, daß Sie und die Ihrigen in meiner Fürbitte viel Raum einnehmen, und das, so lange ich leben werde.»

Wenig später meldete sich der Diakon der Kirche von Nîmes, H. Tausard, bei den Gefangenen im Turm und überbrachte ihnen die Summe von 160 Pfund.

Und ein paar Tage darauf erschienen einige Frauen der

gleichen Stadt mit Liebesgaben, die sie gesammelt hatten. Marie Durand verdankte die Spenden und setzte Paul Rabaut davon in Kenntnis. Bemerkenswert ist die diesmal von ihr gewählte Anschrift, die wenige Jahre vorher noch undenkbar gewesen wäre: «An Herrn Paul Rabaut, Apostel Jesu Christi, zu persönlichen Handen in seinem Hause... Ich hätte früher geschrieben, aber H. Tausard hat uns 160 Pfund gebracht, und einige Tage darauf kamen noch Frauen mit Geschenken aus der Stadt. H. Tausard hat mir persönlich noch neun Pfund gegeben, die ich zur Tilgung von Schulden, die einige meiner Gefährtinnen bei mir haben, angenommen habe. Wenn Sie mir die 28 Pfund, die ich selber noch schuldig bin, verschaffen könnten, wäre ich sehr froh, da ich alles bis auf den letzten Sol zurückzahlen möchte. Bereits habe ich 53 Pfund abbezahlt. Gott weiß, wie ich das möglich machen konnte! Während des ganzen Sommers habe ich darauf verzichtet, mir ein Kleid, eine Schürze, Schuhe und andere notwendige Dinge anzuschaffen. Wenn ich nur bis zum Verlassen meines grausamen Gefängnisses alles abzahlen kann, dann werde ich zufrieden sein, auch wenn ich keinen Sol mehr besitze. Aber immer trifft mich neuer Kummer. Nun hat man von meinen Gütern eine Abgabe von 180 Pfund für das Saatgut des Pächters von mir gefordert, das natürlich noch nicht mir gehört, weil ich erst seit dem 25. März dieses Jahres in den Genuß des Ertrages gelange. Dieses Jahr werde ich gar keine Einnahmen haben. Da können Sie sich meine Lage leicht vorstellen... Aber von Gott kommt ja alles, was mir zustößt, ich lobe ihn in allem.»

Seit der Spende, die der Diakon von Nîmes, H. Tausard, den Gefangenen in den Turm gebracht hatte, waren keinerlei Geldgaben mehr in das Gefängnis gelangt. Die Gebefreudigkeit für die gefangenen Glaubensgenossen war stark erkaltet, der Zustand dauerte schon so lange, daß viele darin nichts Außergewöhnliches mehr sahen und ihn als gegeben hinnahmen.

Vor allem übel daran waren die Frauen aus dem Vivarais, die von jeher am wenigsten erhalten hatten. Sie nahmen praktisch nur an der Verteilung der allgemeinen Liebesgaben teil, während sie von ihren Kirchen im Stich gelassen wurden.

Außer Marie Durand stammte aus dieser armen Gegend noch Marie Vey-Goutète, nicht zu verwechseln mit Marie Durands Freundin Anne Goutèt von Bréau, die 1760 gestorben war.

In ihrer finanziellen Bedrängnis wandte sich Marie Durand an den Tuchhändler Bonnet beim Kornmarkt in Valence: «Geehrter Herr, erlauben Sie mir, daß ich mich an Sie wende mit der Bitte, sich bei Ihren Freunden zu unseren Gunsten zu verwenden und sie zu beschwören, sich unseres großen Elendes zu erbarmen. Seit 33 Jahren schmachte ich in diesem fürchterlichen Gefängnis. Aber noch nie war ich in einer so mißlichen Lage wie heute. So kann es nicht verwundern, daß sich auch mein Gesundheitszustand seit einem Jahr wesentlich verschlechtert hat. Die Gefangenen aus der Gegend des Languedoc werden laufend durch ihre Verwandten unterstützt; aber die Goutète und ich, die wir hier Fremde sind, erhalten nur etwas aus den allgemeinen Liebesgaben, und diese sind außerordentlich stark zurückgegangen... Wenn Sie sich gütigst an Frau Boissy* wenden wollten mit der Bitte, sich in ihrer Gegend für uns einzusetzen, so täte sie bestimmt ihr Möglichstes. Ich erhoffe alles von Ihrer Frömmigkeit und danke Ihnen und allen andern zum voraus für alle Bemühungen. Verzeihen Sie die Freiheit, die ich mir nehme!»

* Diese stammte aus der Gegend von Nîmes und war die Gattin eines Arztes, der sich in der Nähe von Vernoux niedergelassen hatte und dort praktizierte.

Ergriffen von Marie Durands Hilferuf begab sich Frau Boissy mit ihrem sechsjährigen Söhnlein in den Turm der Constance und war tief erschüttert beim Anblick der hier lebendig begrabenen Frauen.

Da die Instandstellung ihres baufällig gewordenen Hauses in Le Bouchet nicht länger hinausgeschoben werden konnte, sah sich Marie Durand im September 1763 genötigt, von Jean Chambonnet in Maléon bei Saint-Sauveur-de-Montagut ein Darlehen von 200 Pfund aufzunehmen, da sie aller Mittel bar war.

Ihr Onkel Etienne Fabre, der ihr schon vor drei Jahren mit 300 Pfund ausgeholfen hatte und das Geld natürlich noch nicht zurückerhalten hatte, bürgte für sie.

Der Mann, der das Holz für die am Hause Marie Durands vorgenommenen Reparaturarbeiten geliefert hatte, war ein reicher, katholischer Bürger von Pranles, Jean-Claude Cazeneuve, der ein stattliches Gut im Weiler St-Jean besaß und bewirtschaftete. Cazeneuve war 56 Jahre alt. Er hatte eine Tochter, seine Frau war ihm vor drei Jahren gestorben.

Bei den Verhandlungen wegen der Reparaturarbeiten war er mit Anne Durand bekannt geworden.

Seine muntere Art, die ihn trotz seines bestandenen Alters immer wieder zu launigen Bemerkungen und Späßen hinriß, gefiel Anne, die sich in der Abgeschiedenheit von Le Bouchet völlig einsam und verlassen vorkam. Sie war dem Manne dankbar, als er sich anerbot, ihr mit seinem Rat und mit seinen Beziehungen beizustehen, und wehrte ihm keineswegs, als er weit häufiger erschien, als es die Arbeiten am Hause erfordert hätten.

Und als Cazeneuve dann einmal im Herbst 1764 durch ein heftiges Gewitter in Le Bouchet zurückgehalten wurde, gab Anne seinem stürmischen Drängen nach.

«Du bist allein, ich bin allein, wer sollte uns verwehren,

uns zu lieben?» Mit starken Armen zog er sie an sich, und sein heißer, nach Wein riechender Atem strich ihr über das Gesicht.

Einförmig rauschte draußen der Regen hernieder.

Von dieser Nacht an war Anne Durand dem um zwanzig Jahre älteren Manne völlig verfallen. Alle Bedenken und Vorstellungen, die während seiner Abwesenheit in ihr aufsteigen und sie verwirren wollten, wurden von heißer Begierde überschwemmt und versanken ins Nichts, wenn Cazeneuve über die Schwelle trat und sie sich ihm an die breite Brust werfen konnte.

Das war das Leben, das herrliche, blutwarme Leben, wie es die Natur für ihre Geschöpfe bestimmt hatte. Mein Gott, nie hätte sie gedacht, daß es so sein könnte, schon hatte sie sich damit abgefunden gehabt, ihr Leben als alte Jungfer zu beschließen und damit das Los ihrer alten Tante im Turm zu teilen.

«Weg, ihr Schatten!» verscheuchte sie die Erinnerungen und gab sich in wildem Sinnenrausch dem Manne hin, der so unerwartet in ihr Leben getreten war, um sie vor dem Vermodern bei lebendigem Leibe zu bewahren.

Ihr Verhältnis, das sie mit Cazeneuve eingegangen war, hatte sofort Folgen.

«Wir müssen heiraten», bedrängte sie ihn, «wir wollen heiraten, weil ich ohne dich gar nicht mehr leben könnte.»

«Das ist mir schon recht, eine Heirat zwischen uns beiden ist jedoch nur unter einer Bedingung möglich.»

«Nun?»

«Sie muß nach meinem Glauben geschlossen werden. Ich will nichts mit Ketzerei zu tun haben.»

«Du verlangst eine katholische Trauung? Nun – ich willige ein.»

«Sie ist aber nur möglich, wenn meine zukünftige Frau katholisch ist.»

«Aber du weißt, daß ich das nicht bin.» Anne sah ihn erschreckt an.

«Dann mußt du es eben werden. Wenn dir an einer Verheiratung mit mir gelegen ist, mußt du dich umtaufen lassen. So habe ich es mir seit langem überlegt.»

«Ich mich umtaufen lassen? Hast du vergessen, daß ich die Tochter eines Märtyrers bin? Mein Vater ist wegen seines protestantischen Glaubens hingerichtet worden.»

«Und trotzdem bin ich als guter Katholik bereit, dich zu heiraten. Vergiß das nicht, Anne. Überleg es dir, du kennst nun meine Bedingung.»

«Wenn meine Tante nicht wäre.»

«Was geht deine Tante uns an?»

«Es ist ihr Haus, in dem wir sind, in dem wir uns schon so oft geliebt haben.»

«Was kümmert sie mich? Ich habe sie nie gekannt und werde mich nie um sie kümmern. Lebt nicht jeder Mensch sein eigenes Leben? He? Bist du andern gegenüber verantwortlich für das, was du tust? Für das, was du bereits getan hast, was bereits geschehen ist? Denke daran, daß in wenigen Monaten dein Zustand allen offenbar wird. Da ändert auch deine Tante mit ihren Sprüchen nichts mehr daran!»

Und unter dem Druck der Verhältnisse und von ihrer nicht zu löschenden Begierde getrieben, gab sie schließlich ihr Einverständnis. In der alten, aus dem 10. Jahrhundert stammenden Kirche von Pranles, die bereits provençalischen Charakter hat und mit ihrem alten Granit- und Sandsteingemäuer von geheimnisvoller Wirkung ist, empfing Anne Durand, die Tochter des in Montpellier hingerichteten Märtyrers, am 2. Juni 1765 die katholische Taufe.

Acht Tage später, am 10. Juni, wurde zwischen ihr und Cazeneuve die Hochzeit gefeiert, und noch einmal nach acht Tagen, am 18. Juni, brachte Anne Durand ein Mädchen, die kleine Marianne, zur Welt. Nach ihrer Hochzeit verließ Anne ihr bescheidenes Heim in Le Bouchet, das Marie Durand unter so schweren Opfern für sie hatte herrichten lassen, und siedelte in das habliche Haus ihres Gatten in St-Jean über.

Cazeneuve aber, auf Mehrung seiner irdischen Besitztümer bedacht, war keineswegs gewillt, die Güter seiner Frau in Le Bouchet-de-Pranles brach liegen zu lassen, und setzte dort J. J. Bevengut als Pächter ein, wobei immerhin festgehalten sei, daß die Familien Durand und Bevengut stets gute Beziehungen untereinander gehabt hatten. Der Vertrag «über dauernde Vermietung» wurde am 1. Oktober 1767 bei Notar Jallat unterzeichnet.

Obgleich Anne es aus verständlichen Gründen unterließ, ihre Tante über die Ereignisse in Le Bouchet und über ihre Verheiratung mit Cazeneuve zu unterrichten, dauerte es nicht lange, bis die Kunde von Annes unfaßbarem Verhalten zu den Gefangenen in den Turm drang.

Unter allen Prüfungen, die Marie Durand in ihrem schicksalsschweren Leben bisher auferlegt worden waren, war die Enttäuschung über das Verhalten ihrer Nichte die schmerzlichste, bedeutete sie doch den völligen und endgültigen Zusammenbruch all ihrer Hoffnungen. Es war eine grauenhafte Tiefe, in die sie da gestoßen worden war. Wie hatte sie die Tochter ihres Bruders geliebt, wie hatte sie ohne Bedenken jedes Opfer für sie gebracht, wie hatte sie Anne mehr und mehr als ihre eigene Tochter betrachtet und in Zeiten besonderer Kümmernisse sich an dem Gedanken aufgerichtet, wie schön es einmal sein werde, wenn sie, nach ihrer Freilassung, an die sie nach wie vor und trotz aller getäuschten Hoffnungen felsenfest glaubte, mit Anne in der Stille des Vivarais, im Frieden ihres bescheidenen Heims, die letzten Jahre ihres Lebens verbrächte!

Und nun war alles zerschlagen, in den Schmutz gezerrt und mit Füßen zertrampelt durch das Unerhörte, wozu sich Anne hatte hinreißen lassen. Welche Schande hatte sie damit ihr, hatte sie vor allem aber dem Andenken ihres Vaters bereitet!

Sie hatte ihn verraten, schmählich verraten, sie war ihrem Glauben untreu geworden, sie hatte den Versuchungen nicht zu widerstehen vermocht.

Anne hatte die unbedingte Glaubenstreue, die sie, Marie Durand, durch ihr Leben, durch ihr bereits dreiunddreißig Jahre währendes Martyrium im Turm unermüdlich gepredigt hatte, durch ihr Verhalten verhöhnt und verspottet.

Mochte der himmlische Vater ihr vergeben, da sie nicht wußte, was sie getan.

Marie Durand erhob sich von ihrem Lager und wankte nach der Mitte des Saales, starrte auf das steinerne Einfassungsmäuerchen nieder, das sich rund um die Licht- und Luftöffnung zog, und dann ließ sie sich niedersinken und seufzte tief.

Warum, warum hatte der himmlische Vater solches zugelassen, warum? Was war der Sinn dieser ihr auferlegten neuerlichen Prüfung? War sie noch nicht genug geschlagen worden?

Und in Gedanken strich sie mit den Fingern über das Wort, das sie selber vor Jahren sich und ihren Gefährtinnen zur Ermahnung in den Stein eingekratzt hatte, das Wort, das den Sinn und den Inhalt ihres ganzen Lebens umschrieb: RECISTER!

Als Nachfolger von La Devèze war 1762 Fitz-James Militärkommandant geworden.

Er war ein großzügiger Mann, der den Protestanten gegenüber eine duldsamere Haltung bekundete, als dies sein gestrenger und übereifriger Vorgänger getan hatte.

Allerdings hatten sich ja auch die Zeiten geändert.

Einen ersten Beweis seiner Toleranz gab er bereits im Mai 1762, als er auf eigene Verantwortung zwei Gefangene aus dem Turm der Constance befreite: Marie Vidal-Durand und Marguerite Robert-Vincent, die beide auf Befehl von La Devèze in den Jahren 1737 und 1759 eingekerkert worden waren.

Kurz vor ihrer Entlassung waren zwei andere Gefangene, unter ihnen die seit 1723 eingekerkert gewesene, fünfundachtzigjährige Anne Gaussent-Cros, gestorben.

Warum sollte er, Fitz-James, der ja mit den gleichen Vollmachten ausgestattet war wie sein Vorgänger, nicht das Recht haben, Entscheidungen, die jener gefällt hatte, wieder aufzuheben?

So wandte er sich an Minister Saint-Florentin mit dem Ersuchen, ihm die Papiere zur Freilassung von vier weiteren Frauen zuzustellen. Aber Saint-Florentin wollte von einer solchen Änderung des Kurses nichts wissen, er brauste auf und wies das Gesuch des neuen Militärkommandanten als völlig unbegründet, unverantwortlich und damit unzulässig ab.

Aber auch der nach wie vor unermüdliche Paul Rabaut, der übrigens mit dem neuen Kommandanten in Briefwechsel stand, ließ in seinen Bemühungen, die endliche Freilassung der Gefangenen zu erreichen, nicht nach.

Als nach sieben Jahren der unselige Krieg gegen Preußen zu Ende ging und die Präliminarien des Friedensvertrages gegen Ende 1762 unterzeichnet waren, wandte er sich mit einer Bittschrift an den englischen Bevollmächtigten, den Herzog von Bedford: «Ich hoffe, Ihre Exzellenz werde es nicht mißbilligen, wenn ich mir erlaube, Ihnen zu schreiben, da ich ja nichts anderes anstrebe, als Ihnen Gelegenheit zu geben, an einem wunderbaren Werk mitzuwirken. Noch immer und seit langem seufzen 49 Menschen in Gefangenschaft, nämlich 33 Männer auf den Galeeren und 16 Frauen im Turm von Aigues-Mortes im Languedoc, und zwar aus dem einzigen Grunde, weil sie religiösen Versammlungen beigewohnt haben, wie solche seit der Aufhebung des Ediktes von Nantes in diesem Königreich immer wieder durchgeführt worden sind. Mehrere dieser Unglücklichen erdulden seit mehr als dreißig Jahren ihre schwere Haft. Könnte es für das großmütige Herz des englischen Königs etwas Würdigeres geben, Mylord, als all diesen Unglücklichen die Ketten zu lösen, und den frommen Frauen die Freiheit zu verschaffen, die sie lediglich wegen ihres Bekenntnisses zum gleichen Glauben einbüßten, den Ihr großer König mit ihnen teilt? Nein, der Verteidiger des Glaubens wird ihrem Schicksal gegenüber nicht gleichgültig bleiben können. Seine mitfühlende Seele, in langer Leidenszeit geläutert, wird sich bemühen, das Martyrium der Gefangenen zu beenden. Und Sie, Mylord, können das glückliche Werkzeug zu dieser Befreiung werden. Die Sie beseelende Herzensgüte und Ihr Glaube sind mir Gewähr dafür, daß Sie dazu bereit sind. Heute, wo die Präliminarien des Friedensvertrages unterzeichnet sind und das gute Einvernehmen zwischen den beiden Höfen sich wieder einstellt, sind die Umstände günstiger als je, die Freiheit der Gefangenen zu erwirken. Im Namen aller, die sich zu Jesus Christus bekennen, ersuche ich Ihre Exzellenz, sich zu Gunsten der Gefangenen an Ihrem Hofe zu verwenden. Mit welchem Jubel werden die Gefangenen die Hand segnen, die sie befreien wird! Welch heiße Gebete werden für ihre Befreier zum Himmel emporsteigen!»

Aber auch diese Bittschrift hatte keinen Erfolg: die Frauen verblieben weiterhin in ihrem Gefängnis. Ihre Zeit war noch immer nicht gekommen.

In den ersten Dezembertagen 1763 ließ Rabaut dem Generalstatthalter des Languedoc eine weitere Bittschrift zugehen.

Aber auch diesmal erreichte er nichts.

Marie Durand hatte von dem Gerücht gehört, daß die Regierung bereit wäre, die Gefangenen freizugeben, daß sie jedoch zögere, so alte und völlig mittellose, ja verschuldete Frauen in Freiheit zu setzen, da sie ja keine Möglichkeit hätten, sich für den Rest ihrer Tage durchzubringen.

Wenn in Wahrheit die Freilassung der Gefangenen an deren Alter und Mittellosigkeit scheiterte, dann waren sie ja alle dazu verurteilt, bis an ihr Lebensende im Turm zu bleiben, dann würden sie ja nie mehr in ihre Heimat zurückkehren können!

«Im Namen der göttlichen Barmherzigkeit», beschwor sie Paul Rabaut, vor dem sie immer wieder ihr Herz erleichterte, «tun Sie alles nur Erdenkliche, um uns aus diesem Schreckensgrab zu erlösen.»

Nur wenig später bat sie in einem weiteren Brief an den Pfarrer von Nîmes, ihr doch das Buch des französischen Astrologen Michel de Nostradamus zu verschaffen, das Prophezeiungen bis zum Jahr 3000 enthielt. «Nun denken Sie vielleicht, ich fange zu spinnen an; aber Nostradamus spricht in seinem Buch von mancherlei Dingen, die mir für uns Gefangene günstig zu sein scheinen. Ich las das Buch vor mehr als 25 Jahren.»

Allein die Zeit, da die Verfolgung der Protestanten ein Ende hatte, war noch nicht angebrochen. Sie konnte noch nicht anbrechen, solange ein Fanatiker wie Saint-Florentin für die Angelegenheiten der Protestanten verantwortlich war.

Wie wenig Bereitschaft er zeigte, dem immer stärker werdenden Druck der öffentlichen Meinung nachzugeben, bewiesen der Haß und die Niedertracht, mit denen im Einverständnis mit dem Minister die römische Kirche noch im Jahre 1762 in Toulouse Hugenotten verfolgte.

Auf seinem Wege zu einer Taufe wurde der junge Pfarrer La Rochette verhaftet. Da er bei der Einvernahme freimütig gestand, ein protestantischer Pfarrer zu sein und als solcher auch die ihm überbundenen Amtshandlungen vornehme, verurteilte ihn das Gericht zum Tod am Galgen.

So lautete das ja immer noch gültige Gesetz.

Als daraufhin die drei Brüder Grenier ihrem Glaubensgenossen, dem sie schon mehr als einmal Unterkunft gewährt hatten, zu Hilfe eilten, wurden sie ebenfalls verhaftet und als Aufrührer, die mit Waffen in der Hand ergriffen worden waren, zum Tode verurteilt. Die Geistlichkeit triumphierte über dieses Urteil, denn die Greniers, deren Vorväter durch frühere Könige geadelt worden waren, waren als eifrige Hugenotten bekannt, die schon manchen Verfolgten über heimliche Wege und Stege in Sicherheit gebracht hatten. Vergeblich setzte sich Rabaut für die vier Verurteilten ein. Obwohl er mehrere hochgestellte Persönlichkeiten anflehte, bei Gericht ihren Einfluß zu Gunsten der Verurteilten geltend zu machen, wurde das Urteil aufrechterhalten und den vier Opfern als Gnadenbeweis lediglich zugebilligt, daß die Hinrichtung aller vier miteinander stattfinden sollte. Damit wurde dem Pfarrer die Gunst zuteil, statt gehängt, wie die drei andern enthauptet zu werden.

Wenige Stunden vor Vollstreckung des Urteils, am 19. Februar, begaben sich mehrere katholische Geistliche ins

Gefängnis, um die Verurteilten zu beschwören, zu ihrem Seelenheil doch ihren Irrtum aufzugeben und in den Schoß der alleinseligmachenden Kirche zurückzukehren. Da die vier Verurteilten sie abwiesen, begannen sie ihnen mit ewiger Verdammnis zu drohen.

«Wir sind im Begriff, vor einen Richter zu treten, der gerechter ist als ihr! Es ist derselbe, der sein Blut vergossen hat, um uns damit zu erlösen. Wenn ihr mit uns von ihm sprechen wollt, dann sind wir bereit, euch zuzuhören. Mit eurem Aberglauben aber mögt ihr uns in der kurzen Zeit, die uns noch zu leben bleibt, verschonen.»

Einen der beiden Wachtsoldaten, die mit den Geistlichen die Gefängniszelle betreten und alles mitangehört hatten, rührte die Standhaftigkeit der Verurteilten zu Tränen.

Pfarrer Rochette bemerkte es, wie dem Burschen die Tränen auf den Wangen glänzten. Er trat auf ihn zu und legte ihm freundlich die Hand auf die Schulter: «Mein Freund, was rührt Euch denn an unserem Geschick so sehr? Seid nicht auch Ihr bereit, an jedem Tag und zu jeder Stunde, wenn es von Euch verlangt wird, Euer Leben für Euren König zu lassen, wie wir es für den unsrigen zu tun im Begriffe sind?»

Der Weg zum Blutgerüst führte die Verurteilten an einer Kirche vorbei. Pfarrer Rochette wurde aufgefordert, unter dem Portal niederzuknien und Gott, den König und das Gericht um Vergebung seiner Sünden zu bitten.

Da rief La Rochette mit lauter Stimme, so daß alle, die in dichten Reihen den Platz umsäumten, es hören konnten: «Gott will ich von Herzen um Vergebung meiner Sünden bitten. Ich bin gewiß, daß sie mir durch Jesu Blut auch abgewaschen werden. Dem König aber habe ich nichts abzubitten, da ich meine Gemeinde stets aufgefordert habe, ihm gegenüber gehorsam zu sein. Sein Gebot, keine Gottesdienste abzuhalten, habe ich nur deshalb übertreten, weil Gott diese Versammlungen geboten hat. Die Heilige Schrift lehrt uns nämlich, daß wir Gott mehr gehorchen sollen als den Menschen. Das Gericht endlich habe ich nie beleidigt, ich wüßte nicht, was mir meine irdischen Richter zu vergeben hätten. Wohl aber will ich Gott bitten, daß er meinen Richtern vergibt.»

Alle, die dieses Zeugnis hörten, waren tief beeindruckt vom Glaubensmut des jungen Pfarrers. In ehrfürchtigem Schweigen wich die Menge zurück, als der Zug sich wieder in Bewegung setzte.

Und dann wurden die Verurteilten auf das Blutgerüst geführt. Nur noch mit Hose und offenem Hemd bekleidet, standen sie nebeneinander hinter dem Schafott.

Furchtlos und zuversichtlich.

Als erster wurde Pfarrer La Rochette aufgerufen.

Man wollte ihm mit einem Tuch die Augen verbinden.

Ruhig wies er es zurück.

«So ermahne ich Euch noch ein letztes Mal, wenigstens im katholischen Glauben zu sterben, um in der Seligkeit aufzuwachen», sprach ihm der Henker zu.

«Ich wechsle meinen Glauben nicht», antwortete der Pfarrer. «Urteilt selbst, welche Religion die bessere ist, die, welche verfolgt, oder die, welche verfolgt wird!»

«So ist Euch nicht zu helfen!»

Mit hellen Stimmen hoben die vier den 118. Psalm, das Triumph- und Siegeslied der französischen Märtyrer, zu singen an:

«Das ist der Tag so freudenreich...»

Die Menge lauschte dem Lied in atemlosem Schweigen.

Nun mußte sich Pfarrer La Rochette niederbeugen und den Kopf auf den Richtblock legen.

Und schon sauste das scharfe Eisen herunter.

Doch unentwegt sangen die drei Gefährten des Hingerichteten weiter.

Dann wurde der zweite, und nach diesem der dritte geköpft.

Nun stand nur einer noch da, der jüngste von allen, ein Jüngling, noch nicht zwanzig Jahre alt.

Und wenn in seiner Stimme auch ein Beben war, so sang er doch unerschrocken die letzte Strophe zu Ende:

«Ich sterbe nicht, ich werde leben
durch den, der mich erlöset hat;
ich will die Werke froh erheben,
die der Erbarmer für mich tat.»

Dann trat auch er vor, um vor dem Richtblock im Blute seiner Gefährten niederzuknien.

«Ihr habt gesehen, wie Eure Brüder ihr Leben lassen mußten», rief der Henker ihm zu, weil seine blühende Jugend ihn erbarmte. «Seid nicht weiterhin verstockt, schwört Euren Glauben ab, tretet über und Ihr seid gerettet!»

«Schwört ab und tretet über!» stieg der brausende Ruf der Menge auf, die sich Kopf an Kopf auf dem Richtplatz drängte.

Aber der junge Grenier schüttelte den Kopf: «Henker, tut, was Eure Pflicht ist!»

Ein paar Herzschläge später rollte auch der Kopf des Jünglings in den Sand.

Zur selben Zeit, ebenfalls in Toulouse, der 7. Stadt Frankreichs, in der die katholische Geistlichkeit noch immer eine uneingeschränkte Macht ausübte und das Andenken an das Blutbad der Bartholomäusnacht alljährlich mit besonderem Gepränge begangen wurde, geriet der hoch angesehene protestantische Kaufmann Jean Calas in das Räderwerk der Intrigen und kam darin um.

Calas hatte eine Tochter und einen Sohn. Die Tochter war zum katholischen Glauben übergetreten und der Sohn, ein Tunichtgut, durch Trunk und Spiel und Umgang mit leichtlebigen Frauenzimmern in finanzielle Bedrängnis geraten. Während eines Abendessens kam es dieserhalb zwischen Vater und Sohn zu einer Auseinandersetzung. Vater Calas machte seinem Sohn Vorwürfe, worauf dieser aufbrauste, hinausging, die Türe hinter sich zuschmetterte und in sein Zimmer hinaufstürmte. In einer Anwandlung von Reue und Schwermut erhängte er sich am Fensterkreuz.

Eine Stunde später fanden die Angehörigen den Erhängten, durchschnitten den Strick und sandten in aller Eile nach einem Arzt, in der Hoffnung, es könne dem unglücklichen Jüngling noch geholfen werden. Aber alle Bemühungen, ihn ins Leben zurückzurufen, blieben erfolglos.

Auf das Gejammer und die Hilferufe der Eltern drängten neugierige Nachbarn ins Haus, und als sie vernahmen, was sich ereignet hatte, streute einer das Gerücht aus, wie seine Tochter, so habe auch der Sohn Calas katholisch werden wollen. Da ihm dies von seinem Vater verboten worden sei, habe der junge Mann in seiner Gewissensnot keinen Ausweg gewußt, als freiwillig aus dem Leben zu scheiden. Ein Ratsherr veranlaßte die sofortige Verhaftung der ganzen Familie.

Zusammen mit dem Leichnam des Erhängten wurden alle ins Rathaus verbracht.

Der Vorfall bot der katholischen Geistlichkeit willkommenen Anlaß zu einer Kundgebung wider das Ketzerunwesen.

Der junge Selbstmörder wurde zum Märtyrer des katholischen Glaubens gemacht.

Unter Entfaltung eines großen Schaugepränges überführten die Priester, Mönche und die Angehörigen der Brüderschaften den Leichnam vom Rathaus zum Dom, wobei dem Sarg umflorte Fahnen und brennende Kerzen vorangetragen wurden.

Die Bevölkerung strömte in riesigen Mengen herbei.

Der Sarg wurde im Dom aufgebahrt. Zu Häupten des Toten wurde ein Totengerippe aufgestellt, das mit den Knochenfingern der rechten Hand einen Palmzweig hielt als ein Zeichen und Sinnbild des Märtyrertums, während man ihm an die Linke ein Spruchband gehängt hatte «Abschwörung der Ketzerei».

Seelenmessen wurden gelesen, und die ganze Stadt beklagte den bedauernswerten Mann, der von seinen verbrecherischen Eltern daran gehindert worden war, zur Beruhigung seines Gewissens und zur Rettung seiner Seele die Irrlehre aufzugeben und bei der römischen Kirche Zuflucht zu suchen und Frieden zu finden.

Wohl waren Bevölkerung und Geistlichkeit von der Schuld Calas' überzeugt, allein, es fehlten die für ein Gerichtsverfahren erforderlichen Beweise.

Um solche zu beschaffen, wurde kurzerhand beschlossen, Calas zu foltern und ihm so die Lippen zu Geständnissen zu öffnen.

Zuerst zerschlugen die Henkersknechte dem Unglücklichen beide Beine, daß sie wie die Stoffbeine einer Puppe leblos am Leibe herunterhingen, und als ihm auch die auf solche Weise zugefügten Qualen kein falsches Bekenntnis zu entlocken vermochten, wurde er ohne weiteres Verfahren verurteilt, bei lebendigem Leib in das Rad geflochten zu werden.

Nach einem herzzerreißenden Abschied von den Seinen zermalmte man ihm mit Keulenschlägen die Knochen im Leib und flocht diesen durch die Speichen des Rades.

Furchtbar waren die Schmerzen, die der aus der Ohnmacht Erwachende auszustehen hatte; aber selbst in diesem jammervollen Zustand weigerte er sich, eine Schuld einzugestehen.

Nach dreistündiger Marter willigte das Gericht zum Beweis seiner Barmherzigkeit ein, daß das noch immer lebende Fleischbündel erdrosselt und der Leichnam verbrannt werde.

Nun aber wandten sich die Angehörigen des auf so scheußliche Art Hingerichteten an den berühmten Schriftsteller Voltaire in Ferney, damit er mit der gefürchteten Waffe seines Geistes den Kampf gegen solches Unrecht aufnehme.

Und als Voltaire sich aufmerksam und mit wachsender Empörung den Sachverhalt hatte erklären lassen, versprach er, sich mit allen ihm zu Gebote stehenden Mitteln und Kräften für die Rehabilitierung des seiner Überzeugung nach unschuldig Hingeschlachteten einzusetzen und jene anzuprangern, die im Namen des Christentums diese Scheußlichkeit verübt hatten.

Er wählte das Wort «Ecrasez l'Infâme» zu seinem Kampfruf, mit dem er fortan jeden seiner Briefe schloß; dieser Ruf war das Banner, das ihm in seinem mit wahrer Verbissenheit geführten Kampf gegen die Mißbräuche der Kirche voranleuchtete.

Voltaire kämpfte mit solch leidenschaftlicher Glut der Überzeugung gegen die römische Glaubenstyrannei, daß in der Seele des französischen Volkes die Flamme der Empörung aufloderte und die einflußreichsten Kreise sich dieser mittelalterlichen Zustände wegen zu schämen begannen.

Voltaire erreichte, daß der Prozeß gegen Calas wieder aufgenommen wurde. Das erste Urteil wurde aufgehoben und der Unglückliche und dessen Familie in aller Form freigesprochen. Wenn damit den Angehörigen der Tote auch nicht wiedergegeben werden konnte, so war es für sie doch eine Genugtuung und ein Trost, daß das ungeheure Aufsehen, das der Prozeß in der ganzen gebildeten Welt erregt hatte, der Sache der Hugenotten zugute kam.

Nun waren allerorts die Gewissen geweckt. Da hatte einer an einem Beispiel aufgedeckt, welch schreiendes Unrecht durch eine verabscheuungswürdige Willkürherrschaft den Protestanten Frankreichs seit Jahrzehnten angetan worden war.

«Der Mensch, der mir sagt: ‚Glaube wie ich, sonst wird Gott dich verdammen', wird demnächst sagen: ‚Glaube wie ich, sonst werde ich dich ermorden'», schrieb Voltaire. Was anderes hatten Kirche und Hof den Protestanten gegenüber getan?

Hof und Kirche versuchten, den zürnenden und gefährlichen Löwen von Ferney zu besänftigen, indem ihm durch Vermittlung von Madame de Pompadour der Kardinalshut angeboten wurde.

Doch damit ließ Voltaire sich nicht fangen. Er war kein Gimpel, der auf diese ausgestreckte Leimrute ging.

Und voller Überzeugung setzte er auch weiterhin an den Schluß seiner in alle Welt hinausgehenden Briefe das Motto, dem er diesen kämpferischsten Abschnitt seines Lebens unterstellt hatte: «Ecrasez l'Infâme – zermalmt den Aberglauben!»

Voltaire war ein Spötter, daß er sich aber über jede Religion lächerlich gemacht habe, trifft nicht zu. «Ist es anmaßend, Vermutungen darüber anzustellen, *was* er (Gott) sei, und weshalb er alles Seiende geschaffen hat, so scheint es mir sehr anmaßend, leugnen zu wollen, daß er existiert», schrieb er an Diderot. Wer so schreibt, ist kein Atheist.

Freilich, für die Gefangenen im Turm der Constance blieben die in die ersehnte Freiheit hinausführenden Pforten noch immer verschlossen. «Lieber Herr Pfarrer», schrieb Marie Durand am 15. Juni 1766 in ihrem Brief an Pfarrer Pomaret in Ganges, «noch immer befinden wir uns in der Gefangenschaft und sind recht oft im Elend, ja dieses nimmt ständig zu... Die Freigebigkeit erkaltet in der

Mehrzahl unserer Wohltäter. Wenn nicht einige gute Seelen Ihrem Beispiel folgten, müßten wir im Elend umkommen... Unsere Sünden müssen wirklich groß sein, daß wir in einer Zeit, die doch unserem Glauben günstig ist, immer noch gefangen sind. Da es aber der Wille des Allmächtigen ist, unterwerfen wir uns ihm in heiliger Ergebung: ‚Gib uns in Gnaden die Kraft, alles zu überstehen und standhaft zu bleiben.' Beten Sie für uns, daß er unseren Glauben und unsere Hoffnung stärke. Helfen Sie uns, unsere Not zu lindern, bis der Herr unsere Leiden beendet, sei es durch unsere Freiheit, sei es durch seinen großen Befreier, den Tod... Sie wissen wohl, daß wir einen neuen Kommandanten haben, Herrn von Canetta. Wir haben es unter ihm nicht weniger gut als vorher, denn er ist ebenso gütig wie der verstorbene Herr von Roqualtes. In einem ist er ihm sogar überlegen. Mit allen Kräften hat er sich beim Prinzen von Beauvau, dem neu ernannten Militärkommandanten im Languedoc, wie auch bei der Prinzessin für unsere Freilassung eingesetzt. Fänden Sie es wohl für richtig und könnten Sie es einrichten, mir einen Viertelliter Kichererbsen zu verschaffen, da ich damit Herrn von Canetta ein Geschenk machen möchte? Es wäre nämlich gut, wenn er dem Prinzen vor dessen Abreise nach Paris noch einmal schriebe, so daß dieser die Möglichkeit hätte, zu Seiner Majestät von uns zu sprechen.»

Ihr seid frei!

Ob Pfarrer Pomaret in Ganges Marie Durands Wunsch erfüllte und ihr einen Viertelliter Kichererbsen verschaffte, und ob Herr von Canetta dieses bescheidene Geschenk jemals erhielt, ist nicht mehr in Erfahrung zu bringen.

Wohl aber ist erwiesen, daß der Prinz Charles von Beauvau tatsächlich im Juli 1766 an den Minister Saint-Florentin gelangte und ihn bat, beim König wenigstens die Begnadigung eines Teils der Gefangenen in der Tour de Constance zu erwirken.

Beauvau stand damals im Alter von 45 Jahren und war, entgegen anderslautenden Behauptungen, nicht Freidenker, wie es unter den Höflingen Mode geworden war, sondern ein eifriger Katholik. Er war ein erprobter Soldat, der in Mahon mit dem Titel «der junge Tapfere» ausgezeichnet worden war. Außer seinen soldatischen Eigenschaften besaß er aber auch menschliche Tugenden und zeichnete sich durch eine ungewöhnliche Herzens- und Geistesbildung aus. Hierin stand ihm seine Frau in keiner Weise nach und unterstützte ihn in allen seinen wohltätigen Unternehmungen. Obwohl sie beide katholisch und kirchentreu waren und damit in jeder andern Lehre eine Irrlehre erblickten, hätten sie sich nie das Recht angemaßt, andere wegen ihres Glaubens zu verfolgen.

Mit dieser vornehmen Gesinnung hatten sich der Prinz und die Prinzessin die Verehrung und Dankbarkeit zahlreicher Hugenotten erworben.

Allein, Beauvaus ernsthafte Bemühungen um die Freilassung von Gefangenen aus dem Turm scheiterten vorläufig noch an der Herzenskälte und Intoleranz des Ministers. Saint-Florentin weigerte sich, beim König die nachgesuchten Freilassungen zu erwirken, und begründete seine ablehnende Haltung damit, daß man nicht die Meinung aufkommen lassen dürfe, der König neige zur Toleranz.

Zu jener Zeit aber hielt sich der Sohn Antoine Courts, Court de Gebelin, in Paris auf, um sich in Regierungskreisen rastlos um die endliche Anerkennung der Glaubens- und Gewissensfreiheit für die protestantische Bevölkerung zu bemühen.

Beauvau hörte von diesen Bemühungen und glaubte, die Freiheit sei den Gefangenen bereits gewährt worden. Daraufhin gab er am 30. September den Befehl, zwei der eingekerkerten Frauen, Elisabeth Mammejan und Frau von Saint-Sens, in Freiheit zu setzen.

Als Saint-Florentin von diesem Beschluß erfuhr, wußte er wenigstens durch sofort ergriffene Maßnahmen zu verhindern, daß die bereits in die Wege geleitete Befreiung von vier weiteren Gefangenen verwirklicht wurde.

Allein, Beauvau gab nicht auf.

Es entsprach seiner Wesensart, daß er sich mit allen Mitteln und Kräften für die Ausmerzung eines erkannten Unrechtes einsetzte.

«Es wird mich noch einen harten Kampf kosten, aber ich gebe nicht nach, und die Zeit arbeitet für mich», sagte er zu seiner Gemahlin, nachdem er ihr Saint-Florentins Tadelsbrief vorgelesen hatte. «Nun werde ich mich im Dezember erst recht nach Montpellier begeben, um an der Ständeversammlung wenn immer möglich das Wort zugunsten der Gefangenen zu ergreifen.»

Auch Herr von Canetta reiste nach Montpellier, wie er das den gefangenen Frauen versprochen hatte.

Mit bewegten und bewegenden Worten schilderte er den Behörden die jammervolle und bemitleidenswerte Lage der im Turm Eingeschlossenen. Nach Canettas Ansprache forderte der Prinz von Beauvau vom Minister neuerdings die Begnadigung von mindestens vier der Gefangenen.

Aber noch immer gab Saint-Florentin nicht nach. «Wir müssen unter allen Umständen verhindern, daß die falsche Meinung über irgendein tolerantes Vorgehen aufkommen könnte», rief er aus.

Zwischenrufe veranlaßten ihn dann aber doch, die Erklärung abzugeben, daß er bereit sei, die gestellte Forderung in einer nicht allzu fernen Zukunft zu überprüfen.

«Alle miteinander zu entlassen, ist jedoch ein Ding der Unmöglichkeit. Es wird sich jeweils nur um kleine Gruppen handeln können, zwischen denen gewisse Abstände, und zwar längere Abstände, eingeschaltet werden müssen.»

Die vom Minister eingenommene Haltung veranlaßte den Prinzen, sich selber in den Turm zu begeben, um sich mit eigenen Augen von den dort herrschenden Zuständen und der leidvollen Lage der beklagenswerten Opfer von Saint-Florentins Starrköpfigkeit zu überzeugen.

Sein Neffe Bouffler begleitete den Prinzen auf dessen Inspektionsreise. Und von dem, was der junge Mann im Turm der Constance zu sehen bekam, war er dermaßen beeindruckt, ja erschüttert, daß er noch vierzig Jahre später, anläßlich einer Lobrede, die er 1805 in der Académie française über Beauvau hielt, von der Reise nach Aigues-Mortes erzählte.

Leider entsprach sein Bericht, nach welchem der Prinz angesichts des Elendes der Gefangenen deren sofortige Freilassung angeordnet habe, nicht den Tatsachen.

In der langen Zwischenzeit mochte Bouffler von seinem Gedächtnis getäuscht worden sein, wenn er nicht absichtlich die unbestreitbaren Verdienste seines Onkels um die Befreiung der beklagenswerten Häretikerinnen durch diese Retouche besonders hervorheben wollte.

Wie dem auch sei, Bout̄flers unrichtige Darstellung ist seither in fast alle Bücher über Marie Durand übernommen worden, weil sie geeignet ist, die Seelengröße des Prinzen in beinahe verklärtem Lichte erscheinen zu lassen.

In Tat und Wahrheit spielte sich der Besuch des Prinzen im Turm aber folgendermaßen ab:

Als Beauvau und sein jugendlicher Begleiter auf ihrer Reise nach Aigues-Mortes kamen, ritten sie unverzüglich zum Turm, der sich mit seinem dicken, fensterlosen Gemäuer düster und schwer von einem silbergrauen Himmel abhob.

Die beiden wurden vom Torwärter empfangen, beim Kommandanten angemeldet und über die dunklen, gewundenen Treppen vor die schwere Türe geführt, hinter der die Gefangenen seit Jahren, seit Jahrzehnten ihr Leben verbrachten.

Der Prinz hatte mit dem Kommandanten ausgemacht, daß er unerkannt bleiben wolle und deshalb vor den Gefangenen als einfacher Besucher anzusprechen sei.

«Lasciate ogni speranza, voi, ch'entrate!»* sagte der vor Erregung zitternde Bouffler zu seinem Onkel, während der Schließer mit einer gewissen Umständlichkeit die Tür für sie aufschloß.

Als sich ihre Augen an das Dämmerdunkel gewöhnt hatten, konnten sie elf Frauen wahrnehmen, die da in alten, verblichenen Kleidern, die eingefallenen Gesichter von gespensterhafter Blässe, wie ein Rudel erschreckter Tiere sich aneinanderdrängten und aus großen Augen den Eintretenden entgegenschauten.

Daß Herr von Canetta, der Kommandant des Turmes, die Fremden begleitete, beruhigte sie sichtlich.

«Welches ist ihr Alter?» erkundigte sich Beauvau.

«Die jüngste von ihnen, hier, Suzanne Pages, ist 47 Jahre alt. Fünf der Frauen sind mehr als 75jährig.»

Der Prinz hob unmutig die Brauen. Siebenundvierzig Jahre? Er hatte auch die jüngste der Gefangenen für eine Greisin gehalten.

«Und wie lange sind sie schon hier?» erkundigte er sich weiter.

«Die zuletzt Eingetretene ist seit fünfzehn Jahren hier.

* «Laßt alle Hoffnung fahren, ihr, die ihr hier eintretet!» Ein Wort aus Dantes Göttlicher Komödie.

Jene Frau ist schon seit 37 Jahren, und jene, die auf ihrem Lager ruht, bereits seit 40 Jahren im Turm.»

«Vierzig Jahre», murmelte Beauvau ergriffen, «als sie hereinkam, war ich noch ein unverständiges Kind. Und seither war sie immer hier?»

«Ununterbrochen, dem Urteil entsprechend.»

«Und ihre Schuld?»

«Häresie.»

Sind nicht ihre Verfolger die weit Schuldigeren? ging es dem Prinzen durch den Kopf. Geschah das, was da seit einem Menschenalter im Namen der Kirche geschehen war, wirklich auch im Namen dessen, den die Kirche als ihren Herrn ansprach?

«Das hier ist Frau Marie Durand», unterbrach de Canetta das peinliche Schweigen.

«Marie Durand?» Aufmerksam schaute der Prinz in das von Leid gezeichnete Gesicht mit dem in der Mitte gescheitelten Haar.

Ruhig hielt die Gefangene dem sie musternden Blicke stand, und es ging von ihr eine solche Größe des Geistes aus, daß Beauvau für Augenblicke versucht war, sich über ihre bleiche, von blauem Geäder durchschimmerte Hand zu beugen und ehrfürchtig die Lippen daraufzusetzen.

«Madame Durand? Ich glaube, Ihren Namen schon gehört zu haben.»

«Das ist wohl möglich. Ich bin die Schwester des Märtyrers Pierre Durand», erwiderte sie, «und das ist auch meine Schuld.»

Der Prinz konnte eine tiefe Bewegung nicht verbergen. Er wandte sich an den Kommandanten: «Und es ist wirklich das einzige Verbrechen dieser Frauen, im Glauben Heinrichs IV. erzogen worden zu sein?»

«Jawohl.»

«Nun denn», richtete Beauvau das Wort an zwei der

Gefangenen, die Hand in Hand und ihn betrachtend in seiner Nähe standen. «Ihr seid frei! Es ist mein Wille, daß diese beiden Frauen morgen schon in Freiheit gesetzt werden. Für das Nötigste, dessen sie bedürfen, werde ich persönlich aufkommen. Und den andern verspreche ich, daß auch sie an die Reihe kommen werden, daß ich mich auch für ihre Befreiung einsetzen werde.»

«Frei?»

Nur langsam schienen die beiden Frauen, an die der Prinz das Wort gerichtet hatte, zu verstehen, was da geschehen war.

«Frei? Wir sind frei? O Herr, wer sind Sie? Wen hat Gott uns zugesandt?»

Ungläubiges Staunen bemächtigte sich auch der andern. Aber sie konnten, sie wagten es noch nicht, zu glauben, was sie da gehört hatten.

Schon hatten sich einige der Frauen dem Prinzen zu Füßen geworfen, schluchzten und wollten nach seinen Händen greifen, die er ihnen jedoch entzog.

«Unsere Aufgabe hier ist beendet», wandte er sich an Herrn von Canetta. «Führen Sie uns hinaus!»

«Ich werde nicht ruhen, bis die letzte dieser Unglücklichen den Turm verlassen hat», sagte der Prinz zu seinem Neffen, während sie über die Treppe hinunterstiegen. «Ich werde diesen Turm schließen lassen und dafür besorgt sein, daß er für derart traurige Zwecke nicht mehr geöffnet wird.»

Diese neuerliche Überschreitung seiner Machtbefugnisse, wie der aufgebrachte Saint-Florentin die Handlungsweise des Militärkommandanten bezeichnete, hatte einen heftigen Briefwechsel zwischen Versailles und Beauvau zur Folge.

Der Minister forderte den Prinzen auf, die Freilassung der beiden Frauen zu widerrufen, und drohte an, daß für den Fall, daß dies nicht unverzüglich geschehen sollte, er, Saint-Florentin, nicht dafür bürgen könne, daß der Prinz nicht seines Kommandantenpostens enthoben werde.

Aber der Prinz von Beauvau ließ sich durch den Tobenden nicht einschüchtern.

«Der König mag mir das Amt wieder nehmen», schrieb er ihm, «mit dem er mich betraut hat. Er kann mich aber nicht daran hindern, meine Pflicht so zu tun, wie Ehre und Gewissen es mir gebieten.»

Und so blieb es bei den von ihm getroffenen Maßnahmen.

Von den elf Frauen, die der Prinz im Turm angetroffen hatte, waren zwei durch ihn sofort entlassen worden. Es blieben also noch neun zurück, von denen eine im folgenden Jahre starb. Man weiß nicht, ob Suzanne Bouzique oder Madeleine Nivard. Also waren es ihrer noch acht, die auf ihre Freilassung harrten.

Der Prinz Charles von Beauvau – der Name des fremden Besuchers war den Gefangenen hinterher von Herrn von Canetta mitgeteilt worden – hatte es ihnen versprochen, auf sein Wort konnten sie sich verlassen.

Aber Mistral und Tramontana brausten um den Turm, der eisige Hauch drang durch die schlecht vernagelten Schächte und trieb die Frauen unter die Decken ihrer feuchten Lager, wo der Husten sie quälte und ihre Gliederschmerzen sie aufschreien ließen, es wurde Frühling, dessen ahnungsvolle Düfte selbst im Turm spürbar wurden und die Herzen vor Sehnsucht weit und noch trauriger werden ließen, dann kam die Hitze und mit ihr das Sumpffieber, das die mageren, ausgemergelten Körper schüttelte und den tiefliegenden Augen hektischen Glanz verlieh, und es folgten, ehe wieder der Mistral zu heulen begann, die ruhigen Tage des Herbstes, die wie eine gnädig gewährte Atempause waren vor dem die Hilflosen wieder überfallenden Elend des Winters.

Es war so weit, daß die im Turm noch Zurückgebliebenen all den Leiden und Qualen, mit denen das Jahr im Ablauf seiner Zeiten sie heimsuchte, keinen Widerstand mehr entgegenzusetzen hatten. Sie waren hilf- und machtlose Geschöpfe, die über sich ergehen lassen mußten, was über sie verhängt worden war, die all diese Peinigungen und Martern ertrugen, vielleicht schreiend vor Schmerzen, aber nie sich aufbäumend aus Auflehnung, und immer wieder heimlich sich wundernd, wenn sie nach wütendem Sturm feststellten, daß sie noch nicht gebrochen und ausgelöscht, daß sie noch immer da waren, übrig geblieben und aufgespart, um für neue Prüfungen bereit zu sein. Aber auch jetzt noch fanden sich die Leidensgefährtinnen in Selbstverständlichkeit um ihre geistige Betreuerin Marie Durand zusammen, die mit ihnen betete, die noch jeden Tag ein Wort aus der Schrift für sie auslegte, die ihre Gemeinschaft zusammenhielt und ihr immer noch den Sinn und auch die Kraft einer betenden Gemeinde gab.

Denn ohne ihren Glauben hätte ihnen schon längst die Kraft gefehlt, überhaupt noch zu leben. Ohne ihren Glauben wären sie zerfallen, weil ihr an sich fragwürdiges Dasein seines letzten Sinns beraubt gewesen wäre.

Und sie warteten, glaubten und hofften, am Tag und in den langen Nächten, Woche für Woche, Monat für Monat, warteten, glaubten und hofften auf den großen Tag, da das Licht der endlichen Freiheit sie umstrahlen würde, und sie wußten kaum mehr zu unterscheiden, ob ihr Sehnen sich nach der Befreiung aus dem feuchten Gemäuer des Turms richtete, oder ob sie im Herzen jenes großen Befreiers gedachten, vor dem nicht nur Türen und Mauern, sondern jegliche irdische Unzulänglichkeit einst fallen wird.

Im Frühling des Jahres 1786 erhielt Marie Durand durch ihren Notar die Mitteilung, daß J. J. Bevengut, der seit Abschluß des Vertrages mit Anne Durands Mann

Cazeneuve als Pächter ihr Gut bewirtschaftete, auch diesmal den fällig gewordenen Zins pünktlich entrichtet habe.

Diese Mitteilung war ihr zuerst wie ein Zeichen aus einer andern, ihr fremd und fremder gewordenen Welt erschienen, ein Zeichen, das ihr aber erneut zu Bewußtsein brachte, daß es diese fremde Welt, von der sie durch sechs Meter dicke Mauern getrennt waren, doch immer noch gab. Das mußte man wohl zur Kenntnis nehmen.

Ach, wie ganz anders hatte sie sich noch vor wenigen Jahren um all die Dinge dieser andern Welt gekümmert, damals, als sie mit liebevollem, mütterlichem Herzen ihre Nichte umsorgt und ein gemeinsames Leben mit ihr geplant hatte, daheim im Vivarais, in Le Bouchet-de-Pranles!

Nun leuchteten daheim am sonnigen Waldrand wieder die ersten Blumen, die Vögel sangen und die weißen Wolken segelten durch die Bläue des Himmels. Hatte sie das wirklich einmal erlebt, hatte sie Blumen und Himmelsblau wirklich einmal mit diesen ihren müde gewordenen Augen erschaut, und das Rauschen und Rieseln der vom Eis befreiten Bäche und Bächlein wirklich einmal mit ihren Ohren gehört, oder war das alles, was wieder in seligen Bildern ihr vorschwebte, nur ein Traum gewesen, eine Verheißung?

Aber dann, am 11. April, betrat gegen Abend Herr von Canetta das Gefängnis der Frauen.

Mit verhaltenem Lächeln sah er sich um, und als er die entdeckt hatte, die er suchte, ging er zu ihr hin, grüßte sie und überreichte ihr ein gerolltes Papier.

«Madame Durand, ich habe die Ehre, Ihnen dies Papier zu überreichen. Es ist ein Befehl, den mir der Generalstatthalter soeben zugestellt hat. Sie sind frei!»

Marie Durand stand da und rührte sich nicht.

Nur ein Zittern lief um ihren fest geschlossenen Mund.

Dann neigte sie langsam das Haupt, und Herr von Canetta ward unwillkürlich an das Wort erinnert, das die Gottesmutter einst zum Engel gesprochen hatte, dieses Wort voller Größe und voller Demut: Mir geschehe, wie du gesagt hast.

Um das Schweigen zu brechen, das in Haltung kaum mehr zu ertragen war, ergänzte er seine Mitteilung: «Der Minister Saint-Florentin hat Ihre Begnadigung am 31. März 1768 unterzeichnet und an den Statthalter Saint-Priest gesandt. Und vorhin ist aus Montpellier der Freilassungsbefehl eingetroffen.»

«Loué soyt Dieu», sagte Marie Durand leise vor sich hin.

Frei, frei!

Also gehörte sie dieser Welt, in der sie 38 Jahre durchlebt und durchlitten hatte, fürderhin nicht mehr an, das alles war nun zurückgesunken, und sie würde heimkehren, heim in ihr Haus in Le Bouchet.

«Ich danke Ihnen, Herr Kommandant», flüsterte sie, und Herr von Canetta hatte eben noch Zeit, nach der Schwankenden zu greifen und, sie stützend, zu ihrem Lager zu geleiten.

«Bereiten Sie alles in aller Ruhe vor, Madame. Und wenn Sie Mittel benötigen, ich bin bereit, Ihnen einen kleinen Betrag vorzustrecken. Ich freue mich, Madame, ich freue mich wirklich für Sie!»

«Ich weiß es, Herr von Canetta», antwortete Marie Durand, nun schon wieder gefaßt, «und dafür danke ich Ihnen. Der Herr wird es Ihnen lohnen.»

Drei Tage später verließ sie den Turm.

Herr von Canetta hatte für ein Fuhrwerk gesorgt.

Marie Durand wäre zu schwach gewesen, den weiten Weg über Nîmes ins Vivarais hinauf zu Fuß zurückzulegen.

Vorsorglich hatte der Kommandant den Boden des Wagens mit einer Schütte Stroh bedecken und von einer Lisse zur andern ein Segeltuch spannen lassen, damit das Sonnenlicht sie nicht blende, denn ihre Augen waren schwach und sehr müde geworden.

Nachdem sie sich von jeder ihrer Gefährtinnen verabschiedet hatte, die ihr alle vertrauter geworden als leibliche Schwestern, stieg sie an der Seite des Kommandanten über die gewundene Treppe hinunter, und als sie über die kleine Brücke schritt, die über das still stehende Wasser gelegt war, da schlug ihr derselbe Ruch von Tang und faulenden Fischen entgegen, den sie vor bald vier Jahrzehnten bei ihrer Einlieferung als Letztes unter dem entschwindenden Himmel der Freiheit wahrgenommen hatte.

Sie ließ sich auf den Wagen hinaufheben und in das Stroh betten, denn sie war trotz ihrer erst dreiundfünfzig Jahre eine alte, gebrochene Frau.

Sie dankte ihrem Betreuer, der so viel für die Gefangenen getan hatte, der wirklich ihr Helfer gewesen war, ohne jede Berechnung, nur der Stimme seines Herzens und seines Gewissens gehorchend.

«Alles wird Ihnen einst vergolten werden, lieber Herr, und bis diese guten Tage kommen, möge Ihnen der Höchste Gesundheit und alle andern Schätze dieser Erde schenken.»

Noch einmal hob sie die schmale Hand, dann lehnte sie sich erschöpft zurück und schloß die Augen.

Das Pferd zog an, und das Fuhrwerk rollte davon, über den kleinen Platz und zwischen den beiden Rundtürmen durchs Tor hinaus.

Sie war frei!

Nun war es Wirklichkeit geworden, sie war frei.

Am veränderten Ton des Räderrollens hörte sie, daß das Fuhrwerk die Straße verlassen hatte und über die Brücke fuhr, die den Kanal überspannte.

Da schlug sie die Augen auf und sah, schon in einiger

Entfernung, den Turm der Constance vor sich, in dem sie ihr Leben verbracht hatte.

Denn in den Jahren davor, da war sie ein Kind gewesen, trotz allem, was geschehen war, trotz des vertrauten Beisammenseins mit Matthieu Serres, und was jetzt noch folgen würde, konnte ja nichts anderes als ein Ausklang sein.

Hoch, rund, mächtig und unbewegt ragte das Gemäuer empor, und ein paar Vögel flogen darüberhin.

Nie mehr würde sie den Turm sehen, denn nie mehr in den ihr noch verbleibenden Tagen würde sie in dieses Land und in diese Stadt der toten Gewässer zurückkehren.

Nein, nie mehr.

Ein paar Tage später schrieb der Statthalter des Languedoc, Saint-Priest, an den Minister Saint-Florentin in Versailles: «Ich empfing mit Ihrem Brief vom 31. des letzten Monats den Befehl zur Freilassung der Frau Durand, Schwester des anno 1732 in Montpellier hingerichteten Pfarrers, die seit mehr als 36 Jahren* im Turm gefangen saß. Sie wurde am 14. dieses Monats freigelassen.»

Zurück in die alte Heimat

Langsam und holpernd fuhr der Wagen auf der nach Nîmes führenden Straße durch die in frischem Grün prangende Ebene des seltsamen Schwemmlandes der Camargue.

Blendend lag das Licht der Sonne über den Weiten, aus denen nur selten eine kleine Baumgruppe aufragte und die in die verwirrende Lichtfülle hinausblinzelnde Frau an wohltuend kühlen Schatten denken ließ.

* In Wirklichkeit dauerte Marie Durands Gefangenschaft im Turm 4 Monate weniger als 38 Jahre.

Aber wie hätte sie je über Sumpf und Gräben zu jenen Bäumen mit den im Winde zitternden Blättern gelangen können!

Nun wieder fuhr der Karren an schilfumstandenen Tümpeln vorüber, auf denen die Blüten des Wasserhahnenfußes einen dichten Teppich ausgespannt hatten, der wie frisch gefallener Schnee schimmerte. Dann verhinderten windzerzauste Tamariskensträucher die Fernsicht, und es war, als habe der Frühling in allen Farben leuchtende Girlanden in das Gezweige gehängt, um das reiche Blühen willkommen zu heißen, das über den Boden dem Gesträuch entgegenbrandete.

Man hörte das Quarren der Frösche und dazwischen einmal einen scharfen Vogelruf, und dort drüben hingen in kreischenden Wolken die Möwen über ihren Brutplätzen.

Einmal bot das auseinandertretende Buschwerk einen Durchblick auf eine in goldenen Flammen lodernde Schwertlilienwiese.

Das alles konnte nicht anders sein, als es all die Jahre hindurch auch gewesen war. Immer, in jedem Frühling mußte es hier dieses überschäumende Blühen gegeben haben, diesen kurz auflodernden, dionysischen Rausch, dem die nahe Sommerhitze jeweils ein jähes Ende setzte.

Aber sie waren im Turm gewesen, lebendig Begrabene, und graues, feuchtes Gemäuer hatte dieses Leuchten und Jauchzen von ihnen ferngehalten und hatte ihnen verwehrt, Anteil zu nehmen an der Welt der Lebenden.

Achtunddreißig Jahre lang, während der Dauer eines Menschenlebens. Ihre Mutter war nicht einmal so alt geworden, ihr Bruder auch nicht, und noch viele andere, die sie gekannt hatte, waren vor ihrem achtunddreißigsten Altersjahr gestorben.

Dann schlummerte sie ein, müde von der Fülle der Eindrücke, dem Rütteln auf der schlechten Straße, und die Sonne war bereits untergegangen, als die Kühle sie weckte.

Bald würden sie Nîmes erreicht haben.

Diese Stadt war das erste, das vorläufige Ziel ihrer Reise in die wiedergewonnene Freiheit. Hier wollte sie Paul Rabaut aufsuchen, der ihr über die mit ihm gewechselten Briefe bekannt geworden war. Und doch war er der Mensch, der ihr in diesem Leben nach dem schmerzlichen Abfall Annes am nächsten stand. Der ihr immer wieder geholfen, der sich für sie verwendet und eingesetzt, der ihr beigestanden hatte, ihr Kreuz zu tragen. Durch viele lange Jahre hindurch. Er war ihr Bruder und Vater und Seelsorger in einem geworden. Er würde sie auch wie seine Schwester empfangen, würde ihr raten und weiterhelfen.

«Bis das Haus hergerichtet ist, das ja zur Zeit noch von Bevengut bewohnt wird, sollten Sie zu Ihrer Nichte ziehen», riet er Marie Durand.

«Kann ich das noch, nachdem sie mir abtrünnig geworden, nachdem sie unseren Glauben verraten hat?»

«Sie können es nicht nur, Sie müssen es tun. Wissen Sie denn, wie Ihre Nichte empfindet? Es wäre doch möglich, daß sie ihren Irrtum eingesehen hat. Wir dürfen uns nie von unsern Brüdern und Schwestern abwenden und müssen immer wieder bereit sein, ihnen die Hand zu reichen.»

Und er schrieb für seine Schutzbefohlene nach St-Jean, wo nun Anne Durand als die Frau Jean-Claude Cazeneuves bereits seit drei Jahren lebte, und er schrieb für sie ferner an den Pächter Bevengut, der sich bereit erklärte, Marie Durand eine beträchtliche Summe vorzustrecken, um es ihr zu ermöglichen, ihr Haus in Le Bouchet-de-Pranles, in dem sie künftighin ihr stilles Leben verbringen würde, ausbessern zu lassen.

Bis diese Arbeiten ausgeführt waren und Marie Durand in ihr Haus einziehen konnte, lebte sie bei Anne in St-Jean.

Aber diese Wochen, die sie im katholischen Haushalt Cazeneuves zubringen mußte, waren eine sehr schwere Zeit für sie, in der sie immer wieder erfuhr, wie schwierig Annes Charakter war.

Das einzig Tröstliche dieser Zeit in St-Jean war für sie die Erkenntnis, daß sie neben dieser Frau niemals glücklich hätte leben können, wie sie es sich während Jahren ausgemalt und ersehnt hatte.

Als sie schied, waren sich die beiden Frauen innerlich vollkommen fremd geworden.

Es war Herbst, und die Kastanienbäume hinter dem Haus lohten in der Sonne wie Gold, als Marie Durand in ihre alte Heimat zurückkehrte, der sie fast vierzig Jahre lang fern gewesen war.

Vierzig Jahre, vierzig lange Jahre.

Und doch schien ihr alles noch zu sein, wie es sich ihr in den Jahren ihrer Kindheit eingeprägt hatte. Der kleine Weiler am Hang über dem Eyrieux, der unterhalb des Hauses liegende Garten, der Blick in die verblauende Ferne, es war fast schmerzhaft, das alles wiederzusehen.

Das ihr so wohlvertraute Haus war hübsch und sauber hergerichtet, Bevengut selber hatte die Arbeiten überwacht und manches selber ausgeführt. Er meinte es gut mit ihr.

Aus einer notariellen Aufstellung wissen wir, daß an dem Tage, an dem Marie Durand ihr altes Haus bezog, an Möbeln darin vorhanden waren: eine verschließbare Nußbaumkommode, eine andere aus Kastanienholz, ein Koffer aus Eichenholz, aber ohne Schloß, ein Tisch aus Nußbaumholz mit zwei Schubladen, eine Herdkette, eine Matratze, ein Strohsack, eine Bettstatt, eine katalanische Wolldecke sowie zwei Bänke.

Kaum war sie in ihrem Hause eingezogen und hatte darin ihr stilles, bescheidenes Leben zu leben begonnen, als sie einen Brief ihrer früheren Mitgefangenen Marie Vey-Goutète erhielt, die inzwischen auch in Freiheit gesetzt worden war.

Da sie keine Angehörigen mehr hatte, erkundigte sie sich bei Marie Durand, ob sie ihr nicht in ihrer Nähe eine Unterkunft wüßte, da sie sich nichts Schöneres denken könnte, als auch den Rest ihres Lebens in der Nähe derjenigen zu verbringen, neben der sie so viele Jahre ihres Lebens schon verbracht.

«Sie wird zu mir kommen, sie wird bei mir bleiben, für immer, bis der Tod uns scheidet», war Marie Durands erster Gedanke, als sie den Brief der Goutète gelesen hatte.

Und seit langem empfand sie zum erstenmal wieder eine stille, ihr das Herz wärmende Freude, sie hatte wieder etwas, womit sich ihre Gedanken beschäftigen konnten.

Und Marie Vey-Goutète war glücklich über den Vorschlag ihrer Gefährtin aus dem Turm.

Eines Tages, der Wind hatte die letzten Blätter noch immer nicht aus den Baumkronen geschüttelt, da stand sie da, mit einem Bündel und einem Korb, und das waren die ganzen Besitztümer, die sie in dieser Welt noch besaß.

Nein, es war nicht gut, allein zu sein.

Wie ganz anders als zuvor gestalteten sich nun die Tage, da sie am Morgen die Arbeit des neuen Tages besprechen und einteilen konnten, da das einfache Mahl in der Mitte des Tages sie vereinte, da sie am Abend, wenn es dunkel geworden, vor dem Kaminfeuer sitzen und ungehindert und ohne Angst einander aus der Bibel vorlesen konnten, nachher in die Flammen schauten und Erinnerungen austauschten, wie gut war es, in der Schlafkammer auf die ruhigen Atemzüge der andern lauschen zu dürfen, von denen jeder einzelne es bestätigte, daß man nicht mehr allein und verlassen war.

Dann kamen die Herbststürme, die das Laub durch die Luft wirbelten und die Bäume bogen, die den Regen brachten, der in Schauern gegen die Fensterscheiben schlug, und eines Morgens, als sie sich von ihren Lagern erhoben, leuchtete eine ungewöhnliche Helle in ihre Kammer und sie sahen, daß Schnee gefallen war in der Nacht, daß es noch immer schneite, daß noch immer die Flocken in fröhlichem Wirbel lautlos aus dem Grau des Himmels herniedersanken.

Nun war es aus damit, die beiden Ziegen hinauszutreiben und am Waldrand die letzten Kräutlein abraufen zu lassen, ein Glück, daß ihnen Bevengut so viel Heu für die Tiere zurückgelassen hatte. Und im Garten gab es in den nächsten Wochen und Monaten auch nichts mehr zu tun.

Wie schön war es auch im Winter, wenn genügend Holz da war, um den ganzen Tag im Kamin ein Feuer brennen zu dürfen.

Einzig mit dem Wasserholen hatte man jetzt seine Not, wenn man durch den Schnee bis zum Brunnen stapfen mußte, den vor ach wie langer Zeit der Vater selber noch gegraben hatte, als er noch das Haupt seiner Familie gewesen war, von der seit vielen Jahren sie, Marie Durand, allein noch lebte.

Und je kälter es wurde, um so schwieriger war es, den schweren Kessel über das vereiste Weglein zu schleppen und über die mit Eis überzogenen Stufen zu tragen, die zum Haus hinaufführten. Das war schon ein großer Teil der Arbeit eines ganzen Tages.

In den ersten Wochen des neuen Jahres, an einem Tage, an dem alles tief verschneit war und die Sonne in Myriaden von Eiskristallen glitzerte, als lange, dicke Eiszapfen vom Dach herunterhingen, erreichte die beiden Frauen in ihrer Abgeschiedenheit ein Brief aus Nîmes.

Die Schrift verriet ihnen, daß Pfarrer Rabaut ihn geschrieben hatte. Was für eine Freude, was für ein Geschenk, ehe sie nur wußten, was er ihnen für eine Kunde brachte!

Nachdem die Tiere versorgt waren, ließen sie alles andere liegen, weil sie einfach nicht länger warten konnten, um zu erfahren, was der Pfarrer ihnen mitzuteilen hatte.

Wie er ihnen schrieb, waren nun auch die letzten der Gefangenen aus dem Turm der Constance entlassen worden. Der Prinz von Beauvau hatte ihn daraufhin schließen lassen, und damit hatte er, wenn auch erst nach zähem Kampf mit dem Minister, endlich erreicht, was zu erreichen er sich anläßlich seines Besuches vor zwei Jahren vorgenommen hatte.

Nur wenige Wochen, nachdem Marie Vey-Goutète in Freiheit gesetzt worden, waren zwei der noch zurückgebliebenen Gefangenen gestorben. So waren nur noch zwei Gefangene im Turm zurückgeblieben: Marie Raux-Chassefière und Suzanne Pagès, die dann vom König am 11. Dezember 1768 auch noch begnadigt worden waren.

Saint-Florentin hatte die beiden Zeugnisse, die erforderlich waren, um die beiden in den Genuß dieser Gnade gelangen zu lassen, an den Statthalter Saint-Priest gesandt, der die Papiere am 26. Dezember an Herrn von Canetta weitergeleitet hatte. Dieser hatte die zwei letzten Gefangenen noch am gleichen Tag, am 2. Weihnachtstag, freigegeben.

Aber Pfarrer Rabaut hatte für die beiden Frauen noch eine andere freudige Mitteilung: Die Hilfsgesellschaft in Amsterdam hatte ihm zur Verteilung unter die letzten Gefangenen eine Summe von 220 Pfund zugestellt, von der auch Marie Durand und deren Freundin ihren Anteil erhalten sollten.

Diese Spende reichte aber bei weitem nicht aus, um die immer drückender werdenden Geldsorgen Marie Durands zu verscheuchen.

Eines Abends, im frühen Sommer des Jahres 1769, als Marie Vey-Goutète und Marie Durand aus dem Garten nach Hause zurückkehrten, gewahrten sie beim Betreten des Hofes eine auf der Türschwelle kauernde Gestalt.

Während der Dauer einiger Herzschläge blieben sie zögernd stehen.

«Wer mag das sein?» fragte die Goutète.

Ohne zu antworten trat Marie Durand auf den Menschen zu, der vor sich hingedöst haben mochte, nun aber den Kopf hob und aus leeren Augen Marie Durand entgegensah: ein Mann mit einem wettergegerbten, bärtigen Gesicht, mit strähnigem, seit langem nicht mehr geschnittenem Haar, über das sonst wohl der alte Filz gestülpt war, der jetzt neben dem Kauernden auf der Schwelle lag, neben einem Bündel und einem Stock.

Seine Kleidung war mehr als ärmlich, sie bestand aus alten, nicht zusammengehörenden Stücken, die schmutzig und zerrissen waren.

«Wer seid Ihr?» fragte Marie Durand.

Der Alte starrte sie weiterhin an, versuchte dann, sich zu erheben, doch reichten seine Kräfte dazu nicht mehr aus. Er sackte zusammen, hob aber erneut den Blick, um zu Marie Durand aufzusehen.

«Wer seid Ihr?» wiederholte diese ihre Frage.

«Seid Ihr Marie Durand?»

«Ja, die bin ich.»

«Die Schwester des Märtyrers?»

«So ist es.»

«Dann ist es gut. Dann bin ich am Ziel.»

«Am Ziel? Ich verstehe Euch nicht. Wer seid Ihr?»

«Alexander Chambon. Oh», versuchte er ein rauhes Lachen, «mich kennt keiner mehr. Ich bin aus dem Grab der Galeeren auferstanden.»

«Ihr kommt von den Galeeren?»

«Am 25. Mai sind wir in Marseille entlassen worden. Die letzten elf Galeerensträflinge, die es noch gab. Der schon angefaulte Überrest.»

«Und – wißt Ihr auch, wem Ihr Eure endliche Befreiung verdankt?» fragte Marie Durand mit angehaltenem Atem.

«Wem? Natürlich weiß ich das. Dem Prinzen von Beauvau. Jawohl, genau –»

«Dem Prinzen von Beauvau? Ihm verdanken auch wir, die letzten Gefangenen im Turm der Constance, unsere Befreiung. Der Himmel wird es ihm lohnen. Und seit wann wart Ihr auf den Galeeren?»

«Seit 41. Ich habe den Prediger Dortial auf seinen Reisen durch das Vivarais begleitet.»

«Dortial?»

«Ja, Dortial. Oh, er war ein guter Prophet, voll des Heiligen Geistes.»

«Und dann?»

«Dann sind wir verraten und ergriffen worden. Dortial wurde in Montpellier gehängt, ich kam auf die Galeere. Nun bin ich dreiundsiebzig Jahre alt. Wo soll ich hin? Arbeiten kann ich nicht mehr. Ich kann nur noch warten, bis es aus ist. Ich habe mir oft gedacht, der Prophet Dortial sei weniger hart bestraft worden. Aufgehängt werden, das ist ein rascher Tod und noch mit Wollust verbunden. Jawohl. Und ich? Eine Ruine, eine menschliche Ruine, ein Misthaufen, ein verfaulender Dreck. Aber der Herr wird sich meiner erbarmen und mich bald erlösen.»

«Kommt herein, Alexander Chambon. Kommt herein und seid in meinem Haus willkommen. Ihr werdet keine hohen Ansprüche stellen und mit dem Wenigen, das uns geblieben ist, vorliebnehmen. Kommt herein, Ihr werdet eine eigene Kammer haben, in der Ihr ungestört seid, kommt, und seid uns willkommen!»

Die beiden Frauen waren dem alten, gebrochenen Manne behilflich, sich zu erheben. Sie führten ihn hinein, schoben ihm den Sessel zurecht, holten ihm einen Becher Milch und waren glücklich, daß ihnen in ihrem bescheidenen Leben mit einemmal und so ganz unerwartet eine Aufgabe gestellt worden war.

Chambon hatte einen kurzen, an Marie Durand gerichteten Brief bei sich, den ihm Pfarrer Teissier mitgegeben hatte. Pfarrer Teissier hatte den Begnadigten an die Schwester des Märtyrers gewiesen in der Hoffnung, daß es ihr möglich sein werde, für den Glaubensbruder in ihrem Weiler eine bescheidene Unterkunft ausfindig zu machen. «Der arme Unglückliche spürt in seinem Alter kaum mehr sein Glück», stand in dem kurzen Brief.

Glück? überlegte sie und sah auf den alten, nach Atem ringenden Mann, war das nun wirklich noch ein Glück, wenn einer so zerschlagen und zerschunden worden war?

Sie schrieb an Pfarrer Rabaut nach Nîmes, und diesem gelang es, für den ehemaligen Galeerensträfling von der Hilfsgesellschaft in Amsterdam eine Rente von zwölf Pfund zu erwirken, die ihm über seine Beschützerin Marie Durand ausgerichtet werden sollte.

Zwölf Pfund im Jahr, monatlich zwanzig Franken nach heutigem Geld, was für ein bescheidener Beitrag für einen, der keine andere Einnahme hatte!

Denn auch Marie Durand, die ja noch für ihre Freundin, die Goutète, sorgte, geriet durch die Hartherzigkeit, ja Grausamkeit ihrer Gläubiger in immer größere Bedrängnis.

Am härtesten und unbarmherzigsten war ihr Neffe Cazeneuve hinter ihr her, der verlangte, daß nun endlich einmal die finanziellen Verhältnisse zwischen der Zurückgekehrten und deren Nichte, Anne Durand, geregelt würden.

Und so mußte sich Marie Durand am 5. September 1771 zu Notar Jallat nach St-Vincent-de-Durfort begeben, wo zum Abschluß äußerst verbissen geführter Verhandlungen zwischen Cazeneuve und Marie Durand folgende Vereinbarung getroffen wurde: Marie Durand anerkannte, Cazeneuve zu schulden: 1. die 600 Pfund, die Etienne Durand am 13. November 1748 seiner Enkelin Anne vermacht hatte, 2. 300 Pfund, die Annes Erbteil aus dem Nachlaß ihrer Großmutter Isabeau Sautel darstellten und seinerzeit in das Haus in Le Bouchet gesteckt worden waren, und 3. eine Summe von 900 Pfund als aufgelaufene Zinsen seit 1748. Marie Durand hatte sich zu verpflichten, von dieser Cazeneuve gegenüber anerkannten Schuld in Höhe von 1800 Pfund einen Betrag von 600 Pfund innert vier Monaten zu bezahlen und den Rest zu fünf Prozent mit jährlich 60 Pfund zu verzinsen. Diesen Rest von 1200 Pfund sollten Cazeneuve oder dessen Frau erst nach Marie Durands Hinschied erhalten.

Wie stellte sich Cazeneuve wohl vor, daß sich die alte Frau die in brutaler Weise von ihm geforderten Gelder beschaffen sollte? Ihr Hof brachte ihr ja nur ein, was sie mit ihren nur noch schwachen Kräften aus ihrem Garten und ein paar Wiesen herauswirtschaften konnte und was ein paar Rebstöcke und ein paar Kastanienbäume an Ertrag abwarfen.

Um die 600 Pfund zu beschaffen, die sie innert vier Monaten zu bezahlen hatte, war sie genötigt, ihren Hof zu belehnen.

Auf diese Weise erhielt sie am 17. Januar 1772 vom Seidenfabrikanten Pierre Marquet ein Darlehen in Höhe des benötigten Betrages. Aber die Verpflichtungen, die sie Cazeneuve gegenüber hatte, waren keineswegs ihre einzigen Schulden. Seit 1760 schuldete sie ihrem Onkel Fabre 300 Pfund, herrührend aus einem mit Astruc getroffenen Vergleich. Auch die 200 Pfund, die ihr Jean Chambonnet am 18. September 1763 geliehen hatte, um die unumgänglich notwendigen Ausbesserungsarbeiten an ihrem Hause vornehmen zu können, waren noch nicht zurückbezahlt – wie wäre das auch möglich gewesen! Und dazu kamen nun noch die 600 Pfund, die ihr Marquet vorgestreckt hatte. Alle diese Beträge, die sie schuldig war, mußten laufend verzinst werden.

Auch in dieser Not wandte sie sich hilfesuchend an den Pfarrer in Nîmes. Und Rabaut sandte unverzüglich, am 3. Juni 1776, eine Bittschrift an Pfarrer Courtonne in Amsterdam, mit dem er befreundet war: «Fräulein Durand befindet sich, wie sie schreibt, in großem Elend. Sie zählte auf einen ihr zukommenden Besitz, der ihr nun von einer Nichte streitig gemacht wird. Wäre es nicht möglich, der ehemaligen Gefangenen eine Gabe von 100 Pistolen zugehen zu lassen? Sie hat für die gleiche Sache gelitten wie die ‚Bekenner', aber keiner von diesen hatte eine so lange Haft zu erdulden wie sie.»

Das Gesuch wurde am 30. Juni dem Consistorium der Kirche überreicht, und am 6. Juli konnte der Kirchenälteste Reynier Willem Meß Pfarrer Rabaut mitteilen, daß das Consistorium beschlossen habe, Fräulein Durand an Stelle einer Gabe von 100 Pistolen eine jährliche Rente von 200 Pfund zu gewähren.

Bewegten Herzens nahm Marie Durand Kenntnis von diesem hochherzigen Beschluß, der sie wohl für immer der bittersten Not entheben würde.

Unverzüglich schrieb sie ihren Wohltätern nach Holland: «Ich erspare Ihnen Einzelheiten über meine Armut. Man wird sie Ihnen vermutlich schon geschildert haben. Ich begnüge mich mit der Feststellung, daß mein Leben nichts anderes war als ein dichtes Geflecht von Drangsalen und Verfolgungen, die mich schließlich ins allerbitterste Unglück geführt haben. Ich habe mich nie dagegen aufgelehnt, denn das alles wurde mir vom Herrn zugesandt. Nun haben Sie durch Ihre gütige Spende meine Not gelindert. Ihre Gabe ist mir durch den verehrten Pfarrer Rabaut zugekommen. Was bin ich Ihnen nicht alles schuldig, meine Herren! Ihnen verdanke ich mein Leben. Ihre große Wohltat bewegt mich tief. Es fehlen mir die Worte, um Ihnen meine Dankbarkeit auszudrücken, die mein Herz über ein solches Geschenk erfüllt. Meine Tränen mögen das bezeugen, sie setzen meinem Schreiben ein Ende.»

Doch das Unheil ließ Marie Durand nicht aus seinen Fängen.

Am Tage, nachdem ihr ihre Rente ausgesetzt worden war, starb ihr Onkel Fabre. Sofort machte dessen ältester Sohn seine Forderung in Höhe von 300 Pfund geltend.

Um das Geld zu erhalten, wandte sich Marie Durand an Cathérine Goutèt, die Tochter ihrer Freundin, die von ihr im Turm erzogen worden war und die nachher den Seidenstrumpffabrikanten Pierre Causse geheiratet hatte.

Zum Dank für die Fürsorge, die sie von ihr in den im Turm verbrachten 16 Jahren hatte erfahren dürfen, streckte ihr die junge Frau eine Summe von 350 Pfund vor, so daß es Marie Durand möglich wurde, Fabres Forderung bei Notar Moze gegen eine über 315 Pfund und 8 Sols ausgestellte Quittung abzulösen.

Kaum war das geschehen, als der Seidenfabrikant Pierre Marquet seine Forderung in Höhe von 600 Pfund mit unnachsichtlicher Strenge eintrieb und gegen Marie Durand ein gerichtliches Verfahren einleitete.

Was sollte sie tun?

In ihrer Not wandte sich die Bedrängte an Matthieu Coing, einen reichen und geachteten Bürger von Privas, der ihr die Summe von 647 Pfund lieh, die sie Marquet zurückerstatten mußte.

So waren nun wenigstens die Forderungen Marquet und Fabre getilgt.

Daß sie auch immer wieder gezwungen wurde, neue Schulden einzugehen, um die alten bezahlen zu können, ein neues Loch zu graben, um das alte aufzufüllen!

Warum nur wurden ihr immer wieder Sorgen solcher Art auferlegt, die sie in Angst versetzten und ihr die Ruhe raubten, nach der sie sich so sehr sehnte?

O du süße Ruhe!

Alles ablegen zu dürfen!

Wann endlich war auch sie so weit?

Die Krone des Lebens

Abgesehen von den finanziellen Sorgen, die so viel Leid und Ängste in ihr Leben brachten, verstrich für Marie Durand die Zeit im Gleichmaß der Tage.

Was für ein stilles, bescheidenes Dasein war den zwei alten Frauen und dem greisen Chambon im kleinen Haus in Le Bouchet zubemessen! Ein wenig Arbeit im Garten, in dem sie etwas Gemüse zogen, die Pflege der Rebstöcke am nahe gelegenen Sonnenhang, die Fürsorge für die paar Ziegen und das Schwein im Koben, das machte ihr Tagewerk aus, von dem sie am Abend ermüdet auf ihre Schlafstätten niedersanken.

Die Felder ließen sie unbebaut. Es tat ihnen leid, sehen zu müssen, wie sie verwilderten, doch das mit ihren schwachen Kräften zu verhindern, wäre ihnen nicht möglich gewesen.

Und der Einförmigkeit ihrer Tage entsprachen ihre im rußgeschwärzten Kamin zubereiteten Mahlzeiten, die kaum aus mehr und aus etwas anderem als aus Kartoffeln, Kastanien und Specksuppe bestanden. Aber das genügte ihren einfachen Bedürfnissen vollauf. Es verlangte sie gar nicht nach mehr.

Wenigstens zweimal im Jahr machten sich Marie Durand und ihre Freundin auf, um an einer in der Nähe durchgeführten kirchlichen Versammlung teilzunehmen, um das Abendmahl zu empfangen und der Gemeinschaft mit ihren Glaubensgenossen teilhaftig zu werden. Das waren die Höhepunkte ihres Lebens, die schon lange vorher und noch lange nachher den Gesprächsstoff bildeten während ihres abendlichen Beieinanderseins.

Alexander Chambon konnte sie nicht mehr begleiten, die paar Schritte ins Kastanienwäldchen hinaus waren alles, was seine gebrochenen Kräfte ihm noch erlaubten. Um so gieriger lauschte er dann den Erzählungen der beiden Frauen, bis ihm nach mehrmaligem Hören alles so vertraut war, als wäre er selber dabeigewesen.

Aber auch Marie Durand und Marie Vey-Goutète litten mit zunehmendem Alter immer mehr unter den Gebresten, unter denen sie schon im Turm zu seufzen gehabt hatten. Gicht und Rheumatismen fesselten Marie Durand in zunehmendem Maße ans Haus, so daß die Goutète immer häufiger auf ihre Begleitung verzichten mußte, wenn sie am Abend noch die Ziegen zum Waldrand hinauftrieb und vor den Büschen am Waldrand hin und her ging, bis die Sonne hinter den Bergen hinabgesunken war und die Kühle hereinbrach. Dann drängte es sie nach Hause, unter das Dach und zu ihrer Gefährtin, denn noch mehr als unter der Abendfrische fröstelte sie unter dem Alleinsein. Darin war sie anders als Marie Durand, die stundenlang dasitzen und ruhig vor sich hindösen konnte, oft mit geschlossenen Augen, um durch keinerlei Wahrnehmungen von außen die Schärfe der Bilder beeinträchtigen zu lassen, die in ihrer Seele in nicht endender Folge sich ablösten, wie am Himmel die Sommerwolken in ihrem ständigen Wandel zu immer neuen Gebilden sich formen.

Ihre mageren, gichtknotigen Hände lagen vor ihr im

Schoß, und es gehörte zum glücklichsten Erleben ihrer Tage, wenn sie auf ihren Händen die wohltuende Wärme des Sonnenlichtes verspürte und dadurch ans Sonnenwunder im Turm gemahnt wurde, das sie jedesmal an den Regenbogen Noahs hatte denken lassen, der vom Herrn als Zeichen des Bundes zwischen ihm und allem Fleisch auf Erden aufgerichtet worden war.

Doch in dem Gleichmaß der Tage, das nur durch den Wechsel der Jahreszeiten eine Änderung erfuhr, gab es im Laufe des Jahres außer den seltenen Predigtbesuchen noch ein paar andere Erlebnisse, die die drei Bewohner im Haus in Le Bouchet durch Tage hindurch in freudige Erregung versetzten, und das waren die Briefe Paul Rabauts, die von ihnen jedesmal wie Zeichen aus einer anderen und besseren Welt entgegengenommen wurden. Was für ein Liebeswerk vollbrachte der unermüdliche Seelsorger in Nîmes mit seinem Christentum des Wortes und der Tat, mit seinem tröstlichen Zuspruch, der immer von tatkräftiger, nie anders als selbstverständlich wirkender Hilfe gefolgt war!

Die Briefe, die Pfarrer Rabaut ihr schrieb, waren für Marie Durand der Anlaß, selber wieder zu Papier und Feder zu greifen und auf diese Weise ihrem Betreuer ihr Herz zu öffnen.

So schrieb sie ihm am zweiten Weihnachtstag des Jahres 1773 mit zitternder Hand: «Ich versichere Sie meiner aufrichtigen Dankbarkeit für alle Beweise der Güte, die Sie mir wieder zuteil werden ließen. Man hat mir gesagt, es fehle Ihnen die Quittung für die 40 Pfund, die Sie Chambon schickten. Dieses Geld ist ihm gleichzeitig mit den 12 Pfund an mich ausbezahlt worden, worüber ich Ihnen eine Bescheinigung gegeben habe. Der arme Mann ist in großer Not, schicken Sie ihm doch, was ihm zukommt, denn er lebt in bitterster Armut. Ich flehe Sie an, den Greis ja nicht zu vergessen. Er läßt Ihnen und allen andern Wohltätern danken... Es vergeht kein Tag, an dem ich nicht mit der Goutète von Ihnen spreche... Erhalten Sie mir Ihre seelsorgerliche Betreuung; ich werde nicht nachlassen im Bemühen, mich ihrer würdig zu erweisen. Bitten Sie Gott, er möge mich stärken, und glauben Sie mir, daß ich Ihrer und Ihrer Familie täglich in meiner Fürbitte gedenke. Möchten die Gebete doch erhört werden!»

Im Frühling des kommenden Jahres erkrankte Marie Durand schwer. Welcher Art ihre Leiden waren, wissen wir nicht, vermutlich hatten sie Gicht und Rheumatismen erneut aufs Schmerzenslager geworfen. Wir haben nur in ihrem Dankesbrief vom 26. Juli 1774 an ihre Wohltäter in Amsterdam den knappen Hinweis, daß sie eben erst «von einer langen und heftigen Krankheit» genesen sei.

In diesen qualvollen Wochen, in denen ihr die Hinfälligkeit ihres zerschlagenen Leibes so recht zu Bewußtsein gekommen und sie zu jeder Stunde an ihr Sterben gemahnt worden war, hatte sie sich entschlossen, ihr Testament, das sie am 25. November 1760 in Aigues-Mortes aufstellen ließ, und in dem sie ihre Nichte Anne Durand als ihre Universalerbin bezeichnet hatte, durch eine neue letztwillige Verfügung zu ersetzen.

Und so machte sie sich denn am 12. September 1774 in Begleitung der Goutète auf den Weg nach St-Vincent-de-Durfort, um dort Notar Jallat aufzusuchen, der ja auch ihre mit Cazeneuve getroffenen Vereinbarungen verurkundet hatte.

Was war das für die beiden Frauen für eine mühsame Reise, und doch war der 12. September einer jener wunderbar milden Herbsttage, an denen die Klarheit der Luft das Auge ungehindert in die Weiten schauen läßt und die Höhen und Täler in einer fast greifbaren Deutlichkeit erscheinen.

Aber den beiden Frauen mangelte jetzt der Sinn für

solche Schönheiten, zu sehr waren sie von ihrem Weg und dem, was sie vorhatten, in Anspruch genommen. Auch hatten Marie Durands Augen mehr und mehr an Sehkraft eingebüßt, so daß die Welt für sie wie mit einem feinen grauen Schleier übersponnen war und sie sich der Wirklichkeit irgendwie schon entrückt vorkam.

Müde und zerschlagen langten sie endlich in St-Vincent an.

Das Testament Marie Durands, das Notar Jallat für sie aufsetzte, ist auf den Seiten 251 und 252 im 116. Band der «Fonds notariaux de Privas» eingetragen und hatte folgenden Wortlaut: «Im Jahre 1774 am 12. des Monats September, nachmittags, ist vor uns, dem unterzeichnenden königlichen Notar Louis Jallat, und in Gegenwart der unten aufgeführten Zeugen Fräulein Marie Durand erschienen, Tochter des Etienne selig und der Claudine Gamonet, wohnhaft in Bouschet*, zur Pfarrei von Pranles gehörend, um mit Rücksicht auf ihr vorgerücktes Alter über ihren Besitz ihre letztwilligen Verfügungen zu treffen. Wir und die Zeugen bestätigen, daß sie sich in guter körperlicher Verfassung, bei klarem Verstande, bei gutem Gedächtnis und bei guter Einsicht befand. Nach gründlicher Aussprache hat sie uns ihr Testament deutlich diktiert und als ihren letzten Willen das Folgende angeordnet, wobei sie ihre Seele dem Höchsten anbefahl. Die Wahl des Ortes für ihre letzte Ruhestätte überläßt sie der nachstehend genannten Erbin. Auch in bezug auf die Ausrichtung der Almosen und die übrigen Anordnungen, ihr Begräbnis betreffend, stellt sie alles dem Gutdünken ihrer Erbin anheim. Durch besonderes Erbrecht vermacht sie Anne Durand, ihrer Nichte, Frau des Jean-Claude Cazeneuve, 5 Sols als einzig

* Diese Schreibweise findet sich auch heute auf einigen Wegweisern in der Gegend.

berechtigten Anspruch auf ihr Erbgut*. Für alles übrige ihrer Hinterlassenschaft an Gütern, Möbeln, Liegenschaften, Rechten, gegenwärtigen und zukünftigen Ansprüchen, hat die Testatorin zu ihrer Universalerbin eingesetzt Frau Marie Vey-Goutète, Witwe von Jean Goutète, die ihr während ungefähr 30 Jahren beigestanden hat. Sie soll über das ganze Erbgut frei und nach eigenem Gutdünken verfügen können, einzig mit der Auflage, Schulden und Legate zu bezahlen. Die Testatorin erklärt dieses Schriftstück als die Aufzeichnung ihres letzten Willens und als ihr letztes, schriftlich niedergelegtes Testament, das allein nach ihrem Tode Gültigkeit hat und durch das alle früheren Anordnungen und letztwilligen Verfügungen ungültig werden.»

Nur wenig später, als die beiden Frauen in dem an einem Südhang in Richtung Pranles gelegenen kleinen Rebberg mit dem Schneiden der kleinbeerigen, aber gut ausgereiften, dunkelblauen Trauben beschäftigt waren, stieg zu ihrer Überraschung ein junger Mann vom Sträßchen zu ihnen herauf und trat grüßend vor sie hin.

Offenbar hatte er ein Anliegen, doch war er unbeholfen und wußte nicht, wie er das, was er auf dem Herzen hatte, vorbringen sollte.

«Ihr seid doch Frau Durand, die wegen unseres Glaubens so manches Jahr im Turm war, in Aigues-Mortes unten», begann er schließlich und wies mit dem ausgestreckten Arm in südlicher Richtung.

«Ja, das stimmt, die bin ich», antwortete Marie Durand. «Wer aber seid Ihr? Soviel ich weiß, kenne ich Euch nicht. Ich war zu lange fort und kenne seit meiner Heimkehr niemanden mehr.»

* Durch die Ausrichtung dieser 5 symbolischen Sols wurde der Enterbten die Möglichkeit genommen, das Testament, in dem sie ja berücksichtigt war, anzufechten.

«Nein, Ihr kennt mich nicht. Aber vielleicht habt Ihr meine Eltern noch gekannt. Ich heiße Jean Blache, meine Eltern sind gestorben, aber sie waren von Pranles. Dort bin ich aufgewachsen. Seit ein paar Jahren bin ich in der Nähe von Privas daheim. Ich bin Gerber, daneben treibe ich ein wenig Handel. Ich habe mein Auskommen, es würde auch für eine Familie reichen» – die Goutète erzählte später, sie habe es gut gesehen, wie dem Burschen bei dieser Bemerkung das Blut in den Kopf geschossen sei – «aber es gefällt mir nicht recht. Was ich mir wünschte, das wäre ein kleines Gut, das ich bewirtschaften dürfte. Es müßte nicht größer sein als Ihr Gut, Madame Durand.»

«Nun ja, das kann ich verstehen. Aber wir wollen uns endlich setzen. Das Stehen ermüdet mich – ich bin eine alte Frau.»

In einer kleinen, überschatteten Senke, wo die Goutète den Korb mit dem Essen hingestellt hatte, setzten sie sich, und dann erzählte Blache, stockend und umständlich, aber in einer natürlichen und aufrichtigen Art, daß er gesehen habe, wie die zum Hof Marie Durands gehörenden Felder nicht mehr bebaut würden, und daß ihn das auf den Gedanken gebracht habe, sie zu fragen, ob er nicht an ihrer Stelle diese Arbeit für sie besorgen dürfte, «gewissermaßen als Ihr Pächter. Ich könnte Ihnen einen Zins bezahlen und dafür hätte ich das, was ich aus dem Boden herauswirtschafte, der ja jetzt brach liegt und nichts einbringt».

Erleichtert seufzte er auf, als alles gesagt war.

«Darüber läßt sich reden, Ihr Vorschlag gefällt mir», erwiderte Marie Durand. Auch der junge Blache gefiel ihr. Vom ersten Wort an, das er an sie gerichtet, hatte er ihr gefallen.

Und sie wußte auch weshalb. Seine Art erinnerte sie an Matthieu Serres, der ja einst auch gekommen war, um ihr die Arbeit abzunehmen, damals, als sie ein fünfzehnjähriges Mädchen gewesen war. Vor – ach, sie wußte es nicht mehr genau, auf jeden Fall vor langer, langer Zeit. Im Jahr 15 war sie geboren, vor 60 Jahren also, dann waren jetzt 45 Jahre vergangen, seitdem ihr Matthieu Serres seine Liebe entgegengebracht hatte. Schon 45 Jahre, und sie erinnerte sich noch ganz genau des Korbes, den er vor der Tür für sie hingestellt hatte. Ein Huhn, Trauben und Birnen waren darin gewesen, Birnen, die er selber am Spalier gezogen hatte. Ach, war es damals doch ihr Glück gewesen? Sie hatte das Leben noch vor sich gehabt; heute war es zu Ende. Und dazwischen lagen die Jahrzehnte im Turm. So hatte ihr Leben ausgesehen.

«Ihr wollt es Euch überlegen, Madame Durand?»

Er hatte ein hübsches, gebräuntes Gesicht und ganz hellblaue Augen, wie man sie hierzulande selten sah. «Er könnte mein Sohn sein,» überlegte Marie Durand, «wie gut müßte es sein, wenn dieser junge starke Mann mein Sohn wäre.»

Noch immer sah er sie aus seinen strahlenden Augen erwartungsvoll an. Da erst fiel es ihr ein, daß sie sich in Gedanken ganz vergessen hatte. Lächelnd über sich selbst schüttelte sie den Kopf. «Ja», nickte sie dann, «ich werde es mir überlegen. Wenn Ihr am Sonntag zu uns kommt, will ich Euch Bescheid sagen.»

«Oh, vielen Dank, Madame Durand, ich wäre so glücklich!»

Er stand auf; aber dann zögerte er doch, zu gehen. «Madame Durand, wenn es in Eurem Hause eine Kammer gäbe, die Ihr mir überlassen könntet – es wäre für mich noch einfacher. So hätte ich die Möglichkeit, Euch auch im Stall und im Garten zu helfen.»

«Eine Kammer? Nun ja, wir werden sehen, wie es sich einrichten läßt,» versprach ihm Marie Durand.

Als er sich verabschiedete, hielt sie seine Hand lange fest, so daß er sie verwundert ansah.

Dann, als er gegangen war und freudig erregt über den Hang zum Sträßchen hinuntereilte, strich sie sich mit dem Zeigefinger der rechten Hand die Tränen von den Wangen. «Er ist ein guter Mensch, glaubst du nicht auch? Wäre es nicht schön, ihn immer in unserer Nähe zu haben?»

«Daran habe ich auch gedacht», antwortete die Goutète, «und noch etwas anderes ist mir durch den Sinn gegangen. Aber darüber wollen wir später miteinander reden. Vielleicht heute abend. Aber da kommt er ja noch einmal zurück!»

Blaches Atem flog, so daß er zuerst gar nicht sprechen konnte. Verschnaufend lachte er und zeigte seine weißen Zähne. «Wie bringt ihr denn eure Trauben nach Hause?» fragte er dann.

«Wir werden unsern Nachbarn bitten, sie uns zu holen», antwortete die Goutète.

«Das kann ich so gut wie er», lachte der junge Mann. «Schüttet nur die Trauben beider Körbe zusammen. Ich lasse den Kittel einstweilen hier und nehme ihn mit, wenn ich zurückkomme.»

Er öffnete das Hemd über der Brust und krempelte die Ärmel auf. Dann schwang er den vollen Korb auf die Schulter.

«Wie er mich an Matthieu erinnert!» sprach Marie Durand vor sich hin, als sie ihm nachsah, wie er nun mit seiner Last vorsichtig den Hang hinunterstieg. «Nur ist er noch jünger. Einmal aber wird er wie Matthieu sein.»

Am Abend saßen die beiden Frauen vor dem Kamin, denn die Abende waren hier in der Höhe schon wieder empfindlich kalt.

«Du willst mir das Haus und alles, was dazu gehört, überlassen, für den Fall, daß du vor mir abberufen wirst,

Marie. Schön. Aber was soll ich eigentlich damit? Was soll ich mit einem Haus, was soll ich mit Feldern, wenn ich noch älter bin? Wir können sie ja schon heute nicht mehr bebauen und ausnützen. Da muß eine junge Kraft her und alles wieder in Ordnung bringen. Wir dürfen doch nicht alles verkommen lassen! Hat uns nicht der liebe Gott heute den Weg gezeigt, als er uns den Jungen schickte? Blache soll alles haben, ich brauche es nicht.»

«Du meinst? Aber am Ende hast du recht. Für uns brauchen wir nicht mehr viel. Wenn er uns das Wenige überläßt, das wir drei noch nötig haben, dann soll er das andere übernehmen. Ah, hast du gesehen, wie kräftig er ist. Wir kennen ihn zwar nicht, und doch weiß ich, daß er ein guter Mensch ist.»

«Das ist er bestimmt», nickte die Goutète ihr zu. «Wer Augen hat wie er, der kann nicht schlecht sein.»

«Und mit der Kammer? Vielleicht ließe sich der Speicher über der Kammer neben der Küche für ihn herrichten.»

«Oder die Kammer selbst?»

«Wir wollen es ihm überlassen. Er soll selber entscheiden, wenn er am Sonntag herkommt.»

«Ja, und darauf freue ich mich.»

«Er nimmt uns alles ab. Wir besorgen die Küche und brauchen uns sonst um nichts mehr zu kümmern.»

«Doch, da ist noch etwas, woran wir nicht gedacht haben.»

«Nun?»

«Er wird heiraten wollen. Ich habe dir schon gesagt, daß er ganz rot wurde, als er davon sprach, daß sein Einkommen auch für eine Familie reichen würde. Doch, doch, ich habe es gut gesehen. Soll er damit so lange warten, bis wir nicht mehr da sind, bis wir ihm Platz gemacht haben?»

Eine Weile starrte Marie Durand kopfschüttelnd in die Flammen.

«Nein», sagte sie dann, «nein, das soll er nicht. Wenn er ein Mädchen hat, das er liebt, und das wird er bestimmt haben, ein so hübscher Bursche, wenn er mit einem Mädchen einig ist, dann sollen sie nicht wegen uns warten müssen. Dann sollen sie sich lieben. Ja, lieben. Aber eine ist meine Taube.»

Die Goutète sah ihre Gefährtin verwundert an. Was hatte sie eben gesagt? Es kam immer häufiger vor, daß sie Marie Durand nicht mehr in allem verstand. «Wie hast du das mit der Taube gemeint?»

Aber Marie Durand überhörte die Frage. «Dann werden wir uns eben anders einrichten müssen. Was macht es uns aus? Wir sind alt und am Ende. Vor ihnen aber liegt noch das ganze Leben.»

Als dann am Sonntag Jean Blache daherkam, trug er einen Henkelkorb am Arm, den er fast verschämt Marie Durand überreichte.

Das Herz wollte ihr stillestehen vor Erregung, als sie das Tüchlein wegnahm und darunter ein großes Stück Fleisch und gelbe Butterbirnen zum Vorschein kamen, sorgfältig in Moos eingebettet.

«Wir haben uns alles gründlich überlegt, meine Freundin und ich», begann Marie Durand, als sie endlich um den Tisch herumsaßen.

Der feierliche Ton, in dem sie das sagte, ließ Blache aufhorchen. Hatte sie sich nun doch anders besonnen? Erschreckt sah er sie an.

«Ihr müßt wissen, daß ich am 12. September dieses Jahres mein Testament aufstellen ließ und darin meine Freundin, hier, Marie Vey-Goutète, als meine Universalerbin einsetzte. Aber wir sind beide alt und nicht mehr in der Lage, das Gut selber zu bewirtschaften. Das habt Ihr ja auch gesehen. Und deshalb hat uns Euer Vorschlag gefallen. Ihr seid jung und stark und wohl imstande, dem vernachlässigten Land den früheren Wert zurückzugeben. Wenn es Euch immer noch Ernst ist mit Eurem Vorschlag, zu uns zu ziehen, um an unserer Stelle das Gut zu bewirtschaften, dann sind wir damit einverstanden. Meine Freundin und ich. Daran wird nichts ändern, auch wenn ich einmal nicht mehr da bin. Wir sind also bereit, Euch alles abzutreten, Euch alles zu eigen zu geben.»

«Oh, Madame Durand, aber das wird in solcher Weise nicht möglich sein! Wo sollte ich das viele Geld hernehmen, um Euch alles abkaufen zu können?»

«So ist es auch nicht gemeint, Jean Blache. Ihr braucht mir überhaupt nichts zu bezahlen. Dafür arbeitet Ihr ja.»

«So meint Ihr – in Euren Diensten?»

«Nein, auch so habe ich es nicht gemeint. Ihr sollt die Güter selber verwalten und uns von dem, was Ihr herauswirtschaften könnt, nur das geben, was wir für unseren Unterhalt benötigen, meine Freundin, ich und der alte Chambon. Wir haben nämlich einen alten Galeerenknecht bei uns aufgenommen. Mehr als wir brauchen, wollen wir nicht.»

«Aber ich werde einen Pachtzins bezahlen –»

«Das wird sich weisen. Kommt zu uns, beginnt mit der Arbeit, und wenn es Euch im Bouchet gefällt, wenn es das ist, was Ihr Euch vorgestellt habt, dann werden wir beim Notar alles regeln, dann werde ich mein Testament eben noch ein zweites Mal abändern», kicherte sie.

«Aber da ist noch etwas, worüber wir Klarheit haben sollten», schaltete sich die Goutète voller Ungeduld ein. Lange hatte sie auf diesen Augenblick gewartet.

Verwundert sah Blache sie an.

«Ihr seid noch nicht verheiratet?»

«Nein», schüttelte er den Kopf, und sein hübsches Gesicht über dem weißen Hemdkragen wurde wieder rot.

Die Goutète stellte es mit Genugtuung fest. «Und Ihr habt nicht die Absicht, Euch zu verehelichen?»

Er sah von einer zur andern und wußte nicht, was er denken sollte. War das eine Schlinge, die ihm da gelegt wurde, sollte sich nun doch alles zerschlagen?

«Sprecht nur», ermunterte ihn Marie Durand, «es wäre uns lieb.»

«Oh!» Und wiederum strahlten seine hellen Augen.

Nein, so blaue Augen hatte Marie Durand in ihrem Leben noch keine gesehen.

«Sie haben ein Mädchen?» setzte die Goutète das Verhör fort.

«Ja», nickte Blache, «das beste Mädchen im ganzen Vivarais.»

«Das scheint mir in Ordnung zu sein, denn sie bekommt auch einen guten Burschen», stellte die Goutète fest. «Und ihr seid euch einig?»

«Ja», nickte Blache wiederum und sah in seiner Verlegenheit noch wie ein Knabe aus.

«Und auf wann habt ihr es euch gedacht?»

«Schon im Frühjahr, wenn sich das machen ließe!»

«Es läßt sich machen», schaltete sich Marie Durand wieder ein.

«Aber Ihr selber, Ihr habt doch die Absicht, schon eher zu uns ins Bouchet zu kommen?»

«Mir ist es recht. So kann ich für den Frühling alles vorbereiten.»

«Eine Kammer steht für Euch bereit. Kommt einfach, so bald Ihr könnt.»

Schon lag alles unter einer dünnen Schneedecke, und wieder wirbelten große Flocken aus dem Grau hernieder, als Jean Blache mit seinem auf den Rücken geschnallten Gepäck auf stillen Wegen über Pranles nach Le Bouchet wanderte.

Marie Durand und Marie Vey-Goutète waren glücklich über sein endliches Kommen, längst schon war die Kammer neben der Küche für ihn hergerichtet.

Mit ihm zog ein neues Leben im alten Haus ein.

Überall, wo es notwendig war, legte er Hand an, im Haus, im Stall, was gab es da nicht alles auszubessern und zu ersetzen, denn manches war schadhaft und unbrauchbar geworden. Keine Arbeit war ihm zu viel. Er sang und pfiff den ganzen Tag vor sich hin, schwatzte mit den Frauen, scherzte mit ihnen, wobei vor allem die Goutète für seine Späße empfänglich war. Sie konnte vor Lachen wie eine Truthenne gluckern.

Aber auch mit Alexander Chambon unterhielt sich Blache, und der Alte konnte beim Erzählen noch ordentlich ins Feuer geraten, wenn der junge Mann mit offenen Augen und offenem Mund vor ihm saß und ihm gebannt zuhörte. Im allgemeinen aber ging es dem Alten nicht gut. Er litt zunehmend unter Atemnot, und schon mehr als einmal hatten die erschreckten Frauen befürchtet, es sei das Ende.

Aber er ging ganz still und unbemerkt aus dieser Welt.

Eines Morgens lag er tot in seinem Bett. Während er geschlafen, hatte einfach sein Herz zu schlagen aufgehört.

Da nach wie vor die Bestattung der Protestanten in der geweihten Erde der katholischen Friedhöfe nicht möglich war, bestattete Blache den Toten unter den Kastanienbäumen, wo Chambon an Sommertagen stundenlang gesessen und in die Weite geträumt hatte.

«Wie Mose angesichts des Gelobten Landes», hatte die Goutète einmal gesagt.

So hatte Chambon nun nach einem Leben der Erniedrigung, der Enttäuschungen und der Schmerzen seine Reise ins Gelobte Land angetreten.

«Lebe wohl, mein Bruder», nahm Marie Durand an

seinem Totenbett von ihm Abschied, da sie jetzt im Winter nicht mehr hinausgehen konnte. «Lebe wohl, ich werde dir wohl bald nachfolgen dürfen.»

Im Frühling kaufte Blache ein paar Kühe.

Die Goutète wurde ganz närrisch vor Freude, als sie die Tiere wohlig muhen hörte, und auch Marie Durand nickte lächelnd vor sich hin.

So würde es unter Blache im Bouchet wieder werden, wie es früher gewesen war.

Als er mit den Tieren zum erstenmal hinausging, um mit dem Pflügen der Felder zu beginnen, da ließ sie es sich nicht nehmen, dabeizusein.

Dankbar faltete sie die Hände, während sie zuschaute, wie das blanke Eisen Furchen in die dunkelbraune Erde schnitt. Was für ein friedliches Bild, Blache, den glücklichen Blache, die beiden Kühe führend, langsam über das Feld schreiten zu sehen, vor einem blauen Himmel voll weißer Lämmerwolken. Loué soyt Dieu!

Jetzt hatte Jean Blache alle Hände voll zu tun. Alles sollte auf einmal getan sein. Die Felder, der Garten, und dann das Herrichten der Kammern, das Ausbessern der Möbel.

Denn im Mai wollte er das beste Mädchen aus dem Vivarais heiraten. Was mußte er bis dahin noch alles erledigen!

Marie Durand und die Goutète waren mit ihm übereingekommen, ihm für sich und seine zu gründende Familie das Haus zu überlassen. Sie beanspruchten für sich nur eine Kammer und einen Speicher. Auch haushalten und kochen wollten sie für sich selber, sobald die junge Frau da war. Nein, nein, zwei so alte Frauen gehörten nicht in einen neu gegründeten Haushalt. Jung verheiratete Leute wollten allein sein. «Das ist durchaus in Ordnung», meinte die Goutète, «ich hab es auch einmal so gehabt.»

Am 21. Juli 1775 fuhr Jean Blache, der junge, strahlende

Ehemann, mit Marie Durand nach Privas. Auf einem eigenen Gefährt. Das Pferd hatte ihm ein Nachbar geliehen.

Sie fuhren zu Notar Moze, um das Testament, das Notar Jallat vor zehn Monaten für Marie Durand ausgefertigt hatte, zu widerrufen und durch eine neue Verfügung zu ersetzen.

Marie Durand machte Jean Blache zu ihrem Universalerben und übergab ihm «als eine unter Lebenden getroffene, unwiderrufliche Stiftung ihren gesamten Besitz, samt den Möbeln, die sich bei ihrem Hinschied im Haus befinden würden», zum Eigentum. Für sich und die Goutète beanspruchte sie lediglich im Jahr vier Septier* Roggen, vier Septier Weizen sowie die Hälfte eines gemästeten Schweines. Ferner stand den Frauen, solange sie lebten, das Benützungsrecht zu auf die neben der Küche gelegene Kammer und den Speicher darüber.

Die an Blache abgetretenen Güter wurden auf 4000 Pfund geschätzt, die Abtretung rechtsgültig erklärt und in Privas eingetragen. Wie ein Stein fiel es Marie Durand vom Herzen, als sie mit zitternder Hand ihre Unterschrift auf das Schriftstück gesetzt hatte. So war nun auch diese Last von ihr genommen. Immer leichter wurde ihr irdisches Gepäck.

Das Leben, das sie fortan mit ihrer Gefährtin führte, wurde mehr und mehr ein Leben in völliger Zurückgezogenheit.

Sie freuten sich, wenn sie die jungen Leute in Haus und Hof schalten und walten hörten. Diese Bürde drückte sie nicht mehr.

Es wurde Herbst, es wurde Winter.

Als der Winter dann endlich dem Frühling weichen mußte, es war ein strenger Winter mit ungeheuren Schnee-

* Altes Getreidemaß. 1 Septier = 156 Liter.

mengen gewesen, da starb am 3. März 1776 in St-Jean Jean-Claude Cazeneuve.

So war denn Anne Durand wieder allein, da sie schon vorher ihre beiden Kinder Marianne und Charles-Philippe verloren hatte.

Die Nachricht ging Marie Durand nahe. Wenn sie sich auch völlig fremd geworden waren und nicht mehr miteinander verkehrt hatten, so tat ihr ihre Nichte doch leid. In ihrer Verblendung war sie in die Irre gegangen. Wo würde sie nun Halt und Trost finden?

Der Frühling zog ins Land.

Am Waldrand blühten Anemonen und Leberblümchen, die Schlehen hängten ihre bräutlichen Schleier ins Geäst, dann sprengten die Kastanien ihre Knospen, und nicht lange, so war schon der Sommer wieder da.

Marie Durand war müde geworden.

Seit ein paar Wochen wäre sie am liebsten überhaupt nicht mehr aufgestanden. Wo hätte sie besser ruhen können als auf ihrem Bett, von wo aus ihr Blick durch das Fenster über die Felder zum Wäldchen hinüberschweifen konnte!

Aber davon wollte die Goutète nichts wissen. «Das soll man nicht», wehrte sie, «zieh dich an, dann führe ich dich zu den Kastanien hinauf. Blache wird ein Feld umbrechen. Vorhin ist er mit den Kühen gegangen. Du schaust ihm dabei doch so gerne zu.»

Marie Durand blieb aber doch liegen.

Ja, durchs Fenster sah sie, wie Blache mit seinen Tieren langsam über das Feld schritt.

Nun verschwand er; aber nach einer Weile kam er mit den Kühen, die den Pflug zogen, zurück.

Und so immer wieder. Immer zogen sie hin und her, vom Himmel gegen die Bäume, von den Bäumen gegen den Himmel.

Wie wunderbar blau der Himmel an diesem Julimorgen war!

Daß sie ihn so blau sah? Waren denn die Schleier von ihren Augen gewichen?

Horch! Waren das nicht die Lerchen? Hörte sie nicht das jauchzende Tirilieren der Lerchen? Oder täuschte sie sich? War es für die Lerchen nicht noch zu früh?

Nein, es waren Glocken. Aber das waren nicht die Glocken von Pranles. Oder läuteten gar keine Glocken, war das, was sie hörte, das Rauschen des Eyrieux?

Immer mächtiger schwoll es an, immer mächtiger, als wäre das Flüßchen zum Strom geworden.

Die Goutète erschrak, als sie in die Kammer zurückkam und Marie Durand noch immer im Bette lag.

Nun würde sie nicht mehr aufstehen. Wie ein Stich fuhr es der Goutète durchs Herz.

«Marie, was hast du, ist dir nicht gut?»

Sie neigte sich über das bleiche, eingefallene Gesicht ihrer Gefährtin.

Da schlug Marie Durand die Augen auf. Groß, wie verwundert, sah sie zur Goutète auf. «Die Krone des Lebens», flüsterte sie.

«Marie! Marie Durand!»

Noch einmal bewegten sich ihre Lippen, aber ihre Stimme klang nicht mehr.

«Die Krone des Lebens, ja, Marie Durand, die wirst du erlangen. Denn wie selten ein Mensch bist du im Glauben treu gewesen bis an den Tod.»

Zeittafel

1598 am 13. April, erläßt Heinrich IV. nach seinem Übertritt zum Katholizismus das *Edikt von Nantes*, zugunsten seiner früheren Glaubensgenossen. Dadurch werden die etwa 2 Millionen Protestanten in Frankreich in der Ausübung ihres Glaubens geschützt und den Katholiken in allen bürgerlichen Rechten gleichgestellt.
Als Unterpfand ihrer Sicherheit werden den Protestanten eine Anzahl fester Städte übergeben.

1661 Regierungsantritt Ludwigs XIV. Sofort beginnt die Unterdrückung der Protestanten.

1681 Beginn der Dragonaden, das ist die Einquartierung königlicher Regimenter in den protestantischen Gegenden.

1685 am 22. Oktober, *Widerruf* des Ediktes von Nantes. Danach wird der Gottesdienst nach Calvins Lehre untersagt. Die protestantischen Geistlichen müssen innert 14 Tagen das Königreich verlassen. Die Gemeindeglieder, die auszuwandern versuchen oder die im protestantischen Glauben verharren, sind auf die Galeeren zu verschicken oder mit Gefängnis oder Vermögensverlust zu bestrafen. Alle Kinder müssen katholisch getauft und alle Ehen von katholischen Priestern eingesegnet werden. Trotzdem verlassen 600000 Flüchtlinge unter Zurücklassung von Hab und Gut das Land, um im Ausland ihren protestantischen Glauben ausüben zu können.
Für die zurückgebliebenen Protestanten beginnt eine Zeit bitterster Leiden. Es ist die Zeit der «Eglise du désert», der «Kirche in der Wüste».

1692 verheiratet sich der 1657 geborene Etienne Durand, Gemeindeschreiber von Pranles, in Le Bouchet-de-Pranles, mit Claudine Gamonet.

1700 am 12. September, wird Pierre Durand, Sohn des Etienne Durand, geboren.

1702–06 Camisardenkrieg in den Cevennen.

1715 Tod Ludwigs XIV. in Versailles.
Beginn der Wiederaufrichtung der protestantischen Kirche auf Initiative des 19jährigen Antoine Court.

Im selben Jahr Geburt Marie Durands, Tochter Etienne Durands. Das genaue Datum ist nicht bekannt.

1719 am 29. Januar wird eine vom jungen Pierre Durand in der Schlucht von Navalet geleitete religiöse Versammlung überfallen. Pierre Durand entflieht mit seinem Freund Pierre Rouvier, in der Folge wird die Mutter Pierre Durands verhaftet.

1720 im Herbst, kehrt Pierre Durand nach Theologiestudien in der Schweiz in seine Heimat, ins Vivarais zurück, um sich fortan als Prediger, später als Pfarrer der Wüstenkirche zu betätigen.

1721 am 26. Juli, erste Synode im Vivarais, die beschließt, die frühere Ordnung und Disziplin im kirchlichen Leben herzustellen, Verkündigung des Wortes Gottes einzig auf Grund des Evangeliums, Predigtverbot für Frauen.

1725 wird auf Betreiben Benjamin Du Plans, des Delegierten der protestantischen Kirchen Frankreichs, in Lausanne (Schweiz) ein Seminar gegründet, in dem Pfarrer für die Wüstenkirche ausgebildet werden.

1726 am 26. Dezember, schließt Pierre Durand mit Anne Rouvier aus Craux, Schwester des Freundes Pierre Rouvier, einen Ehevertrag. Die Hochzeit findet am 10. März 1727 statt.

Tod der Claudine Gamonet, Mutter Pierre Durands.

1729 Etienne Durand wird verhaftet und in der Festung von Brescou eingekerkert.

1730 am 26. April verheiratet sich die 15jährige Marie Durand mit dem über 40jährigen Matthieu Serres aus Poux. Am 14. Juli werden beide verhaftet. Serres kommt in die Festung von Brescou, Marie Durand in den Turm der Constance in Aigues-Mortes.

1731 Verhaftung von Isabeau Sautel, Mutter von Pierre und Anne Rouvier, Schwiegermutter Pierre Durands. Einlieferung im Turm der Constance.

Anne Rouvier, die Frau Pierre Durands, flieht nach Lausanne.

1732 am 12. Februar wird Pierre Durand verraten und gefangengenommen und am 22. April in Montpellier hingerichtet.

Ende des Jahres werden die Kinder Pierre Durands zu ihrer Mutter nach Lausanne gebracht.

1736 Pierre Rouvier, 1719 zum Galeerendienst verurteilt, wird begnadigt und begibt sich nach Holland.

1740 Jacques-Etienne Durand, Sohn Pierre Durands, stirbt 8jährig in Lausanne. Von den Kindern Pierre Durands lebt nur noch Anne.

1743 Etienne Durand wird begnadigt und kehrt nach Le Bouchet-de-Pranles zurück.

1745 Pfarrer Jacques Roger wird verhaftet und in Grenoble hingerichtet.

1747 Tod Anne Rouviers in Lausanne.

1748 Etienne Durand stellt sein Testament auf. Da seine Tochter im Gefängnis ist, ernennt er seinen Großneffen Pierre Astruc zu seinem Universalerben mit der Auflage, bei einer Entlassung Marie Durands die Grundgüter an diese zurückzugeben.

1749 Tod Etienne Durands im Alter von 92 Jahren.

1750 Freilassung Matthieu Serres aus der Festung von Brescou.

1754 Isabeau Sautel, Schwiegermutter Pierre Durands, stirbt nach langem Schmerzenslager im Turm.

1759 Anne Durand besucht ihre Tante Marie Durand im Turm.

1760 Marie Durand setzt ihre Nichte Anne als Universalerbin ein.

1765 am 2. Juni, verheiratet sich die katholisch gewordene Anne Durand mit Jean-Claude Cazeneuve, einem katholischen Bürger von Pranles.

1766 wird der tolerant eingestellte Prinz von Beauvau Militärkommandant im Languedoc.

1768 am 14. April, wird Marie Durand freigelassen nach 38jähriger Gefangenschaft im Turm der Constance. Sie kehrt ins Vivarais zurück und lebt mit ihrer Leidensgenossin Marie Vey-Goutète in Le Bouchet.

1772 Durch Verwendung von Pfarrer Rabaut setzt das Hilfskomitee in Amsterdam Marie Durand eine jährliche Rente von 200 Pfund aus (Geldwert 1963 = 4000 Schweizerfranken).

1776 In den ersten Julitagen stirbt Marie Durand in Le Bouchet.

Benützte Literatur

Alle zitierten Aussprüche, Aufzeichnungen, Briefe usw. habe ich nie aus bereits vorliegenden Übertragungen übernommen, sondern sie in jedem Fall aus dem französischen Originaltext neu übersetzt. Die meisten dieser Zitate sind jedoch vorher noch nie in deutscher Sprache veröffentlicht worden.

E. E. R.

DANIEL BENOIT – ANDRÉ FABRE: Marie Durand, Prisonnière à la Tour de Constance, Nouvelle Société d'Editions de Toulouse, 1938.

DUCASSE: La guerre des Camisards, Hachette, Paris 1946.

SAMUEL MOURS: Portraits Huguenots Vivarois, Musée du Désert, Cevennes 1948.

SAMUEL MOURS: La Vie Protestante d'Autrefois, Imprimeries réunies, Valence-sur-Rhône 1946.

CHARLES BOST – PIERRE BOURGUET: Trois Obstinés Religionnaires, Musée du Désert, 1930.

S. MOURS – R. DARCISSAC: Deux Martyrs du Désert, Imprimerie du «Journal de Tournon», Tournon-sur-Rhône (Ardèche) 1939.

AUGUSTIN FLICHE: Aigues-Mortes et Saint-Gilles, Henri Laurens, Paris 1957.

ROBERT P. GAGG: Kirche im Feuer, Das Leben der südfranzösischen Hugenottenkirche nach dem Todesurteil durch Ludwig XIV., Zwingli-Verlag, Zürich 1961.

SAMUEL BASTIDE: Les Prisonnières de la Tour de Constance, Edition Augur, Vennes 1957.

JOSEPH CHAMBON: Der französische Protestantismus. Sein Weg bis zur französischen Revolution, Evangelischer Verlag Zollikon, 1948.

HEINRICH FLIEDNER: Die Kirche der Wüste. Leiden, Kämpfe und Siege der Hugenotten. St.-Johannis-Druckerei, Dinglingen.

HEDWIG ANNELER: Blanche Gamond. Ein Hugenottenbuch. Verlag Oprecht, Zürich, 1940.

SAINT-SIMON: Der Hof Ludwigs XIV. Herausgegeben und eingeleitet von Wilhelm Weigand, Insel-Verlag, Leipzig, 1925.

FRITZ BLANKE: Die Kirche der Wüste. In «Provence», ein Reisebuch. Max Niehans Verlag, Zürich/Leipzig, 1934.

JÜRGEN MOLTMANN: Erwählung und Beharrung der Gläubigen. Calvin-Studien 1959, Neukirchener-Verlag, Kreis Moers, 1960.

Hänssler-Bücher:
Zielbewußt im Durcheinander der Zeit

Margarethe Schneider (Hrsg.)
Der Prediger von Buchenwald
Tb., 254 S., Nr. 70311

Berichte, Dokumente und Briefe belegen den leidenschaftlichen, vom Glauben her motivierten Widerstand von Pfarrer Paul Schneider gegenüber dem NS-Regime.

Johanna Dobschiner
Zum Leben erwählt
Tb., 296 S., Nr. 70105

Johanna Dobschiner verliert in der Judenverfolgung des Dritten Reiches ihre Familie, geht in den Untergrund und findet dort zum Glauben an Christus.

J. A. Ader-Appels
Wir waren im Widerstand
Pb., 240 S., Nr. 56503

Ein persönlich-warmherzig gehaltener Bericht der Witwe des Pfarrers, der u. a. Johanna Dobschiner (Zum Leben erwählt) vor den Nazi-Schergen verbarg.

Ethel Waters
Sperling in Gottes Hand
TB., 160 S., Nr. 55084

Sie kam aus dem Ghetto und machte dennoch Karriere. Später stellte die farbige Sängerin ihr Talent in den Dienst weltweiter Evangeliumsverkündigung.

Fragen Sie in Ihrer Buchhandlung nach diesen Büchern!
Oder schreiben Sie an den Hänssler-Verlag, Postfach 12 20, D-7303 Neuhausen-Stuttgart

Leseprobe aus »Die Magd im Vorhof«
von Else Hueck-Dehio
Taschenbuch, 192 Seiten, Nr. 56701

Die Gespräche dieser Erzählung werden in Ephesus geführt, etwa um das Jahr 80 nach Christi Geburt.

»Erzähle mit heute von Judäa, Herrin. Ich stelle deinen Becher mit Wasser und deine Früchte neben dich auf den Schemel. Dann kannst du essen, wenn du magst, und vom Wasser, dem Wundertäter, etwas trinken. Unser Brunnen fließt heute fast über, er rauscht wie ein Bach. Ich bade mich schnell! Er ist so frisch, sieh, es perlt auf meiner Haut, und die Perlen zergehen in der Sonne. Die alte Eidechse liegt schon wieder auf ihrem Stein und läßt sich auch vom Wasser beperlen. So, nun sind wir alle bereit, dir zuzuhören. Erzähle von Judäa, Herrin!«

»Ach, mein Kind, du weißt nicht, was du verlangst... Aber eines ist wahr: auch ich habe manchmal glückliche Tage erlebt, nicht nur du in deines Vaters Holzburg. Doch wenn ich mich zu erinnern versuche, dann war die Zahl der glücklichen Tage sehr gering im Verhältnis zu all den anderen.

Damals, in jenem Jahr in Judäa, da war ich glücklich. Nur – es dauerte nicht lange.

Du kennst Judäa nicht, und es ist schwer, es dir zu schildern. In den alten Schriften der Juden steht geschrieben, es sei ein Land, wo Milch und Honig fließt. Das soll wohl bedeuten, daß es ein sehr fruchtbares Land sei, ein Land, wo man nur wenig zu arbeiten braucht und wo einem der Überfluß dennoch wie von selbst in den geöffneten Mund strömt.

Der Prokurator wollte sich ein Bild über dieses seltsame Volk verschaffen – die Juden. Er kontrollierte zwar die Wege, die Aquädukte und die Garnisonen. Doch am meisten bewegte ihn die Frage, was das eigentlich für Menschen seien, diese Juden. Ein

armseliges Volk, Hirten und Fischer oder Krämer, die eng gedrängt in ihren ummauerten Städtchen hausen; vor den Toren ein Brunnen, der den berühmten Namen eines ihrer Vorväter trägt, der dort auch schon seine Herden getränkt haben soll, damals, als noch Milch und Honig floß.
Ja, ein armes Volk, abweisend und hochfahrend. Ein stolzes Volk in seiner Armseligkeit. Es will sich nicht helfen lassen. Es verschließt seine Hütten und Herzen, sobald sich ein Römer zeigt.«
»Warum tun sie das, Herrin? Warum sind sie so abweisend?«
»Das mögen die Götter wissen! Seid ihr denn nicht ähnlich, ihr in Germanien? Laßt ihr euch nicht auch lieber totschlagen, als daß ihr es lernt, feste Häuser aus Stein zu bauen, Brückenbögen zu schlagen und unsere Waffen zu tragen? Der beste Eroberer ist immer schlechter als die schlechteste Freiheit.
Aber bei den Juden ist noch etwas anderes dabei. Sie haben einen Gott, einen einzigen, großen, unduldsamen Gott. Neben ihm gibt es keine Götter – sagen die Juden. Auch uns Römer hat er erschaffen, Griechen und Römer und Perser und alle Menschen. Weil wir aber nicht an diesen Gott glauben, nennen sie uns Heiden und wollen nichts mit uns zu schaffen haben. Sie fürchten vielleicht, ihr eifersüchtiger Gott könnte ihnen zürnen.
Sie haben ein Gesetz – oh, furchtbare Gesetze haben sie! Ich habe es erlebt, aber das gehört nicht hierher.
Eines jedoch hatten sie damals wirklich, was auch schon in ihren alten Pergamenten aufgeschrieben steht: sie hatten eine hochgebaute Stadt. Vor zehn Jahren zerstörten sie die Römer so, daß kein Stein auf dem anderen blieb.
Wenn du von Jericho heraufrittest oder über den Ölberg kamst, dann war es, als ragte diese Stadt vom Erdboden bis in die Wolken. Ihre Dächer und Straßen und Torbögen stiegen den Berg hinan bis vor die Grundmauern des Tempels, in dem ihr Gott wohnen sollte. Diese Mauern waren so gewaltig, als hätten Zyklopen die Steine geschichtet. Und darüber, über Treppen

und Plätzen, schimmerten die heiligen Wände von Marmor, Gold und Elfenbein. Es war wie eine Krone über der Stadt. Der König, der diesen Tempel baute, muß sehr reich gewesen sein, nicht so armselig wie seine Untertanen im schmutzigen Straßengewirr der Unterstadt.
Natürlich gab es auch reiche Menschen in dieser Stadt. Kaufherren, die in schönen Häusern wohnten, mit Gärten und Brunnen. Oder kluge Lehrer, die im Tempel saßen und sich die Köpfe heiß redeten über Fragen, die kein Mensch beantworten kann. Zum Beispiel, was mit uns geschehen wird, wenn wir gestorben sind. Da kannst du nämlich vieles behaupten – aber was kannst du beweisen? Einen sehr reichen König hatten sie auch, aber er war nur ein Popanz, denn die Macht hatten ja die Römer. Und Priester, die sonderbare Hörner auf ihren Köpfen trugen und die ganz allein vor den Altar ihres Gottes treten durften, in das Dunkel hinter den Vorhang, wo Er wohnte. Außer ihnen durfte niemand diesen Vorhang aufheben.
Aber einmal, bei einem großen Erdbeben, soll dieser Vorhang zerrissen sein, mitten entzwei . . .
Ach, was erzähle ich dir da alles! Gib mir einen Schluck Wasser aus deinem Becher, und dann will ich mich besinnen, wie das war in jenem Frühling in Jerusalem, als ich so glücklich war.«